Haftung für fehlerhafte Informationen gegenüber Nichtvertragspartnern

Studien zum europäischen

# Privat- und Prozessrecht

Herausgegeben von Marina Wellenhofer

Begründet von Manfred Wolf

**Band 13**

PETER LANG

Frankfurt am Main · Berlin · Bern · Bruxelles · New York · Oxford · Wien

Niels Höra

# Haftung für fehlerhafte Informationen gegenüber Nichtvertragspartnern

PETER LANG
Internationaler Verlag der Wissenschaften

**Bibliografische Information der Deutschen Nationalbibliothek**
Die Deutsche Nationalbibliothek verzeichnet diese Publikation in der Deutschen Nationalbibliografie; detaillierte bibliografische Daten sind im Internet über <http://www.d-nb.de> abrufbar.

Zugl.: Frankfurt (Main), Univ., Diss., 2008

D 30
ISSN 1434-2405
ISBN 978-3-631-58351-7



www.peterlang.de

## Vorwort der Herausgeberin

Die vorliegende Schriftenreihe zum europäischen Privat- und Prozessrecht wurde von Herrn Prof. Dr. Manfred Wolf begründet. Der erste Band der Reihe erschien 1999. Nach seinem Tod im Juni 2007 habe ich als seine Lehrstuhlnachfolgerin an der Universität Frankfurt am Main die Herausgeberschaft übernommen.

Die Schriftenreihe wird sich weiterhin sowohl dem materiellen Recht als auch dem Verfahrensrecht widmen. Bevorzugt werden wirtschaftsrechtliche Themen unter Berücksichtigung der europäischen und internationalen Zusammenhänge präsentiert werden. Der Begriff des Wirtschaftsrechts wird in einem weiten Sinne verstanden und auch bürgerlich-rechtliche Abhandlungen umfassen, soweit sie einen Bezug zum Wirtschaftsleben aufweisen. Beiträge hierzu sind willkommen.

Marina Wellenhofer

**Für Jenny, Julie und Daggi**

## Vorwort des Autors

Die vorliegende Arbeit wurde im Wintersemester 2007/2008 von der juristischen Fakultät der Universität zu Frankfurt am Main als Dissertation angenommen. Die Disputation fand im Mai 2008 statt.

Mein besonderer Dank gilt meinem Doktorvater, Herrn Prof. Dr. Manfred Wolf, der das Thema meiner Arbeit anregte, ihre Vollendung wegen seines plötzlichen Todes aber leider nicht mehr miterleben konnte. Ganz besonderer Dank gebührt auch meiner Doktormutter, Frau Prof. Dr. Marina Wellenhofer, die sich freundlicherweise dazu bereit erklärte, die weitere Betreuung meiner Arbeit zu übernehmen und mich ganz vorbildlich bei ihrer Fertigstellung unterstützte. Ihr und meinem Zweitgutachter, Herrn Prof. Dr. Helmut Kohl, möchte ich außerdem für die zügige Begutachtung sehr danken.

Sehr zum Dank verpflichtet bin ich auch meinem Arbeitgeber, Herrn Rechtsanwalt Martin Hansen, der mir den notwendigen Freiraum für die Ausarbeitung meiner Arbeit gewährte und stets ein offenes Ohr für inhaltliche Fragen hatte.

Mein größter Dank aber gebührt meiner Familie. Ohne ihren Glauben an mich, ihre Geduld, ihre Nachsicht und ihre finanzielle und ideelle Unterstützung hätte ich diese Arbeit nie beenden, ohne die vielen schönen Stunden, die sie mir immer wieder schenkte, die Arbeit nie überstehen können.

Niels Höra

**Inhaltsverzeichnis**

## Literaturverzeichnis:


| | |
|---|---|
| Altenburger, Peter C. F. | Die zivilrechtliche Haftung des Architekten für Vermögensschäden Dritter – eine Untersuchung zu den dogmatischen Grundlagen der Expertenhaftung anhand ausgewählter Probleme des Architektenrechts, Münster 1996 (zitiert: Altenburger, Haftung des Architekten) |
| Amtliche Ausgabe | Motive zu dem Entwurfe eines Bürgerlichen Gesetzbuches für das Deutsche Reich, Band II, Recht der Schuldverhältnisse, Berlin 1888 (zitiert: Motive) |
| dies. | Protokolle der Kommission für die zweite Lesung des Entwurfs eines Bürgerlichen Gesetzbuchs, Bd. II, Recht der Schuldverhältnisse, Berlin 1898 (zitiert: Protokolle) |
| Assmann, Heinz-Dieter | Grundfälle zum Vertrag mit Schutzwirkung für Dritte, JuS 1986, S. 885 ff. |
| Ballerstedt, Kurt | Zur Haftung für culpa in contrahendo bei Geschäftsabschluss durch Stellvertreter, AcP 151 (1950/1951), S. 501 ff. |
| Bamberger, Heinz G./ Roth, Herbert (Hrsg.) | Beck´scher Online-Kommentar zum BGB, Edition: 8, Stand: 01.01.2007, 01.08.2007, 01.10.2007 und 01.1.2008 (zitiert: BeckOK-BGB/Bearbeiter) |
| Bar, Christian von | Vertrauenshaftung ohne Vertrauen – zur Prospekthaftung bei der Publikums-KG in der Rechtsprechung des BGH, ZGR 1983, S. 476 ff. |
| ders. | Vertragliche Schadensersatzpflichten ohne Vertrag?, JuS 1982, S. 637 ff. |

ders. — Empfiehlt es sich, die Voraussetzungen der Haftung für unerlaubte Handlungen mit Rücksicht auf die gewandelte Rechtswirklichkeit und die Entwicklungen in Rechtsprechung und Lehre neu zu ordnen? Wäre es insbesondere zweckmäßig, die Grundtatbestände der §§ 823 Abs. 1 und 2, § 826 BGB zu erweitern oder zu ergänzen?, in: Gutachten und Vorschläge zur Überarbeitung des Schuldrechts, Band II, Köln 1981, S. 1681 ff. (zitiert: von Bar, Gutachten)

ders. — Verkehrspflichten – richterliche Gefahrsteuerungsgebote im deutschen Deliktsrecht, Köln 1980 (zitiert: von Bar, Verkehrspflichten)

Baumbach, Adolf / Hopt, Klaus J. (Begr./Bearb.) — Handelsgesetzbuch mit GmbH & Co., Handelsklauseln, Bank- und Börsenrecht, Transportrecht (ohne Seerecht), 33. Aufl., München 2008 (zitiert: Baumbach/Hopt)

Baumbach, Adolf/ Lauterbach, Wolfgang/ Albers, Jan/ Hartmann, Peter (Begr./Verf.) — Zivilprozessordnung mit Gerichtsverfassungsgesetz und anderen Nebengesetzen, 66. Aufl., München 2008 (zitiert: Bearbeiter in Baumbach/Lauterbach/ Albers/Hartmann)

Bayer, Walter — Vertraglicher Drittschutz, JuS 1996, S. 473 ff.

Berg, Hans — Zur Abgrenzung von vertraglicher Drittschutzwirkung und Drittschadensliquidation, NJW 1978, S. 2018 ff.

Berger, Christian — Der Beschaffenheitsbegriff des § 434 Abs. 1 BGB, JZ 2004, S. 276 ff.

Berger, Peter — Haftung für unrichtige Bankauskunft – Abschied vom stillschweigenden Auskunftsvertrag, ZBB 2001, S. 238 ff.

Bohrer, Michael — Die Haftung des Dispositionsgaranten – ein Beitrag zur Lehre von der negativen Vertrauenshaftung, Ebelsbach 1980 (zitiert: Bohrer, Haftung des Dispositionsgaranten)

Bosch, Ulrich — Expertenhaftung gegenüber Dritten – Überlegungen aus der Sicht der Bankpraxis, ZHR 163 (1999), S. 274 ff.

Brandner, Hans E. — Haftung des Gesellschafters/Geschäftsführers einer GmbH aus culpa in contrahendo, in: Festschrift für Winfried Werner zum 65. Geburtstag am 17. Oktober 1984, Berlin 1984, S. 53 ff. (zitiert: Brandner, FS Werner)

Breinersdorfer, Stefan — Die Haftung der Banken für Kreditauskünfte gegenüber dem Verwender – ein Beitrag zur dogmatischen Vertiefung, Berlin 1991 (zitiert: Breinersdorfer, Haftung für Kreditauskünfte)

Brüggemeier, Gert — Deliktsrecht, Baden-Baden 1986 (zitiert: Brüggemeier, Deliktsrecht)

ders. — Gesellschaftliche Schadensverteilung und Deliktsrecht, AcP 182 (1982), S. 385 ff.

Canaris, Claus-Wilhelm — Die Reform des Rechts der Leistungsstörungen, JZ 2001, S. 499 ff.

ders. — Die Vertrauenshaftung im Lichte der Rechtsprechung des Bundesgerichtshofs, in: 50 Jahre Bundesgerichtshof – Festgabe aus der Wissenschaft, Band I, Bürgerliches Recht, München 2000, S. 129 ff. (zitiert: Canaris, FG BGH)

ders. — Die Schadensersatzpflicht der Kreditinstitute für eine unrichtige Finanzierungsbestätigung als Fall der Vertrauenshaftung, in: Festschrift für Herbert Schimansky, Köln 1999, S. 43 ff. (zitiert: Canaris, FS Schimansky)

ders. — Die Reichweite der Expertenhaftung gegenüber Dritten, ZHR 163 (1999), S. 206 ff.

ders. — Die Haftung des Sachverständigen zwischen Schutzwirkungen für Dritte und Dritthaftung aus culpa in contrahendo, JZ 1998, S. 603 ff.

| | |
|---|---|
| ders. | Schutzwirkungen zugunsten Dritter bei „Gegenläufigkeit“ der Interessen, JZ 1995, S. 441 ff. |
| ders. | Täterschaft und Teilnahme bei culpa in contrahendo, in: Festschrift für Hans Giger, Bern 1989, S. 91 ff. (zitiert: Canaris, FS Giger) |
| ders. | Schutzgesetze – Verkehrspflichten – Schutzpflichten, in: Festschrift für Karl Larenz zum 80. Geburtstag am 23. April 1983, München 1983, S. 27 ff. (zitiert: Canaris, FS Larenz) |
| ders. | Die Vertrauenshaftung im deutschen Privatrecht, München 1971 (zitiert: Canaris, Vertrauenshaftung) |
| ders. | Ansprüche wegen „positiver Vertragsverletzung“ und „Schutzwirkung für Dritte“ bei nichtigen Verträgen, JZ 1965, S. 475 ff. |
| ders. | Haftung Dritter aus positiver Forderungsverletzung, VersR 1965, S. 114 ff. |
| Damm, Reinhard | Entwicklungstendenzen der Expertenhaftung, JZ 1991, S. 373 ff. |
| Dauner-Lieb, Barbara/ Heidel, Thomas/ Lepa, Manfred/ Ring, Gerhard (Hrsg.) | AnwaltKommentar Schuldrecht – Erläuterungen der Neuregelungen zum Verjährungsrecht, Schuldrecht, Schadensersatzrecht und Mietrecht, Bonn 2002 (zitiert: AnwKom-Schuldrecht/Bearbeiter) |
| dies. | Das Neue Schuldrecht – ein Lehrbuch, Heidelberg 2002 (zitiert: Bearbeiter in Dauner-Lieb/Heidel/Lepa/ Ring, Das Neue Schuldrecht) |
| Derleder, Peter/ Knops, Kai-Oliver/ Bamberger, Heinz Georg (Hrsg.) | Handbuch zum deutschen und europäischen Bankrecht, Köln 2004 (zitiert: Bearbeiter in Derleder/ Knops/Bamberger, Handbuch Bankrecht) |
| Deutscher Industrie- und Handelskammertag | Sachverständige – Inhalt und Pflichten ihrer öffentlichen Bestellung, 6. Aufl., Bonn 2003 (zitiert: DIHK, Sachverständige) |

Dickes, Claus — Der Vertrag mit Schutzwirkung für Dritte in den Fällen der Auskunftshaftung, Mainz 1992 (zitiert: Dickes, Vertrag mit Schutzwirkung)

Dölle, Hans — Außergesetzliche Schuldpflichten, ZgesStaatsW (103) 1943, S. 67 ff.

Duden, Konrad (Begr.) — Deutsches Universalwörterbuch, 6. Aufl., Mannheim 2007 (zitiert: Duden)

Ebke, Werner/ Fechtrup, Benedikt — Anmerkung zu BGH, Urteil v. 19.03.1986 – IV a ZR 127/84, JZ 1986, S. 1112 ff.

Ebke, Werner/ Scheel, Hansjörg — Die Haftung des Wirtschaftsprüfers für fahrlässig verursachte Vermögensschäden Dritter, WM 1991, S. 389 ff.

Eckebrecht, Marc — Vertrag mit Schutzwirkung für Dritte – die Auswirkungen der Schuldrechtsreform, MDR 2002, S. 425 ff.

Eggert, Christoph — Zwanzig Jahre Kfz-Agenturgeschäft – Bilanz eines Provisoriums, NZV 1989, S. 456 ff.

Emmerich, Volker — Das Recht der Leistungsstörungen, 6. Aufl., München 2005 (zitiert: Emmerich, Leistungsstörungen)

Erman, Walter (Begr.) — Bürgerliches Gesetzbuch – Handkommentar mit EGBGB, ErbbauVO, HausratsVO, LPartG, ProdHaftG, UKlaG, VAHRG und WEG, Köln, 10. Aufl. 2000, 11. Aufl. 2004 und 12. Aufl. 2008 (zitiert: Erman/Bearbeiter)

ders. — Beiträge zur Haftung für das Verhalten bei Vertragsverhandlungen, AcP 139 (1934), S. 273 ff.

Esser, Josef/ Schmidt, Eike — Schuldrecht, Band I, Allgemeiner Teil, Teilband 2, Heidelberg, 7. Aufl. 1993 und 8. Aufl. 2000 (zitiert: Esser/Schmidt, Schuldrecht AT/2)

Fikentscher, Wolfgang/ Heinemann, Andreas — Schuldrecht, 10. Aufl., Berlin 2006 (zitiert: Fikentscher/Heinemann, Schuldrecht)

Finn, Markus | Zur Haftung des Sachverständigen für fehlerhafte Wertgutachten gegenüber Dritten, NJW 2004, S. 3752 ff.

Flechsig, Norbert P. | Governance of Knowledge und Freiheiten selektiver Informationsbeschaffung – über die Notwendigkeit größerer Pressespiegelfreiheit zu aktueller Informationserlangung in der Wissensgesellschaft, GRUR 2006, S. 888 ff.

Fleischer, Holger | Prospektpflicht und Prospekthaftung für Vermögensanlagen des Grauen Kapitalmarkts nach dem Anlegerverbesserungsschutzgesetz, BKR 2004, S. 339 ff.

Gaede, Bertold | Die vertragliche Haftung der Banken für Kreditauskünfte – Vertrag oder Vertragsfiktion?, NJW 1972, S. 926 ff.

Gernhuber, Joachim | Drittwirkungen im Schuldverhältnis kraft Leistungsnähe – zur Lehre von den Verträgen mit Schutzwirkung für Dritte, in: Festschrift für Arthur Nikisch, Tübingen 1958, S. 249 ff. (zitiert: Gernhuber, FS Nikisch)

ders. | Gläubiger, Schuldner und Dritter, JZ 1962, S. 553 ff.

ders. | Handbuch des Schuldrechts, Band 8, Das Schuldverhältnis – Begründung und Änderung, Pflichten und Strukturen, Drittwirkungen, Tübingen 1989 (zitiert: Gernhuber, Das Schuldverhältnis)

Gottwald, Peter (Hrsg.) | Insolvenzrechtshandbuch, 3. Aufl., München 2006 (zitiert: Bearbeiter in Gottwald, Insolvenzrechtshandbuch)

Grunewald, Barbara | Bürgerliches Recht, 7. Aufl., München 2006 (zitiert: Grunewald, Bürgerliches Recht)

dies. | Die Haftung des Experten für seine Expertise gegenüber Dritten, AcP 187 (1987), S. 285 ff.

dies. | Zur Haftung von Fachleuten im Zivilrechtsverkehr, JZ 1982, S. 627 ff.

Hachenburg, Max (Begr.) | GmbHG, Großkommentar, Bd. 3 §§ 53-85, 8. Aufl., Berlin 1997 (zitiert: Hachenburg/Bearbeiter)

Häublein, Martin | Der Beschaffenheitsbegriff und seine Bedeutung für das Verhältnis der Haftung aus culpa in contrahendo zum Kaufrecht, NJW 2003, S. 388 ff.

Hefermehl, Wolfgang/ Köhler, Helmut/ Bornkamm, Joachim (Ehem. Bearb./Bearb.) | Gesetz gegen den unlauteren Wettbewerb, 26. Aufl., München 2008 (zitiert: Hefermehl/Köhler/Bornkamm)

Heinrichs, Helmut | Bemerkungen zur culpa in contrahendo nach der Reform – die Tatbestände des § 311 Abs. 2 BGB –, in: Festschrift für Claus-Wilhem Canaris zum 70. Geburtstag, Bd. I, München 2007, S. 421 ff. (zitiert: Heinrichs, FS Canaris)

Herrmann, Harald | Die Sachwalterhaftung vermögenssorgender Berufe – zu den berufssoziologischen und wirtschaftsrechtlichen Grundlagen der culpa in contrahendo, JZ 1983, S. 422 ff.

Hirte, Heribert | Berufshaftung – ein Beitrag zur Entwicklung eines einheitlichen Haftungsmodells für Dienstleistungen, München 1996 (zitiert: Hirte, Berufshaftung)

Hirth, René-Alexander | Die Entwicklung der Rechtsprechung zum Vertrag mit Schutzwirkung zugunsten Dritter in ihrer Bedeutung für den Ausgleich von Drittschäden im Zahlungsverkehr, Berlin 1991 (zitiert: Hirth, Vertrag mit Schutzwirkung)

Honsell, Heinrich | Die Haftung für Gutachten und Auskunft unter besonderer Berücksichtigung von Drittinteressen, in: Festschrift für Dieter Medicus zum 70. Geburtstag, Köln 1999, S. 211 ff. (zitiert: Honsell, FS Medicus)

| | |
|---|---|
| ders. | Probleme der Haftung für Auskunft und Gutachten, JuS 1976, S. 621 ff. |
| Hopt, Klaus J. | Nichtvertragliche Haftung außerhalb von Schadens- und Bereicherungsausgleich – zur Theorie und Dogmatik des Berufsrechts und der Berufshaftung, AcP 183 (1983), S. 608 ff. |
| Horn, Norbert | Culpa in contrahendo, JuS 1995, S. 377 ff. |
| Huber, Konrad | Verkehrspflichten zum Schutz fremden Vermögens, in: Festschrift für von Caemmerer zum 70. Geburtstag, Tübingen 1978, S. 359 ff. (zitiert: Huber, FS von Caemmerer) |
| Huber, Peter/ Faust, Florian | Schuldrechtsmodernisierung – Einführung in das neue Recht, München 2002 (zitiert: Huber/Faust, Schuldrechtsmodernisierung) |
| Hübner, Ulrich | Die Berufshaftung – ein zumutbares Risiko?, NJW 1989, S. 5 ff. |
| Janert, Ingo/ Schuster, Thorsten | Dritthaftung des Wirtschaftsprüfers am Beispiel der Haftung für Prospektgutachten, BB 2005, S. 987 ff. |
| Jauernig, Othmar (Hrsg.) | Bürgerliches Gesetzbuch, 12. Aufl., München 2007 (zitiert: Jauernig/Bearbeiter) |
| Jhering, Rudolph von | Culpa in contrahendo oder Schadensersatz bei nichtigen oder nicht zur Perfection gelangten Verträgen, in: Jahrbücher für die Dogmatik des heutigen römischen und deutschen Privatrechts, Band 4, Teil I, Jena 1861, S. 1 ff. (zitiert: von Jhering, JherJb4) |
| Jost, Fritz | Vertragslose Auskunfts- und Beratungshaftung, Baden-Baden 1991 (zitiert: Jost, Beratungshaftung) |
| Katzenmeier, Christian | Agenturgeschäfte im Gebrauchtwagenhandel, NJW 2004, S. 2632 ff. |

Kersting, Christian — Die Dritthaftung für Informationen im Bürgerlichen Recht, München 2007 (zitiert: Kersting, Dritthaftung)

Keul, Thomas/ Erttmann, Dorothee — Inhalt und Reichweite zivilrechtlicher Prospekthaftung, DB 2006, S. 1664 ff.

Kiehte, Kurt — Anlageprospekte – die Haftung des Emittenten für Richtigkeit und Vollständigkeit, MDR 2006, S. 843 ff.

Kim, Sang-Joong — Die Haftung des Experten für seine Expertise gegenüber Dritten: Ein Beitrag zur Diskussion über die Haftung für Vermögensschäden Dritter, Aachen 2003 (zitiert: Kim, Haftung des Experten)

Koch, Jens — Haftungsbeschränkungen bei der Abgabe von Third Party Legal Opinions, WM 2005, S. 1208 ff.

ders. — § 311 Abs. 3 BGB als Grundlage einer vertrauensrechtlichen Auskunftshaftung, AcP (204) 2004, S. 59 ff.

Köndgen, Johannes — Selbstbindung ohne Vertrag – zur Haftung aus geschäftsbezogenem Handeln, Tübingen 1981 (zitiert: Köndgen, Selbstbindung)

Koziol, Helmut — Generalnorm und Einzeltatbestände als Systeme der Verschuldenshaftung: Unterschiede und Ausgleichsmöglichkeiten, ZEuP 1995, S. 359 ff.

Krebber, Sebastian — Der nicht zufällige Kontakt ohne Vertragsnähe auf der Grenze zwischen vertraglicher und deliktischer Haftung – eine Untersuchung zu § 311 Abs. 2 und 3 BGB, VersR 2004, S. 150 ff.

Krebs, Peter — Sonderverbindung und außerdeliktische Schutzpflichten, München 2000 (zitiert: Krebs, Sonderverbindung)

Kübler, Bruno M. — Überlegungen zur Eigenhaftung des Unternehmenssanierers aus culpa in contrahendo, in: Festschrift für Alfred Kellermann zum 70. Geburtstag am 29. November 1990, Berlin 1991, S. 243 ff. (zitiert: Kübler, FS Kellermann)

Kümpel, Siegfried — Bank- und Kapitalmarktrecht, 3. Aufl., Köln 2004 (zitiert: Kümpel, Bank- und Kapitalmarktrecht)

Lammel, Siegbert — Zur Auskunftshaftung, AcP 179 (1979), S. 337 ff.

Lang, Arno — Die Rechtsprechung des Bundesgerichtshofes zur Dritthaftung der Wirtschaftsprüfer und anderer Sachverständiger, WM 1988, S. 1001 ff.

Lang, Volker — Einmal mehr: Berufsrecht, Berufspflichten und Berufshaftung – Gedanken zu Inhalt und Dogmatik eines Berufsrechtes am Beispiel der bankrechtlichen Informationspflichten, AcP 201 (2001), S. 451 ff.

Langenberg, Hans — Betriebskostenrecht der Wohn- und Gewerberaummiete – Begriff, Umlage und Abrechnung, 4. Aufl., München 2006 (zitiert: Langenberg, Betriebskostenrecht)

Larenz, Karl — Lehrbuch des Schuldrechts, Band I, Allgemeiner Teil, 14. Aufl. 1987 (zitiert: Larenz, Schuldrecht AT)

ders. — Zur Schutzwirkung eines Schuldvertrages gegenüber dritten Personen, NJW 1960, S. 77 ff.

ders. — Anmerkung zu BGH, Urteil v. 25.04.1956 – VI ZR 34/55, NJW 1956, S. 1194

ders. — Culpa in contrahendo, Verkehrssicherungspflicht und „sozialer Kontakt“, MDR 1954, S. 515 ff.

Larenz, Karl/ Canaris, Claus-Wilhelm — Lehrbuch des Schuldrechts, Zweiter Band, Besonderer Teil, 2. Halbband, 13. Aufl., München 1994 (zitiert: Larenz/Canaris, Schuldrecht BT/2)

| | |
|---|---|
| Larenz, Karl/<br>Wolf, Manfred | Allgemeiner Teil des Bürgerlichen Rechts, 9. Aufl., München 2004 (zitiert: Larenz/Wolf, Bürgerliches Recht AT) |
| Lindner-Figura, Jan/<br>Opreé, Frank/<br>Stellmann, Frank<br>(Hrsg.) | Geschäftsraummiete, München 2006 (zitiert: Bearbeiter in Lindner-Figura/Oprée/Stellmann, Geschäftsraummiete) |
| Lorenz, Werner | Das Problem der Haftung für primäre Vermögensschäden bei der Erteilung einer unrichtigen Auskunft, in: Festschrift für Karl Larenz zum 70. Geburtstag, München 1973, S. 575 ff. (zitiert: Lorenz, FS Larenz) |
| Marburger, P. | Anmerkung zu BGH, Urteil v. 13.02.1975 – VI ZR 92/73, JR 1975, S. 369 ff. |
| Martiny, Dieter | Pflichtenorientierter Drittschutz beim Vertrag mit Schutzwirkung für Dritte – Eingrenzung uferloser Haftung, JZ 1996, S. 19 ff. |
| Medicus, Dieter | Bürgerliches Recht – eine nach Anspruchsgrundlagen geordnete Zusammenstellung zur Examensvorbereitung, 21. Aufl., Köln 2007 (zitiert: Medicus, Bürgerliches Recht) |
| ders. | Schuldrecht I, Allgemeiner Teil, 17. Aufl., München 2006 (zitiert: Medicus, Schuldrecht AT) |
| ders. | Anmerkung zu BGH, Urteil v. 10.11.1994 – III ZR 50/94, JZ 1995, S. 308 f. |
| ders. | Eigenhaftung des GmbH-Geschäftsführers aus Verschulden bei Vertragsverhandlungen, in: Festschrift für Ernst Steindorff zum 70. Geburtstag am 13. März 1990, Berlin 1990, S. 725 ff. (zitiert: Medicus, FS Steindorff) |
| ders. | Zivilrecht und Umweltschutz, JZ 1986, S. 778 ff. |

ders. Empfiehlt sich eine Normierung der Lehre vom Verschulden bei Vertragsverhandlungen und eine Neuregelung vorvertraglicher Rechte und Pflichten im BGB? Können Widerrufsrechte und ähnliche sondergesetzliche Regelungen zum Schutz vor nachteiligen Vertragsbindungen im BGB geregelt werden?, in: Gutachten und Vorschläge zur Überarbeitung des Schuldrechts, Band II, Köln 1981, S. 479 ff. (zitiert: Medicus, Gutachten)

Mertens, Hans-Joachim Deliktsrecht und Sonderprivatrecht – zur Rechtsfortbildung des deliktischen Schutzes von Vermögensinteressen, AcP 178 (1978), S. 227 ff.

ders. Berufshaftung – Haftungsprobleme alter Professionen, VersR 1974, S. 509 ff.

Messer, Karin Dritthaftung aus culpa in contrahendo für unwahre beschönigende Aussagen am Kapitalmarkt durch Vorstandsmitglieder einer Aktiengesellschaft, Augsburg 2004 (zitiert: Messer, Dritthaftung)

Meyer, Andreas Aspekte einer Reform der Prospekthaftung – eine Würdigung der Verhandlungen des 64. Deutschen Juristentages, WM 2003, S. 1301 ff. und S. 1349 ff.

Müller, Markus Die Umgehung des Rechts des Verbrauchsgüterkaufs im Gebrauchtwagenhandel, NJW 2003, S. 1975 ff.

Münchener Kommentar Bürgerliches Gesetzbuch, München, 3. Aufl. 1993 ff., 4. Aufl. 2000 ff. und 5. Aufl. 2006 ff. (zitiert: MünchKomm-BGB/Bearbeiter)

Musielak, Hans-Joachim (Hrsg.) Kommentar zur Zivilprozessordnung, 5. Aufl., München 2007 (zitiert: Musielak/Bearbeiter)

ders. Die Haftung der Banken für falsche Kreditauskünfte – zugleich ein Beitrag zur Lehre von den vertraglichen Schutzwirkungen für Dritte, VersR 1977, S. 973 ff.

Müssig, Peter — Falsche Auskunftserteilung und Haftung, NJW 1989, S. 1697 ff.

Neuner, Jörg — Der Schutz und die Haftung Dritter nach vertraglichen Grundsätzen, JZ 1999, S. 126 ff.

Nobbe, Gerd — Bankgeheimnis, Datenschutz und Abtretung von Darlehensforderungen, WM 2005, S. 1537 ff.

Palandt, Otto (Begr.) — Bürgerliches Gesetzbuch, München, 65. Aufl. 2006 und 67. Aufl. 2008 (zitiert: Palandt/Bearbeiter)

Papst, Robert — Die Fortentwicklung des Vertrags mit Schutzwirkung für Dritte vom „Lastschriftfall“ bis hin zum „Dachbodenfall“ – keine Durchbrechung, sondern Ausdruck des Relativitätsgrundsatzes, Aachen 1999 (zitiert: Papst, Vertrag mit Schutzwirkung)

Philippsen, Gunther — Zur Dritthaftung des privat beauftragten Gutachters für fahrlässig verursachte Vermögensschäden, Karlsruhe 1998 (zitiert: Philippsen, Dritthaftung des Gutachters)

Picker, Eduard — Gutachterhaftung – außervertragliche Einstandspflichten als innergesetzliche Rechtsfortbildung, in: Festschrift für Dieter Medicus zum 70. Geburtstag, Köln 1999, S. 397 ff. (zitiert: Picker, FS Medicus)

ders. — Vertragliche und deliktische Schadenshaftung – Überlegungen zu einer Neustrukturierung der Haftungssysteme, JZ 1987, S. 1041 ff.

ders. — Positive Forderungsverletzung und culpa in contrahendo – zur Problematik der Haftung zwischen Vertrag und Delikt, AcP 183 (1983), S. 369 ff.

Piper, Henning/ Ohly, Ansgar — Gesetz gegen den unlauteren Wettbewerb mit Preisangabenverordnung, 4. Aufl., München 2006 (zitiert: Piper/Ohly)

Plötner, Michael — Die Rechtsfigur des Vertrags mit Schutzwirkung für Dritte und die sogenannte Expertenhaftung, Berlin 2003 (zitiert: Plötner, Expertenhaftung)

Pohnert, Fritz — Kreditwirtschaftliche Wertermittlungen: typische und atypische Beispiele der Immobilienbewertung, 5. Aufl., Neuwied 1997 (zitiert: Pohnert, Wertermittlungen)

Prölls, Erich R./ Martin, Anton (Begr./Bearb.) — Versicherungsvertragsgesetz, 27. Aufl., München 2004 (zitiert: Bearbeiter in Prölls/Martin)

Prütting, Hanns/ Wegen, Gerhard/ Weinreich, Gerd (Hrsg.) — BGB-Kommentar, 3. Aufl., Neuwied 2008 (zitiert: PWW/Bearbeiter)

Reuter, Dieter — Elterliche Sorge und Verfassungsrecht, AcP 192 (1992), S. 108 ff.

Rüchardt, Konrad — Der Beleihungswert: Bedeutung, Anforderungen, Ermittlung und Verwendung von Beleihungswerten für Immobilien, Frankfurt am Main 2001 (zitiert: Rüchardt, Beleihungswert)

Rümker, Dietrich — Vertrauenshaftung – ein Strukturprinzip des Bankvertragsrechts?, ZHR 147 (1983), S. 27 ff.

Schießl, Maximilian — Zur Verjährung von Prospekthaftungsansprüchen gegen Anlagevermittler, NJW 1987, S. 1684 ff.

Schimansky, Herbert/ Bunte, Hermann-Josef/ Lwowski, Hans-Jürgen (Hrsg.) — Bankrechtshandbuch, Band I, 3. Aufl., München 2007 (zitiert: Bearbeiter in Schimansky/Bunte/Lwowski, Bankrechtshandbuch)

Schimmel, Roland/ Buhlmann, Dirk (Hrsg.) — Frankfurter Handbuch zum neuen Schuldrecht, Neuwied 2002 (zitiert: Bearbeiter in Schimmel/Buhlmann, Frankfurter Handbuch)

| | |
|---|---|
| Schlechtriem, Peter | Empfiehlt es sich, das Verhältnis von vertraglicher und außervertraglicher Haftung durch den Gesetzgeber neu zu ordnen, die Bereiche beider Haftungsarten neu abzugrenzen und ihre Ausgestaltung einander anzugleichen?, in: Gutachten und Vorschläge zur Überarbeitung des Schuldrechts, Band II, Köln 1981, S. 1591 ff. (zitiert: Schlechtriem, Gutachten) |
| Schlegelberger, Franz (Begr.) | Handelsgesetzbuch, Band IV, §§ 343-372, 5. Aufl., München 1976 (zitiert: Schlegelberger/Bearbeiter) |
| Schmidt, Karsten | Konkursverschleppungshaftung und Konkursverursachungshaftung, ZIP 1988, S. 1497 ff. |
| Schmidt-Futterer, Wolfgang (Begr.) | Mietrecht, 9. Aufl., München 2007 (zitiert: Schmidt-Futterer/Bearbeiter) |
| Schneider, Hannes | Reichweite der Expertenhaftung gegenüber Dritten – Sicht des Experten, ZHR 163 (1999), S. 246 ff. |
| Schulze, Reiner | Grundprobleme der Dritthaftung bei Verletzung von Auskunfts- und Beratungspflichten in der neueren Rechtsprechung, JuS 1983, S. 81 ff. |
| Schulze, Reiner/ Dörner, Heinrich/ Ebert, Ina/ Eckert, Jörn u. a. (Schriftl./Hrsg.) | Bürgerliches Gesetzbuch – Handkommentar, 05. Aufl., Baden-Baden 2007 (zitiert: Hk-BGB/Bearbeiter) |
| Schulze, Reiner/ Schulte-Nölke, Hans (Hrsg.) | Die Schuldrechtsreform vor dem Hintergrund des Gemeinschaftsrechts, Tübingen 2001 (zitiert: Bearbeiter in Schulze/Schulte-Nölke, Schuldrechtsreform) |
| Schwab, Martin | Grundfälle zu culpa in contrahendo, Sachwalterhaftung und Vertrag mit Schutzwirkung für Dritte nach neuem Schuldrecht, JuS 2002, S. 773 ff. und S. 872 ff. |
| Schwarze, Roland | Subsidiarität des vertraglichen Drittschutzes, AcP 203 (2003), S. 348 ff. |

Simon, Jürgen/ Kleiber, Wolfgang — Schätzung und Ermittlung von Grundstückswerten, 8. Aufl., Neuwied 2004 (zitiert: Simon/Kleiber, Ermittlung von Grundstückswerten)

Singer, Reinhard — Fehler beim Kauf – zum Verhältnis von Mängelgewährleistung, Irrtumsanfechtung und culpa in contrahendo, in: 50 Jahre Bundesgerichtshof – Festgabe aus der Wissenschaft, Band I, Bürgerliches Recht, München 2000, S. 381 ff. (zitiert: Singer, FG BGH)

Siol, Joachim — Die bürgerlich-rechtliche Prospekthaftung im engeren Sinn, DRiZ 2003, S. 204 ff.

Soergel, Hans Th. (Begr.) — Bürgerliches Gesetzbuch, Stuttgart, 12. Aufl. 1987 ff. und 13. Aufl. 2000 ff. (zitiert: Soergel/Bearbeiter)

Staub, Hermann (Begr.) — Handelsgesetzbuch, Großkommentar, Band 5, Bankvertragsrecht, Erster Teil, 4. Aufl., Berlin 2005 (zitiert: Staub/Bearbeiter)

Staudinger, Julius von (Begr.) — Kommentar zum Bürgerlichen Gesetzbuch mit Einführungsgesetzen und Nebengesetzen, Berlin, 13. Aufl. 1993 ff., danach in bandweise Neubearbeitung (zitiert: Staudinger/Bearbeiter)

Stoll, Hans — Vertrauensschutz bei einseitigen Leistungsversprechen, in: Festschrift für Werner Flume, Band I, Köln 1978, S. 741 ff. (zitiert: Stoll, FS Flume)

Stoll, Heinrich — Abschied von der Lehre von der positiven Vertragsverletzung, AcP 136 (1932), S. 257 ff.

ders. — Die Lehre von den Leistungsstörungen, Berlin 1936 (zitiert: Stoll, Leistungsstörungen)

Strasser, Manuel — Die Haftung der Wirtschaftsprüfer gegenüber Kapitalanlegern für fehlerhafte Testate, Frankfurt am Main 2003 (zitiert: Strasser, Haftung der Wirtschaftsprüfer)

Strauch, Dieter — Rechtsgrundlagen der Haftung für Rat, Auskunft und Gutachten, JuS 1992, S. 897 ff.

| | |
|---|---|
| Terbille, Michael (Hrsg.) | Münchener Anwaltshandbuch Versicherungsrecht, München 2004 (zitiert: Bearbeiter in Terbille, MAH Versicherungsrecht) |
| Teubner, Gunther | Expertise als soziale Institution: die Internalisierung Dritter in den Vertrag, in: Liber Amicorum Eike Schmidt, Heidelberg 2005, S. 303 ff. (zitiert: Teubner, Liber Amicorum Schmidt) |
| Thiele, Wolfgang | Leistungsstörung und Schutzpflichtverletzung – zur Einordnung der Schutzpflichtverletzungen in das Haftungssystem des Zivilrechts, JZ 1967, S. 649 ff. |
| Van Eickels, Yvonne | Die Drittschutzwirkung von Verträgen, Baden-Baden 2005 (zitiert: Van Eickels, Drittschutzwirkung) |
| Wahrig | Deutsches Wörterbuch, 8. Aufl., München 2006 (zitiert: Wahrig) |
| Weber, Martin | Die Haftung des Abschlussprüfers gegenüber Dritten, NZG 1999, S. 1 ff. |
| Weimar, Wilhelm | Der Beförderungsvertrag mit Schutzwirkung für Dritte, DAR 1972, S. 64 ff. |
| Wellmann, Carl R. | Der Sachverständige in der Praxis, 7. Aufl., Düsseldorf 2004 (zitiert: Wellmann, Der Sachverständige) |
| Westermann, Harm P./ Bydlinski, Peter/ Weber, Ralph | BGB-Schuldrecht, Allgemeiner Teil, 6. Aufl., Heidelberg 2007 (zitiert: Westermann/Bydlinski/Weber, Schuldrecht AT) |
| Wiedemann, Gerhard (Hrsg.) | Handbuch des Kartellrechts, München 1999 (zitiert: Wiedemann/Bearbeiter) |
| Wiegand, Annette | Die „Sachwalterhaftung" als richterliche Rechtsfortbildung, Berlin 1991 (zitiert: Wiegand, Sachwalterhaftung) |

Zöller, Richard (Begr.) Zivilprozessordnung – mit Gerichtsverfassungsgesetz und den Einführungsgesetzen, mit internationalem Zivilprozessrecht, EG-Verordnungen, Kostenanmerkungen, 26. Aufl., Köln 2007 (zitiert: Zöller/Bearbeiter)

Zugehör, Horst Berufliche „Dritthaftung" – insbesondere der Rechtsanwälte, Steuerberater, Wirtschaftsprüfer und Notare – in der deutschen Rechtsprechung, NJW 2000, S. 1601 ff.

## Internetquellen:


Baum, Andreas/ Mauke, Daniel — Getürkte Tachos, verpfuschte Unfälle – Betrug beim Kauf von Gebrauchtwagen, Reportage, Sendetermin 06.04.2005 bei ZDF.reporter, URL: http://www.zdf.de/ZDFde/inhalt/0/0,1872,2285056,00.html, abgerufen am 15.04.2007 (zitiert: Baum/Mauke, Getürkte Tachos, Internetquelle, URL: http://www.zdf.de/ZDFde/inhalt/0/0,1872,2285056,00.html (15.04.2007))

Baums, Theodor/ Fischer, Christian — Haftung des Prospekt- und des Abschlussprüfers gegenüber den Anlegern, URL: http://publikationen.ub.uni-frankfurt.de/volltexte/2005/655/, Erstellungsjahr 2003, Publikationsdatum 11.04.2005, abgerufen am 15.04.2007 (zitiert: Baums/Fischer, Haftung gegenüber Anlegern, Internetquelle, URL: http://publikationen.ub.uni-frankfurt.de/volltexte/2005/655/ (15.04.2007))

Deutscher Anwaltsverein e. V. — Stellungnahme des Zivilrechtsausschusses des Deutschen Anwaltvereins e. V. zu den wortgleichen Entwürfen eines Gesetzes zur Modernisierung des Schuldrechts der Bundesregierung (BR-Drucks. 338/01 vom 11.05.2001) und der Bundestagsfraktionen der SPD und von Bündnis 90/Die Grünen (BT-Drucks. 14/6040 vom 14.05.2001), 25.06.2001, URL: http://www.anwaltsverein.de/03/05/2001/28-01.rtf, abgerufen am 15.04.2007 (zitiert: DAV, Stellungnahme des Zivilrechtsausschusses, Internetquelle, URL: http://www.anwaltsverein.de/03/05/2001/28-01.rtf (15.04.2007))

IfS GmbH für Sachverständige — Allgemeine Informationen und Bedingungen zur Zertifizierung von Sachverständigen für Immobilienbewertung, Stand: 09/2006, URL: http://www.ifsforum.de/db/Informationen_02.pdf, abgerufen am 19.04.2007 (zitiert: IfS, Zertifizierung, Internetquelle, URL: http://www.ifsforum.de/db/Informationen_02.pdf (19.04.2007))

Reader´s Digest — Feuerwehrleute und Piloten an der Spitze der Vertrauensskala in Deutschland, in: Pressemitteilungen: European Trusted Brands, Pressemitteilung vom 03.04.2007, URL: http://www.readers-digest.de/service_fuer_journalisten/index.php?idhttp://www.readers-digest.de/service_fuer_journalisten/index.php?id=etb&no_cache=1&tx_ttnews[tt_news]=584&tx_ttnews[backPid]=14, abgerufen am 15.04.2007. (zitiert: Reader´s Digest, Vertrauensskala in Deutschland, Internetquelle, URL: http://www.readers-digest.de/service_fuer_journalisten/index.php?idhttp://www.readers-digest.de/service_fuer_journalisten/index.php?id=etb&no_cache=1&tx_ttnews[tt_news]=548&tx_ttnews[backPid]=14 (15.04.2007))

Reader´s Digest — Trusted Brands 2007, Results, Confidence in Professions, Results for Germany, URL: http://www.rdtrustedbrands.com/trusted-brands/results/tables/Confidence%2520in%2520professions.country.Germany.shtml, abgerufen am 15.04.2007 (zitiert: Reader´s Digest, Trusted Brands 2007, Internetquelle, URL: http://www.rdtrustedbrands.com/trusted-brands/results/tables/Confidence%2520in%2520.professions.country.Germany.shtml (15.04.2007))

SWR Fernsehen Infomarkt — Gebrauchtwagenverkauf – Die Tricks der Profis, Reportage, URL: http://www.swr.de/infomarkt/archiv/2004/06/08/beitrag1.html, Erstelldatum: 08.06.2004, abgerufen am 15.04.2007 (zitiert: SWR, Gebrauchtwagenverkauf, Internetquelle, URL: http://www.swr.de/infomarkt/archiv/2004/06/08/beitrag1.html (15.04.2007))

# Kapitel 1: Einführung in die Problematik

## A. Wirtschaftliche Bedeutung

Unsere Gesellschaft befindet sich im Wandel. Es findet eine Entwicklung von der Industriegesellschaft zur Wissens- und Informationsgesellschaft statt. Diese Entwicklung ist unverkennbar und bereits so weit fortgeschritten, dass wir uns heute selbst als Wissens- und Informationsgesellschaft bezeichnen.[1] Dieser Paradigmenwechsel betrifft nicht nur unser Privatleben, sondern auch und vielleicht in sogar noch stärkerem Maße unser modernes Wirtschaftsleben. Hier sind Information und Wissen von geradezu überragender Bedeutung.[2] Sie machen Chancen und Risiken nämlich überhaupt erst erkennbar. Insofern sind sie Voraussetzung und Grundlage eines funktionierenden Geschäftsverkehrs und Wettbewerbs. Entsprechend dieser geradezu überragenden Bedeutung befassen sich heute immer größere Bereiche des Wirtschaftslebens mit der Vermittlung von Wissen und Information. Für viele Berufe wie die des Vermögensberaters, Rechtsanwalts, Wirtschaftsprüfers oder Sachverständigen und Einrichtungen wie Auskunfteien und Kreditinformationssysteme gilt dies sogar ausschließlich oder ganz überwiegend. An deren Wissen und Informationen besteht ein immenser Bedarf, weil wichtige Entscheidungen im Wirtschaftsleben heute kaum noch aufgrund der mehr oder minder verlässlichen Auskünfte und Unterlagen potenzieller Geschäftspartner getroffen werden.[3] In den meisten Fällen werden zusätzlich Wissen und Informationen von den genannten Berufsangehörigen und Einrichtungen eingeholt, um die Chancen und Risiken des Geschäfts erkennbar zu machen. Beispiele hierfür sind die Einholung von Bonitätsauskünften, Wertgutachten oder Anlageempfehlungen. Diese Informationen werden der Entscheidung über das Geschäft dann maßgeblich zugrunde gelegt. Die daran geknüpften Erwartungen sind dementsprechend hoch und ebenso groß ist die Enttäuschung, wenn das Geschäft fehlschlägt und sich dabei zeigt, dass die Informationen ihren Preis nicht wert waren.[4] Infolgedessen spielt auch die Haftung für fehlerhafte Informationen wie Gutachten und Auskünfte in unserem modernen Wirtschaftsleben eine immer größere Rolle.[5]

---

1 Weltgipfel der UNO zur Informationsgesellschaft Genf 2003 – Tunis 2005 (World Summit on the Information Society (WSIS)); Berger, ZBB 2001, S. 238; Flechsig, GRUR 2006, S. 888 ff.

2 Berger, ZBB 2001, S. 238; Kersting, Dritthaftung, S. 1 und 5 ff.

3 Müssig, NJW 1989, S. 1697.

4 Müssig, NJW 1989, S. 1697.

5 Honsell, FS Medicus, S. 211.

## B. Rechtliche Besonderheiten

Ungeachtet ihrer außerordentlichen wirtschaftlichen Bedeutung ist die Haftung für fehlerhafte Informationen nicht umfassend speziell geregelt.[6] Zur Begründung der Haftung muss daher in vielen Fällen auf das allgemeine Haftungssystem des BGB zurückgegriffen werden. Dies bereitet indessen ganz erhebliche Probleme. Die Haftung für fehlerhafte Informationen will nicht so recht in das allgemeine Haftungssystem des BGB passen. Dies ist kein Zufall, sondern geht auf die Entscheidung des historischen Gesetzgebers zurück, dass Rat und Auskunft für sich alleine keine Haftung erzeugen.[7] Diese Entscheidung kommt auch im BGB selbst zum Ausdruck. § 675 Abs. 2 BGB stellt ausdrücklich klar, dass derjenige, der einem anderen einen Rat oder eine Empfehlung erteilt, unbeschadet der sich aus einem Vertragsverhältnis, einer unerlaubten Handlung oder einer sonstigen gesetzlichen Bestimmung ergebenden Verantwortlichkeit, zum Ersatz des aus der Befolgung des Rates oder der Empfehlung entstehenden Schadens nicht verpflichtet ist. Diese Entscheidung des historischen Gesetzgebers ist auch nach wie vor gültig, jedenfalls im privaten Bereich, denn bei einer allgemeinen Haftung für fehlerhafte Informationen wäre alle Unbefangenheit der Konversation dahin, das harmloseste Wort würde zum Strick.[8] Im geschäftlichen Bereich bereitet sie aber ganz erhebliche Probleme, weil sie nicht nur einer allgemeinen Haftung für fehlerhafte Informationen entgegensteht, die auch im geschäftlichen Bereich nicht anzuerkennen wäre, sondern auch einer Haftung in den Fällen, in denen eine Haftbarmachung nach dem heutigen Gerechtigkeitsempfinden als unumgänglich erscheint.[9]

Unproblematisch ist die Haftung für fehlerhafte Informationen im Haftungssystem des BGB nämlich nur, wenn zwischen demjenigen, der einem anderen eine Information wie einen Rat oder eine Empfehlung erteilt, und demjenigen, der den Rat oder die Empfehlung befolgt und dadurch einen Schaden erleidet, ein Vertrag besteht. Dies ist regelmäßig der Fall, wenn es um die Haftung von Berufsträgern wie Rechtsanwälten, Steuerberatern, Wirtschaftsprüfern oder sonstigen Sachverständigen gegenüber ihren Auftraggebern geht. Dann steht die Haftung für einen fehlerhaften Rat oder eine fehlerhafte Empfehlung auf den sicheren Rechtsgrundlagen eines Dienstvertrags oder eines Werkvertrags, der eine Geschäftsbesorgung zum Gegenstand hat.[10]

---

6 Spezialregelungen sind z. B. §§ 44, 77 BörsG, 127 InvG, 13 VerkProspG, 37 b und c WpHG.

7 Honsell, FS Medicus, S. 211, 213.

8 Honsell, a. a. O.; von Jhering, JherJb4, S. 12 f.

9 Zugehör, NJW 2000, S. 1601, 1602.

10 Zugehör, a. a. O.

Anders ist es aber, wenn es um die Haftung von Berufsträgern gegenüber anderen Personen als ihren Auftraggebern bzw. allgemein ausgedrückt um die Haftung gegenüber Personen geht, denen die erteilten Informationen vertraglich nicht geschuldet sind. Dies kommt häufig vor, weil Informationen in vielen Fällen dazu bestimmt sind, nicht nur dem Auftraggeber, sondern auch Dritten vorgelegt zu werden,[11] die Beteiligten durch die zunehmende Arbeitsteilung im modernen Güter- und Dienstleistungsverkehr einander vertragsrechtlich immer weiter entrückt werden[12] und Informationen in Geschäftsbeziehungen häufig auch ohne vertragliche Verpflichtung erteilt zu werden pflegen.[13] Die Haftung für fehlerhafte Informationen lässt sich dann nicht so einfach auf die sicheren Rechtsgrundlagen eines Vertrags zwischen demjenigen, der einen Rat oder eine Empfehlung erteilt, und demjenigen, der den Rat oder die Empfehlung befolgt, stützen. Das klassische Vertragsrecht stößt hier an seine Grenzen. Gewöhnlich besteht die Hauptwirkung eines Vertrags nämlich in der Berechtigung, eine Leistung zu fordern. Darum geht es hier aber nicht. Der Dritte erhält die gewünschten Informationen auch so. Es kann deshalb von vornherein nur darum gehen, inwieweit für den Inhalt der erteilten Informationen gehaftet wird.[14] Ein solcher Vertrag, dessen Hauptwirkung sich auf die Haftung für eine nicht geschuldete Leistung beschränkt, ist aber höchst ungewöhnlich. Die Beteiligten machen sich über die Frage der Haftung im Vorfeld nämlich häufig gar keine Gedanken. Sie denken hierüber meist erst dann nach, wenn die Komplikationen bereits eingetreten sind.[15] Das klassische Vertragsrecht, bei dem der erklärte Wille der Parteien über den Inhalt des Geschäfts entscheidet, ist deshalb mit der Haftung für eine nicht vertraglich geschuldete Information überfordert.

Auch das Deliktsrecht gewährleistet keine angemessene Haftung für fehlerhafte Informationen, wenn es um die Haftung von Berufsträgern gegenüber anderen Personen als ihren Auftraggebern geht. Dies hat seinen Grund vor allem darin, dass es bei der Haftung für fehlerhafte Informationen typischerweise um den Ersatz fahrlässig verursachter Vermögensschäden geht.[16] Das Vermögen wird aber vom Deliktsrecht, anders als die absoluten Rechte und Rechtsgüter (Gesundheit, Eigentum usw.), gegen fahrlässige Schädigungen nicht umfassend geschützt. Das Vermögen ist kein „sonstiges Recht“ im Sinne des § 823 Abs. 1 BGB. Es genießt daher Schutz nur bei der Verletzung gesetzlicher und individualschützender Pflichten (§ 823 Abs. 2 BGB) und bei sittenwidrig-vorsätzli-

---

11 MünchKomm-BGB/Gottwald, § 328 Rn. 150 ff.; Kim, Haftung des Experten, S. 2.
12 Picker, JZ 1987, S. 1041, 1057.
13 Soergel/Häuser/Welter, § 676 Rn. 14 und 82 ff.
14 Soergel/Häuser/Welter, § 676 Rn. 14 und 82 ff.
15 Soergel/Wolf, vor § 145 Rn. 14.
16 Kim, Haftung des Experten, S. 2.

cher Schädigung (§ 826 BGB).[17] Schutzpflichten zum Schutz des reinen Vermögens bestehen aber meist nicht[18] und auch eine sittenwidrig-vorsätzliche Schädigung scheidet bei fahrlässig verursachten reinen Vermögensschäden von vornherein aus. Die Haftung kann daher regelmäßig nicht mit den Mitteln des Deliktsrechts, sondern nur mit den Mitteln des Schuldrechts begründet werden. Das Schuldrecht bietet nämlich auch bei fahrlässig verursachten reinen Vermögensschäden umfassend Schutz. Hinzu kommt, dass wegen der zunehmenden Arbeitsteilung und Spezialisierung häufig Gehilfen in den Prozess der Informations- und Wissensvermittlung eingeschaltet werden. Auch dies bereitet im Deliktsrecht Probleme, weil der Geschäftsherr nicht für ein Verschulden seiner Gehilfen haftet (§ 831 BGB). Im Schuldrecht haftet der Geschäftsherr demgegenüber für ein Verschulden seiner Gehilfen wie für eigenes Verschulden (§ 278 BGB). Dies erscheint angemessen, weil derjenige, der den Vorteil der Arbeitsteilung trägt, auch deren Nachteil tragen soll, nämlich das Risiko, dass der an seiner Stelle handelnde Gehilfe schuldhaft rechtlich geschützte Interessen des Geschäftspartners verletzt.[19] Auch unter diesem Aspekt ist daher eine angemessene Haftung nur mit den Mitteln des Schuldrechts gewährleistet.

Die Haftung für fehlerhafte Informationen passt also, soweit es um die Haftung gegenüber Personen geht, denen die Informationen vertraglich nicht geschuldet sind, weder in das klassische Vertragsrecht noch in das Deliktsrecht. Es geht daher um das Problem einer Haftung im „Niemandsland“ zwischen klassischem Vertragsrecht und Deliktsrecht.[20]

In Rechtsprechung und Literatur sind außerordentlich viele verschiedene Konzepte entwickelt worden, um dieses Problems Herr zu werden und die vermeintlichen Lücken des dualistischen Haftungssystems des BGB zu schließen. Diese Konzepte lassen sich grob in drei Gruppen unterteilen: Die erste Gruppe hält die Haftung für ein Problem des Vertragsrechts. Nach ihrer Auffassung bedarf es deshalb einer Weiterentwicklung des klassischen Vertragsrechts. Die zweite Gruppe hält die Haftung für ein Problem des Deliktsrechts. Nach ihrer Auffassung bedarf es deshalb einer Fortentwicklung des klassischen Deliktsrechts. Die dritte Gruppe geht davon aus, dass die Haftung weder ein Problem des Vertrags- noch eines des Deliktsrechts ist. Sie zieht deshalb die Lösung über ein im Wege der Rechtsfortbildung entwickeltes rechtsgeschäftsähnliches gesetzliches

---

17 PWW/Schaub, § 823 Rn. 57; MünchKomm-BGB/Wagner, 4. Aufl., § 823 Rn. 176.

18 MünchKomm-BGB/Wagner, 4. Aufl., § 823 Rn. 213 ff. und 345 f.

19 Palandt/Heinrichs, § 278 Rn. 1; MünchKomm-BGB/Grundmann, § 278 Rn. 3; PWW/Schmidt-Kessel, § 278 Rn. 1.

20 Zugehör, NJW 2000, S. 1601, 1602.

Schuldverhältnis vor, das sich weder dem Vertrags- noch dem Deliktsrecht zuordnen lässt.[21]

Der Lösungsweg der Rechtsprechung ist der ersten Gruppe zuzuordnen.[22] Die Rechtsprechung ist bestrebt, dem Geschädigten nach Möglichkeit eine vertragliche Grundlage für einen Schadensersatzanspruch mit allen damit verbundenen Vorteilen zu verschaffen.[23] Hierzu bedient sie sich je nach Konstellation der Konstruktion eines stillschweigend geschlossenen Auskunftsvertrags[24] oder eines Vertrags mit Schutzwirkung für Dritte.[25] Auf das im Wege der Rechtsfortbildung entwickelte rechtsgeschäftsähnliche gesetzliche Schuldverhältnis und den deliktischen Haftungstatbestand des § 826 BGB greift sie nur hilfsweise zurück.[26]

Ein Teil der Literatur geht den Weg der zweiten Gruppe und favorisiert eine Ausweitung des Deliktsrechts.[27] Dies wird dogmatisch auf unterschiedliche Weise abgestützt, etwa durch die Anerkennung richterrechtlicher Verkehrspflichten zum Schutz fremden Vermögens oder durch einen „ungeschriebenen § 823 Abs. 3 BGB".[28]

Der weit überwiegende Teil der Literatur geht dagegen den Weg der dritten Gruppe und zieht die Lösung über das im Wege der Rechtsfortbildung entwickelte rechtsgeschäftsähnliche gesetzliche Schuldverhältnis vor, das sich weder dem Vertrags- noch dem Deliktsrecht zuordnen lässt.[29] Die dogmatischen Ansätze sind dabei kaum noch überschaubar. Sie verbindet eine mehr oder weniger offene und bewusste Ablehnung des traditionellen dualistischen Haftungssys-

---

21 Zum Begriff des rechtsgeschäftsähnlichen Schuldverhältnisses Staudinger/Olzen, § 241 Rn. 48.

22 Altenburger, Haftung des Architekten, S. 75 ff.; Zugehör, NJW 2000, S. 1601, 1602 ff.

23 Kersting, Dritthaftung, S. 100.

24 BGH NJW-RR 2006, 993, 994; 2005, 1120, 1121; NJOZ 2005, 1268, 1269; NJW 2003, 1521, 1523; NJW-RR 2001, 768, 769; NJW 1992, 2080, 2082; 1979, 1449; 1953, 60.

25 BGH NJW 2006, 1975, 1976; NJW-RR 2005, 928, 929; NJW 2004, 3420, 3421; 2002, 1196, 1197; 2001, 3115, 3116; 1998, 1948, 1949; 1995, 392; 1987, 1758, 1759; 1982, 2431.

26 BGH NJW 1992, 2821, 2822; 1991, 32, 33; 1956, 1595.

27 von Bar, Gutachten, S. 1681, 1720 ff. und 1771 ff.; Brüggemeier, Deliktsrecht, S. 76 und 291 ff.; Huber, FS von Caemmerer, S. 359 ff. und 388; MünchKomm-BGB/Mertens, 3. Aufl., § 823 Rn. 466; ders., AcP 178, S. 227, 231 ff.; Schlechtriem, Gutachten, S. 1591, 1604.

28 Siehe die umfassenden Nachweise bei MünchKomm-BGB/Wagner, 4. Aufl., § 823 Rn. 213 ff.

29 Siehe die umfassenden Nachweise bei Hirte, Berufshaftung, S. 386 ff.; Kim, Haftung des Experten, S. 143 ff.; Krebs, Sonderverbindung, S. 170 ff. und S. 310 ff.

tems des BGB. Diese Ablehnung gründet auf der Beobachtung, dass heute in vielen Fällen eine Haftung nach vertraglichen Grundsätzen für notwendig befunden und auch bejaht wird, die mit den klassischen Haftungsinstituten nicht erfasst werden kann. Beispiele hierfür sind die Drittschadensliquidation, die Haftung des potenziellen Vertragspartners aus culpa in contrahendo, die Eigenhaftung Dritter aus culpa in contrahendo, die Prospekthaftung im engeren Sinne, die positive Vertragsverletzung, die culpa post contractum finitum und der Vertrag mit Schutzwirkung für Dritte. Aus dieser Beobachtung wird der Schluss gezogen, dass es das traditionelle dualistische Haftungssystem Vertrag – Delikt de facto nicht mehr gäbe und längst ein Zwischenbereich gesetzlicher Haftung nach vertraglichen Grundsätzen für Schutzpflichtverletzungen existiere. Diese Entwicklung lasse sich nicht mehr umkehren und sei im Grunde auch in der Sache gerechtfertigt, weshalb es allein darum gehe, die Haftung außerhalb des Vertrags- und Deliktsrechts auf ein sicheres dogmatisches Fundament zu stellen. Schlüsselbegriffe dieser Haftungsmodelle, die eine Lösung außerhalb der klassischen Haftungsinstitute Vertrag und Delikt suchen, sind die Begriffe „Schuldverhältnis ohne primäre Leistungspflichten", „Sonderverbindung" und „außerdeliktische Schutzpflichten" in Abgrenzung zu den allgemeinen Verkehrspflichten.[30]

## C. Neue Gesetzeslage

Mit dem Schuldrechtsmodernisierungsgesetz hat der Gesetzgeber eine neue Gesetzeslage geschaffen, die es geradezu herausfordert, die Problematik der Haftung für fehlerhafte Informationen gegenüber Nichtvertragspartnern noch einmal neu zu überdenken. Denn der Gesetzgeber hat das traditionelle dualistische Haftungssystem des BGB zwar beibehalten, es aber um einen Zwischenbereich gesetzlicher Haftung nach vertraglichen Grundsätzen für Schutzpflichtverletzungen ergänzt. Das Haftungssystem des BGB kennt jetzt nicht mehr nur das klassische rechtsgeschäftliche Schuldverhältnis, das durch einen Vertrag zwischen den Beteiligten entsteht (§ 311 Abs. 1 BGB), sondern auch ein rechtsgeschäftsähnliches gesetzliches Schuldverhältnis, das durch die Aufnahme von Vertragsverhandlungen und ähnliche geschäftliche Kontakte entsteht (§ 311 Abs. 2 BGB) und sich auch auf Dritte erstrecken kann, die nicht selbst Vertragspartei werden sollen (§ 311 Abs. 3 BGB). Damit gibt es jetzt sowohl einen gesetzgeberischen Anlass als auch einen dogmatisch sicheren Anknüpfungspunkt für eine Neukonzeption der Haftung.

---

[30] Verwendung finden diese Begriffe allerdings nur in neueren Abhandlungen, z. B. bei Krebs, Sonderverbindung, S. 2 ff.

## D. Thematische Eingrenzung und Gedankengang

Gegenstand der Arbeit ist deshalb der Versuch einer Neukonzeption der Haftung für fehlerhafte Informationen gegenüber Nichtvertragspartnern. Die Arbeit beschäftigt sich in erster Linie mit der Haftung für fahrlässig verursachte Vermögensschäden. Sie ist bewusst nicht auf die sog. Expertenhaftung beschränkt, nimmt aber auch nicht für sich in Anspruch, das immens große Problemfeld der Haftung für vertraglich nicht geschuldete Informationen umfassend und in allen Einzelheiten zu behandeln.

Grundlage der Neukonzeption ist die Anknüpfung der Haftung für fehlerhafte Informationen gegenüber Nichtvertragspartnern an die neuen § 311 Abs. 2 und 3 BGB. Dadurch soll diese Haftung auf eine sichere dogmatische Grundlage gestellt werden. Dies ist allerdings nur möglich, soweit der Anwendungsbereich der neuen Tatbestände reicht. Es stellt sich deshalb die Frage, ob diese alle bisherigen Fallgruppen lückenlos erfassen. Auch fragt man sich, ob es durch die Anknüpfung an die neuen Tatbestände zu anderen Ergebnissen kommen wird als bisher. Welche Vorteile bietet die neue Gesetzeslage?

Diese Fragen sollen nachfolgend beantwortet werden. Dazu werden in einem ersten Schritt die bisherigen Konzepte zur Lösung des Problems der Haftung für vertraglich nicht geschuldete Informationen untersucht. Dadurch soll zum einen geklärt werden, ob sich diese Haftung wirklich besser über das rechtsgeschäftsähnliche Schuldverhältnis begründen lässt als über eine Ausweitung des klassischen Vertrags- oder Deliktsrechts. Zum anderen soll herausgearbeitet werden, welche Grundgedanken hinter dem rechtsgeschäftsähnlichen Schuldverhältnis stehen. Denn diese liefern die Maßstäbe für seine Konkretisierung und Weiterentwicklung im Rahmen der neuen § 311 Abs. 2 und 3 BGB.[31]

Auf Grundlage der zuvor gewonnenen Erkenntnisse werden in einem zweiten Schritt die einzelnen Tatbestände der neuen § 311 Abs. 2 und 3 BGB mithilfe der klassischen Auslegungsmethoden konkretisiert und systematisiert.

Dabei wird zunächst untersucht, welche Fälle von Abs. 2 Nr. 3 erfasst werden. Die Formulierung, wonach auch ähnliche geschäftliche Kontakte genügen, ist insofern leider etwas dunkel.[32] Nach der Literatur soll hier vor allem an die sog. Gefälligkeitsauskünfte zu denken sein, sodass die Haftung in diesen Fällen nicht

[31] MünchKomm-BGB/Emmerich, § 311 Rn. 59.
[32] Canaris, JZ 2001, S. 499, 520.

mehr auf den häufig nur fiktiven Auskunftsvertrag gestützt werden könne.[33] Darüber hinaus soll hier aber auch die culpa in contrahendo mit Schutzwirkung für Dritte verortet werden können, sofern man diese nicht unter Abs. 3 S. 1 einordnet.[34]

Danach wird geprüft, welche Fälle unter Abs. 3 S. 2 subsumiert werden können. Nach den Gesetzesmaterialien soll mit dieser Vorschrift nicht nur die herkömmliche Eigenhaftung Dritter wegen der Inanspruchnahme eines besonderen persönlichen Vertrauens angesprochen sein, sondern auch die Haftung von Experten, deren Auskünfte, Gutachten oder Ratschläge bestimmungsgemäß bei den Vertragsverhandlungen zwischen anderen Personen Verwendung finden. Die Vorschrift solle der Rechtsprechung aufzeigen, dass diese Fälle nicht nur über den Vertrag mit Schutzwirkung für Dritte, sondern auch auf diesem Weg zu lösen seien.[35]

Im Anschluss daran wird untersucht, welche Fälle auf Abs. 3 S. 1 gestützt werden können. Der Wortlaut lässt dies völlig offen. Ein möglicher Anwendungsbereich ist die Eigenhaftung Dritter wegen eines besonderen wirtschaftlichen Eigeninteresses. Es ist allerdings nicht ganz klar, ob diesem Kriterium heute überhaupt noch eine Bedeutung zukommt.[36] Ein weiterer möglicher Anwendungsbereich ist der Vertrag mit Schutzwirkung für Dritte. Ob die Vorschrift dieses Rechtsinstitut erfasst, ist jedoch alles andere als unproblematisch.[37]

In einem dritten und letzten Schritt werden die erzielten Ergebnisse, soweit eine Veranschaulichung erforderlich erscheint, auf einzelne Fallgruppen exemplarisch angewendet.

---

33 Canaris, JZ 2001, S. 499, 520; Emmerich, Leistungsstörungen, § 6 Rn. 18; ders. in MünchKomm-BGB, § 311 Rn. 75; AnwKom-Schuldrecht/Krebs, § 311 Rn. 46; Larenz/Wolf, Bürgerliches Recht AT, § 28 Rn. 64 und § 31 Rn. 15; Staudinger/Martinek, § 675 Rn. C 25 ff., Staudinger/Otto, § 280 Rn. B 14.

34 Canaris, JZ 2001, S. 499, 520.

35 BT-Drucks. 14/6040, S. 163.

36 Dagegen etwa Canaris, JZ 2001, S. 499, 520.

37 Dagegen etwa Staudinger/Jagmann, § 328 Rn. 92.

# Kapitel 2: Bisherige Konzepte zur Lösung des Problems der Haftung für vertraglich nicht geschuldete Informationen

## A. Vertragliche Lösungsansätze mit dem erklärten oder mutmaßlichen Willen der Parteien als Haftungsgrund

Die Rechtsprechung ist bestrebt, dem durch eine fehlerhafte Information Geschädigten nach Möglichkeit eine vertragliche Grundlage für einen Schadensersatzanspruch mit allen damit verbundenen Vorteilen zu verschaffen. Sie versucht deshalb, die engen Grenzen des klassischen Vertragsrechts zu überwinden und dessen Anwendungsbereich auszuweiten. Hierzu bedient sie sich je nach Konstellation der Konstruktion eines stillschweigend geschlossenen Auskunftsvertrags[1] oder eines Vertrags mit Schutzwirkung für Dritte.[2]

### I. Der stillschweigend geschlossene Auskunftsvertrag

#### 1. Die Rechtsprechung zum stillschweigend geschlossenen Auskunftsvertrag

Die Rechtsprechung stützt die Haftung für fehlerhafte Informationen in vielen Fällen auf einen Auskunftsvertrag. Nach der Rechtsprechung wird dieser Auskunftsvertrag meistens stillschweigend durch die Erteilung von Rat oder Auskunft geschlossen. Ein solcher stillschweigender Abschluss eines Auskunftsvertrags ist nach der Rechtsprechung regelmäßig dann anzunehmen, wenn die Auskunft für den Empfänger erkennbar von erheblicher Bedeutung ist und er sie zur Grundlage wesentlicher Entscheidungen machen will.[3] Dies gilt insbesondere in Fällen, in denen der Auskunftsgeber für die Erteilung der Auskunft besonders sachkundig oder ein eigenes wirtschaftliches Interesse bei ihm im Spiel ist.[4] Die Rechtsprechung betont allerdings, dass sie nicht dahin missverstanden werden darf, dass für das Zustandekommen eines Auskunftsvertrags ohne Rücksicht auf die Besonderheiten des jeweiligen Falles allein schon die Sachkunde des Auskunftsgebers und die Bedeutung der Auskunft für den Empfänger ausreichen. Diese Umstände stellen vielmehr lediglich Indizien dar, die, wenn auch mit erheblichem Gewicht, in die Würdigung der gesamten Gegebenheiten des konkreten Falles einzubeziehen sind. Letztendlich entscheidend ist derweil, ob die Ge-

---

1 BGH NJW-RR 2006, 993, 994; 2005, 1120, 1121; NJOZ 2005, 1268, 1269; NJW 2003, 1521, 1523; NJW-RR 2001, 768, 769; NJW 1992, 2080, 2082; 1979, 1449; 1953, 60.

2 BGH NJW 2006, 1975, 1976; NJW-RR 2005, 928, 929; NJW 2004, 3420, 3421; 2002, 1196, 1197; 2001, 3115, 3116; 1998, 1948, 1949; 1995, 392; 1987, 1758, 1759; 1982, 2431.

3 BGH NJW-RR 2006, 993, 994; NJW 2003, 1521, 1523; NJW-RR 2001, 768, 769; NJW 1992, 2080, 2082; 1979, 1449; 1953, 60.

4 BGH NJW-RR 2006, 993, 994; NJW 1992, 2080, 2082; 1979, 1449.

samtumstände unter Berücksichtigung der Verkehrsauffassung und des Verkehrsbedürfnisses den Rückschluss zulassen, dass beide Teile nach dem objektiven Inhalt ihrer Erklärungen die Auskunft zum Gegenstand vertraglicher Rechte und Pflichten gemacht haben.[5] Die Rechtsprechung hat deshalb bei der Beurteilung von Fällen, in denen sie den konkludenten Abschluss eines Auskunftsvertrags angenommen oder zumindest in Betracht gezogen hat, außer der Sachkunde des Auskunftsgebers und der Bedeutung seiner Auskunft für den Empfänger häufig auch weitere Umstände mitberücksichtigt, die nach ihrer Auffassung für einen Verpflichtungswillen des Auskunftsgebers sprechen können. Dies sind z. B. dessen eigenes wirtschaftliches Interesse an dem Geschäftsabschluss,[6] ein persönliches Engagement in der Form von Zusicherungen nach Art einer Garantieübernahme,[7] das Versprechen eigener Nachprüfung der Angaben des Geschäftspartners des Auskunftsempfängers,[8] die Hinzuziehung des Auskunftsgebers zu Vertragsverhandlungen auf Verlangen des Auskunftsempfängers,[9] die Einbeziehung in solche Verhandlungen als unabhängige neutrale Person[10] oder eine bereits anderweitig bestehende Vertragsbeziehung zwischen Auskunftsgeber und Auskunftsempfänger[11] gewesen. Der stillschweigend geschlossene Auskunftsvertrag kommt nach der Rechtsprechung in der Regel mit dem unmittelbaren Empfänger der Auskunft zustande. Er kann aber auch mit einem Dritten zustande kommen, wenn der Auskunftsgeber weiß, dass die Auskunft für diesen bestimmt und für ihn von erheblicher Bedeutung ist, weil er sie zur Grundlage wesentlicher Entscheidungen machen will.[12] Der Konstruktion stillschweigend geschlossener Auskunftsverträge bedient sich die Rechtsprechung heute insbe-

5 BGH NJW-RR 2006, 993, 994; NJW 1992, 2080, 2082; 1986, 180, 181.

6 BGH a. a. O.; WM 1962, 1110, 1111.

7 BGH NJW-RR 2006, 993, 994; NJW 1992, 2080, 2082; 1986, 180, 181; 1962, 1500; 1953, 60.

8 BGH NJW-RR 2006, 993, 994; NJW 1992, 2080, 2082; 1986, 180, 181; WM 1965, 287, 288.

9 BGH NJW-RR 2006, 993, 994; NJW 1992, 2080, 2082; 1986, 180, 181; VersR 1967, 65, 66.

10 BGH NJW-RR 2006, 993, 994; NJW 1992, 2080, 2082; 1986, 180, 181; NJW 1972, 678, 680.

11 BGH NJW-RR 2006, 993, 994; NJW 1992, 2080, 2082; 1986, 180, 181; WM 1969, 36, 37.

12 BGH NJW-RR 1998, 1343, 1344; NJW 1996, 2734, 2736; 1979, 1595, 1596 f.

sondere in den Bereichen der Anlagevermittlung[13] und -beratung[14] sowie bei den sog. Bankauskünften[15].

2. Stellungnahme der Literatur

Die Literatur steht dem stillschweigend geschlossenen Auskunftsvertrag äußerst kritisch gegenüber.[16] Der Rechtsprechung wird vorgeworfen, die Annahme eines stillschweigenden Vertragsschlusses sei reine Fiktion.[17] Ein Wille, für die Richtigkeit von Auskünften und Gutachten gegenüber Dritten einzustehen, die er nicht kenne und von denen er auch nicht honoriert werde, sei beim Auskunftsgeber gerade nicht vorhanden. Die Auskunft selbst habe bei objektiver Betrachtung nicht den Sinn, Rechtsfolgen in Gang zu setzen, sondern bloß bestimmte Tatsachen und Wertungen mitzuteilen. Deshalb liege nicht eine konstitutive Willens-, sondern lediglich eine rein deklaratorische Wissenserklärung vor.[18] Wenn die Rechtsprechung dennoch in einer Vielzahl von Fällen den stillschweigenden Abschluss eines Auskunftsvertrags bejahe, verkehre sie den in § 675 Abs. 2 BGB zum Ausdruck kommenden Willen des Gesetzgebers, nach dem in der Auskunft selbst noch kein Vertragsschluss zu sehen sei.[19] Auch in den Begleitumständen der Auskunftserteilung seien meist keine hinreichenden Anhaltspunkte für einen Vertragsschluss zu finden. Bei den von der Rechtsprechung herangezogenen Kriterien handele es sich um „blasse"[20] und „blutleere"[21] Formulierungen. So erlaube es die Bedeutung einer Auskunft für den Empfänger nicht, auf einen Willen des Erklärenden zur Übernahme der Haftung für die

---

13 BGH NJW-RR 2007, 348, 349; 2005, 1120, 1121; 2003, 1690; 2000, 998; 1993, 1114.

14 BGH BeckRS 2007 02756; NJW-RR 2006, 109; NJW 2006, 2041; 1993, 2433; 1987, 1815, 1816.

15 BGH NJW 2003, 1521, 1523; NJW-RR 2001, 768, 769; 1998, 1343, 1344; NJW 1993, 3073, 3075.

16 Eine kritische Auseinandersetzung mit der Rechtsprechung z. B. bei Kersting, Dritthaftung, S. 98 ff.

17 Berger, ZBB 2001, S. 238, 242; Canaris, FS Schimansky, S. 43, 47 f.; Ebke/Scheel, Dritthaftung des Wirtschaftsprüfers, S. 389, 391; Grunewald, AcP 187, S. 285, 294 ff.; Heinrichs, FS Canaris, S. 421, 439 f.; Honsell, FS Medicus, S. 211, 219; Hopt, AcP 183, S. 608, 617 f.; Huber, FS von Caemmerer, S. 359, 376; Kersting, Dritthaftung, S. 69 und 72; Lorenz, FS Larenz, S. 575, 591 f.; Strauch, JuS 1992, S. 897, 898; a. A. Dickes, Vertrag mit Schutzwirkung, S. 150 ff.; Musielak, VersR 1977, S. 973, 974; umfangreiche weitere Nachweise bei Kim, Haftung des Experten, S. 13 ff.

18 Staub/Canaris, Rn. 88; Schlegelberger/Hefermehl, § 347 Rn. 36; Staudinger/Martinek, § 675 Rn. C 14; Rümker, ZHR 147, S. 27, 31.

19 Wiegand, Sachwalterhaftung, S. 90, 92.

20 Huber, FS von Caemmerer, S. 359, 370.

21 Lorenz, FS Larenz, S. 575, 618.

Auskunft zu schließen.[22] Dasselbe gelte für die berufliche oder gesellschaftliche Stellung des Auskunftsgebers, weil von der haftungsbegründenden Wirkung dieses Merkmals nahezu jeder betroffen wäre.[23] Regelmäßig und typischerweise deuteten die Umstände der Auskunftserteilung im Gegenteil darauf hin, dass der Erklärende nur aus Gefälligkeit handele und sich keinesfalls verpflichten wolle.[24] Schließlich lägen den einschlägigen Entscheidungen oftmals bloße Billigkeitserwägungen zugrunde.[25] Damit würden Kriterien in den vertraglichen Bereich verlagert, die dort nicht hingehörten. Beispielsweise zu nennen sei der Gesichtspunkt des Verkehrsbedürfnisses, auf den die Rechtsprechung immer wieder abstelle. Mit diesem Merkmal ließe sich ein Vertragsschluss konstruieren, ohne dass es noch auf das Vorliegen von Willenserklärungen ankäme.[26] Zusammenfassend lässt sich diese Kritik auf die Formel bringen, der Auskunftsgeber haftet nach der Rechtsprechung nicht, wo er will, sondern wo er soll.[27]

3. Eigene Stellungnahme

Der Literatur ist zuzustimmen. Die Haftung für fehlerhafte Informationen lässt sich tatsächlich regelmäßig nicht auf einen stillschweigend geschlossenen Auskunftsvertrag zwischen dem Auskunftsgeber und dem Geschädigten stützen.

a) Grundsatz der Privatautonomie

Der Annahme eines stillschweigend geschlossenen Auskunftsvertrags stehen allerdings keine grundsätzlichen dogmatischen Bedenken im Wege. Das Privatrecht geht vom Grundsatz der Privatautonomie aus. Es überlässt den Parteien, ihre Lebensverhältnisse im Rahmen der Gesetze durch Rechtsgeschäft eigenverantwortlich zu gestalten.[28] Im Rahmen ihrer Gestaltungsfreiheit steht es den Parteien frei, nicht nur Leistungspflichten, sondern auch Schutzpflichten zum Schutz des Vermögens zu begründen.[29] Das Privatrecht lässt daher einen Vertrag, dessen Hauptwirkung sich auf die Haftung für eine nicht geschuldete Leis-

---

22 Staub/Canaris, Rn. 88; Hopt, AcP 183, S. 608, 618; Jost, Beratungshaftung, S. 114.

23 Jost, Beratungshaftung, S. 114.

24 Gaede, NJW 1972, S. 926, 930; Jost, Beratungshaftung, S. 114; Lammel, AcP 179, S. 337, 340 f.

25 Ebke/Scheel, WM 1991, S. 389, 391; Grunewald, JZ 1982, S. 627; Honsell, JuS 1976, S. 621, 625.

26 Ebke/Fechtrup, JZ 1986, S. 1112, 1115; Wiegand, Sachwalterhaftung, S. 73 ff.

27 Medicus, Bürgerliches Recht, § 16 Rn. 371; a. A. Dickes, Vertrag mit Schutzwirkung, S. 150 ff.

28 Palandt/Heinrichs/Ellenberger, Überbl. v. § 104 Rn. 1; BeckOK-BGB/Wendtland, Stand: 01.02.2007, § 133 Rn. 1.

29 MünchKomm-BGB/Gottwald, § 328 Rn. 109; Staudinger/Jagman, § 328 Rn. 91, 94 und 96.

tung beschränkt, grundsätzlich zu. Ein solcher Vertrag kann nicht nur ausdrücklich, sondern auch stillschweigend (konkludent) geschlossen werden, d. h. durch ein Verhalten, das zwar für sich allein keinen unmittelbaren Erklärungsgehalt besitzt, unter Berücksichtigung der Begleitumstände mittelbar aber einen entsprechenden Rechtsgeschäftswillen zum Ausdruck bringt.[30] Das Privatrecht lässt die Annahme eines stillschweigend geschlossenen Auskunftsvertrags somit grundsätzlich zu.

b) Bedeutung des § 675 Abs. 2 BGB

Auch § 675 Abs. 2 BGB steht der Annahme eines stillschweigend geschlossenen Auskunftsvertrags nicht entgegen. Die Vorschrift stellt zwar klar, dass durch die Erteilung von Auskunft, Rat oder Empfehlung allein kein Vertrag zustande kommt.[31] Sie schließt aber nicht aus, dass mit Rücksicht auf die Begleitumstände der Informationserteilung ein Vertrag zustande kommen kann. Im Gegenteil hat bereits der historische Gesetzgeber auf die Möglichkeit hingewiesen, Auskunftsverträge stillschweigend abzuschließen, insbesondere bei der Informationserteilung kraft Gewerbes oder Berufes.[32] Die Bedeutung des § 675 Abs. 2 BGB als Argument für oder gegen die Annahme eines stillschweigend geschlossenen Auskunftsvertrags ist folglich gering. Die Vorschrift stellt lediglich klar, dass der Vertragsschluss nicht allein und ausschließlich an die Erteilung der Information geknüpft werden kann. Zur Frage, welche Umstände hinzutreten müssen, um einen Vertragsschluss zu begründen, enthält sie keine Aussage. Sie hat auch mit der statistischen Häufigkeitsverteilung zwischen unverbindlichen und verbindlichen Auskünften nichts zu tun.[33]

c) Indizien der Rechtsprechung

Der Annahme eines stillschweigend geschlossenen Auskunftsvertrags steht aber entgegen, dass sich ein übereinstimmender, auf den Abschluss eines solchen Vertrags gerichteter Wille von Auskunftsgeber und Empfänger auch bei der gebotenen objektiven Auslegung regelmäßig nicht zuverlässig feststellen lässt.

---

30 Palandt/Heinrichs/Ellenberger, Einf. v. § 116 Rn. 6; BeckOK-BGB/Wendtland, Stand: 01.02.2007, § 133 Rn. 8.

31 BeckOK-BGB/Czub, Stand: 01.10.2007, § 675 Rn. 79; PWW/Fehrenbacher, § 675 Rn. 42; Palandt/Sprau, § 675 Rn. 27.

32 Motive, S. 555; MünchKomm-BGB/Heermann, 4. Aufl., § 675 Rn. 110.

33 Staudinger/Martinek, § 675 Rn. C 8.

aa) Erhebliche Bedeutung für den Empfänger

Als wichtige Indizien für einen stillschweigend geschlossenen Auskunftsvertrag stellt die Rechtsprechung in den Vordergrund, dass die Auskunft für den Empfänger erkennbar von erheblicher Bedeutung ist und er sie zur Grundlage wesentlicher Vermögensdispositionen machen will. Aus diesen Indizien lässt sich zwar auf ein erhebliches Schutzbedürfnis des Empfängers schließen. Der Wille des Auskunftsgebers, die Auskunft zum Gegenstand vertraglicher Rechte und Pflichten zu machen, lässt sich daraus aber nicht entnehmen. Es genügt nämlich nicht, dass der Auskunftsgeber das Risiko einer falschen Auskunft für den Empfänger erkennt bzw. erkennen kann. Der Auskunftsgeber muss darüber hinaus erkennbar die rechtliche Verantwortung für dieses Risiko übernehmen. Für diesen Willen geben die genannten Indizien aber nichts her. Sie können vielmehr sogar gegen die Annahme eines stillschweigend geschlossenen Auskunftsvertrags sprechen. Denn die rechtliche Verantwortung wird aus Sicht eines objektiven Dritten erkennbar nicht übernommen, wenn das Risiko zu hoch ist. Deshalb haftet z. B. der Mitspieler einer Lottogemeinschaft nicht auf entgangenen Gewinn, wenn er die Abgabe eines Lottoscheins vergessen hat.[34] Auch der Auskunftsgeber wird umso weniger bereit sein, eine vertragliche Haftung für seine Auskunft zu übernehmen, je höher sein Risiko ist. Der Empfänger der Auskunft wird sich dieser Erkenntnis nicht verschließen können. Den genannten Indizien kommt daher eine ambivalente Wirkung zu, die nicht einseitig zulasten des Auskunftsgebers gewürdigt werden darf. Es gilt der Grundsatz der nach beiden Seiten hin interessengerechten Auslegung.[35]

bb) Berufliche Sachkunde des Auskunftsgebers

Auch die berufliche Sachkunde des Auskunftsgebers ist kein Indiz, das den vermeintlichen Willen des Auskunftsgebers zur Haftungsübernahme hinreichend deutlich zum Ausdruck bringt. Auch dieses Indiz kann vielmehr sogar gegen die Annahme eines stillschweigend geschlossenen Auskunftsvertrags sprechen. Denn es darf nicht isoliert, sondern nur im Zusammenhang damit gewürdigt werden, dass die Auskunft dem Empfänger in der Regel unentgeltlich erteilt wird. In dieser Kombination sprechen die Umstände aber erkennbar gegen einen Willen des Berufsträgers, für vermögensrechtliche Folgen einer unrichtigen Auskunft einzustehen. Die Berufsausübung dient nämlich der Gewinnerzielung. Der Berufsträger wird deshalb eine Haftung nur übernehmen, wenn er sich davon einen wirtschaftlichen Nutzen verspricht. Dieser fehlt aber, wenn die Aus-

---

34 BGH NJW 1974, 1705, 1706 f.; BeckOK-BGB/Czub, Stand: 01.10.2007, § 662 Rn. 5.

35 BGH NJW 2004, 2751, 2752; NJW-RR 2000, 1581, 1582; Palandt/Heinrichs/Ellenberger, § 133 Rn. 18; BeckOK-BGB/Wendtland, Stand: 01.02.2007, § 157 Rn. 47.

kunft dem Empfänger unentgeltlich erteilt wird. Es spricht deshalb nichts dafür, dass ein Berufsträger ohne Gegenleistung freiwillig dazu bereit sein wird, die vertragliche Haftung für seine Tätigkeit zu übernehmen. Es ist im Gegenteil geradezu untypisch, dass ein Berufsträger aus reinem Altruismus die Haftung für eine Auskunft übernimmt, wenn damit ein erhebliches Risiko verbunden ist. Dies ist auch für den Empfänger der Auskunft ohne Weiteres erkennbar.

cc) Eigenes wirtschaftliches Interesse des Auskunftsgebers

Das Gleiche gilt für ein eigenes wirtschaftliches Interesse des Auskunftsgebers an der Informationserteilung. Auch dieses Indiz bringt den angeblichen Willen des Auskunftsgebers zur Haftungsübernahme nicht hinlänglich klar zum Ausdruck. Anders ist es nur, wenn der Auskunftsgeber vom Empfänger für seine Auskunft eine echte Vergütung erhält. Dann kann die Auskunftserteilung nach der Verkehrsanschauung zwanglos in eine rechtsgeschäftliche Erklärung übersetzt werden. In der Regel fehlt es aber an einer echten Vergütung des Auskunftsgebers durch den Empfänger. Es kann daher nur darum gehen, dass der Auskunftsgeber in irgendeiner anderen Form wirtschaftlich von der Auskunftserteilung profitiert, etwa in Form einer Provision oder in der Aussicht auf spätere Geschäfte mit Gewinnmöglichkeit. Solche bloß mittelbaren wirtschaftlichen Interessen genügen aber nicht, um auf den Willen des Auskunftsgebers, eine vertragliche Haftung für seine Auskunft zu übernehmen, schließen zu können. Im Gegensatz zur echten Vergütung haben diese bloß mittelbaren wirtschaftlichen Interessen nämlich nicht den Vorteil für sich, dass die Verkehrsanschauung mit ihnen typischerweise bereits den Vertragsschluss verbindet. Im Übrigen gilt auch für das Indiz des eigenen wirtschaftlichen Interesses des Auskunftsgebers, dass ihm eine ambivalente Wirkung eigen ist und es deshalb sogar gegen die Annahme eines stillschweigend geschlossenen Auskunftsvertrags sprechen kann. Denn der Auskunftsgeber profitiert von der Auskunftserteilung am stärksten, wenn er den wirtschaftlichen Vorteil ohne die Übernahme einer vertraglichen Haftung erhält. Es spricht deshalb auch insoweit nichts dafür, dass der Auskunftsgeber freiwillig dazu bereit sein wird, die vertragliche Haftung für seine Tätigkeit zu übernehmen. Auch dies ist für den Empfänger ohne Weiteres erkennbar.

dd) Ergänzend herangezogene Begleitumstände

Auch die von der Rechtsprechung ergänzend herangezogenen Begleitumstände wie etwa das Versprechen eigener Nachprüfung der Angaben des Geschäftspartners des Auskunftsempfängers[36], die Hinzuziehung des Auskunftsgebers zu Vertragsverhandlungen auf Verlangen des Auskunftsempfängers[37] oder die Einbeziehung in solche Verhandlungen als unabhängige neutrale Person[38] können die Annahme eines Willens des Auskunftsgebers zur Haftungsübernahme weder allein noch in Kombination mit den anderen Indizien rechtfertigen. Mehr als das Versprechen, dass der Auskunftsgeber die Information nach bestem Wissen und Gewissen erteilt habe und dass er sie für richtig halte, kann diesen Begleitumständen nämlich nicht entnommen werden.[39] Das begründete Vertrauen des Empfängers in die Richtigkeit der erteilten Auskunft einerseits und das Vorliegen eines Einstandswillens beim Auskunftsgeber andererseits sind aber deutlich zu unterscheiden.[40] Der Aspekt des Vertrauensschutzes ist im Rahmen der Auslegung zwar zu berücksichtigen. Er darf aber nicht dazu missbraucht werden, den die Rechtsgeschäftslehre letztlich legitimierenden Gedanken der Selbstbestimmung vollständig zu ersetzen.[41]

d) Verbleibende Zweifel

Für einen objektiven Dritten anstelle des Empfängers müssen deshalb auch dann, wenn die von der Rechtsprechung verwendeten Indizien und ergänzend herangezogenen Begleitumstände vorliegen, Zweifel an einer willentlichen Haftungsübernahme durch den Auskunftsgeber verbleiben. Es ist am Empfänger, diese Zweifel zu beseitigen und die Haftungsfrage ausdrücklich anzusprechen. Dem Empfänger ist dies auch durchaus zuzumuten. Dass dies in der Praxis nur selten vorkommt, hat andere Gründe:

Zum einen wird es in vielen Fällen so sein, dass sich Auskunftsgeber und Empfänger bei Erteilung der Auskunft über den Haftungsfall gar keine Gedanken machen. Abgesehen von Kaufleuten oder Rechtskundigen besitzen die Parteien nämlich meist weit geringere Willensvorstellungen, als man ihnen unterstellt. Allgemein wollen sie das erstrebte wirtschaftliche Ziel und damit auch die rechtlichen Hauptziele des Vertrags erreichen. Über mögliche weitere Pflichten, vor allem die Schutzpflichten und die Haftung, denken sie hingegen erst nach, wenn die Komplikationen eingetreten sind. Insofern begleitet sie allenfalls das mehr

---

36 BGH NJW-RR 2006, 993, 994; NJW 1992, 2080, 2082; 1986, 180, 181; WM 1965, 287, 288.

37 BGH NJW-RR 2006, 993, 994; NJW 1992, 2080, 2082; 1986, 180, 181; VersR 1967, 65, 66.

38 BGH NJW-RR 2006, 993, 994; NJW 1992, 2080, 2082; 1986, 180, 181; NJW 1972, 678, 680.

39 Staub/Canaris, Rn. 88.

40 Jost, Beratungshaftung, S. 100.

41 Kim, Haftung des Experten, S. 23 ff.

oder weniger dunkle Bewusstsein, den Gegner im Konfliktfall an seiner Zusage festhalten zu können.[42] Dies lässt sich dadurch belegen, dass in der Praxis Auskunftsverträge so gut wie niemals ausdrücklich geschlossen werden, sondern in allen Fällen, in denen sich die Rechtsprechung dieser Konstruktion bedient, stillschweigend zustande gekommen sein sollen.[43]

Zum anderen erhält der Empfänger die Auskunft in der Regel unentgeltlich. Würde er den Auskunftsgeber darauf hinweisen, dass er ihn im Bedarfsfall in die Haftung nehmen möchte, würde dieser ihm die Auskunft vielleicht nicht oder nur gegen eine angemessene Vergütung erteilen. Der Auskunftsempfänger muss sich deshalb regelmäßig vorhalten lassen, das Risiko der Fehlerhaftigkeit der Auskunft ohne „echte" vertragliche Haftungsmöglichkeit um den Preis der Unentgeltlichkeit in Kauf genommen zu haben.

e) Fiktion des Vertragsschlusses

Die Annahme eines stillschweigend geschlossenen Auskunftsvertrags erweist sich daher tatsächlich regelmäßig als bloße Fiktion. Die von der Rechtsprechung verwendeten Indizien und die diese ergänzenden Begleitumstände taugen nicht dazu, einen entsprechenden aktuellen Parteiwillen festzustellen. Sie taugen nur dazu, unter Berücksichtigung von Treu und Glauben den hypothetischen Willen redlicher Parteien zu ermitteln, d. h. was beide Parteien bei redlicher Denkweise als gerechten Interessenausgleich gewollt oder akzeptiert hätten. Die Argumentation verläuft nämlich vereinfacht wie folgt: Der Auskunftsgeber muss aufgrund der objektiven Interessenlage erkennen, dass der Empfänger von ihm die Übernahme der rechtlichen Verantwortung für die Auskunft erwartet. Dies ist aber nur mithilfe vertraglicher Ansprüche möglich, weil das Deliktsrecht nur unzureichenden Schutz bietet. Wenn der Auskunftsgeber die Auskunft erteilt, kann dies ein redlicher Empfänger deshalb nur so verstehen, dass der Auskunftsgeber auch die vertragliche Haftung für seine Auskunft übernehmen will. Die Rechtsprechung macht damit das Bedürfnis nach rechtlicher Verantwortung zum allein maßgeblichen Grund für den Vertragsschluss. Die Generalisierbarkeit dieser Argumentation über die Auskunftsfälle hinaus zeigt, dass die Auslegung aus dem objektiven Empfängerhorizont hier als Instrument zur Schließung von Haftungslücken zwischen Vertrags- und Deliktsrecht missbraucht wird. Damit wird die Grenze zwischen zulässiger Auslegung und richterlicher Rechtsfortbildung überschritten. Es ist nämlich bei dieser Argumentationsweise nicht mehr zu unterscheiden, ob der Auskunftsgeber die Auskunft tatsächlich zum Gegenstand vertraglicher Rechte und Pflichten machen will oder ob er dies nur

[42] MünchKomm-BGB/Seiler, 4. Aufl., § 662 Rn. 56; Soergel/Wolf, vor § 145 Rn. 14.
[43] Canaris, FS Schimansky, S. 43, 47.

soll. Dies ist jedenfalls dann nicht zulässig, wenn es wie hier darum geht, eine Vertragsbeziehung zwischen zwei Personen überhaupt erst zu begründen. Darüber hinaus hat diese Argumentationsweise noch eine weitere Schwäche: Sie basiert auf der Annahme eines „Niemandslands" zwischen Vertrags- und Deliktsrecht. Wenn man dessen Unrichtigkeit unterstellt, ist auch die aufgezeigte Argumentation nicht möglich. Ist nämlich der Auskunftsempfänger auch ohne vertragliche Ansprüche hinreichend geschützt, darf auch ein redlicher Erklärungsempfänger das Verhalten des Auskunftsgebers nicht als Angebot auf Abschluss eines Auskunftsvertrags verstehen.[44] Dafür, dass die Annahme eines stillschweigend geschlossenen Auskunftsvertrags tatsächlich regelmäßig bloße Fiktion ist, spricht schließlich auch, dass die Rechtsprechung den Parteien des angeblichen Vertrags den Inhalt der übernommenen Schutzpflichten „diktiert" und vertragliche Abreden über die Einschränkung des Schutzumfangs regelmäßig scheitern lässt.[45] Insbesondere ist die berufliche Auskunftshaftung in ihrem Kern in der Rechtsprechung als klauselfest anzusehen.[46] Auch dies spricht doch eher dafür, dass das Schutzpflichtverhältnis typischerweise vom Willen der Parteien unabhängig ist.

## II. Der Vertrag mit Schutzwirkung für Dritte

### 1. Die Rechtsprechung zum Vertrag mit Schutzwirkung für Dritte

Die Rechtsprechung stützt die Haftung für fehlerhafte Informationen vielfach auch auf einen Vertrag mit Schutzwirkung für Dritte.[47] Die Drittschutzwirkung ergibt sich nach der Rechtsprechung aus einer ergänzenden Auslegung des Vertrags.[48] Diese richtet sich danach, was die Parteien bei einer angemessenen Abwägung ihrer Interessen nach Treu und Glauben als redliche Vertragspartner

---

[44] BGH NJW 2002, 3695, 3696 f.; Nobbe, WM 2005, 1537, 1539.

[45] BGH NJW-RR 2001, 768, 769; 2000, 998, 999; Kersting, Dritthaftung, S. 69 f.; Palandt/Sprau, § 675 Rn. 36.

[46] BGH NJW-RR 2001, 768, 769; 2000, 998, 999; Palandt/Sprau, § 675 Rn. 36; für den Sonderfall der Prospekthaftung BGH NJW 2002, 1711, 1712; MünchKomm-BGB/Emmerich, § 311 Rn. 206; Palandt/Heinrichs, 65. Aufl., § 280 Rn. 54.

[47] BGH NJW 2006, 1975, 1976; NJW-RR 2005, 928, 929; NJW 2004, 3420, 3421; 2002, 1196, 1197; 2001, 3115, 3116; 1998, 1948, 1949; 1995, 392; 1987, 1758, 1759; 1982, 2431.

[48] BGH NJW-RR 2004, 1464, 1465; NJW 2004, 3035, 3036; 2004, 756; 2001, 3115, 3316; 1996, 2927, 2928; 1987, 2510, 2511; offen gelassen in BGH NJW 1977, 2073, 2074; weitere Nachweise bei Staudinger/Jagman, § 328 Rn. 92 und Kersting, Dritthaftung, S. 23 Fn. 110.

vereinbart hätten, wenn sie den nicht geregelten Fall bedacht hätten.[49] Davon ausgehend nimmt die Rechtsprechung einen Vertrag mit Schutzwirkung für Dritte regelmäßig an, wenn folgende Voraussetzungen erfüllt sind:

Der Dritte muss nach dem Inhalt des Vertrags bestimmungsgemäß mit der Leistung des Schuldners in Berührung kommen und den Gefahren von Schutzpflichtverletzungen ebenso ausgesetzt sein wie der Gläubiger selbst.[50]

Der Gläubiger muss ein besonderes Interesse am Schutz des Dritten haben.[51] Das ist vor allem dann anzunehmen, wenn dem Gläubiger gegenüber dem Dritten eine gesteigerte Fürsorgepflicht obliegt, ihm gleichsam dessen „Wohl und Wehe“ anvertraut ist. Das ist etwa dann der Fall, wenn zwischen Gläubiger und Drittem ein Rechtsverhältnis mit personenrechtlichem Einschlag – insbesondere ein familienrechtliches oder arbeitsrechtliches Verhältnis – besteht.[52] Es genügt aber auch, wenn der Gläubiger aus anderen Gründen ein besonderes Interesse am Schutz des Dritten hat, sofern Inhalt und Zweck des Vertrags erkennen lassen, dass diesem Interesse Rechnung getragen werden soll.[53] Dies ist anzunehmen, wenn das Geschäft in erster Linie den Interessen des Dritten dient. In diesem Sinne bejaht die Rechtsprechung etwa die Einbeziehung des Gastes in den Vertrag zwischen Gastgeber und Beförderungsunternehmen über die Beförderung seiner Gäste[54] oder des Vereinsmitglieds in den Mietvertrag zwischen nichtrechtsfähigem Verein und Vermieter[55]. Es ist aber auch ausreichend, wenn das Geschäft zwar nicht in erster Linie den Interessen des Dritten dient, er und der Gläubiger aber ein zumindest gleichwertiges Interesse an der Leistung haben. In diesem Sinne bejaht die Rechtsprechung etwa die Einbeziehung des Gläubigers in den Schutzbereich des Girovertrags zwischen der Gläubigerbank und der Schuldnerbank im Lastschriftverfahren.[56]

Die Annahme eines Vertrags mit Schutzwirkung für Dritte hängt allerdings nicht immer davon ab, dass der Gläubiger ein besonderes Interesse am Schutz des

---

49 BGH NJW 2007, 509, 510; NJW-RR 2005, 687, 690; 2005, 205, 206; NJW 2004, 2449; 2004, 1590, 1591 f.; Palandt/Heinrichs, § 157 Rn. 7; BeckOK-BGB/Wendtland, Stand: 01.02.2007, § 157 Rn. 41.

50 BGH NJW 2006, 830, 835; 2004, 3630, 3632; 2001, 3115, 3116; 1996, 2927, 2928; Kersting, Dritthaftung, S. 26; PWW/Medicus, vor §§ 328 bis 338 Rn. 5.

51 BGH NJW 2004, 3035, 3037; 2001, 3115, 3116; 1996, 2927; Kersting, Dritthaftung, S. 26; PWW/Medicus, vor §§ 328 bis 338 Rn. 6.

52 BGH NJW 2004, 3035, 3037; 2001, 3115, 3116; 1981, 2250, 2251; 1971, 1931, 1932; 1969, 269, 272; 1964, 33, 34 f.

53 BGH NJW 2004, 3035, 3037; 2001, 3115, 3116.

54 OLG Colmar, Das Recht 1914, Nr. 327.

55 BGH NJW 1965, 1757, 1758.

56 BGH NJW 1977, 1916, 1917.

Dritten hat.[57] Schutzwirkungen für Dritte kommen vielmehr auch dann in Betracht, wenn sich ein besonderes Interesse des Gläubigers am Schutz des Dritten nicht feststellen lässt, sie stattdessen sogar gegenläufige Interessen verfolgen. Entscheidend ist dann, ob den Interessen des Dritten nach Inhalt und Zweck des Vertrags trotzdem Rechnung getragen werden muss.[58] Die Rechtsprechung bejaht dies insbesondere, wenn der Gläubiger bei einer Person, die über besondere, vom Staat anerkannte Sachkunde verfügt, wie zum Beispiel ein öffentlich bestellter Sachverständiger, ein Wirtschaftsprüfer oder ein Steuerberater, ein Gutachten bestellt, um davon gegenüber einem Dritten Gebrauch zu machen. Entsprechend dem Zweck des Gutachtens, dem Dritten gegenüber Vertrauen zu erwecken und Beweiskraft zu besitzen, steht eine Gegenläufigkeit der Interessen des Gläubigers und des Dritten dessen Einbeziehung in den Schutzbereich des Vertrags nicht entgegen.[59]

Die Einbeziehung des Dritten und die damit für ihn verbundene Haftungserweiterung müssen für den Schuldner erkennbar sein.[60] Er soll die Möglichkeit haben, sein Risiko bei Vertragsschluss zu kalkulieren und gegebenenfalls zu versichern. Er soll für Schäden Dritter nicht einstehen müssen, wenn es ihm nach Treu und Glauben und unter Berücksichtigung des Vertragszwecks nicht zugemutet werden kann, sich ohne zusätzliche Vergütung auf das Risiko einer erweiterten Haftung einzulassen.[61]

Der Dritte muss schutzbedürftig sein.[62] Daran kann es fehlen, wenn dem Dritten eigene vertragliche oder rechtsgeschäftsähnliche Ansprüche - gleich gegen wen - zustehen, die denselben oder zumindest einen gleichwertigen Inhalt haben wie diejenigen Ansprüche, die ihm über eine Einbeziehung in den Schutzbereich eines Vertrages zukämen.[63] Aus der zwischen den drei Beteiligten gewählten Art der Vertragsgestaltung und der hierdurch zum Ausdruck kommenden Risikoverteilung kann sich aber auch ergeben, dass die Schutzbedürftigkeit trotz gleich-

57 PWW/Medicus, vor §§ 328 bis 338 Rn. 7.

58 BGH NJW-RR 2004, 1356, 1357; NJW 1998, 1948, 1949; 1995, 392; NJW-RR 1989, 696; NJW 1977, 1916, 1917.

59 BGH NJW 2001, 3115, 3116.

60 BGH NJW 1996, 2927, 2928 f.; Kersting, Dritthaftung, S. 28; PWW/Medicus, vor §§ 328 bis 338 Rn. 8.

61 BGH NJW 2004, 3035, 3038; NJW-RR 2004, 1464, 1466.

62 BGH NJW 1996, 2927, 2929; Kersting, Dritthaftung, S. 29; PWW/Medicus, vor §§ 328 bis 338 Rn. 9.

63 BGH NJW 1996, 2927, 2929; 1987, 2510, 2511; 1978, 883.

wertiger vertraglicher oder rechtsgeschäftsähnlicher Ansprüche gegen den Gläubiger zu bejahen ist.[64]

Der Konstruktion des Vertrags mit Schutzwirkung für Dritte bedient sich die Rechtsprechung heute insbesondere in Fällen, in denen von Angehörigen beratender Berufe (z. B. öffentlich bestellte Sachverständige, Wirtschaftsprüfer, Steuerberater, Rechtsanwälte) fehlerhafte Gutachten oder Testate erstellt oder Auskünfte erteilt werden, die sich nicht bei ihrem Auftraggeber schädigend auswirken, sondern bei Dritten, denen sie als Entscheidungsgrundlage für wesentliche Vermögensdispositionen zu dienen bestimmt sind.[65]

2. Stellungnahme der Literatur

Der Vertrag mit Schutzwirkung für Dritte ist in der Literatur als Rechtsfigur anerkannt. Seine Rechtsgrundlage ist allerdings umstritten.[66] Einerseits wird in Übereinstimmung mit der Rechtsprechung angenommen, dass es sich um einen selbstständigen Vertragstypus handelt, der seine Rechtsgrundlage in einer maßgeblich vom Sinn und Zweck der Leistung und dem Grundsatz von Treu und Glauben geprägten ergänzenden Vertragsauslegung hat.[67] Weit überwiegend wird allerdings vertreten, dass es sich um ein rechtsgeschäftsähnliches gesetzliches Schuldverhältnis handelt,[68] das nicht auf einer ergänzenden Vertragsauslegung, sondern auf einer richterlichen Rechtsfortbildung nach Treu und Glauben beruht[69] und den Drittwirkungen des Vertragsverhältnisses Rechnung trägt.[70]

---

64 BGH NJW-RR 2005, 928, 929; 2004, 1356, 1357.

65 BGH NJW 2006, 1975, 1976; NJW-RR 2004, 1356, 1357; 2004, 1464, 1465; 2003, 1035, 1036 f.; 2002, 1528, NJW 1998, 1948, 1949; 1995, 392; NJW-RR 1989, 696.

66 Eine kritische Auseinandersetzung mit der Rechtsprechung z. B. bei Kersting, Dritthaftung, S. 98 ff.

67 Palandt/Grüneberg, § 328 Rn. 14; Staudinger/Jagmann, § 328 Rn. 92 ff.; Philippsen, Dritthaftung des Gutachters, S. 108 ff.; Zugehör, NJW 2000, S. 1601, 1603.

68 Esser/Schmidt, Schuldrecht AT/2, § 34 IV 2 b); MünchKomm-BGB/Gottwald, § 328 Rn. 109; MünchKomm-BGB/Kramer, Einl. Rn. 28 und 84; Martiny, JZ 1996, S. 19, 21; Staudinger/Olzen, § 241 Rn. 48; Staudinger/Otto, § 280 Rn. B 5 mit B 11 f.

69 Assmann, JuS 1986, S. 885, 887 f.; Bayer, JuS 1996, S. 473, 476; Ebke/Scheel, WM 1991, S. 389, 391; Fikentscher/Heinemann, Schuldrecht, § 37 Rn. 305; Gernhuber, Das Schuldverhältnis, § 21 II 6; Grunewald, Bürgerliches Recht, § 18 Rn. 9; Hirth, Vertrag mit Schutzwirkung, S. 118, 188 f.; Martiny, JZ 1996, S. 19, 21; Saar, JuS 2000, S. 220, 223; Jauernig/Stadler, § 328 Rn. 21.

70 Assmann, JuS 1986, S. 885, 887 f.; Bayer, JuS 1996, S. 473, 476; Ebke/Scheel, WM 1991, S. 389, 391; Gernhuber, FS Nikisch, S. 249, 270 ff.; ders., JZ 1962, 553, 554; ders., Handbuch des Schuldrechts, § 21 II 6; Grunewald, Bürgerliches Recht, § 18 Rn. 9; Hirth, Ver-

### 3. Eigene Stellungnahme

Der weit überwiegend in der Literatur vertretenen Ansicht ist zuzustimmen. Der Vertrag mit Schutzwirkung für Dritte lässt sich regelmäßig nicht auf eine ergänzende Vertragsauslegung stützen. Ein übereinstimmender, auf die Einbeziehung des Dritten in den Schutzbereich des Vertrags gerichteter hypothetischer Wille der Parteien lässt sich nämlich regelmäßig nicht feststellen. Die von der Rechtsprechung aufgestellten Voraussetzungen lassen den Schluss auf einen derartigen hypothetischen Willen nicht mit der hinreichenden Sicherheit zu.

#### a) Indizien der Rechtsprechung

##### aa) Leistungsnähe des Dritten

Erste Voraussetzung des Vertrags mit Schutzwirkung für Dritte ist die Leistungsnähe des Dritten. Der Dritte muss nach dem Inhalt des Vertrags bestimmungsgemäß mit der Leistung des Schuldners in Berührung kommen und den Gefahren von Schutzpflichtverletzungen ebenso ausgesetzt sein wie der Gläubiger selbst.[71] Hiermit werden rein zufällige, also nicht durch den Gläubiger vermittelte, aber auch vertragswidrige oder unbefugte Berührungen des Dritten mit der Leistung des Schuldners vom Anwendungsbereich des Vertrags mit Schutzwirkung für Dritte ausgenommen.[72] Dies überzeugt zwar in der Sache, weil es nicht angeht, jedem beliebigen Dritten, der irgendwie mit der Leistung des Schuldners in Berührung kommt, die Schutzwirkungen des Vertrags zugutekommen zu lassen. Der hypothetische Wille der Parteien, den Schuldner in den Schutzbereich des Vertrags einzubeziehen, lässt sich mit dieser Voraussetzung allerdings nicht positiv feststellen. Hiermit lässt sich vielmehr nur negativ feststellen, wann man ihnen keinesfalls den hypothetischen Willen unterstellen kann, dass sie den Dritten in den Schutzbereich ihres Vertrags einbeziehen wollten. Man kann den Parteien nämlich kaum unterstellen, dass sie auch eine Regelung für den Fall getroffen hätten, dass ein Dritter rein zufällig oder gar unbefugt mit der Leistung des Schuldners in Kontakt gerät. Die Annahme eines solchen Altruismus aufseiten des Schuldners und einer solchen Fürsorge aufseiten des Gläubigers wäre bloße Fiktion. Die Leistungsnähe hat daher vor allem die begrenzende Funktion, bloß zufällige und unbefugte Kontakte in das Deliktsrecht zu verweisen. Demgegenüber kommt ihr keine erhebliche Indizwirkung für die

---

trag mit Schutzwirkung, S. 188 f.; Neuner, JZ 1999, S. 126, 128; Saar, JuS 2000, S. 220, 223; Erman/Westermann, § 328 Rn. 12.

[71] BGH NJW 2006, 830, 835; 2004, 3630, 3632; 2001, 3115, 3116; 1996, 2927, 2928.

[72] Gernhuber, Das Schuldverhältnis, § 21 II 2.

Feststellung zu, ob die Parteien sich im konkreten Fall tatsächlich darauf geeinigt hätten, den Dritten in den Schutzbereich ihres Vertrags einzubeziehen.

bb) Interesse des Gläubigers am Schutz des Dritten

Zweite Voraussetzung ist ein besonderes Interesse des Gläubigers am Schutz des Dritten. Ein solches besonderes Interesse kann zwar ein hinreichend sicheres Indiz für den hypothetischen Willen des Gläubigers sein, den Dritten in den Schutzbereich des Vertrags einzubeziehen. Dies gilt vor allem in den Fällen, in denen dem Gläubiger gegenüber dem Dritten eine gesteigerte Fürsorgepflicht obliegt, ihm gleichsam dessen „Wohl und Wehe" anvertraut ist. So besteht allgemein kein Zweifel, dass ein Vater für sein Kind einstehen will und er deshalb gewollt und auch darauf bestanden hätte, dass sein Kind in den Schutzbereich des Vertrags einbezogen wird, wenn er nur bei Vertragsschluss an die Möglichkeit seiner Schädigung gedacht hätte. Es ist aber kein hinreichendes Indiz für den hypothetischen Willen des Schuldners, den Dritten in den Schutzbereich des Vertrags einzubeziehen. Das besondere Interesse des Gläubigers am Schutz des Dritten ist außerdem nicht immer so stark ausgeprägt wie in den „Wohl und Wehe"-Fällen. Es ist deshalb auch nicht immer ein hinreichend sicheres Indiz dafür, dass zumindest der Gläubiger vermutlich den Willen gehabt hätte, den Dritten in den Schutzbereich des Vertrags einzubeziehen. Man muss sich nämlich zur Kontrolle immer die Frage stellen, ob der Gläubiger auf die Einbeziehung des Dritten auch dann bestanden hätte, wenn der Schuldner zur Übernahme des Risikos nicht oder nur gegen ein zusätzliches Entgelt bereit gewesen wäre. In vielen Fällen wird es hier an hinreichenden sachlichen Bezugspunkten fehlen, um diese Fragen sicher positiv beantworten zu können. In den Fällen der Gegenläufigkeit der Interessen kann das fehlende Gläubigerinteresse umgekehrt sogar ein deutliches Anzeichen dafür sein, dass eine Einbeziehung des Dritten auch vom Gläubiger nicht gewollt worden wäre.

cc) Erkennbarkeit für den Schuldner

Die Leistungsnähe des Dritten und das besondere Interesse des Gläubigers am Schutz des Dritten reichen also für sich genommen nicht aus, um einen übereinstimmenden, auf die Einbeziehung des Dritten in den Schutzbereich des Vertrags gerichteten hypothetischen Willen der Parteien festzustellen. Erforderlich ist zusätzlich ein hinreichend sicheres Indiz dafür, dass auch der Schuldner mutmaßlich den Willen gehabt hätte, den Dritten in den Schutzbereich des Vertrags einzubeziehen. Die Rechtsprechung meint insofern damit auszukommen, dass die Leistungsnähe des Dritten und das besondere Interesse des Gläubigers am Schutz des Dritten für den Schuldner erkennbar gewesen sind. Die Erkennbarkeit von Leistungsnähe und Gläubigerinteresse, also die Erkennbarkeit fremder Interessen, ist jedoch kein Ersatz für eigene Interessen.[73] Es genügt deshalb nicht, dass der Schuldner die Leistungsnähe des Dritten und das Gläubigerinteresse am Schutz des Dritten erkennt bzw. erkennen kann. Er muss darüber hinaus erkennbar die rechtliche Verantwortung für die Interessen des Dritten übernehmen. Für diesen Willen geben die genannten Indizien aber nichts her.

dd) Schutzbedürftigkeit des Dritten

Die Schutzbedürftigkeit des Dritten hat wie das Kriterium der Leistungsnähe vor allem negative Abgrenzungsfunktion. Sie kann nach der Rechtsprechung fehlen, wenn dem Dritten eigene vertragliche oder rechtsgeschäftsähnliche Ansprüche - gleich gegen wen - zustehen, die denselben oder zumindest einen gleichwertigen Inhalt haben wie diejenigen Ansprüche, die ihm über eine Einbeziehung in den Schutzbereich des Vertrages zukämen.[74] Es steht den Beteiligten zwar frei, Drittschutz auch für solche Fälle zu begründen. Im Zweifel werden sie dem Dritten aber nur einen notwendigen, nicht einen zusätzlichen Schutz gewähren wollen.[75] Ein Untermieter kann deshalb nur den Hauptmieter, nicht aber den Vermieter in Anspruch nehmen,[76] der Eigentümer von Lagergut nur das Bewachungsunternehmen, nicht dagegen den konkreten Wachmann[77]. Diese Argumentation leuchtet zwar ein, stellt aber gleichzeitig den rechtsgeschäftlichen Ansatz der Rechtsprechung in Frage. Konsequenterweise muss bei dieser Argumentation nämlich die Schutzbedürftigkeit des Dritten auch dann entfallen, wenn ihm Schutz bereits durch § 311 Abs. 2 und 3 BGB gewährleistet wird.

b) Verbleibende Zweifel

Es wird daher in den meisten Fällen an hinreichenden Anknüpfungspunkten aus der Sphäre des Schuldners fehlen, um zweifelsfrei feststellen zu können, dass vermutlich auch der Schuldner den Willen gehabt hätte, den Dritten in den Schutzbereich des Vertrags einzubeziehen. Es kommen nämlich verschiedene Ergebnisse in Betracht, wenn man überlegt, wie sich die Parteien mutmaßlich verhalten hätten, wenn sie bei Vertragsschluss über die Einbeziehung des Dritten verhandelt hätten. Einerseits ist denkbar, dass der Schuldner sich um des Geschäfts willen tatsächlich darauf eingelassen hätte, die rechtliche Verantwortung nicht nur gegenüber seinem unmittelbaren Vertragspartner, sondern auch gegen-

---

[73] Bayer, JuS 1996, S. 473, 476; Gernhuber, Das Schuldverhältnis, § 21 II 2; Papst, Vertrag mit Schutzwirkung, S. 14.
[74] BGH NJW 1996, 2927, 2929; 1978, 883.
[75] MünchKomm-BGB/Gottwald, § 328 Rn. 127.
[76] BGH NJW 1978, 883.
[77] BGH NJW 1987, 2510, 2511.

über dem Dritten zu übernehmen. Andererseits ist aber auch denkbar, dass der Schuldner sich hierauf nicht eingelassen und das Geschäft lieber scheitern gelassen hätte. Dies ist vor allem dann naheliegend, wenn durch die Einbeziehung des Dritten eine erhebliche Erhöhung oder – etwa bei der Prospekthaftung – gar Vervielfältigung des Haftungsrisikos eintreten würde. Ebenso ist gut denkbar, dass der Schuldner beim Gläubiger hätte durchsetzen können, dass dieser auf die Übernahme der Haftung gegenüber dem Dritten verzichtet. Dies ist insbesondere dann gut vorstellbar, wenn das Interesse des Gläubigers am Schutz des Dritten nicht so stark ist wie bei den „Wohl und Wehe"-Fällen oder sie sogar gegenläufige Interessen verfolgen. Vorstellbar ist aber auch, dass der Schuldner gegenüber dem Gläubiger zwar keinen vollständigen Haftungsverzicht, aber zumindest eine sehr weitgehende Haftungsbegrenzung hätte durchsetzen können. Auch dies liegt keineswegs fern, denn die Parteien sind im Allgemeinen auch untereinander bemüht, das Haftungsrisiko weitestgehend auszuschließen (vgl. §§ 307 ff. BGB). Möglich ist schließlich auch, dass der Schuldner die Haftung gegenüber dem Dritten nur gegen ein zusätzliches Entgelt übernommen hätte. Insbesondere bei einem Berufsträger wird man davon ausgehen müssen, dass dieser es sich nicht leisten wird, ein zusätzliches Haftungsrisiko ohne finanziellen Ausgleich zu übernehmen. Möglicherweise besteht nicht einmal Versicherungsschutz bzw. –möglichkeit, sodass der Berufsträger den Schaden letztendlich selbst zu tragen hat. Wenn der Schuldner die Haftung gegenüber dem Dritten aber nur gegen ein zusätzliches Entgelt übernommen hätte, wäre wiederum offen, ob der Gläubiger auch dann auf die Einbeziehung des Dritten bestanden oder hierauf lieber verzichtet hätte. Es kommen nach alledem verschiedene Gestaltungsmöglichkeiten in Betracht, ohne dass ein hinreichender Anhaltspunkt dafür besteht, welche Regelung die Parteien getroffen hätten. Eine ergänzende Vertragsauslegung ist in einer solchen Situation nicht statthaft. Sie darf nicht zu einer freien richterlichen Vertragsausgestaltung ausufern.[78]

Eine Ausnahme kann auch nicht bei der sog. Expertenhaftung gemacht werden. Es reicht nicht, darauf hinzuweisen, dass beruflich auftretende Experten generell ein Interesse daran hätten, gegenüber den Adressaten ihrer Äußerungen zu haften, weil dies Voraussetzung dafür sei, dass sie am Markt ernst genommen und ihre Dienste wieder in Anspruch genommen würden.[79] Dabei handelt es sich um eine bloße Behauptung, die sich in der Wirtschaftspraxis nicht belegen lässt. Der beruflich auftretende Experte ist nicht auf die Haftung gegenüber Dritten angewiesen, um am Markt ernst genommen zu werden.[80] Er wird vielmehr am Markt

78 BGH NJW 1953, 937, 938; Palandt/Heinrichs, § 157 Rn. 8; BeckOK-BGB/Wendtland, Stand: 01.02.2007, § 157 Rn. 42.
79 So aber Lang, WM 1988, S. 1001, 1006.
80 Papst, Vertrag mit Schutzwirkung, S. 103.

nur dann ernst genommen, wenn er seine berufliche Sachkunde in seiner Arbeit bestätigt. Ein Auftraggeber ist an einer Expertise nämlich nicht interessiert, um einen Haftungsfall herbeizuführen. Ihm kommt es auf eine ordnungsgemäße und gewissenhafte Auskunft des Experten an. Folgeaufträge wird der Auftraggeber ihm daher nur erteilen, wenn die Auskunft ordentlich erteilt worden ist und er sich auf seine Sachkunde verlassen kann. Die Haftung spielt insoweit nur eine untergeordnete Rolle. Das angeblich allgemein vorhandene Interesse des Experten an seiner eigenen Haftung gegenüber dem Dritten ist daher kein hinreichendes Indiz für den hypothetischen Willen des Schuldners, den Dritten in den Schutzbereich des Vertrags einzubeziehen.

c) Fiktion der Einbeziehung des Dritten

Auch die Konstruktion eines Vertrags mit Schutzwirkung für Dritte auf Grundlage einer ergänzenden Vertragsauslegung erweist sich daher regelmäßig als bloße Fiktion. Die von der Rechtsprechung für den Vertrag mit Schutzwirkung aufgestellten Voraussetzungen taugen nicht dazu, einen entsprechenden hypothetischen Parteiwillen festzustellen. Dem Vorwurf der Fiktion lässt sich nicht entgegenhalten, dass es für den Rechtsanwender tägliche Praxis ist, durch „Auslegung“ vertragliche Rechte und Pflichten der Parteien für Situationen zu bestimmen, an deren Eintreten die Parteien bei Vertragsschluss nicht gedacht haben.[81] Auch dabei handelt es sich in der Regel nicht um „Auslegung“, sondern um eine richterliche Ausgestaltung des Vertragsverhältnisses.[82] Dem Vorwurf der Fiktion lässt sich auch nicht damit begegnen, dass dieser nicht hinreichend berücksichtige, dass bei der ergänzenden Vertragsauslegung darauf abzustellen ist, was die Parteien bei angemessener Abwägung ihrer Interessen nach Treu und Glauben als redliche Vertragsparteien vereinbart hätten, wenn sie den nicht geregelten Fall bedacht hätten.[83] Redlich heißt nicht, dass man seine eigenen Interessen hinter die eines Dritten zurückstellen muss, um vermeintliche Lücken des dualistischen Haftungskonzepts des Gesetzgebers zu schließen. Wo der Gesetzgeber keinen Handlungsbedarf sieht, muss sich ein Vertragspartner kein unredliches Verhalten vorhalten lassen, wenn er ebenfalls untätig bleibt. Der vermutliche Wille des Schuldners, der seinen eigenen Willen nicht ohne Weiteres hintanstellt, wird dadurch durch einen von Fremdnützigkeit geprägten hypothetisch-idealen Willen ersetzt.[84] Außerdem steht und fällt diese Argumentation mit der Annahme eines Niemandslands zwischen Vertrags- und Deliktsrecht. Ist der Dritte nämlich auch ohne vertragliche Ansprüche hinreichend geschützt, müssen

[81] So aber Staudinger/Jagmann, § 328 Rn. 94.
[82] Vgl. MünchKomm-BGB/Gottwald, § 328 Rn. 112 und 124; MünchKomm-BGB/Wagner, 4. Aufl., § 826 Rn. 59.
[83] So aber Staudinger/Jagmann, § 328 Rn. 94.
[84] Medicus, JZ 1995, S. 308, 309.

auch redliche Parteien dem Dritten keinen zusätzlichen Schutz gewähren. Dem Vorwurf der Fiktion kann man schließlich auch nicht die rein praktische Erwägung entgegenhalten, dass die ergänzende Vertragsauslegung deshalb den Vorzug vor anderen rechtsdogmatischen Herleitungen verdiene, weil nur dadurch ermöglicht werde, den Besonderheiten des Einzelfalls Rechnung zu tragen.[85] Den Besonderheiten des Einzelfalls kann nämlich ebenso gut auf Grundlage eines rechtsgeschäftsähnlichen gesetzlichen Schuldverhältnisses Rechnung getragen werden.

Nicht der hypothetische Parteiwille entscheidet daher über die Einbeziehung Dritter in einen Vertrag, sondern eine Abwägung der Interessen aller Beteiligten nach Treu und Glauben mit Rücksicht auf die Verkehrsanschauung.[86] Dabei kommt es einerseits auf das objektive Schutzbedürfnis und die berechtigten Sicherheitserwartungen des Dritten an. Andererseits ist darauf abzustellen, ob die Annahme von Schutzpflichten und das sich daraus ergebende Schadensersatzrisiko dem Schuldner unter Berücksichtigung der schutzwürdigen Interessen des Gläubigers und der Allgemeinheit sowie der gesetzlichen Wertungen zumutbar sind.[87] Beim Vertrag mit Schutzwirkung für Dritte handelt es somit nicht um ein rechtsgeschäftliches, sondern um ein rechtsgeschäftsähnliches gesetzliches Schuldverhältnis,[88] das nicht auf einer ergänzenden Vertragsauslegung, sondern auf einer umfassenden Interessenabwägung im Einzelfall beruht.

## B. Deliktsrechtliche Lösungsansätze mit einer unerlaubten Handlung des Auskunftsgebers als Haftungsgrund

Rechtsprechung und Literatur halten zur Begründung der Haftung für fehlerhafte Informationen gegenüber Personen, denen sie vertraglich nicht geschuldet sind, auch den Lösungsweg einer deliktischen Haftung für gangbar, selbst wenn dadurch die bisherigen Grenzen des Deliktsrechts gesprengt werden müssen.

---

85 So aber Palandt/Grüneberg, § 328 Rn. 14.

86 Bayer, JuS 1996, S. 473, 476; MünchKomm-BGB/Gottwald, § 328 Rn. 110 f.; Erman/Westermann, § 328 Rn. 12.

87 MünchKomm-BGB/Gottwald, § 328 Rn. 122.

88 Esser/Schmidt, Schuldrecht AT/2, § 34 IV 2 b); MünchKomm-BGB/Gottwald, § 328 Rn. 109; MünchKomm-BGB/Kramer, Einl. Rn. 28 und 84; Martiny, JZ 1996, S. 19, 21; Staudinger/Olzen, § 241 Rn. 48; Staudinger/Otto, § 280 Rn. B 5 mit B 11 f.

## I. Die Herabsetzung der gesetzlichen Haftungsvoraussetzungen des § 826 BGB

### 1. Die Rechtsprechung zu § 826 BGB

Die Rechtsprechung greift als Grundlage der Haftung für fehlerhafte Informationen neben den rechtsgeschäftlichen Lösungsansätzen auch auf den deliktischen Haftungstatbestand des § 826 BGB zurück.

Danach ist derjenige, der einen anderen in sittenwidriger Weise vorsätzlich schädigt, diesem zum Schadensersatz verpflichtet.

Die Rechtsprechung hat diese hohen Hürden der gesetzlichen Haftungsvoraussetzungen herabgesetzt.[89] Sie hat sich dahin entwickelt, dass nicht nur ein bewusstes, sondern auch ein leichtfertiges und gewissenloses Verhalten einen Verstoß gegen die guten Sitten begründen kann.[90] Dies ist insbesondere bei der Haftung von beruflichen Fachleuten (Wirtschaftsprüfer, Steuerberater, Sachverständige etc.) gegenüber Dritten von erheblicher Bedeutung.[91] Nach der Rechtsprechung handeln diese bereits dann sittenwidrig i. S. d. § 826 BGB, wenn sie ihre Berufspflichten in einem Maße grob fahrlässig verletzen, dass ihr Verhalten als leichtfertig und gewissenlos zu bezeichnen ist.[92] Erforderlich ist, dass sie sich etwa durch nachlässige Ermittlungen oder gar durch „ins Blaue" gemachte Angaben ihrer Aufgaben leichtfertig entledigen und damit eine Rücksichtslosigkeit gegenüber den Dritten an den Tag legen, die angesichts der Bedeutung, welche die Auskunft für deren Entschließungen hat und der von ihnen in Anspruch genommenen Kompetenz als gewissenlos bezeichnet werden muss.[93]

Auch den sonst schwierigen Nachweis des bedingten Schädigungsvorsatzes hat die Rechtsprechung erleichtert.[94] Diese Erleichterung ergibt sich daraus, dass bereits die Art und Weise des den Vorwurf der Sittenwidrigkeit begründenden

---

89 Zugehör, NJW 2000, S. 1601, 1608.

90 BGH NJW-RR 2004, 1464, 1467; NJW 2004, 3035, 3038; 2003, 2825, 2826; 1995, 1739, 1749; 1992, 2821, 2822; 1991, 3282, 3283; 1991, 32, 33; PWW/Schaub, § 826 Rn. 19; BeckOK-BGB/Spindler, Stand: 01.10.2007, § 826 Rn. 11; Palandt/Sprau, § 826 Rn. 8; MünchKomm-BGB/Wagner, 4. Aufl., § 826 Rn. 10 und 25; Zugehör, NJW 2000, S. 1601, 1608.

91 Erman/Schiemann, § 826 Rn. 12; BeckOK-BGB/Spindler, Stand: 01.10.2007, § 826 Rn. 33 ff.; MünchKomm-BGB/Wagner, 4. Aufl., § 826 Rn. 54 ff.

92 BGH NJW 1992, 2821, 2822; 1991, 32, 33; 1956, 1595.

93 BGH NJW-RR 2004, 1464, 1467, NJW 2004, 3035, 3038; 2003, 2825, 2826; 1991, 3282, 3283.

94 Erman/Schiemann, § 826 Rn. 14; Palandt/Sprau, § 826 Rn. 9; MünchKomm-BGB/Wagner, 4. Aufl., § 826 Rn. 25; Zugehör, NJW 2000, S. 1601, 1608.

Verhaltens den Schluss zulassen kann, dass mit bedingtem Schädigungsvorsatz gehandelt worden ist.[95] Dies gilt insbesondere, wenn der beruflich Fachkundige selbst erkannt hat, dass er sich so verhält.[96] Die Rechtsprechung begründet dies damit, dass in Fällen der vorliegenden Art der Nachweis bedingten Vorsatzes sich oftmals nur durch den Schluss erbringen lasse, der beruflich Fachkundige habe so leichtfertig gehandelt, dass er eine Schädigung des anderen Teils in Kauf genommen haben müsse.[97]

2. Stellungnahme der Literatur

Auch die Rechtsprechung zur Haftung für fehlerhafte Informationen aus § 826 BGB ist im Schrifttum teilweise auf heftige Kritik gestoßen. Ihr wird vorgehalten, dass die Gleichsetzung von Leichtfertigkeit und Gewissenlosigkeit mit Sittenwidrigkeit weder mit dem Wortlaut des § 826 BGB noch mit seiner Ergänzungsfunktion im Deliktsrecht zu vereinbaren sei[98] und dass der Schluss von einem besonders leichtfertigen fahrlässigen Verhalten auf bedingten Schädigungsvorsatz nicht möglich sei, weshalb die Gefahr bestehe, dass die subjektive Schwelle des § 826 BGB im praktischen Ergebnis auf grobe Fahrlässigkeit herabgesenkt werde[99].

3. Eigene Stellungnahme

Der Literatur ist dahin zuzustimmen, dass eine Gleichsetzung eines grob fahrlässigen Berufspflichtverstoßes mit der Sittenwidrigkeit weder mit dem Wortlaut des § 826 BGB noch mit seiner Ergänzungsfunktion im System des Deliktsrechts vereinbar ist. Der Begriff der guten Sitten bezweckt nämlich nicht mehr, als ein sozialethisches Minimum zu verwirklichen.[100] Bei einem grob fahrlässigen Berufspflichtverstoß weiß der beruflich Fachkundige aber nicht positiv und nimmt auch nicht bewusst in Kauf, dass die von ihm gemachten Angaben falsch sind. Es geht dann weniger um den Schutz eines sozialethischen Minimums als

---

95 BGH NJW 1995, 1739, 1749; 1991, 3282, 3283; NJW-RR 1986, 1158, 1159; NJW 1970, 1737, 1738; Erman/Schiemann, § 826 Rn. 14; BeckOK-BGB/Spindler, Stand: 01.10.2007, § 826 Rn. 12; Palandt/Sprau, § 826 Rn. 9; MünchKomm-BGB/Wagner, 4. Aufl., § 826 Rn. 25; Zugehör, NJW 2000, S. 1601, 1608.

96 BGH NJW 1991, 3282, 3283.

97 OLG Düsseldorf NJW-RR 1998, 1717.

98 Erman/Schiemann, § 826 Rn. 12; weitere Nachweise bei Kim, Haftung des Experten, S. 133.

99 Canaris, ZHR 163, S. 206, 214 f.; BeckOK-BGB/Spindler, Stand: 01.10.2007, § 826 Rn. 12; a. A. Palandt/Sprau, § 826 Rn. 9; MünchKomm-BGB/Wagner, 4. Aufl., § 826 Rn. 26; weitere Nachweise bei Kim, Haftung des Experten, S. 133.

100 PWW/Schaub, § 826 Rn. 5; Erman/Schiemann, § 826 Rn. 3; Hk-BGB/Staudinger, § 826 Rn. 6.

um die Sicherung der Funktion bestimmter, für die moderne Gesellschaft wesentliche Institutionen wie Gutachten und Testate und die Sicherung beruflicher Standards von Fachleuten, die in hohem Maße Kompetenz für sich in Anspruch nehmen.[101] Den beruflich Fachkundigen zu diesem Zweck mit dem Makel sittenwidrigen Verhaltens zu beflecken, ist der falsche Weg. Hierfür besteht auch kein Anlass, wenn man unterstellt, dass die Sicherung von wesentlichen Institutionen wie Gutachten und Testaten und die Sicherung beruflicher Standards hochqualifizierter Fachleute bereits durch außerdeliktische Haftungstatbestände wie etwa § 311 Abs. 2 und 3 BGB gewährleistet wird.

Der Literatur ist auch darin zuzustimmen, dass der Schluss von einem grob fahrlässigen Berufspflichtverstoß auf einen bedingten Schädigungsvorsatz nicht zulässig ist. Dieser Schluss ist nicht plausibel und logisch nachvollziehbar. Wenn der Schädiger nur grob fahrlässig gehandelt hat, als er seine fehlerhaften Angaben gemacht hat, kann er nicht gleichzeitig hinsichtlich der Folgen seiner fehlerhaften Angaben mit bedingtem Vorsatz gehandelt haben. Denn dann hat er (leichtsinnigerweise) darauf vertraut, dass seine Angaben nicht fehlerhaft waren. Wenn er aber darauf vertraut hat, dass seine Angaben nicht fehlerhaft waren, kann er nicht gleichzeitig billigend in Kauf genommen haben, dass dem Empfänger infolge fehlerhafter Angaben ein Schaden entsteht. Dies ist in sich widersprüchlich.

Der Literatur ist aber entgegenzuhalten, dass die Rechtsprechung missverstanden wird, wenn man ihr die Gleichsetzung eines grob fahrlässigen Berufspflichtverstoßes mit der Sittenwidrigkeit und den Schluss von einem grob fahrlässigen Berufspflichtverstoß auf einen bedingten Schädigungsvorsatz vorwirft. In Wahrheit geht es in den Fällen, in denen die Rechtsprechung eine vorsätzliche sittenwidrige Schädigung annimmt, nämlich nicht mehr um nur grob fahrlässige Berufspflichtverstöße, sondern bereits um bedingt vorsätzliche Berufspflichtverstöße. Bedingt vorsätzlich handelt, wer den als möglich erkannten Schaden billigend in Kauf nimmt.[102] Bewusste Fahrlässigkeit liegt dagegen vor, wenn der Handelnde darauf vertraut, der Schaden werde nicht eintreten.[103] Da eine solche innere Tatsache dem direkten Beweis nicht zugänglich ist, ist aus den objektiven Umständen zu schließen, ob der Handelnde den Schaden als möglich

---

[101] Erman/Schiemann, § 826 Rn. 38.

[102] BGH NJW 2007, 835, 836; 2004, 446, 448; Palandt/Heinrichs, § 276 Rn. 10; PWW/Schmidt-Kessel, § 276 Rn. 6; BeckOK-BGB/Unberath, Stand: 01.02.2007, § 276 Rn. 15.

[103] BGH NJW 2001, 3187, 3189; NJW-RR 1998, 34, 35; Palandt/Heinrichs, § 276 Rn. 13; PWW/Schmidt-Kessel, § 276 Rn. 6; BeckOK-BGB/Unberath, Stand: 01.02.2007, § 276 Rn. 18.

erkannt und billigend in Kauf genommen hat.[104] Dabei kann keine absolute, über jeden Zweifel erhabene Gewissheit verlangt werden. Vielmehr darf sich der Richter in tatsächlich zweifelhaften Fällen mit einem für das praktische Leben brauchbaren Grad von Gewissheit begnügen, der den Zweifeln Schweigen gebietet, ohne sie völlig auszuschließen (§ 286 ZPO).[105] Gemessen daran ist es nicht zu beanstanden, wenn die Rechtsprechung den Nachweis bedingten Vorsatzes durch den Schluss führt, der beruflich Fachkundige habe derart leichtfertig und gewissenlos gehandelt, dass er einen Fehler und eine Schädigung des anderen Teils in Kauf genommen haben muss. Wenn nämlich der beruflich Fachkundige seine Berufspflichten in so hohem Maße verletzt, dass er schon einfachste, ganz naheliegende Überlegungen nicht anstellt und das nicht beachtet, was im gegebenen Fall jedem einleuchten muss, kann ihm dies nicht verborgen geblieben sein. Bei einem derart krassen Berufspflichtverstoß ist auch der Eintritt eines Schadens in so hohem Maße wahrscheinlich, dass er ihn als möglich und nicht ganz fernliegend erkannt haben muss. Dann kann aber kein vernünftiger Zweifel daran bestehen, dass der beruflich Fachkundige seinen Berufspflichtverstoß und den Schadenseintritt als möglich und nicht ganz fernliegend erkannt und um eines erstrebten Zieles willen oder aus Bedenkenlosigkeit und Gleichgültigkeit (mit den Worten der Rechtsprechung: aus Rücksichtslosigkeit und Gewissenlosigkeit) in Kauf genommen hat. Es liegen dann also ein bedingt vorsätzlicher Berufspflichtverstoß und bedingter Schädigungsvorsatz vor. Wenn etwa ein Sachverständiger eine Stellungnahme „ins Blaue hinein" abgibt und dabei damit rechnet, dass andere auf die Richtigkeit der Expertise vertrauen und entsprechend disponieren werden, ist der Schluss auf bedingten Vorsatz nicht zu beanstanden.[106] Die Kritik berücksichtigt daher nicht hinreichend, dass sich der Nachweis bedingten Vorsatzes praktisch häufig nur durch den Schluss erbringen lässt, der beruflich Fachkundige habe so leichtfertig gehandelt, dass er eine Schädigung des anderen Teils in Kauf genommen haben muss.[107] Sie ist wohl auch eher als Mahnung zu verstehen, dass die im Grundsatz durchaus angemessenen Erleichterungen nicht dazu führen dürfen, dass die Wertung des Gesetzes, die Beschränkung der Haftung auf vorsätzliches Handeln, de facto auf grob fahrlässiges Verhalten erweitert wird.[108]

---

104 MünchKomm-BGB/Wagner, 4. Aufl., § 826 Rn. 26.

105 BGH NJW-RR 2007, 312, 313 f.; NJW 2006, 3416, 3419; 2004, 777, 778; 1998, 2969, 2971; 1993, 935, 937; Musielak/Foerste, § 286 Rn. 19; Zöller/Greger, § 286 Rn. 19; Hartmann in Baumbach/Lauterbach/Albers/Hartmann, § 286 Rn. 18.

106 MünchKomm-BGB/Wagner, 4. Aufl., § 826 Rn. 26.

107 BGH NJW-RR 1986, 1158, 1159; OLG Düsseldorf NJW-RR 1998, 1717; Palandt/Sprau, § 826 Rn. 9; MünchKomm-BGB/Wagner, 4. Aufl., § 826 Rn. 26.

108 PWW/Schaub, § 826 Rn. 19; BeckOK-BGB/Spindler, Stand: 01.10.2007, § 826 Rn. 12.

Im Ergebnis ist festzuhalten, dass § 826 BGB zwar im Einzelfall durchaus als Grundlage einer Haftung für fehlerhafte Informationen in Betracht kommt, die Masse der Fälle sich auf dieser Grundlage aber nicht befriedigend lösen lässt. Denn auch wenn die Voraussetzungen der Haftung von der Rechtsprechung herabgesetzt wurden, ist immer noch ein besonders grober und deshalb gewissenloser Verstoß gegen die beruflichen Pflichten des Experten erforderlich.[109] Die Vielzahl von Entscheidungen, in denen § 826 BGB keine Rolle spielt, belegt, dass das Bedürfnis nach Haftung für fehlerhafte Informationen weit über diesen beschränkten Anwendungsbereich hinausgeht.

## II. Die Lehre von den richterlich entwickelten deliktischen Verkehrspflichten zum Schutz fremden Vermögens

### 1. Die Anerkennung richterlich entwickelter deliktischer Verkehrspflichten zum Schutz fremden Vermögens in Teilen der Literatur

Ein Teil der Literatur hält die Haftung für fehlerhafte Informationen nicht für ein Problem des Vertragsrechts, sondern für eines des Deliktsrechts. Dieser Teil der Literatur sieht den richtigen Lösungsansatz in einer Erweiterung des deliktischen Vermögensschutzes durch Anerkennung richterlich entwickelter deliktischer Verkehrspflichten zum Schutz fremden Vermögens.[110] Für deren Anerkennung wird angeführt, dass die Existenz richterlich entwickelter Verkehrspflichten zum Schutz fremden Vermögens unleugbares Ergebnis der Rechtsentwicklung sei.[111] Die von der Rechtsprechung entwickelten Verkehrspflichten ließen sich jedoch in vielen Fällen nicht oder nur unter dogmatischen Verrenkungen in das Vertragsrecht einordnen.[112] Es sei systemehrlicher, sie in das Deliktsrecht einzugliedern, zumal sie unabhängig vom Bestehen individueller Vertragsverhältnisse seien und es meistens um das Erhaltungs- bzw. Integritätsinteresse und damit einen Regelungsbereich des Deliktsrechts gehe.[113] Die von der Rechtsprechung bevorzugte Lösung über das Vertragsrecht und vertragsähnliche Haf-

---

[109] Kersting, Dritthaftung, S. 75.

[110] Huber, FS von Caemmerer, S. 359 ff.; von Bar, Verkehrspflichten, S. 204 f., 211 ff., 220 ff., 230 ff., ders., Gutachten, S. 1681, 1705, 1720; Brüggemeier, Deliktsrecht, S. 76, 283 ff.; ders., AcP 182, S. 385 ff., 423 f.; MünchKomm-BGB/Mertens, 3. Aufl., § 823 Rn. 466; ders., AcP 178, S. 227, 231 ff.; PWW/Schaub, § 826 Rn. 19; Schlechtriem, Gutachten S. 1591, 1604.

[111] Huber, FS von Caemmerer, S. 359, 378; MünchKomm-BGB/Mertens, 3. Aufl., § 823 Rn. 466.

[112] von Bar, Verkehrspflichten, S. 230 ff. und 236; Huber, FS von Caemmerer, S. 359, 368 ff.; MünchKomm-BGB/Mertens, 3. Aufl., § 823 Rn. 466.

[113] von Bar, Verkehrspflichten, S. 204 f., 220 ff., 233 f.; ders., JuS 1982, S. 637, 645; ders., ZGR 1983, S. 476, 499; Brüggemeier, Deliktsrecht, S. 76; Mertens, AcP 178, S. 227, 237 f.

tungstatbestände sei demgemäß ein bloßes Vehikel zur Fortbildung deliktsrechtlicher Verhaltensnormen.[114]

Diese These wird in der Literatur dogmatisch unterschiedlich abgestützt. Eine Auffassung versteht die Haftung für fehlerhafte Informationen als durch die richterrechtliche Entwicklung geprägtes Sonder-Deliktsrecht und Erscheinungsformen deliktischer Haftung in Sonderbeziehungen und will diese „konsequent und einheitlich" deliktsrechtlich nach § 823 Abs. 1 BGB lösen.[115] Eine andere Auffassung will die Verkehrspflichten dagegen § 823 Abs. 2 BGB zuordnen und den Schutzgesetzen gleichstellen.[116] Nach einer weiteren Auffassung sprengen die Verkehrspflichten sowohl das Konzept des § 823 Abs. 1 BGB als auch das des § 823 Abs. 2 BGB und sollen deshalb unter dem Stichwort eines „ungeschriebenen § 823 Abs. 3 BGB" als eine die Zweiteilung des § 823 BGB überschreitende deliktische Anspruchsgrundlage anzusehen sein.[117]

2. Eigene Stellungnahme

Die Lehre von den richterlich entwickelten deliktischen Verkehrspflichten zum Schutz fremden Vermögens ist in der Rechtsprechung nicht anerkannt[118] und stößt auch in der überwiegenden Literatur zu Recht auf Ablehnung.[119] Sie krankt im Wesentlichen daran, dass sie in ihrem Ausgangspunkt auf den Richter als „Schutzgesetzgeber" bezogen ist.[120] Diese Institutionalisierung und Indienstnahme von Richterrecht ist mit der rechtspolitischen Zielsetzung des Deliktsrechts nicht vereinbar, Bestandsschutz und Freiheitsgewähr von vornherein verbindlich und voraussehbar gegeneinander abzugrenzen. Diese Zielsetzung ergibt sich bereits aus der Gesetzesbegründung, wo die Abkehr von der ursprünglich

---

[114] von Bar, Verkehrspflichten, S. 220 ff.

[115] Brüggemeier, Deliktsrecht, S. 291.

[116] von Bar, Gutachten, S. 1681, 1720; Huber, FS von Caemmerer, S. 359, 381 f.

[117] MünchKomm-BGB/Mertens, 3. Aufl., § 823 Rn. 10.

[118] BGH NJW 1992, 1511, 1512; 1987, 2671, 2672; BeckOK-BGB/Spindler, Stand: 01.10.2007, § 823 Rn. 25; MünchKomm-BGB/Wagner, 4. Aufl., § 823 Rn. 215 und 176 m.w.N. in Fn. 794.

[119] Staub/Canaris, Rn. 96; ders., FS Larenz, S. 27, 77 ff.; Damm, JZ 1991, S. 373, 382 f.; Grunewald, AcP 187, S. 285, 297 f.; dies., JZ 1982, S. 627, 631; Hübner, NJW 1989, S. 5, 9; Kersting, Dritthaftung, S. 97; Kim, Haftung des Experten, S. 125 ff.; Krebs, Sonderverbindung, S. 80 f.; Larenz/Canaris, Schuldrecht BT/2, § 76 III 2 c); Medicus, Bürgerliches Recht, § 25 Rn. 655 mit Fn. 14; ders., JZ 1986, S. 778, 780; Picker, JZ 1987, S. 1041, 1047; ders., AcP 183, S. 369, 495 ff.; Erman/Schiemann, § 823 Rn. 76; BeckOK-BGB/Spindler, Stand: 01.10.2007, § 823 Rn. 25; MünchKomm-BGB/Wagner, 4. Aufl., § 823 Rn. 213 ff.

[120] Kim, Haftung des Experten, S. 125 ff.; Krebs, Sonderverbindung, S. 78 ff.; Picker, JZ 1987, S. 1041, 1047; MünchKomm-BGB/Wagner, 4. Aufl., § 823 Rn. 214.

geplanten deliktischen Generalklausel damit begründet wird, dass die Lösung der Haftungsfragen durch das Gesetz erfolgen müsse und nicht auf den Richter übertragen werden könne.[121] Dies hat auch im Gesetz Niederschlag gefunden. Sowohl § 823 Abs. 1 BGB mit seinem numerus clausus der geschützten Rechte und Rechtsgüter als auch § 823 Abs. 2 BGB, der die Verletzung eines Schutzgesetzes als Haftungsvoraussetzung aufstellt und nicht zuletzt § 826 BGB mit dem Erfordernis einer vorsätzlichen sittenwidrigen Schädigung zeigen, dass der Gesetzgeber um gute Erkennbarkeit der drohenden Haftung (sozialtypische Offenkundigkeit) und Haftungsbeschränkung bemüht war und diese Aufgabe gerade nicht dem Richter überantworten wollte.[122] Dem würde es widersprechen, wenn auch richterrechtliche Rechtsfortbildungen, die grundsätzlich jederzeit geändert oder aufgegeben werden können, als Schutzgesetze im Sinne des § 823 Abs. 2 BGB angesehen würden oder sonst für sich die Haftung rechtfertigen könnten.[123] Darüber hinaus hat sich der Gesetzgeber eindeutig gegen eine allgemeine deliktische Generalklausel entschieden.[124] Nichts anderes als eine solche Generalklausel würde es aber bedeuten, wenn man der Rechtsprechung die Kompetenz zubilligen würde, Verkehrspflichten zum Schutz fremden Vermögens frei zu entwickeln.[125] Ein umfassender deliktischer Vermögensschutz auf Basis richterlich entwickelter Verkehrspflichten zum Schutz fremden Vermögens – gleich ob man ihn über § 823 Abs. 1 BGB, § 823 Abs. 2 BGB oder gar einen „ungeschriebenen § 823 Abs. 3 BGB“ bewältigen will – lässt sich folglich nicht ohne Bruch mit dem geltenden Deliktsrecht bewältigen.[126] Dies wird auch von den Vertretern der Lehre von den deliktischen Verkehrspflichten zum Schutz fremden Vermögens nicht übersehen, wie ihre Formulierungen „ungeschriebener § 823 Abs. 3 BGB“,[127] „geringster dogmatischer Bruch“[128] oder „Sonder-Deliktsrecht"[129] zeigen. Es ist daher wenig überzeugend, wenn diese Vertreter den von ihnen vorgeschlagenen Lösungsweg für systemehrlicher halten als den der Rechtsprechung. Gegen den deliktsrechtlichen Lösungsansatz sind weiter auch die bekannten Schwächen der deliktischen Haftung wie etwa die Beweislast des Geschädigten oder die Möglichkeit des Entlastungsbeweises nach § 831 BGB vorzubringen.[130] Diese Schwächen ließen sich nur unter derartigen dogmatischen

---

121 Protokolle, S. 571; Picker, AcP 183, S. 369, 498; Wiegand, Sachwalterhaftung, S. 132.
122 Krebs, Sonderverbindung, S. 81; Picker, JZ 1987, S. 1041, 1047.
123 Krebs, Sonderverbindung, S. 81.
124 Canaris, FS Larenz, S. 27, 45; Larenz/Canaris, Schuldrecht BT/2, § 75 I 3 a); Krebs, Sonderverbindung, S. 81.
125 Canaris, a. a. O.; Larenz/Canaris, a. a. O., § 76 III 2 c); Krebs, a. a. O.
126 MünchKomm-BGB/Wagner, 4. Aufl., § 823 Rn. 215.
127 MünchKomm-BGB/Mertens, 3. Aufl., § 823 Rn. 10.
128 von Bar, S. 204 f., 211 ff., 220 ff., 230 ff., ders., Gutachten, S. 1681, 1705.
129 Brüggemeier, Deliktsrecht, S. 76.
130 Grunewald, AcP 187, 285, 297.

Verrenkungen ausräumen, dass dieser Lösungsweg keinen wesentlichen Fortschritt gegenüber dem der Rechtsprechung darstellen würde. Schließlich steht und fällt das Bedürfnis für eine Erweiterung des deliktischen Vermögensschutzes durch Anerkennung richterlich entwickelter Verkehrspflichten zum Schutz fremden Vermögens mit der Annahme eines „Niemandslands" zwischen Vertrags- und Deliktsrecht. Diese Annahme ist aber nicht mehr gerechtfertigt, nachdem der Gesetzgeber mit § 311 Abs. 2 und 3 BGB das traditionelle dualistische Haftungssystem um einen Zwischenbereich gesetzlicher Haftung nach vertraglichen Grundsätzen für Schutzpflichtverletzungen ergänzt hat. Es sprechen auch die besseren Gründe dafür, die Haftung für fehlerhafte Informationen diesem Zwischenbereich gesetzlicher Haftung nach vertraglichen Grundsätzen zuzuordnen. Denn bei der Haftung für fehlerhafte Informationen geht es nicht um die haftungsrechtliche Erfassung eines bloß zufälligen Kontakts, in dem es nur um die Verletzung allgemeiner, gegenüber jedermann bestehender Verhaltenspflichten gehen kann, sondern um die haftungsrechtliche Erfassung einer Sonderbeziehung, die nicht durch einen Vertrag zwischen den Beteiligten, sondern durch ähnliche geschäftliche Kontakte entsteht.

## C. Rechtsfortbildende Lösungsansätze mit einem rechtsgeschäftsähnlichen gesetzlichen Schuldverhältnis als Haftungsgrund

Soweit sich die Haftung für fehlerhafte Informationen nicht überzeugend rechtsgeschäftlich oder deliktisch begründen ließ, haben Rechtsprechung und Literatur die einzige Lösung in einer Rechtsfortbildung des Schuldrechts gesehen. Dabei haben sie ein rechtsgeschäftsähnliches gesetzliches Schuldverhältnis entwickelt, das sich weder dem Vertragsrecht noch dem Deliktsrecht zuordnen lässt.

### I. Die Haftung aus Vertragsverhandlungen und ähnlichen geschäftlichen Kontakten und die Eigenhaftung Dritter

Eine Reihe von gesetzlichen Vorschriften verpflichten zum Schadensersatz wegen eines Verschuldens bei den Vertragsverhandlungen, ohne dass ein wirksamer Vertrag oder der Tatbestand einer unerlaubten Handlung gegeben zu sein braucht (vgl. §§ 122, 179 BGB, 307, 309 BGB a. F., 663 BGB). Aus diesen Vorschriften haben Rechtsprechung und Lehre im Anschluss an von Jhering[131] im Wege der Rechtsfortbildung den Grundsatz abgeleitet, dass bereits durch die Aufnahme von Vertragsverhandlungen ein rechtsgeschäftsähnliches gesetzliches Schuldverhältnis entstehe, das die Parteien zur Rücksichtnahme auf die Rechte,

[131] von Jhering, JherJb, Bd. 4, 1861, S. 1 ff.

Rechtsgüter und Interessen des anderen Teils verpflichte (culpa in contrahendo).[132]

## 1. Die Rechtsprechung zur Haftung aus Vertragsverhandlungen und ähnlichen geschäftlichen Kontakten

Die Rechtsprechung hat die Haftung aus dem rechtsgeschäftsähnlichen gesetzlichen Schuldverhältnis ursprünglich an die Aufnahme von Vertragsverhandlungen geknüpft.[133] Später ließ sie die Anbahnung eines Vertrags genügen.[134] Heute lässt sie in Einzelfällen auch ähnliche geschäftliche Kontakte ausreichen, die nicht auf den Abschluss eines Vertrags abzielen. Ein solcher ähnlicher geschäftlicher Kontakt kann sich beispielsweise aus einer laufenden Geschäftsverbindung ergeben.[135] Ein ähnlicher geschäftlicher Kontakt kommt aber auch im Verhältnis zwischen mehreren Personen in Betracht, die zusammen in Vertragsverhandlungen mit einem Dritten treten[136], wenn ein Dritter bei dem Gläubiger Fehlvorstellungen über den wahren Schuldner hervorruft und den Anschein setzt, selbst der Schuldner bzw. mit diesem identisch zu sein[137] oder im Verhältnis zwischen dem Versprechenden und dem Dritten, wenn ein Vertrag zugunsten Dritter geschlossen werden soll[138]. Die Rechtsprechung greift auf das rechtsgeschäftsähnliche gesetzliche Schuldverhältnis allerdings nur zurück, wenn sich die Haftung nicht bereits rechtsgeschäftlich legitimieren lässt. Im Anwendungsbereich des stillschweigend geschlossenen Auskunftsvertrags scheidet ein Rückgriff auf das rechtsgeschäftsähnliche gesetzliche Schuldverhältnis deshalb nach der Rechtsprechung aus.

## 2. Die Rechtsprechung zur Eigenhaftung Dritter

Die Haftung aus dem rechtsgeschäftsähnlichen gesetzlichen Schuldverhältnis hat ursprünglich allein die zukünftigen Vertragspartner, nicht aber den Stellvertreter des zukünftigen Vertragspartners oder sonstige Dritte erfasst. Die Recht-

---

[132] MünchKomm-BGB/Emmerich, § 311 Rn. 55 ff.; Palandt/Grüneberg, § 311 Rn. 11; Erman/Kindl, § 311 Rn. 15 ff.

[133] RG JW 1913, 23 ff.

[134] BGH NJW 1976, 712, 713; 1962, 31, 32.

[135] BGH NJW 1968, 588, 589; 1954, 1193, 1194; MünchKomm-BGB/Emmerich, § 311 Rn. 73; BeckOK-BGB/Gehrlein/Grüneberg/Sutschet, Stand: 01.02.2007, § 311 Rn. 50; Erman/Kindl, 11. Aufl. 2004, § 311 Rn. 22; jew. unter dem Stichwort „Bankauskünfte".

[136] BGH NJW 1980, 2464, 2465; MünchKomm-BGB/Emmerich, § 311 Rn. 76; Erman/Kindl, § 311 Rn. 22.

[137] BGH NJW 2001, 2716, 2717 f.; BeckOK-BGB/Gehrlein/Grüneberg/Sutschet, Stand: 01.02.2007, § 311 Rn. 50; Erman/Kindl, § 311 Rn. 22.

[138] BGH NJW 2005, 3778; BeckOK-BGB/Gehrlein/Grüneberg/Sutschet, Stand: 01.02.2007, § 311 Rn. 50.

sprechung hat die Haftung jedoch auch insoweit nach und nach vom Vertrag gelöst und sie auf Dritte erstreckt, die zwar nicht selbst Vertragspartner werden sollten, aber in einer Weise an den Vertragsverhandlungen oder dem Vertragsschluss beteiligt waren, dass sie eine dem zukünftigen Vertragspartner vergleichbare Stellung einnahmen.

Die Haftung aus dem rechtsgeschäftsähnlichen gesetzlichen Schuldverhältnis trifft auch heute noch grundsätzlich allein die Partner des angebahnten Vertrags. Vertreter und sonstige Verhandlungsgehilfen sind nach den maßgeblich von der Rechtsprechung entwickelten Grundsätzen aber ausnahmsweise persönlich aus einem Verschulden bei den Vertragsverhandlungen haftbar, wenn sie am Vertragsschluss ein unmittelbares eigenes wirtschaftliches Interesse haben oder wenn sie in besonderem Maße Vertrauen für sich in Anspruch nehmen und dadurch die Vertragsverhandlungen oder den Vertragsschluss erheblich beeinflussen.[139]

a) Besonderes wirtschaftliches Eigeninteresse

Dabei werden an die Annahme eines unmittelbaren eigenen wirtschaftlichen Interesses strenge Anforderungen gestellt. Ein bloß mittelbares wirtschaftliches Interesse des Verhandlungsgehilfen – etwa das Provisionsinteresse des Handelsvertreters, Prokuristen oder sonstigen Angestellten – am Vertragsschluss reicht nicht aus, um seine persönliche Haftung zu begründen.[140] Es muss vielmehr eine so enge Beziehung zum Gegenstand der Vertragsverhandlungen gegeben sein, dass der Verhandlungsgehilfe wirtschaftlich gleichsam in eigener Sache tätig ist (sog. procurator in rem suam).[141] Dabei ist der Begriff der „Tätigkeit in gleichsam eigener Sache“ eng zu fassen.[142]

---

[139] BGH NJW-RR 2006, 993, 994, 2005, 23, 25 f. jew. m. w. N.; BeckOK-BGB/Gehrlein/Grüneberg/Sutschet, Stand: 01.02.2007, § 311 Rn. 114; Palandt/Grüneberg, § 311 Rn. 60; Kersting, Dritthaftung, S. 34; Erman/Kindl, § 311 Rn. 47.

[140] BGH NJW-RR 2006, 993, 994; 1992, 605; 1991, 1241, 1242; MünchKomm-BGB/Emmerich, § 311 Rn. 242; BeckOK-BGB/Gehrlein/Grüneberg/Sutschet, Stand: 01.02.2007, § 311 Rn. 118; Palandt/Grüneberg, § 311 Rn. 61.

[141] BGH NJW-RR 2006, 993, 994; 2002, 1309, 1310; NJW 1990, 1908, 1908; MünchKomm-BGB/Emmerich, § 311 Rn. 242; BeckOK-BGB/Gehrlein/Grüneberg/Sutschet, Stand: 01.02.2007, § 311 Rn. 118; Palandt/Grüneberg, § 311 Rn. 61; PWW/Medicus, § 311 Rn. 69.

[142] BGH NJW-RR 1989, 110, 111.

b) Inanspruchnahme besonderen persönlichen Vertrauens

Auch an die Annahme, dass der Verhandlungsgehilfe in besonderem Maße Vertrauen für sich in Anspruch nimmt und dadurch die Vertragsverhandlungen oder den Vertragsschluss erheblich beeinflusst, werden strenge Anforderungen gestellt. Voraussetzung ist, dass der Verhandlungsgehilfe bei den Vertragsverhandlungen dem anderen Teil eine zusätzliche, gerade von ihm persönlich ausgehende Gewähr für die Seriosität und die Erfüllung des Geschäfts oder für die Richtigkeit und Vollständigkeit der Erklärungen, die für den Willensentschluss des anderen Teils bedeutsam sind, bietet oder er dem anderen Teil in zurechenbarer Weise den Eindruck vermittelt, er werde persönlich mit seiner Sachkunde die ordnungsgemäße Abwicklung des Geschäfts selbst dann gewährleisten, wenn der andere Teil dem Geschäftsherrn nicht oder nur wenig vertraut oder sein Verhandlungsvertrauen sich als nicht gerechtfertigt erweist.[143] Es wird sich dabei im Allgemeinen um Erklärungen im Vorfeld einer Garantiezusage handeln.[144]

c) Eigenhaftung des Gebrauchtwagenhändlers beim Agenturgeschäft

Ein Sonderfall der Rechtsprechung zur Eigenhaftung Dritter wegen eines Verschuldens bei den Vertragsverhandlungen ist die Eigenhaftung des Gebrauchtwagenhändlers beim Agenturgeschäft.[145] Entgegen ihrer sonstigen Tendenz war die Rechtsprechung hier bisher mit der Annahme einer Eigenhaftung recht großzügig.[146]

Beim Agenturgeschäft tritt der Gebrauchtwagenhändler nicht als Verkäufer, sondern als Vermittler zwischen dem bisherigen Eigentümer und dem potenziellen Käufer des Altwagens auf.[147] Das Agenturgeschäft ist häufig an einen Neuwagenverkauf gekoppelt, kommt aber auch als isoliertes Geschäft vor.[148]

---

[143] BGH NJW-RR 2006, 993, 994; NJW 1997, 1233; NJW-RR 1992, 605, 606; 1991, 1941, 1942; NJW 1990, 1907, 1908; MünchKomm-BGB/Emmerich, § 311 Rn. 241; BeckOK-BGB/Gehrlein/Grüneberg/Sutschet, Stand: 01.02.2007, § 311 Rn. 115; Palandt/Grüneberg, § 311 Rn. 63; PWW/Medicus, § 311 Rn. 69.

[144] BGH NJW 1994, 2220, 2222; 1993, 2931, 2933; MünchKomm-BGB/Emmerich, § 311 Rn. 241; Haas in Gottwald, Insolvenzrechtshandbuch, § 92 Rn. 170 (jew. zum GmbH-Geschäftsführer); Kersting, Dritthaftung, S. 43; PWW/Medicus, § 311 Rn. 65.

[145] MünchKomm-BGB/Emmerich, § 311 Rn. 249; BeckOK-BGB/Gehrlein/Grüneberg/Sutschet, Stand: 01.02.2007, § 311 Rn. 119 mit der Überschrift IV. Sonderfälle; Palandt/Grünebeg, § 311 Rn. 64.

[146] Erman/Kindl, § 311 Rn. 51.

[147] MünchKomm-BGB/Emmerich, § 311 Rn. 249; Katzenmeier, NJW 2004, S. 2632; Erman/Kindl, § 311 Rn. 51.

[148] Katzenmeier, NJW 2004, S. 2632.

Die Wahl des Agenturgeschäfts war ursprünglich steuerrechtlich motiviert. Das Agenturgeschäft wurde als Gestaltungsmittel genutzt, um beim Verkauf von Gebrauchtwagen den Anfall der Umsatzsteuer zu vermeiden.[149] Es wurde von der Rechtsprechung als legitimes Mittel zur Erreichung dieses Zwecks grundsätzlich anerkannt.[150]

Dass die Rechtsprechung hier mit der Annahme einer Eigenhaftung recht großzügig war, beruhte letztlich auf dem Gedanken, dass der Händler aus rein steuerrechtlichen Gründen nicht als Verkäufer, sondern nur als Vermittler auftrat.[151] Dementsprechend bestand die Funktion der Eigenhaftung hier darin, die zivilrechtlich richtige Rechtslage wiederherzustellen, ohne den Händler der steuerlichen Vorteile der Gestaltung des Geschäfts zu berauben.[152]

Seit Einführung der Differenzbesteuerung (§ 25a UStG)[153] im Jahre 1990, wonach nur noch die Differenz zwischen An- und Verkaufspreis zu versteuern ist, gibt es für die Wahl des Agenturgeschäfts keine steuerrechtliche Motivation mehr. Der Händler kann den Altwagen ebenso gut selbst erwerben und dann im eigenen Namen weiterverkaufen. Das Agenturgeschäft hat deshalb vorübergehend seine Bedeutung verloren.

Die Neufassung des Kaufrechts im Zuge der Schuldrechtsmodernisierung hat eine neue Motivation für das Agenturgeschäft mit sich gebracht.[154] Seitdem werden Agenturgeschäfte vom gewerblichen Gebrauchtwagenhandel als Gestaltungsmittel genutzt, um beim Verkauf von Gebrauchtfahrzeugen eine Haftung nach den strengen Vorschriften des Verbrauchsgüterkaufs (§§ 474 ff. BGB, insbesondere §§ 475, 476 BGB) zu vermeiden.[155] Das Agenturmodell ist auch vor diesem Hintergrund vom BGH als legitimes Mittel zur Erreichung dieses Zwecks grundsätzlich anerkannt.[156] Zum nach § 475 Abs. 1 S. 2 BGB unzulässigen Umgehungsgeschäft wird es nach der Rechtsprechung des BGH erst dann, wenn der Gebrauchtwagenhändler das Agenturgeschäft missbräuchlich dazu einsetzt, ein in Wahrheit vorliegendes Eigengeschäft zu verschleiern, um hier-

---

[149] BGH NJW 2005, 1039, 1040; Katzenmeier, NJW 2004, S. 2632, Kersting, Dritthaftung, S. 39.

[150] BGH NJW 2005, 1039, 1040; Katzenmeier, NJW 2004, S. 2632.

[151] MünchKomm-BGB/Emmerich, § 311 Rn. 249.

[152] Z. B. BGH NJW 1981, 922; 1980, 2184, 2185; MünchKomm-BGB/Emmerich, § 311 Rn. 249; Medicus, Schuldrecht AT, § 14 Rn. 110; ders., Gutachten, S. 479, 544.

[153] BGBl. I 1990, S. 597.

[154] Katzenmeier, NJW 2004, S. 2632; Kersting, Dritthaftung, S. 40.

[155] BGH NJW 2005, 1039, 1040; Erman/Grunewald, § 475 Rn. 8; Erman/Kindl, § 311 Rn. 51; Müller, NJW 2003, S. 1975, 1978 f.

[156] BGH NJW 2007, 759, 760; 2005, 1039, 1040.

durch den für den Verbrauchsgüterkauf bezweckten Verbraucherschutz zu umgehen.[157] Davon ist auszugehen, wenn bei wirtschaftlicher Betrachtungsweise der Händler als der eigentliche Vertragspartner des Verbrauchers erscheint, weil er Nutzen und Risiken aus dem Vertrag trägt.[158] Dies ist gegeben, wenn der Gebrauchtwagenhändler das Altfahrzeug seines Käufers nicht nur in dessen Namen an einen Verbraucher weiterveräußert, sondern darüber hinaus dem in Zahlung gebenden Käufer einen Mindestkaufpreis garantiert und ihm bis zur Weiterveräußerung den Kaufpreis für das Neufahrzeug stundet.[159]

d) Eigenhaftung des Gesellschafter-Geschäftsführers einer GmbH

Ein Sonderfall der Rechtsprechung zur Eigenhaftung Dritter wegen eines Verschuldens bei den Vertragsverhandlungen ist auch die Eigenhaftung des Gesellschafter-Geschäftsführers einer GmbH.[160] Die Rechtsprechung war auch hier entgegen ihrer sonstigen Tendenz mit der Annahme einer Eigenhaftung eine Zeit lang recht großzügig.[161]

Die Rechtsprechung nahm ein die Haftung begründendes unmittelbares wirtschaftliches Eigeninteresse zunächst bereits dann an, wenn der Geschäftsführer maßgeblich an der Gesellschaft, in deren Namen er die Vertragsverhandlungen führte, beteiligt war.[162]

Gegen diese Rechtsprechung wurde eingewandt, dass sie sich in einen Wertungswiderspruch zu § 13 Abs. 2 GmbHG setze, wonach eine persönliche Haftung des Gesellschafters für die Verbindlichkeiten der Gesellschaft ausgeschlossen sei.[163] Denn sie knüpfe die Haftung an eine den Gesellschafter-Geschäftsführer nicht persönlich, sondern nur in seiner Stellung als Vertretungsorgan der Gesellschaft treffende Pflichtverletzung an und begründe damit eine Durchgriffshaftung ohne Vorliegen der Durchgriffsvoraussetzungen.[164]

---

157 BGH NJW 2005, 1039, 1040.

158 BGH NJW 2005, 1039, 1040; BeckOK-BGB/Faust, Stand: 01.02.2007, § 474 Rn. 7; Katzenmeier, NJW 2004, S. 2632, 2633; MünchKomm-BGB/Lorenz, § 475 Rn. 30; Hk-BGB/Saenger, § 475 Rn. 2; Palandt/Weidenkaff, §§ 474 Rn. 5 a und 475 Rn. 6.

159 BGH NJW 2005, 1039, 1040; BeckOK-BGB/Faust, Stand: 01.02.2007, § 474 Rn. 7; MünchKomm-BGB/Lorenz, § 475 Rn. 30.

160 BeckOK-BGB/Gehrlein/Grüneberg/Sutschet, Stand: 01.02.2007, § 311 Rn. 120 mit der Überschrift IV. Sonderfälle.

161 MünchKomm-BGB/Emmerich, § 311 Rn. 247; Erman/Kindl, § 311 Rn. 50.

162 BGH ZIP 1993, 763, 764; NJW 1983, 1607, 1608 f.; 1983, 676, 677; WM 1963, 160, 161.

163 BGH ZIP 1993, 763, 764; Brandner, FS Werner, S. 53, 64; Schmidt, ZIP 1988, S. 1497, 1503.

164 BGH ZIP 1993, 763, 764; Soergel/Wiedemann, 12. Aufl., vor § 275 Rn. 227.

Diese Kritik veranlasste den BGH, die maßgebliche Beteiligung des Vertreters an der Gesellschaft für sich allein nicht mehr als ausreichend anzusehen, um eine Haftung wegen unmittelbaren wirtschaftlichen Eigeninteresses zu begründen.[165] Es wurde vielmehr das Vorliegen zusätzlicher Umstände gefordert, die die Annahme rechtfertigen konnten, der Vertreter habe gleichsam in eigener Sache gehandelt. Um derartige Umstände sollte es sich handeln, wenn der Gesellschafter-Geschäftsführer der Gesellschaft zusätzlich zu seiner Kapitalbeteiligung zur Absicherung von Gesellschaftsverbindlichkeiten persönliche Bürgschaften oder dingliche Sicherheiten zur Verfügung stellte,[166] ferner, wenn seine Tätigkeit auf die Beseitigung von Schäden abzielte, für die er anderenfalls von der Gesellschaft in Anspruch genommen werden konnte,[167] und schließlich, wenn er bei Abschluss des Vertrags die Absicht hatte, die vom Vertragspartner zu erbringende vertragliche Leistung nicht ordnungsgemäß an die Gesellschaft weiterzuleiten, sondern sie zum eigenen Nutzen dafür geeigneten Zwecken zuzuführen[168].

Auch mit diesem eingeschränkten Inhalt wurde die Rechtsprechung zur Haftung des Gesellschafter-Geschäftsführers im Schrifttum überwiegend abgelehnt.[169] Unter dem Eindruck dieser Kritik hielt der BGH zuletzt auch die Stellung zusätzlicher Sicherheiten nicht mehr für ausreichend, um den Gesellschafter-Geschäftsführer persönlich haftbar zu machen.[170]

e) Bürgerlich-rechtliche Prospekthaftung

Ein Sonderfall der Rechtsprechung zur Eigenhaftung Dritter wegen eines Verschuldens bei den Vertragsverhandlungen ist schließlich auch die sog. bürgerlich-rechtliche Prospekthaftung.[171] Unter bürgerlich-rechtlicher Prospekthaftung

---

165 BGH ZIP 1993, 763, 764; 1989, 292, 293; NJW 1988, 2234, 2235; 1986, 586, 587.

166 BGH ZIP 1993, 763, 764; NJW-RR 1988, 615, 616; NJW 1988, 2234, 2235.

167 BGH ZIP 1993, 763, 764; NJW-RR 1988, 615, 616; NJW 1986, 586, 588.

168 BGH ZIP 1993, 763, 764; NJW 1986, 586, 588.

169 BGH ZIP 1993, 763, 764; Kübler, FS Kellermann, S. 243, 252 ff.; Medicus, FS Steindorff, S. 725, 727 ff.; Hachenburg/Ulmer, § 64 Rn. 72

170 BGH ZIP 1993, 763, 765; BGH NJW 1993, 2931.

171 Die dogmatische Einordnung der bürgerlich-rechtlichen Prospekthaftung ist kontrovers: MünchKomm-BGB/Kramer, Einl. 88; Blenske in Schimmel/Buhlmann, Frankfurter Handbuch, S. 175 Rn. 65: Fall des § 311 Abs. 3 S. 1 BGB; Palandt/Grünebeg, § 311 Rn. 64: Sonderfall; Erman/Kindl, § 311 Rn. 54: Fall des § 311 Abs. 3 S. 2 BGB; in diesem Sinne auch MünchKomm-BGB/Emmerich, § 311 Rn. 246 mit 244; AnwKom-Schuldrecht/Krebs, § 311 Rn. 54: kein Fall des § 311 Abs. 3 S. 2 BGB. Fraglich, ob man die Haftung unter S. 1 einordnen kann; Larenz/Wolf, Bürgerliches Recht AT, § 31 Rn. 50: der Haftung für culpa in contrahendo vergleichbar; Staudinger/Löwisch, § 311 Rn. 157: Sonderfall; Hk-BGB/Schulze, § 311 Rn. 22: aus den Grundsätzen der culpa in contrahendo

versteht man die vom BGH in Parallele zur spezialgesetzlich geregelten Prospekthaftung (§§ 20 KAGG, 12 AuslInvestmG [jetzt 127 InvG], 44 ff. [amtlicher Handel], 77 BörsG [nicht amtlicher Handel], 13 VerkProspG) für den sog. „grauen", nicht organisierten Kapitalmarkt entwickelte Haftung für die Richtigkeit und Vollständigkeit der von den Anlagegesellschaften herausgegebenen Prospekte.[172]

Für die Richtigkeit und Vollständigkeit des Prospekts haften die Herausgeber des Prospekts und die für dessen Herstellung Verantwortlichen. Das sind in erster Linie die das Management bildenden Gründer, Initiatoren und Gestalter der Gesellschaft.[173] Daneben haften als Hintermänner alle Personen, die hinter der Gesellschaft stehen und neben dem Management besonderen Einfluss ausüben und Verantwortung tragen.[174] Darüber hinaus trifft eine Prospektverantwortlichkeit auch diejenigen, die aufgrund ihrer besonderen beruflichen und wirtschaftlichen Stellung oder aufgrund ihrer Fachkunde eine Garantenstellung einnehmen, sofern sie durch ihr nach außen in Erscheinung tretendes Mitwirken an dem Prospekt einen Vertrauenstatbestand geschaffen haben.[175]

Sinn und Zweck der bürgerlich-rechtlichen Prospekthaftung ist der Schutz der Kapitalanleger, in deren Interesse auf eine wahrheitsgemäße und vollständige Aufklärung über das Risiko möglicher Anlagen hingewirkt werden muss.[176] Zu diesem Zweck müssen für unzutreffende oder irreführende Angaben im Emissionsprospekt nicht nur die am Vertragsschluss Beteiligten oder diejenigen haften, die einen auf ihre Person bezogenen besonderen Vertrauenstatbestand geschaffen haben, sondern auch der vorstehende Personenkreis.[177]

Dogmatisch hat der BGH dabei die Grundsätze der Vertrauenshaftung des Vertreters oder Sachwalters für ein Verschulden bei den Vertragsverhandlungen da-

---

entwickelt; Soergel/Wiedemann, 12. Aufl., vor § 275 Rn. 338: Richterrecht, das über den Ansatz der Dritthaftung aus culpa in contrahendo hinausgewachsen ist und an andere Rechtsinstitute nicht angelehnt werden kann.

172 MünchKomm-BGB/Emmerich, Bd. 2 a, 4. Aufl., § 311 Rn. 162 ff.; Palandt/Heinrichs, § 280 Rn. 54 ff.; Erman/Kindl, § 311 Rn. 52; PWW/Schmidt-Kessel, § 280 Rn. 64.

173 BGH NJW-RR 2006, 611, 613; NJW 2004, 3420, 3422; 2001, 360, 363; MünchKomm-BGB/Emmerich, § 311 Rn. 193 ff.; Palandt/Heinrichs, § 280 Rn. 54 b; Erman/Kindl, § 311 Rn. 54.

174 BGH NJW 2004, 3420, 3422; 2001, 360, 363; MünchKomm-BGB/Emmerich, § 311 Rn. 193 ff.; Palandt/Heinrichs, § 280 Rn. 54 b; Erman/Kindl, § 311 Rn. 54.

175 BGH NJW-RR 2006, 611, 613; NJW 2004, 3420, 3422; 2001, 360, 363; MünchKomm-BGB/Emmerich, § 311 Rn. 196 ff.; Palandt/Heinrichs, § 280 Rn. 54 b; Erman/Kindl, § 311 Rn. 54.

176 BGH NJW 2004, 3420, 3422.

177 BGH NJW 2004, 3420, 3422.

hin weiterentwickelt, dass Grundlage dieser Haftung kein persönliches Vertrauen sein muss, sondern dass das Vertrauen auch auf einer besonderen Fachkunde oder auf einer hervorgehobenen wirtschaftlichen Stellung beruhen kann (sog. typisiertes Vertrauen).[178] Diese Weiterentwicklung erfolgte vor dem Hintergrund, dass nach der Rechtsprechung bei den hier meist vorliegenden Publikums-KGen im Allgemeinen davon auszugehen ist, dass der Beitrittsinteressent bei der Aufnahme der Vertragsverhandlungen sein besonderes Vertrauen nicht allein und auch nicht in erster Linie der Komplementär-GmbH entgegenbringt. Die künftigen Kommanditisten, die im Wesentlichen das zur Erreichung des Gesellschaftszwecks erforderliche Eigenkapital aufzubringen hätten, würden öffentlich geworben. Die Prospekte seien dementsprechend für eine anonyme Vielzahl von Interessenten bestimmt. Für diese aber stelle die Komplementär-GmbH im Regelfall ein abstraktes Gebilde dar, dessen interne Verhältnisse und finanzielle Leistungsfähigkeit sie nicht kennten. Aus diesem Grund schenkten sie typischerweise denjenigen ihr Vertrauen, die hinter der Komplementär-GmbH und der Publikums-KG stünden, d. h. vor allem den das Management bildenden Initiatoren und Gründern der Publikums-KG.[179]

Der Anwendungsbereich der bürgerlich-rechtlichen Prospekthaftung wurde durch das AnSVG wesentlich eingeschränkt.[180] Durch das AnSVG wurde ab dem 01.07.2005 eine Prospektpflicht für alle nicht wertpapiermäßig verbrieften Anteile des sog. „grauen“ Kapitalmarktes, für Treuhandvermögen und sämtliche geschlossenen Fonds eingeführt.[181] Die neue Prospektpflicht ergibt sich aus § 8 f VerkProspG und wurde in der VerkProspV des Bundesfinanzministeriums konkretisiert.[182] Die bürgerlich-rechtliche Prospekthaftung im engeren Sinne beschränkt sich nunmehr auf nicht unter § 8 f VerkProspG fallende Anlagen[183], nicht unter § 44 Abs. 1 BörsG fallende Beteiligte[184] und Altfälle[185].

---

178 BGH NJW-RR 2006, 611, 613; NJW 2004, 3420, 3422; 2001, 360, 363; 1993, 2865, 1984, 2523; 1982, 1514.

179 BGH NJW 1978, 1625.

180 BT-Drucks. 13/8933, S. 81; Palandt/Heinrichs, § 280 Rn. 54 a; Keul/Ertmann, DB 2006, S. 1664 ff; PWW/Schmidt-Kessel, § 280 Rn. 64.

181 BGBl. 2004, Teil I Nr. 56, S. 2630, 2647 ff.; Palandt/Heinrichs, § 280 Rn. 54 a.

182 BGBl. 2004, Teil I Nr. 56, S. 2630, 2647 ff.; BGBl. 2004 Teil I Nr. 69, S. 3464 ff.; Palandt/Heinrichs, § 280 Rn. 54 a

183 Palandt/Heinrichs, § 280 Rn. 54 a; Janert/Schuster, BB 2005, S. 987, 991; Keul/Ertmann, DB 2006, S. 1664 ff.; Kiethe, MDR 2006, S. 843, 845; PWW/Schmidt-Kessel, § 280 Rn. 64.

184 Kiethe, MDR 2006, S. 843, 845; a. A. Fleischer, BKR 2004, S. 339, 343 f.; Palandt/Heinrichs, § 280 Rn. 54 a; PWW/Schmidt-Kessel, § 280 Rn. 64.

185 Palandt/Heinrichs, 65. Aufl., § 280 Rn. 54 b; Janert/Schuster, BB 2005, S. 987, 991; Kiethe, MDR 2006, S. 843, 845; PWW/Schmidt-Kessel, § 280 Rn. 64.

### 3. Stellungnahme der Literatur

Die Rechtsprechung zur Haftung aus Vertragsverhandlungen und ähnlichen geschäftlichen Kontakten und zur Eigenhaftung Dritter ist in der Literatur anerkannt. Umstritten sind stets nur konkrete Anwendungsfälle des Prinzips.[186] Die Literatur möchte zur Begründung der Haftung allerdings auch in den Fällen auf das rechtsgeschäftsähnliche gesetzliche Schuldverhältnis zurückgreifen, in denen die Rechtsprechung den stillschweigend geschlossenen Auskunftsvertrag bevorzugt.[187] Das rechtsgeschäftsähnliche gesetzliche Schuldverhältnis lasse sich in Weiterführung der dahinter stehenden Grundgedanken dahin weiterentwickeln, dass die Haftung auch bei Gefälligkeitsverhältnissen mit rechtsgeschäftsähnlichem Charakter ohne Leistungspflicht anzuerkennen sei, wie sie vor allem bei den Auskunftsfällen eine Rolle spielten.[188] In diesen Fällen könne die Haftung deshalb nicht mehr auf den häufig bloß fiktiven Auskunftsvertrag gestützt werden.[189]

#### a) Die Lehre vom rechtsgeschäftsähnlichen gesetzlichen Schuldverhältnis

Diese These beruht auf der in Fortentwicklung der traditionellen Dogmatik der culpa in contrahendo entwickelten Lehre vom rechtsgeschäftsähnlichen gesetzlichen Schuldverhältnis.[190] Grundlegend für diese Lehre war die dogmatische Unterscheidung zwischen „Leistungspflichten“ und „Schutzpflichten“ im Rahmen eines Vertragsverhältnisses.[191] Danach geht es den Schutzpflichten anders als den Leistungspflichten nicht um das Erreichen des Leistungserfolgs (status ad quem), sondern ausschließlich um das Erhaltungsinteresse (status quo).[192] Ihre Verletzung beeinträchtigt daher nicht den Leistungserfolg, sondern schädigt nur den Gegner in seinen sonstigen Interessen.[193]

Wesentlich für die Weiterentwicklung der Lehre vom rechtsgeschäftsähnlichen gesetzlichen Schuldverhältnis war die Erkenntnis, dass Schutzpflichten nicht nur

---

186 BT-Drucks. 14/6040, S. 161.

187 Canaris, JZ 2001, S. 499, 520; AnwKom-Schuldrecht/Krebs, § 311 Rn. 46; Larenz/Wolf, Bürgerliches Recht AT, § 28 Rn. 64 und § 31 Rn. 15.

188 Canaris, JZ 2001, S. 499, 520.

189 MünchKomm-BGB/Emmerich, § 311 Rn. 75; AnwKom-Schuldrecht/Krebs, § 311 Rn. 46; Larenz/Wolf, Bürgerliches Recht AT, § 28 Rn. 64 und § 31 Rn. 15; Staudinger/Martinek, § 675 Rn. C 25 ff., Staudinger/Otto, § 280 Rn. B 14.

190 MünchKomm-BGB/Kramer, Einl. Rn. 36 ff. und 86.

191 MünchKomm-BGB/Kramer, Einl. Rn. 80; Stoll, Leistungsstörungen, S. 26 ff.; ders., AcP 136, S. 257, 298.

192 MünchKomm-BGB/Kramer, Einl. Rn. 80; Thiele, JZ 1967, S. 649, 650.

193 MünchKomm-BGB/Kramer, Einl. Rn. 80; Stoll, Leistungsstörungen, S. 26 ff.

bei vollgültig zustande gekommenen Verträgen anzuerkennen waren, sondern schon dann, wenn die Beteiligten zwecks Anbahnung von Vertragsverhandlungen einen geschäftlichen Kontakt miteinander aufgenommen hatten, wenn also noch gar keine primären Leistungspflichten begründet worden waren. Die Einsicht, dass man dieses Schuldverhältnis der Vertragsanbahnung nicht gut rechtsgeschäftlich begründen konnte, dass es vielmehr auf der rein tatsächlichen Kontaktaufnahme der Parteien beruhte, führte dazu, bei den weiteren Verhaltenspflichten im Stadium der Vertragsanbahnung von gesetzlichen Schutzpflichten zu sprechen.[194]

Die Einbeziehung von Fällen, in denen die Schutzpflichtverletzung nicht im vorvertraglichen Stadium gesetzt wurde, sondern während eines Vertragsverhältnisses, das sich dann als nichtig erweisen sollte bzw. wirksam angefochten wurde, zeigte schließlich, dass die Entstehung gesetzlicher Schutzpflichten nicht nur im Stadium der Vertragsanbahnung in Betracht kam. Die traditionelle Haftung aus culpa in contrahendo konnte hier offensichtlich nicht eingreifen, eine Ablehnung der dort anerkannten Haftungsgrundsätze wäre aber offenkundig wertungswidersprüchlich gewesen.[195] Wenn es aber im Ergebnis überhaupt nicht darauf ankam, ob später ein Vertrag wirksam geschlossen wurde oder nicht, konnte die Entstehung der gesetzlichen Schutzpflichten nichts damit zu tun haben, ob der Abschluss eines Rechtsgeschäfts Ziel der Kontaktaufnahme war.[196] Dieser Befund legte offen, dass die Entstehung gesetzlicher Schutzpflichten nicht auf Kontakte im Vorfeld eines möglichen Vertragsschlusses beschränkt war, sondern auch bei ähnlichen geschäftlichen Kontakten in Frage kam, die nicht auf den Abschluss eines Vertrags abzielten.[197] Damit wurde die Lehre vom rechtsgeschäftsähnlichen gesetzlichen Schuldverhältnis zu einem umfassenden Lösungsansatz, der nicht nur die traditionelle Haftung aus culpa in contrahendo gegenüber dem potenziellen Vertragspartner erklären konnte, sondern auch die Haftung aus anderen geschäftlichen Kontakten wie etwa den Gefälligkeitsverhältnissen mit rechtsgeschäftsähnlichem Charakter ohne Leistungspflicht.[198]

### b) Die hinter dem rechtsgeschäftsähnlichen gesetzlichen Schuldverhältnis stehenden Grundgedanken

Über diesen Ausgangspunkt besteht weitgehend Einigkeit. Umstritten ist dagegen, welche Grundgedanken hinter dem rechtsgeschäftsähnlichen gesetzlichen

[194] MünchKomm-BGB/Kramer, Einl. Rn. 81; Larenz, Schuldrecht AT, S. 105.
[195] Canaris, JZ 1965, S. 475, 476 f.; MünchKomm-BGB/Kramer, Einl. Rn. 82.
[196] Thiele, JZ 1967, S. 649, 652 ff.
[197] Canaris, JZ 1965, S. 475 ff.; ders., VersR 1965, S. 114 ff., Dölle, ZgesStaatsW 103, S. 67, 74 ff.; Thiele, JZ 1967, S. 649, 652 ff.
[198] MünchKomm-BGB/Kramer, Einl. Rn. 83 ff.

Schuldverhältnis stehen und ob sich diese auf ein einheitliches Prinzip zurückführen lassen. Diese Frage hat trotz der ausdrücklichen gesetzlichen Regelung des Schuldverhältnisses in § 311 Abs. 2 und 3 BGB eine immense Bedeutung, weil die hinter dem rechtsgeschäftsähnlichen gesetzlichen Schuldverhältnis stehenden Grundgedanken die Maßstäbe für seine Konkretisierung und Weiterentwicklung liefern.[199] Unter den zahlreichen weiteren Erklärungsansätzen der Literatur werden vor allem die folgenden immer wieder aufgegriffen:

aa) Qualifizierter geschäftlicher Kontakt

Ein wichtiger Erklärungsansatz für die Haftung aus Vertragsverhandlungen und ähnlichen geschäftlichen Kontakten ist die Lehre von den gesteigerten Einwirkungsmöglichkeiten im Rahmen eines qualifizierten geschäftlichen Kontakts.[200] Diese Lehre versucht, die gesetzlichen Schutzpflichten durch Anknüpfung an den geschäftlichen Kontakt und die durch ihn eröffneten Einwirkungsmöglichkeiten auf die Rechtsgüter des anderen Teils zu legitimieren und zu konkretisieren.[201] Sie geht davon aus, dass zwischen den Personen Beziehungen von unterschiedlicher Intensität bestehen, angefangen von engen familiären und ehelichen Beziehungen bis zu Augenblickskontakten und dem Fehlen jeglicher Beziehungen. Die Rechtsordnung trage dieser Lage durch unterschiedliche Pflichten in unterschiedlichen Rechtsverhältnissen Rechnung. Diese Pflichten reichten von den besonders engen und umfassenden Pflichten gegenüber Personen, denen man durch Ehe und Familie verbunden sei, bis zu den allgemeinen Pflichten gegenüber jedermann, die etwa zum Schutz absoluter Rechte aus § 823 BGB abzuleiten seien. In dieser Reihe von Rechtsverhältnissen mit unterschiedlichen Pflichtenbindungen lägen zwischen den Pflichten gegenüber jedermann aus § 823 BGB und den Pflichten aus vertraglichen Beziehungen die Pflichten, die aus der Aufnahme von Vertragsverhandlungen und ähnlichen geschäftlichen Kontakten entstünden. Solche Kontakte hätten sich einerseits noch nicht zu ver-

---

199 MünchKomm-BGB/Emmerich, § 311 Rn. 59.

200 Dölle, ZgesStaatsW 103, S. 67, 72 ff.; Esser/Schmidt, Schuldrecht AT/2, § 29 I; MünchKomm-BGB/Kramer, Einl. 38 und 83 ff.; Larenz, Schuldrecht AT, S. 104 ff., ders., MDR 1954, S. 515, 518: Kontakt auf der Ebene des Geschäftsverkehrs; Larenz/Wolf, Bürgerliches Recht AT, § 31 Rn. 1 ff.; Staudinger/Löwisch, Vorbem. zu §§ 275-283 Rn. 64 ff.; MünchKomm-BGB/Roth, § 241 Rn. 107 bis 110; Soergel/Teichmann, 12. Aufl., § 242 Rn. 178; Thiele, JZ 1967, S. 649, 651 ff.; Soergel/Wiedemann, 12. Aufl., vor § 275 Rn. 361; weitere Nachweise bei Krebs, Sonderverbindung, S. 36 f., 174 ff. und 316 ff.

201 Erman, AcP 139, S. 273, 321; Esser/Schmidt, Schuldrecht AT/2, § 29 I; Koziol, ZEuP 1995, S. 359, 362; Larenz/Wolf, Bürgerliches Recht AT, § 31 Rn. 3; Reuter, AcP 192, S. 108, 145; Stoll, Leistungsstörungen, S. 26 ff.; ders., AcP 136, S. 257, 287 ff. und 298 ff.; Thiele, JZ 1967, S. 649, 651 ff.; Soergel/Wiedemann, 12. Aufl., vor § 275 Rn. 361.

traglichen Beziehungen verdichtet, seien andererseits aber auch enger als zu unbeteiligten Dritten. Sie gehörten deshalb zu den Sonderverbindungen.[202]

Nach dieser Lehre ist für die Haftung aus culpa in contrahendo der enge Kontakt entscheidend, den man bei der Anbahnung geschäftlicher Kontakte mit anderen notwendigerweise eingehen muss. Angesichts der mit der Anbahnung geschäftlicher Kontakte entstehenden engeren Beziehung wachse die Gefahr, dass der eine Teil die Entscheidung des anderen Teils nachteilig beeinflussen und bei diesem Schäden verursachen könne. Daraus ergäben sich das Bedürfnis und zugleich auch die Rechtfertigung für einen stärkeren Schutz.[203] Entsprechend den danach hinter dem gesetzlichen Schuldverhältnis stehenden Grundgedanken, dass bei der Aufnahme geschäftlicher Kontakte die Beteiligten ihre Rechtsgütersphäre bewusst und gewollt erhöhten Einwirkungsgefahren aus dem Verantwortungs- und Beherrschungsbereich des anderen Teils aussetzen, bestimmt sich auch die Reichweite der Haftung danach, inwieweit die Rechtsgütersphäre im Rahmen der betreffenden Sonderbeziehung tatsächlich der Gegenseite in erhöhtem Maße ausgesetzt wird.[204]

Die Lehre von den gesteigerten Einwirkungsmöglichkeiten im Rahmen eines qualifizierten geschäftlichen Kontakts will nicht nur die Haftung aus Vertragsverhandlungen und ähnlichen geschäftlichen Kontakten legitimieren, sondern auch die Eigenhaftung Dritter. Auf einen unmittelbaren geschäftlichen Kontakt kommt es diesem Ansatz nämlich nicht entscheidend an. Es genügen vielmehr auch die durch bloß mittelbare Kontakte eröffneten Einwirkungsmöglichkeiten auf die Rechtsgüter des anderen Teils.[205] Die Lehre von den gesteigerten Einwirkungsmöglichkeiten im Rahmen eines qualifizierten geschäftlichen Kontakts möchte die Haftung aus culpa in contrahendo dahin weiterentwickeln, dass das gesetzliche Schuldverhältnis bei jedem in Beziehung auf bestimmte Personen gewollten und gezielten geschäftlichen Kontakt im weiteren Sinne anzuerkennen sei, der die bestimmte Person zu der Erwartung berechtige, der andere Teil werde sie und ihre Rechtsgüter mit besonderer Sorgfalt behandeln.[206]

---

[202] Larenz/Wolf, Bürgerliches Recht AT, § 31 Rn. 1.

[203] Larenz/Wolf, a. a. O., § 31 Rn. 3.

[204] MünchKomm-BGB/Roth, § 241 Rn. 108.

[205] Esser/Schmidt, Schuldrecht AT/2, § 34 IV 2 b): Schutzwirkungen für Dritte. Hier besteht zwischen dem Schuldner und dem Dritten kein unmittelbarer geschäftlicher Kontakt. Koziol, ZEuP 1995, S. 359 ff., 366: Prospekthaftung. Hier besteht zwischen dem Prospektverantwortlichen und dem Anleger ebenfalls kein unmittelbarer geschäftlicher Kontakt. Larenz/Wolf, Bürgerliches Recht AT, § 31 Rn. 33 ff.

[206] MünchKomm-BGB/Kramer, Einl. Rn. 38; Larenz/Wolf, Bürgerliches Recht AT, § 31 Rn. 3 ff. und 14; MünchKomm-BGB/Roth, § 241 Rn. 107 bis 110; Soergel/Teichmann,

Die Lehre von den gesteigerten Einwirkungsmöglichkeiten im Rahmen eines qualifizierten geschäftlichen Kontakts ist in ihrem Ansatz nicht notwendig auf den geschäftlichen Bereich beschränkt.[207] Es geht bei diesem Ansatz nämlich nur um die Frage, ob im Rahmen eines tatsächlich begründeten Kontakts mindestens ein Teil erwarten darf, dass der andere Teil ihm und seinen Rechtsgütern mit besonderer Sorgfalt gegenübertritt.[208] Das ist eine Frage rechtlicher Wertung, die prinzipiell in gleicher Weise bei geschäftlichen und sonstigen Kontaktaufnahmen erfolgen kann und muss.[209] Sie kann deshalb etwa auch bei Gefälligkeitsverhältnissen zur Annahme einer Sonderverbindung mit erhöhten Schutz- und Verhaltenspflichten führen.[210]

bb) Vertrauenshaftung

Ein weiterer wichtiger Lösungsansatz für die Haftung aus Vertragsverhandlungen und ähnlichen geschäftlichen Kontakten ist die Lehre von der Vertrauenshaftung.[211] Nach dieser Lehre ist die Haftung aus Vertragsverhandlungen und ähnlichen geschäftlichen Kontakten als Vertrauenshaftung kraft Teilnahme am rechtsgeschäftlichen Verkehr zu erklären.[212] Die Vertrauenshaftung sei ein Korrelat der Privatautonomie. Sie habe die Funktion, die privatautonome Bindung dort zu ergänzen, wo die Rechtsgeschäftslehre Schutzlücken offen lasse und wo deshalb das Prinzip der Selbstverantwortung korrelativ neben das der Selbstbestimmung treten müsse.[213] Stelle die Vertrauenshaftung aber ein Korrelat der Privatautonomie dar und konkretisiere sich in ihr die gesteigerte Selbstverantwortung, die mit der rechtsgeschäftlichen Gestaltungsfreiheit verbunden sei, so könne das nicht ohne Folgen für ihre tatbestandliche Ausformung bleiben: Die

---

12. Aufl., § 242 Rn. 181 ff.; Thiele, JZ 1967, S. 649, 651 ff.; Soergel/Wiedemann, 12. Aufl., vor § 275 Rn. 361.

207 Koziol, ZEuP 1995, S. 359, 365; Thiele, JZ 1967, S. 649, 652.

208 Soergel/Teichmann, 12. Aufl., § 242 Rn. 181 ff.; Thiele, JZ 1967, S. 649, 652.

209 Thiele, JZ 1967, S. 649, 652.

210 Koziol, ZEuP 1995, S. 359, 362; MünchKomm-BGB/Roth, § 241 Rn. 109; Thiele, JZ 1967, S. 649, 652.

211 Ballerstedt, AcP 151, S. 501 ff.; Bohrer, Haftung des Dispositionsgaranten, S. 267 ff.; Canaris, FG BGH, S. 129 ff.; ders., ZHR 163, S. 206, 220 ff.; ders., JZ 1998, S. 603, 605 f.; ders., JZ 1995, S. 441, 445; ders., FS Larenz, S. 27, 90 ff.; ders., Vertrauenshaftung, S. 525 ff.; 541 ff.; ders., JZ 1965, S. 475 ff.; Lorenz, FS Larenz, S. 575 ff.; Stoll, FS Flume, S. 741 ff.; weitere Nachweise bei Krebs, Sonderverbindung, S. 38, 183 ff. und 319 ff.; eine detaillierte Darstellung des von Canaris entwickelten umfassenden Konzepts einer Vertrauenshaftung bei Kersting, Dritthaftung, S. 77 ff.

212 Canaris, FG BGH, S. 197; ders., ZHR 163, S. 206, 234; Lorenz, FS Larenz, S. 575, 619; Schulze, JuS 1983, S. 81, 83 ff.

213 Canaris, FG BGH, S. 197; ders., Vertrauenshaftung, S. 439 ff.; Schulze, JuS 1983, S. 81, 84.

Anerkennung eines Anspruchs aus Vertrauenshaftung setze dann folgerichtig ein Handeln innerhalb des rechtsgeschäftlichen Verkehrs voraus. Vertrauenshaftung sei somit zwar Haftung kraft Gesetzes und nicht kraft Rechtsgeschäfts, aber doch immerhin Haftung kraft Teilnahme am rechtsgeschäftlichen Verkehr.[214] Gemäß dem danach hinter dem gesetzlichen Schuldverhältnis stehenden Grundgedanken, der Inanspruchnahme und Gewährung von Vertrauen, bestimmen sich Reichweite und Umfang der Haftung nach dem jeweiligen Vertrauenstatbestand und dessen Schutzwürdigkeit.[215]

Die Lehre von der Vertrauenshaftung will nicht nur die Haftung aus Vertragsverhandlungen und ähnlichen geschäftlichen Kontakten legitimieren, sondern auch die Eigenhaftung Dritter.[216] Für die Teilnahme am rechtsgeschäftlichen Verkehr komme es auf einen unmittelbaren geschäftlichen Kontakt nicht entscheidend an.[217] Stattdessen genüge auch eine bloß mittelbare geschäftliche Beziehung zwischen dem Schädiger und dem anderen Teil. Ob der Dritte in einer solchen bloß mittelbaren Beziehung persönlich aus einem Verschulden bei den Vertragsverhandlungen und ähnlichen geschäftlichen Kontakten hafte, sei nach den Kategorien Täterschaft und Teilnahme zu entscheiden.[218] Ein Dritter hafte deshalb nur, wenn er tatmäßig auf derselben Stufe wie eine Vertragspartei stehe und nicht schon dann, wenn sein Tatbeitrag wie bei bloßer Teilnahme hinter diesem zurückbleibe.[219] Dementsprechend hafte etwa der Vertreter nicht, wenn er Vertrauen nur für den Vertretenen in Anspruch nehme, sondern nur, wenn er Vertrauen für sich selbst in Anspruch nehme. Nur in diesem Fall setze er einen eigenen Vertrauenstatbestand gegen sich selbst und begehe also nach dem Sprachgebrauch des § 25 StGB die Tat selbst.[220]

Die Lehre von der Vertrauenshaftung ermöglicht eine Weiterentwicklung des rechtsgeschäftsähnlichen gesetzlichen Schuldverhältnisses, indem sie neben der Aufnahme von Vertragsverhandlungen und der Anbahnung eines Vertrags grundsätzlich jede Teilnahme am rechtsgeschäftlichen Verkehr genügen lässt. Dementsprechend will auch die Lehre von der Vertrauenshaftung bei der Haftung für fehlerhafte Auskünfte nicht mit dem häufig bloß fiktiven Auskunftsvertrag arbeiten, sondern ein rechtsgeschäftsähnliches gesetzliches Schuldverhältnis

[214] Canaris, Vertrauenshaftung, S. 442 f.
[215] Canaris, a. a. O., S. 491 ff.; ders., FS Schimansky, S. 43, 56 ff., Lorenz, FS Larenz, S. 575, 619; Schulze, JuS 1983, S. 81, 84 ff.; Stoll, FS Flume, S. 764 ff.
[216] Canaris, FG BGH, S. 183 ff.; ders., FS Giger, S. 91 ff.; ders., FS Larenz, S. 27, 92; Schulze, JuS 1983, S. 81, 83 ff.
[217] Canaris, ZHR 163, S. 206, 234; ders., FS Larenz, S. 27, 96.
[218] Canaris, FG BGH, S. 183 ff.; ders., FS Giger, S. 91, 101 ff.
[219] Canaris, FS Giger, S. 91, 102.
[220] Canaris, a. a. O., S. 91, 101.

ohne primäre Leistungspflichten annehmen, das seinen Rechtsgrund in der Inanspruchnahme und Gewährung von Vertrauen innerhalb des rechtsgeschäftlichen Verkehrs findet.[221]

Eine Vertrauenshaftung kommt allerdings nicht nur im rechtsgeschäftlichen, sondern auch in anderen Bereichen in Betracht.[222] Der Vertrauenshaftung geht es nämlich im Grunde um nichts anderes als den Schutz legitimer Erwartungen in einer Sonderverbindung.[223] Statt der Teilnahme am rechtsgeschäftlichen Verkehr kann daher auch eine sonstige Nähebeziehung genügen, die dann als alternative Voraussetzung einer Vertrauenshaftung anzusehen ist.[224]

cc) Berufshaftung

Ein anderer Lösungsansatz, mit dem die Haftung aus einem Verschulden bei den Vertragsverhandlungen und ähnlichen geschäftlichen Kontakten legitimiert und weiterentwickelt werden soll, ist das Konzept der Berufshaftung.[225] Gemeint ist damit die Haftung der Angehörigen bestimmter Berufe, denen aufgrund ihrer Ausbildung und Tradition von der Öffentlichkeit ein besonderes Vertrauen entgegengebracht wird. Zu diesem Personenkreis gehören neben Sachverständigen aller Art insbesondere Rechtsanwälte, Wirtschaftsprüfer und Steuerberater.[226] Das Konzept der Berufshaftung geht davon aus, dass die berufliche Stellung in der Rechtsprechung in vielen Fällen – etwa beim stillschweigend geschlossenen Auskunftsvertrag, dem Vertrag mit Schutzwirkung für Dritte oder der Prospektverantwortlichkeit der sog. Garanten – bedeutsam dafür ist, ob eine Person einer anderen nach vertragsrechtlichen Grundsätzen haftet.[227] Dies wird von den Be-

221 Canaris, JZ 2001, S. 499, 520; ders., FS Larenz, S. 27, 93; ders., Vertrauenshaftung, S. 533 ff., 539.

222 Canaris, ZHR 163, S. 234 Fn. 88; Stoll, FS Flume, S. 741, 770 mit Fn. 139.

223 Stoll, FS Flume, S. 741, 773.

224 Canaris, ZHR 163, S. 234 Fn. 88; Stoll, FS Flume, S. 741, 770 mit Fn. 139.

225 Damm, JZ 1991, S. 373 ff.; Herrmann, JZ 1983, S. 422 ff.; Hopt, AcP 183, S. 608, 634 ff.; Jost, Beratungshaftung, S. 236 ff.; Lammel, AcP 179, S. 337, 345 ff.; Lang, AcP 201, S. 451 ff.; Mertens, VersR 1974, S. 509, 511 ff.; Strauch, JuS 1992, S. 897, 902; weitere Nachweise bei Krebs, Sonderverbindung, S. 197 ff. und S. 324 ff; eine detaillierte Darstellung der verschiedenen Konzepte einer Berufshaftung bei Kersting, Dritthaftung, S. 86 ff.; eine kritische Stellungnahme bei Kersting, a. a. O., S. 97 f.

226 Damm, JZ 1991, S. 373, 375; MünchKomm-BGB/Emmerich, § 311 Rn. 253; Lammel, AcP 179, S. 337, 358 f.

227 BGH NJW 2001, 360, 363; Herrmann, JZ 1983, S. 422, 423 ff.; Lammel, AcP 179, S. 337, 358 f.; Hopt, AcP 183, S. 608 ff.; stillschweigender Auskunftsvertrag: BGH NJW-RR 2006, 993, 994; NJW 1992, 2080, 2082; 1990, 513; 1979, 1449; 1953, 60; Vertrag mit Schutzwirkung: BGH NJW 2006, 1975, 1976; NJW-RR 2004, 1464, 1465; NJW 2001, 3115, 3116; BGH WM 1985, 450, 452; Prospekthaftung der Garanten: BGH NJW-RR

rufshaftungskonzepten auf unterschiedliche Art und Weise erklärt. Vor allem wird auf die herausgehobene Rolle,[228] das besondere Vertrauen in die berufliche Sachkunde,[229] das durch gesetzliche oder selbstorganisatorische Vorschriften legitimiert sei[230] oder die legitimen Erwartungen des Verkehrs verwiesen, die die Rechtsordnung in eigener Entscheidung und Zwecksetzung schütze.[231] Die Berufshaftungskonzepte sehen die Berufshaftung teils als eigenständigen Ansatz, vor allem aber als Beitrag, die Haftungsinstrumentarien wie Vertrag, Delikt oder culpa in contrahendo sachgerecht zu konkretisieren und weiterzuentwickeln.[232] Auch die Berufshaftungskonzepte ermöglichen daher eine Weiterentwicklung der Haftung aus Vertragsverhandlungen und ähnlichen geschäftlichen Kontakten über ihren traditionellen Anwendungsbereich hinaus auf ähnliche geschäftliche Kontakte, die nicht auf den Abschluss eines Vertrags abzielen.

dd) Allgemeine Verschuldenshaftung in Sonderverbindungen

Ein weiterer häufig diskutierter Ansatz möchte die Haftung aus einem Verschulden bei den Vertragsverhandlungen und ähnlichen geschäftlichen Kontakten als Ausschnitt einer allgemeinen Verschuldenshaftung in Sonderverbindungen erklären.[233] Dieser Ansatz lässt sich vom Prinzip des neminem laedere leiten und geht davon aus, dass es ein allgemeines Gebot der Gerechtigkeit sei, dass für widerrechtlich herbeigeführte Schäden gehaftet werden müsse. Deshalb bedürfe nicht die Erstreckung der Haftung auf primäre Vermögensschäden im Vertragsrecht der positiven Begründung, sondern deren Ausklammerung im Deliktsrecht.[234] Die positive Begründung für die Ausklammerung des primären Vermögensschadens im Deliktsrecht sei darin zu sehen, von vornherein eine sinnvolle Beschränkung der Schadenshaftung sicherzustellen und damit das unabdingbare Maß an Handlungsfreiheit zu gewährleisten. Indem das Deliktsrecht die Haftung auf die Verletzung absoluter Rechte und Schutzgesetze beschränke, werde die Zahl der potenziellen Gläubiger von vornherein beschränkt. Im Vertragsrecht

2006, 611, 613; NJW 2004, 3420, 3422; 2001, 360, 363; 1982, 1514; 1980, 1840, 1841; 1979, 1449, 1450.

228 Damm, JZ 1991, S. 373, 385; Mertens, VersR 1974, S. 509, 511 f.; Strauch, JuS 1992, S. 897, 902.

229 Herrmann, JZ 1983, S. 422, 425; Lang, AcP 201, S. 451, 517 f.

230 Lammel, AcP 179, S. 337, 365.

231 Hopt, AcP 183, S. 608, 718 f.; Köndgen, Selbstbindung, S. 103 ff.

232 Hopt, AcP 183, S. 608 ff., 718 f.; Lang, AcP 201, S. 451, 577 ff.

233 Picker, FS Medicus, S. 397, 428 ff.; ders., JZ 1987, S. 1041, 1047 ff., ders., AcP 183, S. 369, 460 ff.; dem Ansatz zustimmend Plötner, Expertenhaftung, S. 166 ff; eine detaillierte Darstellung des Konzepts bei Kersting, Dritthaftung, S. 92 ff.

234 Picker, JZ 1987, S. 1041, 1047 ff., ders., AcP 183, S. 369, 460 ff.

werde dieser gesetzgeberische Zweck durch die mit dem Vertrag hergestellte Sonderbeziehung erreicht.[235]

Vertragshaftung und Deliktshaftung beruhen nach diesem Ansatz somit auf dem gleichen Haftungsprinzip der Schadensvermeidung und arbeiten nur mit unterschiedlichen technischen Mitteln der Haftungsbegrenzung. Ausgehend von dieser Überlegung soll primärer Vermögensschutz immer dann zu gewährleisten sein, wenn aufgrund der Besonderheiten des Einzelfalls die Gefahr einer Potenzierung der Geschädigten nicht gegeben ist.[236]

Durch Fortbildung dieses Prinzips lasse sich auch die Auskunftshaftung sachgerecht begründen. Hier übe die faktische Leistungsbeziehung dieselbe Selektionsfunktion aus wie eine vertragliche oder gesetzliche Sonderbeziehung. Die Einstandspflicht trete hier ebenso ein wie in den bislang schon unumstrittenen Fällen eines geschlossenen oder angebahnten Vertrags. Wie dort der Vertrag, so sei hier die faktische Leistungsbeziehung nicht der materiale Rechtsgrund der Haftung auf das negative Interesse. Beide erfüllten nur als Sonderverbindungen die Bedingung, unter der die Haftung ohne unangemessenen Freiheitsverlust bejaht werden könne.[237]

ee) Funktionale Legitimation

Nach einem funktionalen Lösungsansatz stellen die spezifischen Funktionen der Sonderverbindung mit ihren relativen Schutz- und Treuepflichten den Schlüssel zu ihrer Legitimation dar. Aus den spezifischen Funktionen der Sonderverbindung lasse sich auf die damit verfolgten Zwecke und damit auf die wertungsmäßige Legitimation rückschließen.[238] Um die spezifischen Folgen der Sonderverbindung bestimmen zu können, bedürfe es eines Vergleichsmaßstabs. Diesen bilde das allgemeine Deliktsrecht.[239] Ausgehend davon seien spezifische Rechtsfolgen der Sonderverbindung die Existenz weitreichender Schutzpflichten, insbesondere auch zum Schutz reinen Vermögens, die Existenz einer Treuepflicht, verstanden als Pflicht zur Rücksichtnahme auf die Interessen der Gegenseite und die Ausdifferenzierung der Schutzpflichthaftung nach der Art der Sonderverbindung, insbesondere hinsichtlich des Sorgfaltsmaßstabs.[240] Aus diesen spezifi-

---

[235] Picker, FS Medicus, S. 397, 436 ff.; ders., JZ 1987, S. 1041, 1053 ff.; ders., AcP 183, S. 369, 476 ff.

[236] Picker, a. a. O.

[237] Picker, FS Medicus, S. 397, 438 ff.; ders., JZ 1987, S. 1041, 1057 f.

[238] Krebs in Dauner-Lieb/Heidel/Lepa/Ring, Das Neue Schuldrecht, S. 130 Rn. 18; ders., Sonderverbindung, S. 210 ff.

[239] Krebs, Sonderverbindung, S. 210 f. und 270.

[240] Krebs, a. a. O, S. 223.

schen Rechtsfolgen ließen sich vor allem zwei Funktionen der Sonderverbindung mit ihren relativen Schutz- und Treuepflichten gewinnen: Zum einen solle die Sonderverbindung mittels ihrer Pflichten die sonderverbindungsspezifisch erhöhten Einwirkungsmöglichkeiten der Gegenseite auf die Rechtsgüter des Gefährdeten und seine reduzierten Verteidigungsmöglichkeiten kompensieren.[241] Zum anderen solle die Sonderverbindung mittels ihrer Pflichten das störungsfreie und zügige Erreichen des in der Sonderverbindung bestehenden Leistungs- oder Unterlassungszwecks fördern.[242] Diese beiden Funktionen der Sonderverbindung erlaubten ihre Konkretisierung: Eine Sonderverbindung mit relativen Schutz- und Treuepflichten sei jede Beziehung, in der besondere Einwirkungsmöglichkeiten auf die Rechtsgüter der Gegenseite bestünden und die zudem auf die Erbringung einer legalen Leistung oder Unterlassung einschließlich der Klärung der Existenz einer Leistungs- oder Unterlassungspflicht gerichtet sei. Sonderverbindungen in diesem Sinne seien insbesondere auch Gefälligkeitsverhältnisse, die die Erbringung einer Leistung ohne Rechtspflicht zum Inhalt hätten, wenn es sich um Gefälligkeiten handele, bei deren Erbringung wesentliche, vom Deliktsrecht nicht geschützte Vermögensinteressen gefährdet seien.[243] Damit ermöglicht auch dieser Ansatz eine Erfassung der Haftung für fehlerhafte Informationen gegenüber Personen, denen sie vertraglich nicht geschuldet sind.

Der funktionelle Erklärungsansatz unterscheidet zwischen der Haftung in „einfachen“ Sonderverbindungen – insbesondere in Zweipersonenverhältnissen – und der Haftung in solchen Sonderverbindungen, in denen Schädiger und Geschädigter nur über eine Zwischenperson vor der Schädigung miteinander verbunden sind, der Geschädigte aus Sicht des Schädigers also ein Dritter ist.[244] Eine solche Dritthaftung (=Direkthaftung gegenüber Dritten) bedürfe einer besonderen Rechtfertigung. Im Normalfall bestünde dafür nämlich kein Bedürfnis, weil alle Haftungsfunktionen der Sonderverbindung durch die Haftungskette Schädiger – Zwischenperson – geschädigter Dritter auch ohne Dritthaftung befriedigt würden. Eine Dritthaftung komme daher nur in Betracht, wenn abweichend vom Normalfall die Haftungskette ein Funktionsdefizit aufweise. Da die Haftung in der Sonderverbindung aus Sicht des Geschädigten drei Funktionen – Schadensausgleich, Prävention und die Förderung eines vertrauensvollen Miteinanders zur Erreichung des in der Sonderverbindung bestehenden Leistungs- oder Unterlassungszwecks – aufweise, komme ein Mangel der Haftungskette bezüglich jeder dieser drei Funktionen in Betracht. Des Weiteren könne ein

[241] Krebs in Dauner-Lieb/Heidel/Lepa/Ring, Das Neue Schuldrecht, S. 130 Rn. 18; ders., Sonderverbindung, S. 212, 223 und 270.

[242] Krebs in Dauner-Lieb/Heidel/Lepa/Ring, Das Neue Schuldrecht, S. 130 Rn. 18; ders., Sonderverbindung, S. 220, 223 und 270.

[243] Krebs in Dauner-Lieb/Heidel/Lepa/Ring, Das Neue Schuldrecht, S. 131 Rn. 20.

[244] Krebs, Sonderverbindung, S. 147.

Funktionsdefizit hinsichtlich eines Interesses der Rechtsordnung oder der Zwischenperson an einer Haftung des Schädigers gegenüber dem geschädigten Dritten bestehen. Weiter sei Voraussetzung, dass die Direkthaftung auch für den Schädiger und die Zwischenperson zumutbar sei.[245] Insgesamt unterscheidet dieser Ansatz sieben Fallgruppen einer Funktionsstörung der Haftungskette Schädiger-Zwischenperson-geschädigter Dritter, bei denen eine Direkthaftung in Betracht kommt: erstens die Fälle des sonst fehlenden Schadensausgleichs,[246] zweitens die Fälle der sonst fehlenden Haftung trotz Pflichtverletzung gegenüber der Zwischenperson,[247] drittens die Fälle der sonst eingeschränkten Haftung trotz Pflichtverletzung gegenüber der Zwischenperson, wenn diese aufgrund gesetzlicher Fürsorgestellung ein besonderes Interesse am Schutz des Dritten hat,[248] viertens die Fälle eines besonderen Präventionsbedürfnisses des Dritten wegen besonders hoher drohender, insbesondere existenzgefährdender Schäden,[249] fünftens die Fälle einer gestörten Präventionswirkung der Haftung des Schädigers gegenüber der Zwischenperson wegen der Unwahrscheinlichkeit der Durchsetzung der Haftung,[250] sechstens die Fälle einer freiwillig in Anspruch genommenen Vertrauensstellung[251] und siebtens die Fälle einer gesetzlich zugewiesenen (neutralen) Vertrauensstellung des Schädigers gegenüber dem Dritten.[252]

Auf Basis dieses Lösungsansatzes sollen sich auch besonders problematische Fallgruppen wie z. B. die Eigenhaftung des Vertreters wegen besonderen wirtschaftlichen Eigeninteresses erklären lassen. Diese sei im Falle des wirtschaftlichen Rollentauschs zwischen Vertreter und Vertretenem gerechtfertigt, bei dem nur dem Vertreter und nicht auch dem Vertretenem Chancen und Risiken des Geschäfts zuständen. In einem solchen Fall sei dem Vertreter aufgrund teleologischer Reduktion das Handeln des Vertreters nicht gemäß § 278 BGB zurechenbar. Es liege dann ein Fall des sonst fehlenden Schadensausgleichs vor.[253]

ff) Kein einheitlicher Haftungsgrund

Angesichts des Befundes, dass sich bislang keiner der zahlreichen Erklärungsansätze durchsetzen konnte, wird heute auch vertreten, dass der Versuch, die verschiedenen Fallgruppen der Haftung aus einem Verschulden bei den Vertrags-

[245] Krebs, a. a. O., S. 339 ff., 401 ff. und 636 f.
[246] Krebs, a. a. O., S. 341 ff., 401 ff. und 636.
[247] Krebs, a. a. O., S. 350 ff., 409 ff. und 636.
[248] Krebs, a. a. O., S. 350 ff., 413 ff. und 637.
[249] Krebs, a. a. O., S. 344 f., 421 ff. und 637.
[250] Krebs, a. a. O., S. 345 ff., 423 ff. und 637.
[251] Krebs, a. a. O., S. 349 f., 418 ff. und 637.
[252] Krebs, a. a. O., S. 349, 415 ff. und 636 f.
[253] Krebs, a. a. O., S. 375 ff.

verhandlungen und ähnlichen geschäftlichen Kontakten auf einen einheitlichen Grundgedanken zurückzuführen, als gescheitert angesehen werden müsse.[254] Der Vertrauensgedanke sei zwar in zahlreichen Fallgestaltungen von entscheidender Bedeutung für den weiteren Ausbau der Haftung gewesen. Für sich alleine reiche er aber zur Erklärung der gegenwärtigen Bedeutung der Haftung nicht aus.[255] Vielmehr gingen in diese Haftung offenkundig noch andere Rechtsgedanken ein. Das Prinzip des allgemeinen Rechtsgüterschutzes sei etwa leitend bei den aus culpa in contrahendo hergeleiteten Verkehrspflichten. Hingegen gehe es um Verbraucherschutz in vielen Fällen der Aufklärungspflichten. Damit berühre sich der Gedanke des Anlegerschutzes, der insbesondere für die Entwicklung der bürgerlich-rechtlichen Prospekthaftung leitend gewesen sei. Der Schutz wirtschaftlich Schwächerer sei dagegen bei dem gelegentlich aus der Haftung abgeleiteten Kontrahierungszwang von ausschlaggebender Bedeutung. Nur die Verbindung all dieser und weiterer Gedanken vermöge schließlich zu erklären, weshalb die Haftung in zunehmendem Maße auch Dritte erfasse.[256]

### 4. Eigene Stellungnahme

Der Literatur ist darin zuzustimmen, dass die Haftung für fehlerhafte Informationen auch in den Fällen auf das rechtsgeschäftsähnliche gesetzliche Schuldverhältnis zu stützen ist, in denen die Rechtsprechung bisher lieber mit der Konstruktion eines stillschweigend geschlossenen Auskunftsvertrags arbeitet.

Das rechtsgeschäftsähnliche gesetzliche Schuldverhältnis lässt sich dahin weiterentwickeln, dass die Haftung auch bei Gefälligkeitsverhältnissen ohne Leistungspflicht anzuerkennen ist, wie sie vor allem bei den Auskunftsfällen eine Rolle spielen. In diesen Fällen muss die Haftung deshalb nicht mehr auf den häufig bloß fiktiven Auskunftsvertrag gestützt werden.

#### a) Haftungsrechtliche Gleichbehandlung wesentlich gleicher Sachverhalte

Hinter dem rechtsgeschäftsähnlichen gesetzlichen Schuldverhältnis steht der Grundgedanke, dass bereits durch die Aufnahme von Vertragsverhandlungen und ähnlichen geschäftlichen Kontakten eine Beziehung zwischen den Beteilig-

---

254 MünchKomm-BGB/Emmerich, § 311 Rn. 64; BeckOK-BGB/Gehrlein/Grüneberg/Sutschet, Stand: 01.02.2007, § 311 Rn. 37; Erman/Kindl, § 311 Rn. 15 a. E.; Krebs, Sonderverbindung, S. 209; MünchKomm-BGB/Roth, § 241 Rn. 108; Erman/Werner, 10. Aufl. 2000, Einl. § 241 Rn. 18 a. E.

255 Emmerich, Leistungsstörungen, § 6 Rn. 9; ders. in MünchKomm-BGB, § 311 Rn. 64; weitere Nachweise bei Kersting, Dritthaftung, S. 136 Fn. 772.

256 Emmerich, Leistungsstörungen, § 6 Rn. 9 f.; ders. in MünchKomm-BGB, § 311 Rn. 64.

ten entsteht, die es nahe legt, diese wie Vertragspartner einer vertragsähnlichen Haftung zu unterwerfen.[257]

Die zentrale Frage lautet deshalb, wann eine Beziehung zwischen den Beteiligten entsteht, die es nahe legt, diese wie Vertragspartner einer vertragsähnlichen Haftung zu unterwerfen. Diese Frage ist dahin zu beantworten, dass die Beziehung zwischen den Beteiligten mit einer echten vertraglichen Beziehung in den wesentlichen Merkmalen übereinstimmen muss, sodass sie als ein gleichwertiger Ersatz angesehen werden kann (equivalent to contract).[258] Nur dann greift nämlich das zentrale Argument der vertragsähnlichen Haftung, die haftungsrechtliche Gleichbehandlung wesentlich gleicher Sachverhalte.[259]

b) Die für die haftungsrechtliche Gleichbehandlung wesentlichen Merkmale

Entscheidend ist somit, welches die wesentlichen Merkmale sind, in denen die Beziehung zwischen den Beteiligten mit einer echten vertraglichen Beziehung übereinstimmen muss, damit sie als ein gleichwertiger Ersatz angesehen werden kann. Der Vertragsschluss ist kein wesentliches Merkmal in diesem Sinne. Das ist auf den ersten Blick überraschend. Denn die Selbstbindung ist das zentrale Element des Vertragsrechts.[260] Man fragt sich deshalb spontan, wie die Beziehung zwischen den Beteiligten einer echten vertraglichen Beziehung gleichwertig sein kann, wenn ihr doch das zentrale Element des Vertragsrechts fehlt. Bei näherem Hinsehen klärt sich dieser scheinbare Widerspruch aber auf. Denn es geht nicht darum, die Beteiligten insgesamt wie Vertragspartner einer vertragsähnlichen Haftung zu unterwerfen, sondern nur hinsichtlich der Haftung für Schutzpflichtverletzungen. Die Selbstbindung ist aber nur hinsichtlich der primären Leistungspflichten das zentrale Element des Vertragsrechts. Hinsichtlich der Schutzpflichten hat sie dagegen keine zentrale Bedeutung. Die Haftung für Schutzpflichtverletzungen beruht nämlich auch in einer bestehenden vertraglichen Beziehung in den meisten Fällen nicht auf einem aktuellen Parteiwillen, sondern auf einer gesetzlichen (richterrechtlichen) Ausgestaltung des vertraglichen Schuldverhältnisses.[261] Die Beziehung zwischen den Beteiligten muss einer echten vertraglichen Beziehung deshalb nicht voll gleichwertig sein, sondern nur hinsichtlich der Merkmale, welche für die Haftung wegen Schutzpflichtverletzungen wichtig sind.

---

257 BT-Drucks. 14/6040, S. 161.

258 Vgl. Teubner, Liber Amicorum Schmidt, S. 303, 306 zum Drittschutz.

259 Vgl. Schwarze, AcP 203, S. 348, 357 zum Drittschutz.

260 Krebs in Dauner-Lieb/Heidel/Lepa/Ring, Das Neue Schuldrecht, S. 134 Rn. 27.

261 Vgl. MünchKomm-BGB/Gottwald, § 328 Rn. 124 zum Drittschutz.

Wesentliche Merkmale im vorstehenden Sinne sind deshalb die, die in einer echten vertraglichen Beziehung darüber entscheiden, ob eine Haftung wegen Schutzpflichtverletzungen besteht oder nicht. Es geht mit anderen Worten um die Frage, wann in einer Beziehung zwischen zwei bestimmten Personen eine Haftung für Schutzpflichtverletzungen in gleicher Weise wie in einer echten vertraglichen Beziehung gerechtfertigt erscheint bzw. wann zwischen der zu beurteilenden Beziehung und einer echten vertraglichen Beziehung Unterschiede von solchem Gewicht bestehen, dass die schärfere Haftung nach vertraglichen Grundsätzen für Schutzpflichtverletzungen nicht gerechtfertigt erscheint und der Geschädigte deshalb auf die schwächere deliktische Haftung zu verweisen ist.

aa) Unterschiedlicher Schutz im vertraglichen und deliktischen Bereich

Ausgangspunkt der Problemlösung müssen daher die Gründe für den unterschiedlichen Schutz im Rahmen eines bestehenden Vertragsverhältnisses und im deliktischen Bereich sein. Dieser unterschiedliche Schutz besteht vor allem darin, dass im Rahmen eines bestehenden Vertragsverhältnisses grundsätzlich auch das Vermögen Schutz genießt, wohingegen es aus dem Schutzbereich des Deliktsrechts weitgehend ausgeklammert ist.[262]

Die Entscheidung des Gesetzgebers gegen einen uneingeschränkten deliktischen Schutz des Vermögens beruht darauf, dass es anders als die absoluten Rechte keinen uneingeschränkten Schutz verdient.[263] Die Rechtsordnung darf nämlich nicht nur das berechtigte Interesse des Betroffenen am Schutz seines Vermögens sehen, sie muss auch die schutzwürdigen Interessen des Schädigers und der Allgemeinheit berücksichtigen und zu einem angemessenen Ausgleich bringen. Eine uneingeschränkte Haftung für Vermögensschäden ließe sich damit nicht vereinbaren.[264] Die davon ausgehende Präventionswirkung würde zu einer unzumutbaren Einschränkung des Rechts auf Handlungsfreiheit und anderer rechtlich geschützter Interessen des Schädigers führen.[265] Dies zeigt sich deutlich bei fehlerhaften Auskünften, denn bei einer allgemeinen Haftung für daraus resultierende Vermögensschäden wäre alle Unbefangenheit der Konversation dahin, das harmloseste Wort würde zum Strick.[266] Eine uneingeschränkte Haftung für Ver-

---

[262] Koziol, ZEuP 1995, S. 359, 363; Krebs, Sonderverbindung, S. 210 f., 223 und 269 ff.; Picker, JZ 1987, S. 1041 ff; MünchKomm-BGB/Wagner, 4. Aufl., § 823 Rn. 176 ff. und § 826 Rn. 11 ff.

[263] Koziol, ZEuP 1995, S. 359, 363; Larenz/Canaris, Schuldrecht BT/2, § 75 I 3 b); MünchKomm-BGB/Wagner, 4. Aufl., § 823 Rn. 176 ff. und § 826 Rn. 11 ff.

[264] Larenz/Canaris, Schuldrecht BT/2, § 75 I 1 und 3 b).

[265] Koziol, ZEuP 1995, S. 359, 363; Larenz/Canaris, Schuldrecht BT/2, § 75 I 3 b); Picker, JZ 1987, S. 1041, 1052; MünchKomm-BGB/Roth, § 241 Rn. 110: inadäquate Belastung.

[266] Honsell, FS Medicus, S. 211, 213; von Jhering, JherJb4, S. 12 f.

mögensschäden läge oftmals auch nicht im Allgemeininteresse. Büßt etwa ein Unternehmen durch faires Wettbewerbsverhalten eines Mitbewerbers Kunden und Gewinne ein, so werden ihm zwar vorsätzlich Vermögensschäden zugefügt, diese sind jedoch gesamtgesellschaftlich kein Nachteil, sondern sogar erwünscht.[267] Eine uneingeschränkte Haftung für Vermögensschäden hätte außerdem das Zeug dazu, die Risikozuweisungen des Vertragsrechts und anderer Rechtsbereiche aus den Angeln zu heben. Beispielhaft hierfür ist das Kreditsicherungsrecht, denn die Inanspruchnahme von Sicherheiten für die eigenen Kredite beschwört zwingend die Gefahr der Schädigung anderer Gläubiger hervor. Deshalb muss der Ersatz von Vermögensschäden mit den Wertungen des jeweiligen Rechtsbereichs abgestimmt werden.[268]

Eine Gleichbehandlung des Vermögens mit den absoluten Rechten kommt deshalb nicht in Betracht, sodass die Entscheidung des Gesetzgebers gegen einen uneingeschränkten deliktischen Vermögensschutz Zustimmung verdient.[269] Auf der anderen Seite lassen die aufgezählten Restriktionsgründe sofort erkennen, dass ein völliger Ausschluss der Haftung für reine Vermögensschäden ebenfalls zu weit ginge. Die deliktsrechtliche Sonderstellung des Vermögens besteht nämlich nur darin, dass nicht jeder Eingriff die Haftung auslösen kann, nicht aber, dass jeder Eingriff gerechtfertigt wäre. Der deliktsrechtlich einzige Unterschied zwischen den absoluten Rechten und dem Vermögen besteht darin, dass Eingriffe in die absoluten Rechte generell mit den gebotenen Sorgfaltsvorkehrungen zu vermeiden sind, wenn nicht ausnahmsweise ein Rechtfertigungsgrund eingreift, während bei Eingriffen in das Vermögen aus den vorstehenden Gründen zunächst im Wege einer aufwendigen Prüfung ermittelt werden muss, ob eine Haftung überhaupt im Interesse der Rechtsordnung liegt. Die Haftung für reine Vermögensschäden bedarf deshalb zwingend eines Filters, der die zu vermeidenden Nachteile von den übrigen Nachteilen trennt und damit den Schutzbereich des Vermögens im Einzelfall definiert.[270]

Eben diesen Filter stellt das Deliktsrecht mit dem Verbot sittenwidrig-vorsätzlicher Schädigungen zur Verfügung (§ 826 BGB). Im Übrigen enthält sich das Deliktsrecht allerdings jeder Aussage, in welchen Fällen das Vermögen sonst noch Schutz verdient. Es verweist stattdessen auf andere gesetzliche Regelungen (§ 823 Abs. 2 BGB). Dadurch gewährleistet das Deliktsrecht nur das so-

---

[267] Larenz/Canaris, Schuldrecht BT/2, § 75 I 2 b); MünchKomm-BGB/Wagner, 4. Aufl., § 823 Rn. 176 und § 826 Rn. 12.

[268] MünchKomm-BGB/Wagner, 4. Aufl., § 823 Rn. 176 und § 826 Rn. 14 f.

[269] Canaris, FS Larenz, S. 27, 35 f.; Larenz/Canaris, Schuldrecht BT/2, § 75 I 3 b); MünchKomm-BGB/Wagner, 4. Aufl., § 823 Rn. 177.

[270] MünchKomm-BGB/Wagner, 4. Aufl., § 823 Rn. 177.

zial- und rechtsethische Minimum an Schutz. Den darüber hinaus erforderlichen Schutz verlagert es indessen auf das Vertragsrecht und andere Rechtsbereiche.[271]

Das Vertragsrecht gewährleistet dagegen nicht nur das sozial- und rechtsethische Minimum, sondern auch den darüber hinaus erforderlichen Schutz. Der Vertrag verpflichtet nämlich jeden Teil nach seinem Inhalt zur gebotenen Rücksichtnahme auf die Rechte, Rechtsgüter und Interessen des anderen Teils (§ 241 Abs. 2 BGB).[272] Dabei meint die Bezugnahme auf den Inhalt des Vertrags in erster Linie das konkret Geregelte, sonst dasjenige, was unausgesprochen durch den Zweck des Vertrags nach Treu und Glauben mit Rücksicht auf die Verkehrsanschauung gefordert wird (§ 242 BGB).[273] Das Vertragsrecht überlässt es folglich mit Rücksicht auf die Privatautonomie in erster Linie den Parteien, selbst zu bestimmen, welche Regelungen zu ihrem Schutz erforderlich sind. Wenn aber entsprechende Regelungen fehlen, weil die Parteien die Regelungsbedürftigkeit ihres Schutzes nicht erkannt haben, oder eine getroffene Regelung nicht akzeptiert werden kann, weil es an den Bedingungen der Selbstbestimmung gefehlt hat, bestimmen Gesetz und Rechtsprechung den erforderlichen Schutz anstelle der Parteien.[274]

bb) Erfordernis einer Gesamtwürdigung aller Umstände des Einzelfalls

Ausgehend von diesen Überlegungen kommt die Annahme eines rechtsgeschäftsähnlichen gesetzlichen Schuldverhältnisses immer in Betracht, wenn eine Haftung nach vertragsrechtlichen Grundsätzen für Schutzpflichtverletzungen bei einer Gesamtwürdigung aller Umstände des Einzelfalls unter Berücksichtigung des Zwecks des jeweiligen Kontakts und der Interessen beider Parteien sowie der Allgemeinheit geboten erscheint und die Risikozuweisungen des Vertragsrechts und anderer Rechtsbereiche nicht entgegenstehen. Es geht also bei der Annahme eines rechtsgeschäftsähnlichen gesetzlichen Schuldverhältnisses im Prinzip um nichts anderes als die rechtspolitische Entscheidung, wie die Rechtskreise der Einzelnen, innerhalb derer diese ihre individuelle Freiheit entfalten

---

271 Larenz/Canaris, Schuldrecht BT/2, § 75 I 3 a) und § 78 II 1 b).

272 BT-Drucks. 14/6040, S. 126; Blenske in Schimmel/Buhlmann, Frankfurter Handbuch, S. 122 Rn. 24 ff. und S. 142 Rn. 72 ff.; MünchKomm-BGB/Ernst, § 280 Rn. 93 ff.; BeckOK-BGB/Grüneberg/Sutschet, Stand: 01.02.2007, § 241 Rn. 42; Palandt/Heinrichs, § 241 Rn. 6 ff.; Jauernig/Mansel, § 241 Rn. 10; Staudinger/Olzen, § 241 Rn. 409 ff.; Hk-BGB/Schulze, § 241 Rn. 5; Erman/Westermann, § 241 Rn. 10 ff.

273 BT-Drucks. 14/6040, S. 126; Staudinger/Olzen, § 241 Rn. 409 ff.; Hk-BGB/Schulze, § 241 Rn. 5; Heinrichs, FS Canaris, S. 421, 428: § 242 BGB ist weiterhin die maßgebende Norm.

274 Vgl. Kersting, Dritthaftung, S. 107.

und ihre Interessen verfolgen dürfen, voneinander abzugrenzen sind.[275] Diese rechtspolitische Entscheidung hat an sich der Gesetzgeber zu treffen. Angesichts der Vielgestaltigkeit des Lebens und der rasenden Entwicklung unseres modernen Wirtschaftslebens ist er damit aber praktisch überfordert.[276] Beschränkt er sich auf eine nichtssagende Generalklausel, wird dem Rechtsanwender nicht mehr an die Hand gegeben als bei einer gänzlich fehlenden Entscheidung. Führt er Einzelregelungen ins Feld, wird es einen lückenlosen Schutz zwangsläufig nicht geben, weil er der Regelung der schutzbedürftigen Fälle zwangsläufig hinterherhinken würde. Die Entscheidung kann daher besser durch die Rechtsprechung getroffen werden, die sich im Wege der Rechtsfortbildung von Fall zu Fall vorarbeiten kann.[277] Dies sieht offensichtlich auch der Gesetzgeber so, nachdem er die Regelung des rechtsgeschäftsähnlichen gesetzlichen Schuldverhältnisses in § 311 Abs. 2 und 3 BGB bewusst so abstrakt gehalten hat, dass sie einer Fortentwicklung durch Rechtsprechung und Literatur zugänglich ist.[278] Gerade das Problem der Haftung für fehlerhafte Informationen, die vertraglich nicht geschuldet sind, macht also deutlich, dass der Gesetzgeber kaum noch in der Lage ist, mit der rasanten Weiterentwicklung der gesellschaftlichen und wirtschaftlichen Verhältnisse Schritt zu halten und notwendig erachtete Weiterentwicklungen deshalb von Rechtsprechung und Literatur vorgenommen werden müssen.

cc) Bedeutung der spezifischen Zweckrichtung des jeweiligen Kontakts

Die Annahme eines rechtsgeschäftsähnlichen gesetzlichen Schuldverhältnisses ist nach diesem Ansatz nicht von vornherein auf den geschäftlichen Bereich beschränkt. Sie kommt vielmehr grundsätzlich auch im rein privaten Bereich in Betracht. Auch dort kann die anzustellende Gesamtwürdigung aller Umstände unter Berücksichtigung des Zwecks des jeweiligen Kontakts und der Interessen beider Parteien sowie der Allgemeinheit ergeben, dass die Annahme eines rechtsgeschäftsähnlichen gesetzlichen Schuldverhältnisses und die damit verbundene Pflichtenerweiterung und Haftung im Interesse der Rechtsordnung geboten erscheinen.[279]

Diese Auffassung wird dadurch gestützt, dass die „echten" gesetzlichen Schuldverhältnisse nicht nur aus Rechtsgeschäften, sondern auch aus sachenrechtlichen, familienrechtlichen oder erbrechtlichen Tatbeständen entstehen. Beispiele

---

275 Vgl. MünchKomm-BGB/Wagner, 4. Aufl., vor § 823 Rn. 13.
276 Horn, JuS 1995, S. 377, 387.
277 Horn, a. a. O., vgl. auch Kersting, Dritthaftung, S. 418.
278 BT-Drucks. 14/6040, S. 162.
279 Canaris, ZHR 163, S. 234 Fn. 88; Koziol, ZEuP 1995, S. 359, 365; Stoll, FS Flume, S. 741, 770 mit Fn. 139, Thiele, JZ 1967, S. 649, 652.

sind etwa das Eigentümer-Besitzer-Verhältnis, der Anspruch auf Finderlohn, das gesetzliche Schuldverhältnis beim Nießbrauch, der Unterhaltsanspruch oder das Vermächtnis.[280] Das Schuldrecht ordnet also nicht einen in sich geschlossenen Bereich des sozialen Lebens. Unter den das Schuldrecht konstituierenden Begriff des Schuldverhältnisses fallen vielmehr Lebensvorgänge der verschiedensten Art.[281]

Wenn für die Annahme des rechtsgeschäftsähnlichen gesetzlichen Schuldverhältnisses trotzdem immer wieder ein geschäftlicher Kontakt gefordert wird,[282] beruht dies erstens auf der Besorgnis einer Ausuferung der Haftung im rein privaten Bereich und zweitens auf dem Vorurteil, dass die Haftung entweder aus Vertrag oder Delikt hergeleitet werden müsse. Indem ein geschäftlicher Kontakt gefordert wird, wird nämlich erstens der rein private Bereich weitestgehend von einer Haftung für reine Vermögensschäden freigehalten und zweitens die unterstellte Zweispurigkeit Vertrag – Delikt formal aufrechterhalten, weil in Anlehnung an das Vertragsrecht ein vermeintlich „rechtsgeschäftsähnlicher" Tatbestand gefordert wird. Eine Beschränkung auf geschäftliche Kontakte ist aber auch unter Berücksichtigung dieser Überlegungen nicht gerechtfertigt. Der Gefahr einer Haftungsausuferung im rein privaten Bereich kann auch im Rahmen der anzustellenden Abwägung der Interessen der Beteiligten und der Allgemeinheit begegnet werden. Die unterstellte Zweispurigkeit zwischen Vertrag und Delikt existiert ausweislich der vorstehend genannten „echten" gesetzlichen Schuldverhältnisse nicht. Es besteht daher auch keine Notwendigkeit zu vermeintlicher Gesetzestreue, indem man sich bei der Weiterentwicklung gesetzlicher Schuldverhältnisse vordergründig an das Vertragsrecht anlehnt.

Auch wenn somit eine grundsätzliche Beschränkung auf geschäftliche Kontakte abzulehnen ist, bedeutet dies selbstverständlich nicht, dass dieser spezifischen Zweckrichtung keine Bedeutung zukommt. Es verhält sich im Gegenteil so, dass die anzustellende Abwägung der Interessen der Beteiligten und der Allgemeinheit bei einer geschäftlichen Beziehung häufig zu einem ganz anderen Ergebnis führen wird als bei einer rein privaten Beziehung. Im geschäftlichen Bereich sind eine Haftung für reine Vermögensschäden und die davon ausgehende Einschränkung der Handlungsfreiheit nach allgemeinem Gerechtigkeitsempfinden nämlich grundsätzlich eher zumutbar als im rein privaten Bereich. Dafür spricht auch, dass die Betroffenheit der Vermögenssphäre des anderen Teils in einer

---

280 Palandt/Heinrichs, Einl. v. § 241 Rn. 6.

281 Palandt/Heinrichs, Einl. v. § 241 Rn. 1.

282 Canaris, Vertrauenshaftung, S. 442 ff.; MünchKomm-BGB/Kramer, Einl. Rn. 38; Larenz, MDR 1954, S. 515, 518; Lorenz, FS Larenz, S. 575, 618 f.; Staudinger/Löwisch, Vorbem. zu §§ 275-283 Rn. 64 ff.; MünchKomm-BGB/Roth, § 241 Rn. 110; Soergel/Wiedemann, 12. Aufl., vor § 275 Rn. 361.

geschäftlichen Beziehung grundsätzlich viel klarer auf der Hand liegt als im rein privaten Bereich. Sie hat hier häufig eine ganz andere Greifbarkeit, Evidenz und Warnfunktion. Auch deshalb erscheint es in geschäftlichen Beziehungen viel eher gerechtfertigt, Rücksichtnahme auf die Vermögenssphäre des anderen Teils zu erwarten und dies durch eine Haftung für reine Vermögensschäden auch rechtlich abzusichern. Seinen studentischen Besuchern etwa wird der Unternehmer falsche Angaben über seinen Umsatz oder die Leistung einer Maschine machen dürfen. Aber einem Besucher gegenüber, der das Unternehmen oder die Maschine erkennbar kaufen will, hat er erhöhte Wahrheits- und Aufklärungspflichten, weil dieser ihm ersichtlich Einwirkungsmöglichkeiten auf seine Vermögenssphäre eröffnet.[283]

dd) Eingang unterschiedlicher Grundgedanken in die Gesamtwürdigung

Für die Entstehung eines rechtsgeschäftsähnlichen gesetzlichen Schuldverhältnisses gibt es nach dem hier vertretenen Lösungsansatz keinen einheitlichen Haftungsgrund. In die rechtliche Wertung können im Gegenteil ganz verschiedene Gedanken eingehen.[284] Voraussetzung ist nur, dass die Rechtsordnung diese Gedanken als Wertentscheidungen, sei es auch nur in unvollkommener Form, für eine Rechtsfortbildung in einem bestimmten Sinne bereithält.[285] In die rechtliche Würdigung der Gesamtumstände können daher neben dem Vertrauensgedanken und dem Prinzip des allgemeinen Rechtsgüterschutzes z. B. die Gedanken der Sicherung wesentlicher Institutionen wie Gutachten und Testate, der beruflichen Standards von Fachleuten, der Sicherstellung der Funktionsfähigkeit bestimmter Märkte bzw. allgemein des Geschäftsverkehrs sowie die Gedanken des Verbraucherschutzes, des Anlegerschutzes und des Schutzes wirtschaftlich Schwächerer eingehen. Häufig wird auch erst die Kombination dieser und weiterer Gedanken die Entstehung des rechtsgeschäftsähnlichen Schuldverhältnisses mit seinem konkreten Pflichteninhalt rechtfertigen können.[286]

Dass die Haftung nicht auf einen einzigen Gedanken zurückgeführt werden kann, sondern eine Frage rechtlicher Wertung ist, in die viele verschiedene Gedanken eingehen können und müssen, zeigt sich im Grunde auch bei näherer Betrachtung der oben vorgestellten Lösungsansätze. Diese stellen nämlich häufig eine Kombination verschiedener Gedanken dar, auch wenn dies in dem Be-

---

283 Thiele, JZ 1967, S. 649, 653.

284 MünchKomm-BGB/Emmerich, § 311 Rn. 64; BeckOK-BGB/Gehrlein/Grüneberg/Sutschet, Stand: 01.02.2007, § 311 Rn. 37; Erman/Kindl, § 311 Rn. 15 a. E.; Krebs, Sonderverbindung, S. 209; MünchKomm-BGB/Roth, § 241 Rn. 108; Erman/Werner, 10. Aufl. 2000, Einl. § 241 Rn. 18 a. E.

285 Palandt/Heinrichs, Einl. Rn. 57.

286 Emmerich, Leistungsstörungen, § 6 Rn. 9 f.; ders. in MünchKomm-BGB, § 311 Rn. 64.

mühen um eine deutliche Abgrenzung von den anderen Lösungsvorschlägen gerne verschleiert wird. Die einzelnen Gedanken lassen sich aber bei objektiver Betrachtung oftmals nicht überzeugend trennen. Es gibt im Gegenteil deutliche Zusammenhänge, Wechselwirkungen und Überschneidungen. Beispielhaft dafür sind Formulierungen wie die Stolls, wonach die Schutzpflichten im Rahmen eines Vertragsverhältnisses nicht aufgrund eines entsprechenden aktuellen oder hypothetischen Parteiwillens entstehen, sondern auf der durch die Sonderverbindung erst eröffneten besonderen Einwirkungsmöglichkeit in den fremden Rechtskreis und dem durch sie begründeten Vertrauensverhältnis zur Gegenpartei beruhen.[287] Das Zusammenspiel des Gedankens von den gesteigerten Einwirkungsmöglichkeiten im Rahmen eines qualifizierten geschäftlichen Kontakts und des Vertrauensgedankens kommt hier deutlich zum Ausdruck.[288] Noch deutlicher wird dies bei der Formulierung Dölles, der die Annahme rechtsgeschäftsähnlicher gesetzlicher Schutzpflichten in den von ihm untersuchten Lebenssachverhalten für gerechtfertigt hält, weil die Beteiligten einander oder wenigstens der eine Beteiligte dem anderen ein besonderes Vertrauen entgegengebracht haben, indem sie die eigenen Rechtsgüter bewusst zur Erreichung des mit dem sozialen Kontakt verfolgten Zwecks dem Einfluss und damit der Obhut und Sorgfalt des anderen anvertrauten und in diesem Vertrauen nicht enttäuscht werden dürfen.[289] Die oben dargestellten Lösungsansätze unterscheiden sich demnach im Grunde vor allem dadurch, dass sie die hinter der Haftung stehenden Gedanken unterschiedlich gewichten.

Infolgedessen haben viele der oben dargestellten Lösungsansätze für die Entstehungsgründe eines rechtsgeschäftsähnlichen gesetzlichen Schuldverhältnisses recht und unrecht zugleich.

c) Würdigung der Lehre vom qualifizierten geschäftlichen Kontakt

So hat etwa die Lehre von den gesteigerten Einwirkungsmöglichkeiten im Rahmen eines qualifizierten geschäftlichen Kontakts damit recht, dass die gesteigerten Einwirkungsmöglichkeiten ein besonderes Interesse des Betroffenen am Schutz des Vermögens begründen können und dass dieser Schutz dem anderen Teil im Rahmen eines qualifizierten geschäftlichen Kontakts auch eher zuzumuten ist als in einer Beziehung zu einem beliebigen Dritten, weil im Rahmen eines solchen Kontakts die Vermögenssphäre eine Greifbarkeit, Evidenz und Warnfunktion erreicht, die den absoluten Rechten sehr nahe kommt. Dies wurde vom Gesetzgeber mit § 311 Abs. 2 Nr. 2 Alt. 1 BGB auch ausdrücklich anerkannt.

---

287 Stoll, AcP 136, S. 257, 298.
288 Vgl. hierzu auch Kersting, Dritthaftung, S. 141.
289 Dölle, ZgesStaatsW 103, S. 67, 74.

Die Lehre von den gesteigerten Einwirkungsmöglichkeiten im Rahmen eines qualifizierten Kontakts hat aber unrecht, soweit sie diese Kriterien zu den allein entscheidenden Gründen für die Entstehung rechtsgeschäftsähnlicher gesetzlicher Schutzpflichten heraushebt. Die Entstehung eines rechtsgeschäftsähnlichen gesetzlichen Schuldverhältnisses setzt nicht notwendig voraus, dass schon vor der Schädigung ein besonders enger Kontakt zwischen Schädiger und Geschädigtem besteht. Dass dies nicht richtig sein kann, belegen schon die Schuldverhältnisse der bürgerlich-rechtlichen Prospekthaftung, aus Schutzwirkungen für Dritte oder Geschäftsführung ohne Auftrag. In all diesen Fällen kommt es für die Entstehung des Schuldverhältnisses auf einen besonders engen Kontakt zwischen Schädiger und Geschädigtem nicht an. Vielmehr können Personen in einem Schuldverhältnis zusammengefasst werden, die sich vor der Schädigung nie begegnet sind. Letztendlich entscheidet also die Rechtsordnung, ob sie zwei Personen zu einer rechtlichen Sonderbeziehung zusammenfasst und nicht die Beteiligten selbst, indem sie einen intensiven Kontakt miteinander eingehen und sich dadurch erhöhten Gefahren aussetzen.

d) Würdigung der Lehre von der Vertrauenshaftung

Der Lehre von der Vertrauenshaftung ist zuzugeben, dass die Inanspruchnahme und Gewährung von Vertrauen ein wichtiger Gesichtspunkt für die Entstehung rechtsgeschäftsähnlicher gesetzlicher Schutzpflichten sein kann. Dementsprechend hat der Gesetzgeber auch den Vertrauensgedanken mit § 311 Abs. 2 Nr. 2 Alt. 2 und Abs. 3 S. 2 BGB ausdrücklich als haftungsbegründend anerkannt. Die Lehre von der Vertrauenshaftung hat aber unrecht, wenn sie meint, den Vertrauensgedanken zum allein tragenden Gesichtspunkt für die Entstehung rechtsgeschäftsähnlicher gesetzlicher Schutzpflichten erklären zu können. Die Inanspruchnahme und Gewährung von Vertrauen genügt hierfür nicht. Das Vertrauen muss nämlich auch schutzwürdig sein. Insofern sind wieder die Wertentscheidungen der Rechtsordnung und eine Abwägung der schutzwürdigen Interessen der Beteiligten und der Allgemeinheit von maßgeblicher Bedeutung. Deshalb haftet man z. B. trotz der Inanspruchnahme und Gewährung von Vertrauen in der Regel nicht für bloße Gefälligkeitshandlungen wie falsche Winkzeichen im Straßenverkehr[290] oder das vergessene Ausfüllen und Einreichen des Lottoscheins für eine Lottogemeinschaft.[291] Die Inanspruchnahme und Gewährung von Vertrauen ist auch kein zwingendes Merkmal für die Entstehung rechtsgeschäftsähnlicher gesetzlicher Schutzpflichten. Dies zeigt sich insbesondere in Beziehungen, die durch wirtschaftliche und andere Zwangslagen gekennzeichnet sind. Wer auf die Produkte und Leistungen eines anderen ange-

[290] OLG Frankfurt NJW 1965, 1334, 1335 f.
[291] BGH NJW 1974, 1705, 1706.

wiesen ist, muss mit diesem in Geschäftsbeziehungen treten und kann dabei Rücksichtnahme erwarten, auch wenn er kein besonderes Vertrauen in den anderen hat.[292]

e) Würdigung der Lehre von der Berufshaftung

Der Lehre von der Berufshaftung ist darin zuzustimmen, dass die berufliche Stellung in vielen Fällen bedeutsam dafür sein kann, ob ein Schuldverhältnis zwischen zwei Personen anzuerkennen ist oder nicht.[293] Auch diesen Gedanken hält die Rechtsordnung, wenn auch in unvollkommener Form, mit dem marktspezifischen Berufsrecht wie etwa dem Börsenrecht oder dem Kapitalanlagerecht oder den berufsspezifischen Regelungen für eine Rechtsfortbildung bereit. Auch der Gedanke von der Berufshaftung kann aber nicht für sich allein, sondern nur in Verbindung mit anderen Gedanken die Entstehung rechtsgeschäftsähnlicher gesetzlicher Schutzpflichten legitimieren.

f) Würdigung des funktionalen Lösungsansatzes

Der funktionale Lösungsansatz überzeugt, wenn er aus den Funktionen des Schuldverhältnisses Rückschlüsse auf die Entstehungsgründe rechtsgeschäftsähnlicher gesetzlicher Schuldverhältnisse zieht. Denn ein rechtsgeschäftsähnliches gesetzliches Schuldverhältnis kann nur anzuerkennen sein, wenn seine spezifischen Rechtsfolgen zu angemessenen Ergebnissen führen. Überzeugend sind auch die von diesem Ansatz aus den spezifischen Rechtsfolgen herausgearbeiteten Funktionen des Schuldverhältnisses, nämlich die Kompensation der sonderverbindungsspezifischen Einwirkungsmöglichkeiten der Gegenseite auf die Rechtsgüter des Gefährdeten und die Förderung des störungsfreien und zügigen Erreichens des in der Sonderverbindung bestehenden Leistungs- oder Unterlassungszwecks.[294] Allerdings geht dieser Ansatz zu weit, wenn er meint, dass deshalb ein Schuldverhältnis jede Beziehung sei, in der besondere Einwirkungsmöglichkeiten auf die Rechtsgüter der Gegenseite bestünden und die zudem auf die Erbringung einer legalen Leistung oder Unterlassung einschließlich der Klä-

---

292 Larenz/Wolf, Bürgerliches Recht AT, § 31 Rn. 4

293 BGH NJW 2001, 360, 363; Herrmann, JZ 1983, S. 422, 423 ff.; Hopt, AcP 183, S. 608 ff.; Lammel, AcP 179, S. 337, 358 f.; stillschweigender Auskunftsvertrag: BGH NJW-RR 2006, 993, 994; NJW 1992, 2080, 2082; 1990, 513; 1979, 1449; 1953, 60; Vertrag mit Schutzwirkung: BGH NJW 2006, 1975, 1976; NJW-RR 2004, 1464, 1465; NJW 2001, 3115, 3116; BGH WM 1985, 450, 452; Prospekthaftung der Garanten: BGH NJW-RR 2006, 611, 613; NJW 2004, 3420, 3422; 2001, 360, 363; 1982, 1514; 1980, 1840, 1841; 1979, 1449, 1450.

294 Krebs in Dauner-Lieb/Heidel/Lepa/Ring, Das Neue Schuldrecht, S. 130 Rn. 18; ders., Sonderverbindung, S. 210 ff., 223 und 269 ff.

rung der Existenz einer Leistungs- oder Unterlassungspflicht gerichtet sei. Denn die Funktionen des Schuldverhältnisses mit seinen spezifischen Rechtsfolgen müssen im Interesse der Rechtsordnung liegen.[295] Es bedarf daher auch nach diesem Ansatz einer Abwägung der schutzwürdigen Interessen der Beteiligten und der Allgemeinheit unter Berücksichtigung der Risikozuweisungen des jeweiligen Rechtsbereichs.

Einleuchtend ist andererseits auch, dass der funktionale Ansatz zwischen der Haftung in „einfachen" Schuldverhältnissen und der Haftung in solchen Schuldverhältnissen unterscheidet, in denen Schädiger und Geschädigter nur über eine Zwischenperson vor der Schädigung miteinander verbunden sind, der Geschädigte aus Sicht des Schädigers (oder umgekehrt) also ein Dritter ist.[296] Solche Dritthaftungen haben Ausnahmecharakter und bedürfen deshalb einer besonderen Begründung.[297] Denn die Relativität des Schuldverhältnisses und die darauf beruhende Verteilung der Risiken dürfen nicht unnötig beeinträchtigt werden.[298] Dritthaftungen kommen deshalb nur in Betracht, wenn die Relativität der Schuldverhältnisse abweichend vom Normalfall die schutzwürdigen Interessen der Beteiligten und der Allgemeinheit nicht angemessen zum Ausgleich bringt.[299]

## II. Die Haftung aus Vertragsverhandlungen und ähnlichen geschäftlichen Kontakten mit Schutzwirkung für Dritte

### 1. Die Rechtsprechung zur Haftung aus Vertragsverhandlungen und ähnlichen geschäftlichen Kontakten mit Schutzwirkung für Dritte

Nach der Rechtsprechung kann auch das rechtsgeschäftsähnliche gesetzliche Schuldverhältnis, das durch die Aufnahme von Vertragsverhandlungen und ähnlichen geschäftlichen Kontakten entsteht, Schutzwirkungen für Dritte entfalten.[300] Gerade wenn man die Schutzpflichten als maßgeblichen Inhalt des rechtsgeschäftsähnlichen gesetzlichen Schuldverhältnisses ansehe und berücksichtige, dass der Vertragspartner diese Schutzpflichten gleichermaßen vor wie nach Vertragsabschluss schulde, sei die Einbeziehung dritter, in gleicher Hinsicht schutzwürdiger Personen in dieses Schuldverhältnis nur folgerichtig. Es würde im Übrigen auch an jedem vernünftigen rechtfertigenden Grund dafür fehlen, die ver-

295 Krebs in Dauner-Lieb/Heidel/Lepa/Ring, Das Neue Schuldrecht, S. 131 Rn. 19 f.
296 Krebs, Sonderverbindung, S. 147.
297 Krebs, a. a. O., S. 276 ff.; Canaris FG BGH, S. 129, 183 f.
298 MünchKomm-BGB/Emmerich, Bd. 2 a, 4. Aufl. § 311 Rn. 209; Kersting, Dritthaftung, S. 22.
299 AnwKom-Schuldrecht/Krebs, § 311 Rn. 56.
300 BGH NJW-RR 2003, 1035, 1036 ff.; NJW 1976, 712, 713.

tragliche Haftung vom reinen Zufall abhängig zu machen, ob die Vertragsverhandlungen im Zeitpunkt der Schädigung schon zum endgültigen Vertragsabschluss geführt hätten. Dies belegten eindrücklich die Fälle, in denen die Vertragsverhandlungen im Zeitpunkt der Schädigung im Wesentlichen abgeschlossen gewesen seien bzw. der Vertragsschluss jedenfalls unmittelbar bevorgestanden habe.[301]

### 2. Stellungnahme der Literatur

Dass auch das rechtsgeschäftsähnliche gesetzliche Schuldverhältnis Schutzwirkungen für Dritte entfalten kann, ist in der Literatur anerkannt.[302] Anders als beim Vertrag mit Schutzwirkung für Dritte besteht hier auch kein Streit darüber, dass die Drittschutzwirkungen nicht auf einer ergänzenden Vertragsauslegung beruhen, sondern auf einer richterlichen Ausgestaltung des rechtsgeschäftsähnlichen gesetzlichen Schuldverhältnisses.[303]

### 3. Eigene Stellungnahme

Rechtsprechung und Literatur sind zuzustimmen. Es gibt keinen einleuchtenden Grund, weshalb nicht auch das rechtsgeschäftsähnliche gesetzliche Schuldverhältnis Schutzwirkungen für Dritte entfalten können sollte. Ob derartige Schutzwirkungen für Dritte bestehen, entscheidet wie beim Vertrag mit Schutzwirkung für Dritte eine Abwägung der Interessen aller Beteiligten nach Treu und Glauben mit Rücksicht auf die Verkehrsanschauung.[304] Dabei kommt es einerseits auf den Sinn und Zweck des Geschäfts und das objektive Schutz- und Sicherheitsbedürfnis des Dritten an. Andererseits ist darauf abzustellen, ob die Annahme von Schutzpflichten und das sich daraus ergebende Haftungsrisiko dem Schuldner unter Berücksichtigung der Risikoverteilung zwischen den Beteiligten ohne zusätzliche Vergütung zumutbar sind.[305]

---

[301] BGH NJW 1976, 712, 713.

[302] MünchKomm-BGB/Gottwald, § 328 Rn. 113 und 115; Palandt/Grüneberg, § 328 Rn. 15; Grunewald, Bürgerliches Recht, § 18 Rn. 9; Staudinger/Jagmann, § 328 Rn. 113; Staudinger/Martinek, § 675 Rn. C 30; PWW/Medicus, § 328 Rn. 13; Hk-BGB/Schulze, § 328 Rn. 13; Jauernig/Stadler, § 328 Rn. 23.

[303] Vgl. MünchKomm-BGB/Gottwald, § 328 Rn. 113 und 115; Staudinger/Jagmann, § 328 Rn. 113.

[304] Vgl. MünchKomm-BGB/Gottwald, § 328 Rn. 101; Staudinger/Jagmann, § 328 Rn. 96 und 105; Erman/Westermann, § 328 Rn. 12.

[305] MünchKomm-BGB/Gottwald, § 328 Rn. 122.

## D. Fazit

Die bisherigen Untersuchungen haben gezeigt, dass sich das Problem der Haftung für fehlerhafte Informationen gegenüber Nichtvertragspartnern weder vertragsrechtlich noch deliktsrechtlich überzeugend lösen lässt.

Überzeugender ist demgegenüber die Lösung über das rechtsgeschäftsähnliche gesetzliche Schuldverhältnis. Darüber lassen sich die gewünschten Ergebnisse erzielen, ohne dass mit Fiktionen gearbeitet oder mit dem gesetzgeberischen Konzept des Deliktsrechts gebrochen werden muss.

Der Gesetzgeber hat das rechtsgeschäftsähnliche gesetzliche Schuldverhältnis mit den neuen § 311 Abs. 2 und 3 BGB anerkannt und ihm eine gesetzliche Grundlage gegeben. Dadurch hat er einen gesetzgeberischen Anlass und eine einmalige Gelegenheit dafür geschaffen, die Haftung auf eine saubere dogmatische Grundlage zu stellen.

Die Untersuchungen zu den hinter dem rechtsgeschäftsähnlichen gesetzlichen Schuldverhältnis stehenden Grundgedanken haben gezeigt, dass es hier um das Argument der haftungsrechtlichen Gleichbehandlung wesentlich gleicher Sachverhalte geht.

Ein rechtsgeschäftsähnliches gesetzliches Schuldverhältnis ist deshalb immer dann anzunehmen, wenn bei dem zu beurteilenden Kontakt eine Haftung für Schutzpflichtverletzungen nach vertragsrechtlichen Grundsätzen in gleicher Weise gerechtfertigt erscheint wie bei einem echten rechtsgeschäftlichen Schuldverhältnis.

Dies kann nur durch eine Gesamtwürdigung aller Umstände des Einzelfalls beurteilt werden. Dabei sind der Zweck des jeweiligen Kontakts, die Interessenlage beider Parteien und der Allgemeinheit sowie die Risikoverteilungen des Vertragsrechts und anderer Rechtsbereiche zu berücksichtigen.

Hinter dem rechtsgeschäftsähnlichen gesetzlichen Schuldverhältnis steht danach kein einheitlicher Haftungsgrund. In die rechtliche Wertung können im Gegenteil ganz verschiedene Gedanken eingehen. Voraussetzung ist nur, dass die Rechtsordnung diese als Wertentscheidungen, sei es auch nur in unvollkommener Form, für eine Rechtsfortbildung in einem bestimmten Sinne bereithält. In die rechtliche Würdigung der Gesamtumstände können daher neben dem Vertrauensgedanken und dem Prinzip des allgemeinen Rechtsgüterschutzes z. B. die Gedanken der Sicherung wesentlicher Institutionen wie Gutachten und Testate, der beruflichen Standards von Fachleuten, der Sicherstellung der Funktionsfähigkeit bestimmter Märkte bzw. allgemein des Geschäftsverkehrs sowie die Gedanken des Verbraucherschutzes, des Anlegerschutzes und des Schutzes wirtschaftlich Schwächerer eingehen.

Die Entstehung des rechtsgeschäftsähnlichen gesetzlichen Schuldverhältnisses ist auch nicht von vornherein auf den geschäftlichen Bereich beschränkt. Die anzustellende Gesamtwürdigung aller Umstände kann vielmehr auch bei privaten Kontakten dazu führen, dass eine Haftung für Schutzpflichtverletzungen nach vertragsrechtlichen Grundsätzen angemessen erscheint.

Diese Erkenntnisse liefern die Maßstäbe für die Konkretisierung und Weiterentwicklung des rechtsgeschäftsähnlichen gesetzlichen Schuldverhältnisses im Rahmen der neuen § 311 Abs. 2 und 3 BGB. Die Grundlagen für die sich nunmehr anschließenden Untersuchungen zu den neuen Tatbeständen sind damit geschaffen.

# Kapitel 3: Neukonzeption der Haftung für vertraglich nicht geschuldete Informationen auf Grundlage des § 311 Abs. 2 und 3 BGB

## A. Haftung für vertraglich nicht geschuldete Informationen auf Grundlage des § 311 Abs. 2 Nr. 1 bis 3 BGB

Der Gesetzgeber hat das rechtsgeschäftsähnliche Schuldverhältnis aus Vertragsverhandlungen und ähnlichen geschäftlichen Kontakten mit § 311 Abs. 2 Nr. 1 bis 3 BGB kodifiziert.[1] Er hat mit Nr. 1 bis 3 drei Tatbestände formuliert, bei denen ein Schuldverhältnis mit Rücksichtnahmepflichten gemäß § 241 Abs. 2 BGB entsteht. Es handelt sich dabei um die Aufnahme von Vertragsverhandlungen (Nr. 1), die Anbahnung eines Vertrags (Nr. 2) und ähnliche geschäftliche Kontakte (Nr. 3). Nachfolgend werden diese drei Tatbestände mithilfe der klassischen Auslegungsmethoden konkretisiert und systematisiert.

### I. Abgrenzung

1. Verhältnis zur echten Vertragshaftung

Eine Haftung für fehlerhafte Informationen auf Grundlage des § 311 Abs. 2 Nr. 1 bis 3 BGB ist ausgeschlossen, wenn zwischen dem Auskunftsgeber und dem Empfänger bei Erteilung der Auskunft bereits „echte" vertragliche Beziehungen bestehen, aus denen der Auskunftsgeber für eine fehlerhafte Auskunft haftet, oder wenn durch die Auskunftserteilung selbst ein solcher Vertrag begründet wird.[2] Hierfür sprechen schon historische Argumente. Der Grund für die Entwicklung der Haftung aus Vertragsverhandlungen und ähnlichen geschäftlichen Kontakten bestand von Anfang an darin, die Lücke zwischen Vertrags- und Deliktsrecht zu schließen.[3] Wenn es aber eine zu schließende Lücke nicht gibt, weil bereits die echte Vertragshaftung eingreift, bedarf es auch keines Lückenfüllers. Weiter sprechen hierfür auch systematische Argumente. Wo bereits „echte" vertragliche Beziehungen bestehen, können nicht gleichzeitig bloß „rechtsgeschäftsähnliche" Beziehungen existieren. Das bloß „rechtsgeschäfts-

[1] MünchKomm-BGB/Emmerich, § 311 Rn. 50 ff.; Palandt/Grüneberg, § 311 Rn. 11; Erman/Kindl, § 311 Rn. 15 f.; Larenz/Wolf, Allgemeiner Teil des bürgerlichen Rechts, 2004, § 31 Rn. 3.

[2] BGH NJW 1973, 456; BeckOK-BGB/Gehrlein/Grüneberg/Sutschet, Stand: 01.02.2007, § 311 Rn. 50; Palandt/Grüneberg, § 311 Rn. 25; Erman/Kindl, § 311 Rn. 23; Staudinger/Martinek, § 675 Rn. C 16; Jauernig/Stadler, § 311 Rn. 41 und 46.

[3] BeckOK-BGB/Gehrlein/Grüneberg/Sutschet, Stand: 01.02.2007, § 311 Rn. 52; MünchKomm-BGB/Emmerich, § 311 Rn. 57 und 60; Staudinger/Löwisch, § 311 Rn. 95; Medicus, Schuldrecht AT, § 14 Rn. 104; Jauernig/Stadler, § 311 Rn. 35.

ähnliche" Schuldverhältnis ist deshalb gegenüber dem „echten" vertraglichen Schuldverhältnis subsidiär. Dementsprechend geht das rechtsgeschäftsähnliche Schuldverhältnis bei wirksamem Vertragsschluss im vertraglichen Schuldverhältnis auf.[4] Für die vor Vertragsschluss begangenen Pflichtverletzungen verbleibt es dagegen bei der Haftung aus dem rechtsgeschäftsähnlichen Schuldverhältnis.[5] Das Gleiche gilt für die nach Vertragsschluss begangenen Pflichtverletzungen, wenn der Vertrag sich später als nichtig erweist oder wirksam angefochten wird. Nach Beendung des Vertrags kann das rechtsgeschäftsähnliche Schuldverhältnis seine Eigenständigkeit zurückgewinnen (culpa post contractum finitum).[6]

Es ist daher zunächst immer zu prüfen, ob zwischen dem Auskunftsgeber und dem Empfänger bereits im Zeitpunkt der Auskunftserteilung echte vertragliche Beziehungen bestanden, aus denen der Auskunftsgeber für eine fehlerhafte Auskunft haftet oder ob zumindest durch die Auskunftserteilung selbst ein solcher Vertrag begründet worden ist. In der Regel wird dies in den hier untersuchten Konstellationen jedoch nicht der Fall sein. Insoweit kann auf die Ausführungen auf den Seiten 12 ff. zum stillschweigend geschlossenen Auskunftsvertrag verwiesen werden.

2. Verhältnis zur Dritthaftung

Eine Haftung für fehlerhafte Informationen auf Grundlage des § 311 Abs. 2 Nr. 1 bis 3 BGB setzt außerdem voraus, dass es sich nicht bloß um einen Dritthaftungsfall handelt.[7] Dritthaftung meint die Haftung in solchen Beziehungen, in denen Schädiger und Geschädigter vor der Schädigung bei wertender Betrachtung nur über eine Zwischenperson miteinander verbunden sind, der Geschädigte aus Sicht des Schädigers (oder umgekehrt) also ein Dritter ist.[8] Dritthaftungen sind nämlich erst in Abs. 3 S. 1 und 2 geregelt.[9] Abs. 2 Nr. 1 bis 3 sind daher nicht anwendbar, wenn Schädiger oder Geschädigter als Dritte in diesem Sinne

4 Palandt/Grüneberg, § 311 Rn. 25; Erman/Kindl, § 311 Rn. 23; Larenz/Wolf, Bürgerliches Recht AT, § 31 Rn. 8; Staudinger/Löwisch, § 311 Rn. 106; ders. in Staudinger, Vorbem. zu §§ 275-283 Rn. 44 und 71; Jauernig/Stadler, § 311 Rn. 41 und 46.

5 Palandt/Grüneberg, § 311 Rn. 25; Erman/Kindl, § 311 Rn. 23; Larenz/Wolf, Bürgerliches Recht AT, § 31 Rn. 8.

6 Grundlegend RGZ 161, 330, 337 ff.; BGH LM § 362 BGB Nr. 2; Erman/Ehmann, § 675 Rn. 10; Staudinger/Löwisch, Vorbem. zu §§ 275-283 Rn. 44 und 71; Staudinger/Otto, § 280 Rn. B 15.

7 Kersting, Dritthaftung, S. 132, 149 ff. und 322 f.

8 Krebs, Sonderverbindung, S. 147 und 275 f.

9 AnwKom-Schuldrecht/Krebs, § 311 Rn. 47; Larenz/Wolf, Bürgerliches Recht AT, § 31 Rn. 34 und 41.

anzusehen sind.[10] Bei den in Nr. 1 und 2 geregelten Tatbeständen der Aufnahme von Vertragsverhandlungen und der Anbahnung eines Vertrags kommt dies bereits im Wortlaut deutlich zum Ausdruck. Diese Tatbestände erfassen nur die potenziellen Vertragsparteien, weil erst Abs. 3 S. 1 und 2 die Entstehung eines Schuldverhältnisses auch zu Personen ermöglichen, die nicht selbst Vertragspartei werden sollen. Die ähnlichen geschäftlichen Kontakte gemäß Abs. 2 Nr. 3 sind dagegen nach dem Wortlaut dafür offen, auch Dritthaftungen zu erfassen.[11] Dagegen spricht aber, dass es systematisch vorzugswürdig ist, alle Dritthaftungen einheitlich unter Abs. 3 S. 1 und 2 zusammenzufassen.[12] Es ist auch sachlich geboten, eine deutliche Grenze zu den Dritthaftungsfällen zu ziehen.[13] Hierdurch wird dem Rechtsanwender deutlich vor Augen geführt, dass Dritthaftungen Ausnahmecharakter haben und jeweils besonders begründet werden müssen.[14]

Es ist daher, bevor eine Haftung für fehlerhafte Informationen § 311 Abs. 2 Nr. 1 bis 3 BGB zugeordnet werden kann, zunächst immer zu prüfen, ob es sich hier nicht bloß um einen Dritthaftungsfall handelt. Zur Abgrenzung ist zu prüfen, ob zwischen dem Auskunftsgeber und dem Empfänger bei der Auskunftserteilung bei wertender Betrachtung eine unmittelbare Geschäftsbeziehung bestand oder ob sie nur mittelbar über die Geschäftsbeziehung zu einer Zwischenperson miteinander verbunden waren, der Empfänger aus Sicht des Auskunftsgebers (oder umgekehrt) also ein Dritter war. Insofern kann man nicht darauf abstellen, ob der Auskunftsgeber und der Empfänger im physisch-realen Sinn unmittelbar in Auskunftskontakt zueinander getreten sind, ob also die Auskunft auf direktem Weg vom Auskunftsgeber zum Empfänger oder ob der Informationsweg über die Zwischenperson gelaufen ist. Eine solche physisch-reale Betrachtungsweise und die Anknüpfung an den Informationsweg sind nicht dazu geeignet, unmittelbare Geschäftsbeziehungen von Geschäftsbeziehungen abzugrenzen, die nur über eine Zwischenperson vermittelt sind. Man denke etwa an die typischen Gutachterfälle: Die Bank macht die Kreditvergabe an ihren Kunden davon abhängig, dass dieser ein Wertgutachten für das zu beleihende Grundstück vorlegt. Der Kunde gibt das Gutachten bei einem Sachverständigen für Grundstücksbewertungen in Auftrag. Dieser gibt eine Ausfertigung des Gutachtens entweder direkt an die Bank weiter oder er gibt alle Ausfertigungen seinem Kunden, der eine davon dann selbst an die Bank weiterreicht. Geschäfts-

---

10 Blenske in Schimmel/Buhlmann, Frankfurter Handbuch, S. 168 Rn. 52; Larenz/Wolf, Bürgerliches Recht AT, § 31 Rn. 34 und 41.

11 Blenske in Schimmel/Buhlmann, Frankfurter Handbuch, S. 168 Rn. 52.

12 Blenske in Schimmel/Buhlmann, Frankfurter Handbuch, S. 168 Rn. 52; Canaris, JZ 2001, S. 499, 520; AnwKom-Schuldrecht/Krebs, § 311 Rn. 46.

13 Vgl. Kersting, Dritthaftung, S. 132.

14 Canaris, FG BGH, S. 129, 184; AnwKom-Schuldrecht/Krebs, § 311 Rn. 47 und 56; ders., Sonderverbindung, S. 276 ff.

partner des Sachverständigen ist in diesen Fällen nach den Umständen und der Anschauung aller Beteiligten nur sein Auftraggeber, von dem er auch die Vergütung erhält. Die Bank und der Sachverständige sind hingegen nicht als Geschäftspartner anzusehen. Sie sind nur über den Auftraggeber des Sachverständigen (der zugleich Kunde der Bank ist) als Zwischenperson miteinander verbunden, weshalb die geschädigte Bank aus Sicht des Sachverständigen ein Dritter ist. Insoweit kann es keinen Unterschied machen, ob der Sachverständige das Gutachten seinem Auftraggeber erteilt und erst dieser es an die Bank weiterleitet oder ob der Sachverständige das Gutachten auf die Bitte seines Auftraggebers direkt an die Bank weiterleitet. Es geht insoweit nur um eine Vereinfachung des Informationswegs. Für die Zuordnung der unmittelbaren Geschäftsbeziehungen in Mehrpersonenverhältnissen kommt es daher nicht auf eine physisch-reale Betrachtungsweise und die Anknüpfung an den Informationsweg, sondern auf eine wertende Betrachtung an.

Bei dieser wertenden Betrachtung können ganz ähnliche Probleme auftreten wie bei den echten vertraglichen Beziehungen, bei denen in Mehrpersonenverhältnissen zweifelhaft sein kann, wer Vertragspartner eines anderen geworden ist und wer nicht, oder bei denen sich die Frage stellen kann, ob jemand im eigenen oder im fremden Namen beim Vertragsabschluss aufgetreten ist. In echten vertraglichen Beziehungen sind diese Fragen durch Auslegung unter Heranziehung der §§ 164 ff. BGB und der §§ 133, 157 BGB zu beantworten. Bei den rechtsgeschäftsähnlichen Schuldverhältnissen geht es zwar nicht um Auslegung. Die den Auslegungsregeln zugrunde liegenden Grundgedanken sind hier aber sinngemäß anzuwenden.[15] Das bedeutet erstens, dass für die Abgrenzung zwischen Vertreter- und Eigengeschäft die Grundgedanken der §§ 164 ff. BGB sinngemäß heranzuziehen sind.[16] Das bedeutet zweitens, dass für die Zuordnung der jeweiligen Geschäftspartner bzw. der „unmittelbaren" Geschäftsbeziehungen in Mehrpersonenverhältnissen die Grundgedanken der allgemeinen Auslegungsregeln der §§ 133, 157 BGB sinngemäß anzuwenden sind. Entscheidend ist also, ob der Geschädigte nach Treu und Glauben mit Rücksicht auf die Verkehrsanschauung den Auskunftsgeber als seinen Geschäftspartner ansehen durfte oder nicht.

---

15 Vgl. Kersting, Dritthaftung, S. 241 und 295 f., der die Eingehung einer Vertrauensbeziehung als eine geschäftsähnliche Handlung bzw. einen rechtsgeschäftsähnlichen Tatbestand qualifiziert.

16 Staub/Canaris, Rn. 17; ders., Vertrauenshaftung, S. 457 ff; vgl. auch Kersting, Dritthaftung, S. 241 und 295 f., nach dem die rechtsgeschäftlichen Regeln in weitem Umfang auf die Vertrauensinanspruchnahme Anwendung finden können.

3. Verhältnis zu anderen Vorschriften

Die Haftung aus dem rechtsgeschäftsähnlichen Schuldverhältnis gemäß § 311 Abs. 2 Nr. 1 bis 3 BGB entfällt, soweit vorrangige Sonderregelungen bestehen. Das ist insbesondere im Verhältnis zum Gewährleistungsrecht bei Kauf, Miete und Werkvertrag der Fall.[17] Das Gewährleistungsrecht mit seinen differenzierten und abgestuften Rechtsbehelfen und einer spezifischen Verjährung darf durch die Haftung aus dem rechtsgeschäftsähnlichen Schuldverhältnis nicht unterlaufen werden.[18] Der Vorrang des Gewährleistungsrechts gilt allerdings erst ab dem Zeitpunkt, ab dem die Gewährleistungsregeln anwendbar sind.[19] Die Vorschriften über die Anfechtung (§§ 119 ff. BGB) schließen dagegen die Haftung aus dem rechtsgeschäftsähnlichen Schuldverhältnis nicht aus.[20]

## II. Gesetzliches Schuldverhältnis ohne primäre Leistungspflichten

Bei dem rechtsgeschäftsähnlichen Schuldverhältnis aus Vertragsverhandlungen und ähnlichen geschäftlichen Kontakten gemäß § 311 Abs. 2 Nr. 1 bis 3 BGB handelt es sich um ein gesetzliches Schuldverhältnis ohne primäre Leistungspflichten, das die Beteiligten zur Rücksichtnahme auf die Rechte, Rechtsgüter und Interessen des anderen Teils verpflichtet.[21] Das ist für die Entstehung des rechtsgeschäftsähnlichen Schuldverhältnisses von ganz erheblicher Bedeutung. Anders als bei den echten vertraglichen Schuldverhältnissen mit ihren primären Leistungspflichten kann hier nämlich nicht zwischen der Entstehung des Schuldverhältnisses und der Entstehung der Rücksichtnahmepflichten aus die-

---

[17] Berger, JZ 2004, S. 276, 282 f.; BeckOK-BGB/Gehrlein/Grüneberg/Sutschet, Stand: 01.02.2007, § 311 Rn. 43; Palandt/Grüneberg, § 311 Rn. 14 ff.; Staudinger/Löwisch, § 311 Rn. 129; PWW/Medicus, § 311 Rn. 58; Jauernig/Stadler, § 311 Rn. 38; offen Erman/Kindl, § 311 Rn. 45 f.; a. A. MünchKomm-BGB/Emmerich, § 311 Rn. 121 ff.; Häublein, NJW 2003, S. 388, 391 ff.; Singer, FG BGH, S. 381, 398 ff.; offen gelassen für die Rechtsmängelhaftung BGH NJW 2004, 364, 365.

[18] Berger, JZ 2004, S. 276, 282 f.; BeckOK-BGB/Gehrlein/Grüneberg/Sutschet, Stand: 01.02.2007, § 311 Rn. 43; Palandt/Grüneberg, § 311 Rn. 14 ff.; AnwKom-Schuldrecht/Krebs, § 311 Rn. 33; Staudinger/Löwisch, § 311 Rn. 129; a. A. MünchKomm-BGB/Emmerich, § 311 Rn. 138 ff.; Häublein, NJW 2003, S. 388, 391 ff.; Singer, FG BGH, S. 381, 398 ff.

[19] MünchKomm-BGB/Emmerich, § 311 Rn. 117; Palandt/Grüneberg, § 311 Rn. 14 ff.; Erman/Kindl, § 311 Rn. 45.

[20] MünchKomm-BGB/Emmerich, § 311 Rn. 117; BeckOK-BGB/Gehrlein/Grüneberg/Sutschet, Stand: 01.02.2007, § 311 Rn. 43; Palandt/Grüneberg, § 311 Rn. 13; Kersting, Dritthaftung, S. 454 ff.; Erman/Kindl, § 311 Rn. 44; Jauernig/Stadler, § 311 Rn. 37.

[21] BT-Drucks. 14/6040, S. 163; Palandt/Heinrichs, Einl. v. § 241 Rn. 4; ders., FS Canaris, S. 421, 423; Erman/Kindl, § 311 Rn. 16; Jauernig/Stadler, § 311 Rn. 34; Westermann/Bydlinski/Weber, Schuldrecht AT, § 11 Rn. 4.

sem Schuldverhältnis unterschieden werden. Die Entstehung des rechtsgeschäftlichen Schuldverhältnisses fällt vielmehr mit der Entstehung der „ersten" Rücksichtnahmepflicht zusammen.[22] Das Gleiche gilt für die Beendigung des rechtsgeschäftsähnlichen Schuldverhältnisses. Diese fällt mit dem Wegfall der „letzten" Rücksichtnahmepflicht zusammen. Anders als bei den echten vertraglichen Schuldverhältnissen ist die Existenz des rechtsgeschäftsähnlichen Schuldverhältnisses also vom Bestehen zumindest einer Rücksichtnahmepflicht abhängig. Erst dann erzeugt die Sonderverbindung nämlich konkrete Rechtsfolgen und erst dann kann man auch von einem Schuldverhältnis als einer „rechtlichen" Sonderbeziehung zwischen zwei bestimmten Personen sprechen, aus dem sich dann weitere Pflichten entwickeln können. Dementsprechend geht das Gesetz bei dem rechtsgeschäftsähnlichen Schuldverhältnis aus § 311 Abs. 2 Nr. 1 bis 3 BGB ganz selbstverständlich davon aus, dass hier immer Rücksichtnahmepflichten bestehen („mit Pflichten ... entsteht"), wohingegen es sich bei den echten vertraglichen Schuldverhältnissen gemäß § 241 Abs. 2 BGB auf die Aussage beschränkt, dass dort Rücksichtnahmepflichten bestehen können („kann .... verpflichten"). Das ist bei der Auslegung der drei Tatbestände des § 311 Abs. 2 BGB zu beachten.

## III. Entstehung des rechtsgeschäftsähnlichen Schuldverhältnisses

Nachdem der Gesetzgeber in § 311 Abs. 2 Nr. 1 bis 3 BGB drei Tatbestände formuliert hat, bei deren Verwirklichung ein rechtsgeschäftsähnliches Schuldverhältnis entsteht, ist es erforderlich, die zur Beurteilung stehenden Fälle einem der drei Tatbestände zuzuordnen.[23] Zwischen diesen besteht eine Stufenfolge mit einem Anwendungsvorrang der jeweils vorangehenden Stufe.[24] Nr. 1 ist ein Spezialfall der Nr. 2, weil Vertragsverhandlungen stets eine Vertragsanbahnung vorausgeht.[25] Nr. 2 ist wiederum ein Spezialfall der Nr. 3, weil man keinen Vertrag anbahnen kann, ohne mit einem anderen in geschäftlichen Kontakt zu treten. Nr. 3 hat damit die Funktion eines Auffangtatbestands für solche geschäftlichen Kontakte, die nicht bereits von Nr. 1 oder Nr. 2 erfasst werden.[26]

---

22 Vgl. Kersting, Dritthaftung, S. 339 f.

23 Erman/Kindl, § 311 Rn. 19.

24 Blenske in Schimmel/Buhlmann, Frankfurter Handbuch, S. 165 Rn. 47.

25 MünchKomm-BGB/Emmerich, § 311 Rn. 68; BeckOK-BGB/Gehrlein/Grüneberg/Sutschet, Stand: 01.02.2007, § 311 Rn. 44; Kersting, Dritthaftung, S. 148; Erman/Kindl, § 311 Rn. 19.

26 Blenske in Schimmel/Buhlmann, Frankfurter Handbuch, S. 165 Rn. 47; MünchKomm-BGB/Emmerich, § 311 Rn. 68; BeckOK-BGB/Gehrlein/Grüneberg/Sutschet, Stand: 01.02.2007, § 311 Rn. 49; Larenz/Wolf, Bürgerliches Recht AT, § 31 Rn. 14; Jauernig/Stadler, § 311 Rn. 45.

Nr. 1 enthält somit eine Vorverlagerung der Vertragshaftung auf den Zeitraum unmittelbar vor dem Vertragsschluss, während Nr. 2 noch im Vorfeld der Vertragsverhandlungen und Nr. 3 schließlich noch im Vorfeld der Anbahnung eines Vertrags liegt. Darüber hinaus ermöglicht Nr. 3 auch die Erfassung solcher geschäftlicher Kontakte, die nicht auf den Abschluss eines Vertrags abzielen.[27] Nr. 3 ist damit der Grundtatbestand der Haftung aus Vertragsverhandlungen und ähnlichen geschäftlichen Kontakten.[28]

### 1. Aufnahme von Vertragsverhandlungen (Nr. 1)

Die Entstehung eines rechtsgeschäftsähnlichen gesetzlichen Schuldverhältnisses gemäß § 311 Abs. 2 Nr. 1 BGB setzt voraus, dass zwischen dem Auskunftsgeber und dem Empfänger im Zeitpunkt der Auskunftserteilung Vertragsverhandlungen geführt worden sind. Als Vertragsverhandlungen wird die Phase bis zur Einigung zweier oder mehrerer Parteien vor dem Abschluss eines Vertrags und der damit verbundenen gegenseitigen Willenserklärung verstanden. Die Parteien äußern zunächst gegensätzliche Forderungen und nähern sich dann gegenseitig an, um einen Vertrag zu schließen. Dies erfolgt in einem Prozess aus Zugeständnissen oder der Suche nach neuen Alternativen. Die Aufnahme von Vertragsverhandlungen ist ein Realakt. Die Abgabe von Willenserklärungen ist nicht erforderlich.[29] Einseitige Maßnahmen genügen nicht.[30] Hier werden noch keine Vertragsverhandlungen aufgenommen.[31] Vertragsverhandlungen beginnen erst, wenn ein anderer darauf eingeht.[32]

### 2. Anbahnung eines Vertrags (Nr. 2)

Die Entstehung eines rechtsgeschäftsähnlichen gesetzlichen Schuldverhältnisses gemäß § 311 Abs. 2 Nr. 2 BGB setzt voraus, dass zwischen dem Auskunftsgeber und dem Empfänger im Zeitpunkt der Auskunftserteilung ein Vertrag angebahnt

---

27 Blenske in Schimmel/Buhlmann, Frankfurter Handbuch, S. 167 Rn. 50; Palandt/Grüneberg, § 311 Rn. 24; Erman/Kindl, § 311 Rn. 22; Larenz/Wolf, Bürgerliches Recht AT, § 31 Rn. 14.

28 A. A. MünchKomm-BGB/Emmerich, § 311 Rn. 68; Palandt/Grüneberg, § 311 Rn. 23; Erman/Kindl, § 311 Rn. 19.

29 Erman/Kindl, § 311 Rn. 20; AnwKom-Schuldrecht/Krebs, § 311 Rn. 18; Larenz/Wolf, Bürgerliches Recht AT, § 31 Rn. 9.

30 Vgl. Duden, zu „verhandeln“: etwas eingehend erörtern, besprechen, sich über etwas eingehend beraten; Wahrig, zu „verhandeln“: etwas beraten, etwas erörtern, besprechen, sich beraten, miteinander beraten.

31 Palandt/Grüneberg, § 311 Rn. 22; Heinrichs, FS Canaris, S. 421, 432; Erman/Kindl, § 311 Rn. 20; Larenz/Wolf, Bürgerliches Recht AT, § 31 Rn. 9.

32 Heinrichs, FS Canaris, S. 421, 431; Kersting, Dritthaftung, S. 127 f.; Larenz/Wolf, Bürgerliches Recht AT, § 31 Rn. 9.

worden ist. Die Anbahnung eines Vertrags liegt im Vorfeld der eigentlichen Vertragsverhandlungen.[33] Die Parteien nehmen erstmalig Kontakt auf, um vielleicht Vertragsverhandlungen in die Wege zu leiten.[34] Dafür genügt eine unbestimmte, ganz allgemein gehaltene Absicht, sich wegen eines eventuell und sei es auch erst später abzuschließenden Vertrags oder zum Zwecke des bloßen Preisvergleichs zu informieren.[35]

Zusätzlich verlangt Nr. 2, dass der eine Teil im Hinblick auf die mögliche Vertragsbeziehung dem anderen Teil die Möglichkeit zur Einwirkung auf seine Rechte, Rechtsgüter und Interessen gewährt oder ihm diese anvertraut. Typischerweise liegen diese Voraussetzungen vor, wenn sich jemand als möglicher Kunde in die für den Vertragsabschluss oder für seine Vorbereitung geschaffene Sphäre einer generell vertragsabschlusswilligen Person begibt.[36] Das Eintreten in eine fremde räumliche Einflusssphäre ist jedoch nicht erforderlich. Es genügt auch, wenn der eine Teil anderweitig so in den Einflussbereich des anderen Teils gerät, dass diesem Möglichkeiten zur nachteiligen Einwirkung eröffnet werden.[37] Hierfür sind vielfältige Möglichkeiten denkbar, z. B. Kontaktaufnahmen über Werbezettel, das Telefon oder das Internet.[38]

### 3. Ähnliche geschäftliche Kontakte (Nr. 3)

Die Entstehung eines rechtsgeschäftsähnlichen gesetzlichen Schuldverhältnisses gemäß § 311 Abs. 2 Nr. 3 BGB setzt voraus, dass zwischen dem Auskunftsgeber und dem Empfänger im Zeitpunkt der Auskunftserteilung ein ähnlicher geschäftlicher Kontakt bestand.

#### a) Der Begriff „geschäftlicher" Kontakt

Nr. 3 setzt einen „geschäftlichen" Kontakt zwischen Auskunftsgeber und Empfänger voraus. Der Begriff „geschäftlich" ist weit auszulegen. Er ist deshalb im

---

33 Palandt/Grüneberg, § 311 Rn. 23; Erman/Kindl, § 311 Rn. 21, Larenz/Wolf, Bürgerliches Recht AT, § 31 Rn. 11.

34 Vgl. Duden, zu „anbahnen": in die Wege leiten, anknüpfen, sich zu entwickeln beginnen; Wahrig, zu „anbahnen": etwas beginnen, den Weg für etwa bereiten.

35 Heinrichs, FS Canaris, S. 421, 434; Erman/Kindl, § 311 Rn. 21; AnwKom-Schuldrecht/Krebs, § 311 Rn. 19; Larenz/Wolf, Bürgerliches Recht AT, § 31 Rn. 12.

36 BT-Drucks. 14/6040, S. 163; MünchKomm-BGB/Emmerich, § 311 Rn. 72; Palandt/Grüneberg, § 311 Rn. 23; Heinrichs, FS Canaris, S. 421, 433; Larenz/Wolf, Bürgerliches Recht AT, § 31 Rn. 11.

37 Blenske in Schimmel/Buhlmann, Frankfurter Handbuch, S. 162 Rn. 38.

38 Heinrichs, FS Canaris, S. 421, 435; Larenz/Wolf, Bürgerliches Recht AT, § 31 Rn. 11.

weiteren Sinne als jede Art von zweckgebundener Tätigkeit zu verstehen.[39] Er beinhaltet also keine Beschränkung auf unternehmerische oder wirtschaftliche Tätigkeiten,[40] sondern stellt eine Erweiterung zu „rechtsgeschäftlich" dar.[41] Gegen eine Beschränkung auf unternehmerische Tätigkeiten spricht, dass das Gesetz sonst die Begriffe „Unternehmer" und „Verbraucher" verwendet, wenn es zwischen unternehmerischen und rein privaten Geschäften unterscheiden möchte (z. B. §§ 13, 14 BGB, §§ 312 ff. BGB und §§ 474 ff. BGB). Gegen eine Beschränkung auf wirtschaftliche Tätigkeiten spricht, dass auch die Vorschriften über den Auftrag (§§ 662 ff. BGB) und die Geschäftsführung ohne Auftrag (§§ 677 ff. BGB) für die Besorgung eines fremden „Geschäfts" keine wirtschaftliche Tätigkeit verlangen. Stattdessen reicht auch dort jede Tätigkeit im fremden Interesse.[42] Für eine Erweiterung zu „rechtsgeschäftlich" spricht schließlich, dass Nr. 3 im Gegensatz zu Nr. 1 und 2 keinen Bezug zu einem Vertrag voraussetzt.[43] Anders als Nr. 2 spricht Nr. 3 auch nicht von einer rechtsgeschäftlichen Beziehung.[44] Für einen „geschäftlichen" Kontakt genügen infolgedessen auch private Kontakte ohne jeden rechtsgeschäftlichen Bezug, sofern sie nur auf irgendeine Art von zweckgebundener Tätigkeit gerichtet sind.[45] Notwendige Korrekturen sind erst über das Merkmal „ähnlich" vorzunehmen.

b) „Ähnlichkeit" des geschäftlichen Kontakts

Für Nr. 3 genügt nicht jeder beliebige geschäftliche Kontakt zwischen Auskunftsgeber und Empfänger. Nötig sind vielmehr solche, die den in Nr. 1 und 2 genannten Fällen so sehr gleichen, dass sie ihnen hinsichtlich der Haftung nach vertragsrechtlichen Grundsätzen gleichzustellen sind.[46] Dies ergibt sich aus dem

---

39 Vgl. Duden, zu „Geschäft": Aufgabe; Angelegenheit, die zu erledigen ist; Wahrig, zu „Geschäft": zweckgebundene Beschäftigung, Tätigkeit, Arbeit, Aufgabe, Auftrag.

40 Staudinger/Olzen, § 241 Rn. 398.

41 BeckOK-BGB/Gehrlein/Grüneberg/Sutschet, Stand: 01.02.2007, § 311 Rn. 49.

42 Staudinger/Bergmann, Vorbem. zu §§ 677 ff. Rn. 107 ff.; Staudinger/Martinek, § 662 Rn. 20; Palandt/Sprau, §§ 662 Rn. 6 ff. und 677 Rn. 2.

43 Larenz/Wolf, Bürgerliches Recht AT, § 31 Rn. 14, a. A. Blenske in Schimmel/Buhlmann, Frankfurter Handbuch, S. 165 Rn. 48.

44 Larenz/Wolf, Bürgerliches Recht AT, § 31 Rn. 14.

45 Blenske in Schimmel/Buhlmann, Frankfurter Handbuch, S. 167 Rn. 50; Larenz/Wolf, Bürgerliches Recht AT, § 31 Rn. 14 f.; a. A. Canaris, JZ 2001, S. 499, 520; Heinrichs, FS Canaris, S. 421, 440; Kersting, Dritthaftung, S. 130; Hk-BGB/Schulze, § 311 Rn. 17; Jauernig/Stadler, § 311 Rn. 45; Westermann/Bydlinski/Weber, BGB-Schuldrecht AT, § 11 Rn. 13, die alle übersehen, dass ein geschäftlicher Kontakt nichts anderes ist als ein sozialer, zweckgebundener Kontakt.

46 Vgl. BGH NJW 2001, 2716, 2717; Heinrichs, FS Canaris, S. 421, 436.

Zusatz „ähnlich“[47] und der amtlichen Überschrift, in der von rechtsgeschäftsähnlichen Schuldverhältnissen die Rede ist[48]. Es stellt sich deshalb die Frage, ab wann von einer hinreichenden Ähnlichkeit des geschäftlichen Kontakts zu den in Nr. 1 und 2 genannten Fällen gesprochen werden kann.[49] Die Beantwortung dieser Frage hat der Gesetzgeber durch die generalklauselartige Formulierung bewusst Rechtsprechung und Literatur überlassen und ihnen damit einen Rechtsfortbildungsauftrag erteilt.[50] Nachfolgend soll der Versuch unternommen werden, diesem Rechtsfortbildungsauftrag nachzukommen und die Frage zu beantworten, ab wann der geschäftliche Kontakt den in Nr. 1 und 2 genannten Fällen so sehr gleicht, dass er ihnen hinsichtlich der Haftung nach vertragsrechtlichen Grundsätzen gleichzustellen ist bzw. wann er sich von diesen Fällen so sehr unterscheidet, dass der Geschädigte auf die schwächere deliktsrechtliche Haftung zu verweisen ist.

aa) Rechtsgeschäftsähnlicher Charakter, Bezug zu einem Rechtsgeschäft, Teilnahme am rechtsgeschäftlichen Verkehr

Das Merkmal „ähnlich“ setzt nicht zwingend einen rechtsgeschäftsähnlichen Charakter des geschäftlichen Kontakts voraus. Es ist auch kein wie auch immer verdünnter Bezug zu einem eventuellen Vertrag oder einem sonstigen Rechtsgeschäft erforderlich.[51] Es ist ferner auch keine Teilnahme am rechtsgeschäftlichen Verkehr notwendig. Das Merkmal „ähnlich“ kann stattdessen auch bei Sachverhalten gegeben sein, in denen ein geschäftlicher Kontakt besteht, der nicht auf den Abschluss eines Vertrags abzielt.[52] Ähnliche geschäftliche Kontakte können

47 Vgl. Duden, zu „ähnlich“: in bestimmten Merkmalen übereinstimmend; Wahrig, zu „ähnlich“: in vielen oder/und wichtigen Merkmalen, Eigenschaften übereinstimmend, erinnernd an.

48 Palandt/Grüneberg, § 311 Rn. 11; Erman/Kindl, § 311 Rn. 16; Westermann/Bydlinski/Weber, BGB-Schuldrecht AT, § 11 Rn. 13 mit Fn. 35.

49 Westermann/Bydlinski/Weber, BGB-Schuldrecht AT, § 11 Rn. 13.

50 Canaris, JZ 2001, S. 499, 520.

51 Blenske in Schimmel/Buhlmann, Frankfurter Handbuch, S. 167 Rn. 50; BeckOK-BGB/Gehrlein/Grüneberg/Sutschet, Stand: 01.02.2007, § 311 Rn. 49 f.; Larenz/Wolf, Bürgerliches Recht AT, § 31 Rn. 14 f.; MünchKomm-BGB/Roth, § 241 Rn. 109; a. A. Canaris, JZ 2001, S. 499, 520; Hk-BGB/Schulze, § 311 Rn. 17; Jauernig/Stadler, § 311 Rn. 45; Westermann/Bydlinski/Weber, BGB-Schuldrecht AT, § 11 Rn. 13.

52 Blenske in Schimmel/Buhlmann, Frankfurter Handbuch, S. 167 Rn. 50; Canaris, JZ 2001, S. 499, 520; MünchKomm-BGB/Emmerich, § 311 Rn. 75; Palandt/Grüneberg, § 311 Rn. 24; Heinrichs, FS Canaris, S. 421, 436; Erman/Kindl, § 311 Rn. 22; AnwKom-Schuldrecht/Krebs, § 311 Rn. 46; Larenz/Wolf, Bürgerliches Recht AT, § 31 Rn. 14 f.; MünchKomm-BGB/Roth, § 241 Rn. 109; a. A. Kersting, Dritthaftung, S. 133 und 329 ff.

deshalb auch bei bloßen Gefälligkeitsverhältnissen ohne Leistungspflicht bestehen, wie sie bei den Auskunftsfällen häufig eine Rolle spielen.[53]

(1) Wortlaut

Eine Einschränkung des Anwendungsbereichs der Nr. 3 auf geschäftliche Kontakte mit rechtsgeschäftsähnlichem Charakter, einem wie auch immer verdünnten Bezug zu einem eventuellen Vertrag oder einem sonstigen Rechtsgeschäft oder auf eine Teilnahme am rechtsgeschäftlichen Verkehr ist aus dem Gesetzeswortlaut nicht herzuleiten. Der Gesetzeswortlaut verlangt nur, dass die geschäftlichen Kontakte den in Nr. 1 und 2 genannten Fällen „ähnlich" sein müssen. Daraus lässt sich nur schlussfolgern, dass sie mit den in Nr. 1 und 2 genannten Fällen in den wesentlichen Merkmalen übereinstimmen müssen, sodass sie ihnen hinsichtlich der Haftung nach vertraglichen Grundsätzen gleichzustellen sind. Denn nach dem allgemeinen Sprachgebrauch bedeutet „ähnlich", dass etwas in den wesentlichen Merkmalen übereinstimmt.[54] Darüber hinaus lassen sich aus dem Gesetzeswortlaut keine Erkenntnisse für eine Einschränkung des Anwendungsbereichs ziehen. Welche Merkmale dafür wichtig sind, dass ein geschäftlicher Kontakt den in Nr. 1 und 2 genannten Fällen hinsichtlich der Haftung nach vertraglichen Grundsätzen gleichzustellen ist, bleibt nämlich völlig offen.

(2) Entstehungsgeschichte

Auch die Entstehungsgeschichte gibt keine Anhaltspunkte dafür, dass Nr. 3 auf geschäftliche Kontakte mit rechtsgeschäftsähnlichem Charakter, einem wie auch immer verdünnten Bezug zu einem eventuellen Vertrag oder einem sonstigen Rechtsgeschäft oder auf eine Teilnahme am rechtsgeschäftlichen Verkehr beschränkt ist.

Auf den ersten Anschein erwecken die Gesetzesmaterialien zwar den Eindruck, dass es den Gesetzesverfassern bei Abs. 2 Nr. 1 bis 3 ausschließlich darum gegangen ist, den gesamten Zeitraum im Vorfeld eines potenziellen Vertrags-

53 Blenske in Schimmel/Buhlmann, Frankfurter Handbuch, S. 167 Rn. 50; Canaris, JZ 2001, S. 499, 520; MünchKomm-BGB/Emmerich, § 311 Rn. 75; Heinrichs, FS Canaris, S. 421, 439 ff.; Kersting, Dritthaftung, S. 133; Erman/Kindl, § 311 Rn. 22; Larenz/Wolf, Bürgerliches Recht AT, § 31 Rn. 15 und 64; MünchKomm-BGB/Roth, § 241 Rn. 109; a. A. Kersting, Dritthaftung, S. 318 ff., der die Fälle der stillschweigend geschlossenen Auskunfts- und Beratungsverträge in den Anwendungsbereich des § 311 Abs. 3 S. 2 BGB einbeziehen will.

54 Duden, zu „ähnlich": in bestimmten Merkmalen übereinstimmend; Wahrig, zu „ähnlich": in vielen oder/und wichtigen Merkmalen, Eigenschaften übereinstimmend, erinnernd an.

schlusses lückenlos zu erfassen. In diesem Sinne liegt Nr. 1 unmittelbar im Vorfeld des potenziellen Vertragsschlusses. Nr. 2 enthält eine Vorverlagerung gegenüber Nr. 1.[55] Nr. 3 enthält wiederum eine Vorverlagerung gegenüber Nr. 2, weil die ähnlichen geschäftlichen Kontakte noch im Vorfeld der Vertragsanbahnung liegen sollen.

Auf den zweiten Blick bestätigt sich dieser Eindruck aber nicht. Den Gesetzesverfassern war nämlich bekannt, dass nach der Rechtsprechung Ansprüche aus culpa in contrahendo nicht nur bei Vertragsverhandlungen und der Anbahnung von Verträgen, sondern auch bei ähnlichen geschäftlichen Kontakten entstehen können, die nicht auf den Abschluss eines Vertrags oder eines sonstigen Rechtsgeschäfts abzielen.[56] So können nach der Rechtsprechung Ansprüche aus culpa in contrahendo etwa aus einer laufenden Geschäftsverbindung entstehen[57] oder im Verhältnis zwischen mehreren Personen, die zusammen in Vertragsverhandlungen mit einem Dritten treten[58] oder wenn ein Dritter bei dem Gläubiger Fehlvorstellungen über den wahren Schuldner hervorruft und den Anschein setzt, selbst der Schuldner bzw. mit diesem identisch zu sein[59] oder im Verhältnis zwischen dem Versprechenden und dem Dritten, wenn ein Vertrag zugunsten Dritter geschlossen werden soll[60]. Die Gesetzesverfasser haben diese Rechtsprechung nicht beanstandet. Dies spricht dafür, dass sie keinen hiervon abweichenden Regelungsbedarf gesehen haben. Dementsprechend wurden die in der Gesetzesbegründung zu Nr. 3 angesprochenen Kontakte, bei denen noch kein Vertrag angebahnt, ein solcher aber vorbereitet werden soll, ausdrücklich nur als Beispielsfall bezeichnet („z. B.").[61] Eine Ausklammerung geschäftlicher Kontakte, die nicht auf den Abschluss eines Vertrags oder eines sonstigen Rechtsgeschäfts abzielen, war also nicht gewollt.

Den Gesetzesverfassern waren außerdem auch die intensiven Diskussionen in der Literatur über die Weiterentwicklung der culpa in contrahendo bekannt. Dies ergibt sich zwar nicht aus der Gesetzesbegründung, aber daraus, dass die Geset-

---

55 BT-Drucks. 14/6040, S. 163.

56 BT-Drucks. 14/6040, S. 163; bezeichnend sind insofern die Erläuterungen des Mitglieds der Kommission Leistungsstörungsrecht Heinrichs, FS Canaris, S. 421, 423.

57 BGH NJW 1968, 588, 589; 1954, 1193, 1194; BeckOK-BGB/Gehrlein/Grüneberg/Sutschet, Stand: 01.02.2007, § 311 Rn. 50; MünchKomm-BGB/Emmerich, § 311 Rn. 75; Erman/Kindl, 11. Aufl. 2004, § 311 Rn. 22; jew. unter dem Stichwort „Bankauskünfte".

58 BGH NJW 1980, 2464, 2465; MünchKomm-BGB/Emmerich, § 311 Rn. 76; Erman/Kindl, § 311 Rn. 22.

59 BGH NJW 2001, 2716, 2717 f.; BeckOK-BGB/Gehrlein/Grüneberg/Sutschet, Stand: 01.02.2007, § 311 Rn. 50; Erman/Kindl, § 311 Rn. 22.

60 BGH NJW 2005, 3778; BeckOK-BGB/Gehrlein/Grüneberg/Sutschet, Stand: 01.02.2007, § 311 Rn. 50.

61 BT-Drucks. 14/6040, S. 163.

zesverfasser durch eine Kommission namhafter deutscher Professoren beraten waren.[62] Im Rahmen dieser Diskussionen haben sich viele Autoren dagegen ausgesprochen, die Haftung aus culpa in contrahendo auf Kontakte im Zusammenhang mit dem rechtsgeschäftlichen Verkehr zu beschränken.[63] Die Haftung könne nichts damit zu tun haben, ob jemand innerhalb des rechtsgeschäftlichen Verkehrs handele, wenn es im Ergebnis doch gar nicht darauf ankomme, ob überhaupt ein Vertrag geschlossen werde.[64] Hätten die Gesetzesverfasser eine Beschränkung auf ein Handeln im Rahmen des rechtsgeschäftlichen Verkehrs gewollt, wäre deshalb eine entsprechende Formulierung der Nr. 3, zumindest aber eine klarstellende Anmerkung in der Gesetzesbegründung erforderlich gewesen. Nachdem dies aber nicht geschehen ist und stattdessen sogar eine generalklauselartige Formulierung gewählt wurde, muss davon ausgegangen werden, dass diese Frage bewusst offen gelassen werden sollte.[65]

Aus den Gesetzesmaterialien lassen sich also keine Rückschlüsse auf eine einschränkende Auslegung der Nr. 3 ziehen. Die Gesetzesverfasser haben in den Gesetzesmaterialien erkennbar nur den gesicherten Anwendungsbereich der culpa in contrahendo angesprochen und beschrieben. Die Grenzen des Rechtsinstituts wurden hingegen weder erläutert noch angesprochen. Die gesetzliche Regelung stellt dementsprechend nicht mehr als den Versuch dar, das ungeschriebene Rechtsinstitut in das BGB aufzunehmen und den zur Zeit der Gesetzgebung von der Rechtsprechung praktizierten Rechtszustand wiederzugeben. Gleichzeitig sollte eine Regelung geschaffen werden, die der Ausdifferenzierung und Fortentwicklung durch die Rechtsprechung zugänglich ist. Die generalklauselartige Formulierung sollte die Möglichkeit zur Weiterentwicklung gerade offenhalten.[66] Die Gesetzesverfasser gingen also davon aus, dass die Weiterentwicklung der culpa in contrahendo durch Rechtsprechung und Lehre zur Zeit des Gesetzgebungsverfahrens noch nicht abgeschlossen war, sondern Potenzial für weitere Fortentwicklungen in sich trug. In diesem Sinne ist auch die positive Hervorhebung der Flexibilität des Rechtsinstituts in den Gesetzesmaterialien zu verstehen. Gerade diese Flexibilität habe es verhindert, dass das Institut als solches erkennbare und reformbedürftige Mängel habe.[67]

---

[62] Canaris, JZ 2001, S. 499 mit Fn. 1.

[63] Canaris, ZHR 163, S. 234 Fn. 88; Koziol, ZEuP 1995, S. 359, 365; Stoll, FS Flume, S. 741, 770 mit Fn. 139; Thiele, JZ 1967, S. 649, 652.

[64] Stoll, FS Flume, S. 741, 770 mit Fn. 139; Thiele, JZ 1967, S. 649, 652.

[65] Vgl. Canaris, JZ 2001, S. 499, 520; Westermann/Bydlinski/Weber, BGB-Schuldrecht AT, § 11 Rn. 13.

[66] BT-Drucks. 14/6040, S. 162; Canaris, JZ 2001, S. 499, 519 f.; PWW/Medicus, § 311 Rn. 34.

[67] BT-Drucks. 14/6040, S. 161.

(3) Systematik

Der Systematik des Gesetzes lässt sich ebenfalls nicht entnehmen, dass der Anwendungsbereich der Nr. 3 von vornherein auf geschäftliche Kontakte mit rechtsgeschäftsähnlichem Charakter, einem wie auch immer verdünnten Bezug zu einem eventuellen Vertrag oder einem sonstigen Rechtsgeschäft oder auf eine Teilnahme am rechtsgeschäftlichen Verkehr beschränkt ist. Insbesondere lässt sich aus den amtlichen Überschriften des Abschnitts 3 („Schuldverhältnisse aus Verträgen") und des § 311 BGB („Rechtsgeschäftliche und rechtsgeschäftsähnliche Schuldverhältnisse") nicht ableiten, dass der Anwendungsbereich der Nr. 3 in dem vorstehenden Sinn beschränkt ist.

Mit der Einordnung des Schuldverhältnisses aus Vertragsverhandlungen und ähnlichen geschäftlichen Kontakten in den Abschnitt 3 war eine Einschränkung des Anwendungsbereichs nicht bezweckt. Für die Einordnung war maßgebend, dass das gesetzliche Schuldverhältnis in den meisten Fällen im Vorfeld eines Vertrags entsteht.[68] Deshalb wurde der Standort unmittelbar im Anschluss an das in § 311 Abs. 1 BGB angesprochene Vertragsprinzip gewählt.[69]

Mit der Ergänzung der amtlichen Überschrift des § 311 BGB um die rechtsgeschäftsähnlichen Schuldverhältnisse war eine Einschränkung des Anwendungsbereichs ebenfalls nicht bezweckt. Es sollte lediglich zum Ausdruck gebracht werden, dass unter § 311 BGB auch Schuldverhältnisse fallen, die nicht auf einem Rechtsgeschäft beruhen.[70] Dementsprechend spricht Nr. 3 auch nicht von „rechtsgeschäftsähnlichen", sondern bloß von „ähnlichen" geschäftlichen Kontakten.

Auch aus Nr. 1 und 2 lassen sich keine Rückschlüsse auf eine Eingrenzung des Anwendungsbereichs der Nr. 3 ziehen. Im Gegensatz zu Nr. 1 und 2 setzen die ähnlichen geschäftlichen Kontakte nämlich gerade keinen Bezug zu einem eventuellen Vertrag voraus.[71] Auch spricht Nr. 3 im Gegensatz zu Nr. 2 gerade nicht

---

[68] BT-Drucks. 14/6040, S. 162; Erman/Kindl, § 311 Rn. 17: systematisch verfehlt; Jauernig/Stadler, § 311 Rn. 1: systematisch verfehlt.

[69] BT-Drucks. 14/6040, S. 162; Jauernig/Stadler, § 311 Rn. 1: systematisch verfehlt.

[70] BT-Drucks. 14/7052, S. 190; Erman/Kindl, § 311 Rn. 16.

[71] Larenz/Wolf, Bürgerliches Recht AT, § 31 Rn. 14, a. A. Blenske in Schimmel/Buhlmann, Frankfurter Handbuch, S. 165 Rn. 48.

von einer rechtsgeschäftlichen Beziehung.[72] Es genügen deshalb auch unter diesem Gesichtspunkt Kontakte rein tatsächlicher Art.[73]

(4) Sinn und Zweck

Auch im Hinblick auf den Sinn und Zweck der Regelung ist die Nr. 3 nicht einschränkend dahin auszulegen, dass von ihr nur geschäftliche Kontakte mit rechtsgeschäftsähnlichem Charakter, Bezug zu einem eventuellen Vertrag oder einem sonstigen Rechtsgeschäft oder im Rahmen des rechtsgeschäftlichen Verkehrs erfasst werden. Der Gesetzgeber hat mit den in Abs. 2 Nr. 1 bis 3 geregelten Tatbeständen bestimmte geschäftliche Beziehungen den „echten" vertraglichen Beziehungen hinsichtlich der Haftung gleichgestellt, weil zwischen diesen Beziehungen keine Unterschiede von solchem Gewicht bestehen, dass sie eine unterschiedliche Behandlung rechtfertigen.[74] Der Geschädigte sollte deshalb nicht auf das als unzulänglich empfundene Deliktsrecht verwiesen werden.[75] Eine einschränkende Auslegung der Nr. 3 in dem vorstehenden Sinne wäre deshalb nur geboten, wenn gerade die genannten Merkmale den entscheidenden Unterschied ausmachen würden. Das ist indessen nicht der Fall. Der „rechtsgeschäftsähnliche" Charakter scheidet insofern von vornherein aus. Die Suche nach einem „rechtsgeschäftsähnlichen" Charakter der Beziehung kann nur in die Irre führen. Denn der Haftung aus Vertragsverhandlungen, Vertragsanbahnungen und ähnlichen geschäftlichen Kontakten fehlt gerade die Selbstbindung als zentrales Element des Vertragsrechts.[76] Sie ist Vertragshaftung ohne Vertrag. Als solche beruht sie nicht auf der Willensübereinstimmung über die Herbeiführung eines bestimmten rechtlichen Erfolges, sondern auf Gesetz. Was den Vertrag in seinem Wesen ausmacht, ist der Haftung aus Vertragsverhandlungen und ähnlichen geschäftlichen Kontakten fremd. Die Möglichkeit, die Haftung mit einer irgendwie gearteten Selbstbindung zu rechtfertigen, besteht daher nicht. Eine wie auch immer ausgedünnte rechtsgeschäftliche Beziehung kann für die Bejahung oder Verneinung der Haftung deshalb nicht von entscheidender Bedeutung sein. Auch die „Teilnahme am rechtsgeschäftlichen Verkehr" kann nicht den entscheidenden Unterschied ausmachen. Die Haftung kann nämlich

72 Larenz/Wolf, Bürgerliches Recht AT, § 31 Rn. 14.

73 Blenske in Schimmel/Buhlmann, Frankfurter Handbuch, S. 167 Rn. 50; Larenz/Wolf, Bürgerliches Recht AT, § 31 Rn. 14 f.; a. A. Canaris, JZ 2001, S. 499, 520; Hk-BGB/Schulze, § 311 Rn. 17; Jauernig/Stadler, § 311 Rn. 45; Westermann/Bydlinski/Weber, BGB-Schuldrecht AT, § 11 Rn. 13.

74 BT-Drucks. 14/6040, S. 161.

75 Vgl. MünchKomm-BGB/Emmerich, § 311 Rn. 57 und 60; BeckOK-BGB/Gehrlein/Grüneberg/Sutschet, Stand: 01.02.2007, § 311 Rn. 52; Staudinger/Löwisch, § 311 Rn. 95; Medicus, Schuldrecht AT, § 14 Rn. 104; Jauernig/Stadler, § 311 Rn. 35.

76 Krebs in Dauner-Lieb/Heidel/Lepa/Ring, Das Neue Schuldrecht, S. 134 Rn. 27.

nichts damit zu tun haben, ob jemand innerhalb des rechtsgeschäftlichen Verkehrs handelt, wenn es im Ergebnis doch gar nicht darauf ankommt, ob überhaupt ein Vertrag geschlossen wird.[77] Aus demselben Grund kann auch dem Bezug zu einem eventuellen Vertrag oder einem sonstigen Rechtsgeschäft keine innere Bedeutung zukommen.[78]

bb) Besonderes Vertrauensverhältnis

Das Merkmal „ähnlich" setzt auch nicht zwingend ein besonderes Vertrauensverhältnis zwischen dem Auskunftsgeber und dem Empfänger voraus. Ein ähnlicher geschäftlicher Kontakt mit Rücksichtnahmepflichten gemäß § 241 Abs. 2 BGB kann vielmehr auch ohne Inanspruchnahme und Gewährung eines besonderen Vertrauens bestehen.[79] Damit soll nicht gesagt werden, dass ein besonderes Vertrauensverhältnis zwischen dem Auskunftsgeber und dem Empfänger überhaupt keine Bedeutung für die Haftung hätte. Vielmehr hat es eine ganz unterschiedliche Bedeutung. Enttäuschtes Vertrauen kann in einigen Fällen ein wichtiger Topos zur Erklärung der Haftung sein, in anderen Fällen hat es nur eine Ergänzungsfunktion neben anderen Wertungskriterien, in wieder anderen Fällen ist es ohne jede Bedeutung.[80]

(1) Entstehungsgeschichte

Die Entstehungsgeschichte spricht für diese Auslegung. Die Erläuterungen zu Nr. 1 bis 3 belegen, dass auch die Gesetzesverfasser davon ausgegangen sind, dass der Vertrauensgedanke nicht in allen Fällen für die Haftung aus der Aufnahme von Vertragsverhandlungen und diesen gleichzustellenden geschäftlichen Kontakten leitend ist und dass neben oder an seine Stelle auch andere Wertungen treten können.

Der Vertrauensgedanke ist nur in den Erläuterungen zu Nr. 1 – Aufnahme von Vertragsverhandlungen – als tragender Legitimationsgesichtspunkt zum Ausdruck gekommen. Hier heißt es, dass die culpa in contrahendo ein vertragsähnliches Vertrauensverhältnis voraussetze. Das erste und klassische Vertrauensverhältnis dieser Art sei das Rechtsverhältnis der Vertragsverhandlungen, das dem

---

77 Stoll, FS Flume, S. 741, 770 mit Fn. 139.

78 Thiele, JZ 1967, S. 649, 652.

79 Vgl. MünchKomm-BGB/Emmerich, § 311 Rn. 61 ff.; Larenz/Wolf, Bürgerliches Recht AT, § 31 Rn. 4; Lieb in Dauner-Lieb/Heidel/Lepa/Ring, Das Neue Schuldrecht, S. 139 Rn. 23.

80 MünchKomm-BGB/Emmerich, § 311 Rn. 61 ff.

Rechtsinstitut seinen Namen gegeben habe und das deshalb auch in Nr. 1 angesprochen werde.[81]

Bereits in den Erläuterungen zu Nr. 2 – Anbahnung eines Vertrags – fehlt hingegen jeder Hinweis auf den Vertrauensgedanken als tragendem Legitimationsgesichtspunkt. Hier wird ausgeführt, dass es um Fälle gehe, in denen ein Unternehmer sein Geschäftslokal dem Verkehr öffne, um potenziellen Kunden die Möglichkeit zur Kontaktaufnahme und zum Vertragsschluss zu geben. Es gehe also um eine potenzielle rechtsgeschäftliche Beziehung. Wenn der eine Teil dem anderen Teil im Hinblick auf eine solche rechtsgeschäftliche Beziehung die Einwirkung auf seine Rechte, Rechtsgüter und Interessen ermögliche, entstünden ähnliche Obhutspflichten wie in Nr. 1.[82] Damit haben die Gesetzesverfasser nicht an den vertrauensschutzbezogenen Ansatz, sondern an den Ansatz von den gesteigerten Einwirkungsmöglichkeiten im Rahmen eines geschäftlichen Kontakts angeknüpft.[83] Ein konkret vorhandenes Vertrauen in den Geschäftspartner ist insoweit nicht von ausschlaggebender Bedeutung. Auch im Gesetzestext selbst ist der Vertrauensgedanke nicht als tragender Legitimationsgesichtspunkt, sondern nur als Alternative zum Ausdruck gekommen. Nach Nr. 2 entsteht ein Schuldverhältnis aus Vertragsanbahnung, wenn der eine Teil dem anderen im Hinblick auf diesen geschäftlichen Kontakt Einwirkungsmöglichkeiten gewährt „oder" ihm seine Rechtsgüter anvertraut. Mit Nr. 2 sind daher zwei verschiedene Legitimationskonzepte Gesetz geworden. Diese verschiedenen Legitimationskonzepte schließen sich nicht aus, sondern ergänzen sich. Beide Ansätze werden in aller Regel in einer Form vertreten, die jeweils auch den anderen Ansatz in sich aufnimmt.[84] Der vertrauensbezogene Ansatz kommt ohne einschränkende Merkmale nicht aus, weil nicht jedes gewährte und in Anspruch genommene Vertrauen auch schutzwürdig ist. Als solches einschränkendes Merkmal dient oftmals der geschäftliche Kontakt. Besonders deutlich wird dies bei Canaris, der die innere Rechtfertigung der Vertrauenshaftung bei den „Warenhausfällen" darin sieht, dass der Verletzte im Rahmen des geschäftlichen Verkehrs seine Rechtsgüter der Einwirkungsmöglichkeit des anderen Teils ausgesetzt und sie ihm in diesem Sinne anvertraut hat oder der als weiteres Beispiel der Vertrauenshaftung die Gastwirthaftung anführt, bei der besonders intensive Einwirkungsmöglichkeiten kraft Anvertrauens vorliegen sollen.[85] Auf der anderen Seite ist auch nicht jeder geschäftliche Kontakt, der Einwirkungsmöglichkeiten auf die Sphäre des anderen Teils eröffnet, schutzwürdig. Hier dient oftmals der Ver-

---

81 BT-Drucks. 14/6040, S. 163.
82 BT-Drucks. 14/6040, S. 163.
83 AnwKom-Schuldrecht/Krebs, § 311 Rn. 17.
84 Vgl. die Nachweise bei Krebs, Sonderverbindung, S. 38 Fn. 234
85 Canaris, Vertrauenshaftung, S. 540 ff.

trauensgedanke als einschränkendes Merkmal.[86] Deutlich wird dies z. B. bei Erman und Larenz, die den Grund für die Haftung aus culpa in contrahendo darin erkennen, dass derjenige, der mit einem anderen geschäftliche Beziehungen aufnimmt, regelmäßig erwartet, es mit einem redlich denkenden und sich loyal verhaltenden Partner zu tun zu haben und dass diese allgemeine Redlichkeitserwartung den Schutz der Rechtsordnung verdient, weil ohne sie ein reibungsloser Geschäftsverkehr nicht möglich wäre.[87] Die Erläuterungen zu Nr. 2 und die Gesetzesfassung zeigen daher, dass die Gesetzesverfasser davon ausgegangen sind, dass der Vertrauensschutzgedanke nicht in allen Fällen für die Haftung leitend ist und ihm stattdessen in einigen Fällen allenfalls eine Ergänzungsfunktion neben anderen Wertungskriterien zukommt.

In den Erläuterungen zu Nr. 3 – ähnliche geschäftliche Kontakte – schließlich fehlt jeder Hinweis auf den Legitimationsgrund der Haftung. Der Grund hierfür liegt darin, dass die Gesetzesverfasser erklärtermaßen eine abstrakte Regelung schaffen wollten, die der Ausdifferenzierung und Fortentwicklung durch die Rechtsprechung zugänglich sein sollte.[88] Deshalb und auch wegen der immer noch bestehenden Unsicherheiten über den Grund der Haftung sollte eine dogmatische Festlegung der Rechtsprechung vermieden werden. Dieses Ansinnen ist auch nur zu verständlich, wenn man bedenkt, dass damals wie heute renommierte Autoren der Literatur auf dem Standpunkt stehen, dass sich die verschiedenen Fallgruppen der Haftung aus culpa in contrahendo nicht auf einen einheitlichen Haftungsgrund zurückführen lassen.[89] Zwar sei der Vertrauensgedanke in zahlreichen Fallgestaltungen leitend für den weiteren Ausbau des Rechtsinstituts gewesen. Für sich alleine reiche er aber zur Erklärung der gegenwärtigen Bedeutung des Rechtsinstituts nicht aus.[90] Vielmehr gingen in diese Haftung offenkundig noch andere Rechtsgedanken ein. Hier seien stichwortartig neben dem allgemeinen Rechtsgüterschutz vor allem der Verbraucherschutz, weiter der Anlegerschutz sowie in Ausnahmefällen der Schutz wirtschaftlich Schwächerer zu nennen. Das Prinzip des allgemeinen Rechtsgüterschutzes sei leitend bei den aus culpa in contrahendo hergeleiteten Verkehrssicherungspflichten. Hingegen gehe es um Verbraucherschutz in vielen Fällen der Aufklärungspflichten. Damit berühre sich der Gedanke des Anlegerschutzes, der insbesondere für die Entwick-

---

86 Krebs, Sonderverbindung, S. 38 mit umfassenden Nachweisen in Fn. 234.

87 Erman, AcP 139, S. 273 ff., 321; Larenz, Schuldrecht AT, S. 106.

88 BT-Drucks. 14/6040, S. 162; Canaris, JZ 2001, S. 499, 520; Westermann/Bydlinski/Weber, BGB-Schuldrecht AT, § 11 Rn. 13.

89 MünchKomm-BGB/Emmerich, § 311 Rn. 64; BeckOK-BGB/Gehrlein/Grüneberg/Sutschet, Stand: 01.02.2007, § 311 Rn. 37; Erman/Kindl, § 311 Rn. 15 a. E.; Krebs, Sonderverbindung, S. 209; MünchKomm-BGB/Roth, § 241 Rn. 108; Erman/Werner, 10. Aufl. 2000, Einl. § 241 Rn. 18 a. E.

90 Emmerich, Leistungsstörungen, § 6 Rn. 9; ders. in MünchKomm-BGB, § 311 Rn. 64.

lung der bürgerlich-rechtlichen Prospekthaftung leitend gewesen sei. Der Schutz wirtschaftlich Schwächerer sei hingegen bei dem gelegentlich aus culpa in contrahendo hergeleiteten Kontrahierungszwang von ausschlaggebender Bedeutung. Nur die Verbindung all dieser und anderer Gedanken vermöge schließlich zu erklären, dass sich die Haftung aus culpa in contrahendo nicht mehr auf die Parteien des intendierten Vertrages beschränke, sondern zunehmend Dritte erfasse.[91] Gerade die Zurückhaltung in den Erläuterungen zu Nr. 3 zeigt daher, dass auch die Gesetzesverfasser davon ausgegangen sind, dass sich die vielgestaltigen Fälle der Haftung nicht auf ein einziges Wertungskriterium festlegen lassen, sondern je nach Fallgruppe ganz unterschiedliche Kriterien für die Haftung leitend sein können.

Auch eine Analyse der bisherigen Rechtsprechung bestätigt, dass der Rechtsgrund der Haftung nicht immer in einem besonderen Vertrauensverhältnis zwischen dem Auskunftsgeber und dem Empfänger zu sehen ist und dass neben oder an seine Stelle auch andere Wertungskriterien treten können. Der Vertrauensgedanke hat in der Rechtsprechung nämlich einen ganz unterschiedlichen Stellenwert. Neben Entscheidungen, die ein konkret gewährtes und in Anspruch genommenes Vertrauen fordern[92], gibt es solche, die sich mit abstrakten Formulierungen begnügen und damit den Anschein erwecken, dass es auf ein konkret vorhandenes Vertrauen nicht ankomme, vielmehr jeder geschützt werden solle, der vertrauen dürfen solle.[93] Zudem gibt es unverkennbar Fallgruppen, bei denen andere Rechtsgedanken im Vordergrund stehen. Zu nennen sind insoweit z. B. das oben schon angesprochene Prinzip des allgemeinen Rechtsgüterschutzes, das bei der Herleitung von Verkehrssicherungspflichten in den sog. Warenhausfällen leitend gewesen ist,[94] der Gedanke des Anlegerschutzes, der insbesondere für die Entwicklung der bürgerlich-rechtlichen Prospekthaftung nutzbar gemacht wurde,[95] der Verbraucherschutz, der in vielen Fällen das Bestehen und den Umfang von Aufklärungspflichten beeinflusst[96] oder der Gedanke der Herstellung der zivilrechtlich „richtigen“ Rechtslage bei der Eigenhaftung von Gebraucht-

---

91 Emmerich, Leistungsstörungen, § 6 Rn. 9 f.; ders. in MünchKomm-BGB, § 311 Rn. 64.

92 Z. B. BGH NJW-RR 1988, 785, 786: „Grundlage für einen Schadensersatzanspruch aus culpa in contrahendo ist stets enttäuschtes Vertrauen.“

93 Z. B. BGH NJW 1980, 2464: „müssen hierbei auch untereinander vertrauen dürfen“; NJW 1976, 712: „sich zum Zwecke der Vertragsverhandlungen in den Einflussbereich des anderen Teiles begeben hat und damit redlicherweise auf eine gesteigerte Sorgfalt seines Verhandlungspartners vertrauen kann“; RG JW 1922, 1313, 1314: „Billigkeit und Erfordernisse der Verkehrssicherheit“.

94 Z. B. BGH NJW 1962, 31, 32; 1976, 712; Emmerich, Leistungsstörungen, § 6 Rn. 10; ders. in MünchKomm-BGB, § 311 Rn. 64.

95 Z. B. BGH NJW 1982, 1514; 1981, 1449, 1450; 1978, 1625; Emmerich, Leistungsstörungen, § 6 Rn. 10; ders. in MünchKomm-BGB, § 311 Rn. 64.

96 Emmerich, Leistungsstörungen, § 6 Rn. 10; ders. in MünchKomm-BGB, § 311 Rn. 64.

wagenhändlern.[97] Auch die Eigenhaftung Dritter aus culpa in contrahendo wegen eines besonderen wirtschaftlichen Eigeninteresses gehört hierher. Denn ein solches Eigeninteresse mahnt eher zur Vorsicht, als dass es Vertrauen zulässt.[98] Dass der Vertrauensgedanke in der Rechtsprechung nicht immer und vor allem nicht allein über die Haftung entscheidet, wird auch durch die elastische Formel vom „vertragsähnlichen" Vertrauensverhältnis dokumentiert.[99] Diese Formel bringt deutlich zum Ausdruck, dass es nicht allein auf die Inanspruchnahme und Gewährung von Vertrauen ankommt, sondern von weitaus größerer Bedeutung die Frage ist, unter welchen Voraussetzungen ein Verhandlungspartner welcher Person Vertrauen schenken darf.[100]

(2) Systematik

Die Systematik des Gesetzes spricht ebenfalls dafür, dass der Vertrauensgedanke in den verschiedenen Fallgestaltungen der Haftung aus Vertragsverhandlungen und diesen gleichzustellenden geschäftlichen Kontakten eine ganz unterschiedliche Bedeutung hat. Dies wird vor allem dann deutlich, wenn man die verschiedenen Fallgruppen der Eigenhaftung Dritter gemäß Abs. 3 S. 1 und 2 in die Betrachtung einbezieht. Dann zeigt sich klar, dass der Vertrauensgedanke zwar ein wichtiger Topos zur Begründung der Haftung sein kann, dass er aber keine exklusive Stellung einnimmt. Denn die anerkannte Fallgruppe der Eigenhaftung Dritter wegen Inanspruchnahme eines besonderen, persönlichen Vertrauens steht zwar im Mittelpunkt der Regelung, sie nimmt aber ausweislich ihres Wortlauts keine exklusive Stellung ein („insbesondere"). Die ebenfalls anerkannte Fallgruppe der Eigenhaftung Dritter wegen eines besonderen wirtschaftlichen Eigeninteresses besteht deshalb weiter fort.[101] Ein solches Eigeninteresse mahnt aber, wie gesagt, eher zur Vorsicht, als dass es Vertrauen zulässt.[102]

Aber auch bei Betrachtung der „einfachen" Haftung gemäß Abs. 2 Nr. 1 bis 3 zeigt sich, dass der Vertrauensgedanke in den verschiedenen Fallgestaltungen eine ganz unterschiedliche Bedeutung hat. Während der Vertrauensgedanke bei Nr. 1 – Aufnahme von Vertragsverhandlungen – ein wichtiger Topos zur Be-

---

97 Z. B. BGH NJW 1981, 922; 1980, 2184, 2185; MünchKomm-BGB/Emmerich, § 311 Rn. 249; Medicus, Schuldrecht AT, § 14 Rn. 110; ders., Gutachten, S. 479, 544.

98 Medicus, Bürgerliches Recht, § 10 Rn. 200 a.

99 BGH NJW 2004, 2165; 2001, 2716, 2717; 1981, 1673, 1978, 2145, 2147; 1967, 2199.

100 Medicus, Schuldrecht AT, § 14 Rn. 112.

101 MünchKomm-BGB/Emmerich, § 311 Rn. 235; BeckOK-BGB/Gehrlein/Grüneberg/Sutschet, Stand: 01.02.2007, § 311 Rn. 114; AnwKom-Schuldrecht/Krebs, § 311 Rn. 51; Hk-BGB/Schulze, § 311 Rn. 19.

102 Medicus, Bürgerliches Recht, § 10 Rn. 200 a.

gründung der Haftung ist, weil dieses Rechtsverhältnis als das klassische vertragsähnliche Vertrauensverhältnis angesehen wird,[103] kommt ihm bei Nr. 2 - Anbahnung eines Vertrags – nur noch geringe Bedeutung zu, weil nach dem Gesetzeswortlaut gleichgültig ist, ob der eine Teil dem anderen die Einwirkungsmöglichkeiten auf seine Rechtsgüter vertrauensvoll oder gezwungenermaßen gewährt. Diese Relativierung des Vertrauensgedankens wirkt sich zwangsläufig auf die Nr. 3 aus, weil hier ein geschäftlicher Kontakt genügt, der Nr. 1 oder Nr. 2 ähnlich ist. Auch hier kann es deshalb nicht darauf ankommen, ob die Einwirkungsmöglichkeiten vertrauensvoll oder gezwungenermaßen gewährt werden.

(3) Sinn und Zweck

Vor allem aber sprechen der Sinn und Zweck der Regelung dafür, den Anwendungsbereich der Nr. 3 nicht von vornherein auf geschäftliche Kontakte zu beschränken, in denen ein besonderes Vertrauensverhältnis zwischen Auskunftsgeber und Empfänger besteht. Der Gesetzgeber hat mit Abs. 2 Nr. 1 bis 3 bestimmte geschäftliche Beziehungen einer vertragsähnlichen Haftung für Rücksichtnahmepflichtverletzungen unterworfen, weil diese Beziehungen mit den echten vertraglichen Beziehungen insoweit in den wesentlichen Merkmalen übereinstimmen und sie deshalb insoweit als ein gleichwertiger Ersatz angesehen werden können (equivalent to contract).[104] Das besondere Vertrauensverhältnis ist kein wesentliches Merkmal in diesem Sinne. Auch echte vertragliche Beziehungen sind nämlich nicht immer durch ein besonderes Vertrauensverhältnis gekennzeichnet. Dies zeigt sich insbesondere in vertraglichen Beziehungen, die durch wirtschaftliche und andere Zwangslagen gekennzeichnet sind. Wer auf die Produkte und Leistungen eines anderen angewiesen ist, muss mit diesem in Geschäftsbeziehungen eintreten und kann dabei Rücksichtnahme erwarten, auch wenn er kein besonderes Vertrauen in den anderen hat.[105] Ebenso verhält es sich beim Vertragsschluss auf anonymen Märkten.[106] Wer z. B. mit einem neu angemeldeten Mitglied einer Internetauktionsplattform eine Geschäftsbeziehung eingeht, kann kein besonderes Vertrauen in dieses Mitglied haben, weil noch keine Bewertungen anderer Mitglieder vorliegen. Trotzdem kann er von dem neu angemeldeten Mitglied Rücksichtnahme auf seine Interessen erwarten. Wenn somit aber in den echten vertraglichen Beziehungen eine Haftung wegen Rücksichtnahmepflichtverletzungen auch dann anzuerkennen ist, wenn kein besonderes Vertrauensverhältnis zwischen den Parteien besteht, kann für die ihnen

[103] BT-Drucks. 14/6040, S. 163; Erman/Kindl, § 311 Rn. 20.
[104] BT-Drucks. 14/6040, S. 161; vgl. Schwarze, AcP 203, S. 348, 357; Teubner, Liber Amicorum Schmidt, S. 303, 306 zum Drittschutz.
[105] Larenz/Wolf, Bürgerliches Recht AT, § 31 Rn. 4.
[106] Vgl. Fleischer in Schulze/Schulte-Nölke, Die Schuldrechtsreform, S. 243, 255.

gleichzustellenden geschäftlichen Kontakte nichts anderes gelten. Auch hier wäre es durch nichts zu rechtfertigen, den Geschädigten allein deshalb, weil er kein besonderes Vertrauen in seinen Geschäftspartner hat, auf die schwächere deliktische Haftung zu verweisen. Für die Haftung kann es deshalb auch nach dem Sinn und Zweck der Regelung nicht von alles entscheidender Bedeutung sein, ob die Einwirkungsmöglichkeiten vertrauensvoll oder gezwungenermaßen gewährt werden.[107]

cc) Einwirkungsmöglichkeiten auf die Rechte, Rechtsgüter und Interessen des Empfängers

Das Merkmal „ähnlich" setzt aber zwingend voraus, dass aufgrund des geschäftlichen Kontakts Einwirkungsmöglichkeiten des Auskunftsgebers auf die Rechte, Rechtsgüter und Interessen des Empfängers bestehen.[108] Mit diesen Einwirkungsmöglichkeiten korrespondiert nämlich die haftungsrechtlich erforderliche Schutzbedürftigkeit des Empfängers. An die Einwirkungsmöglichkeiten sind allerdings keine hohen Anforderungen zu stellen.[109] Sie müssen vor allem nicht über die Einwirkungsmöglichkeiten im bloß deliktisch geschützten Bereich hinausgehen.[110] Unerhebliche Einwirkungsmöglichkeiten bleiben hingegen außer Betracht, weil es hier an einer relevanten Schutzbedürftigkeit des Empfängers fehlt.

Diese Auslegung des Merkmals „ähnlich" ist im Hinblick auf den Sinn und Zweck der Regelung unumgänglich. Durch die Aufnahme von Vertragsverhandlungen und ähnlichen geschäftlichen Kontakten entsteht ein rechtsgeschäftsähnliches Schuldverhältnis. Dieses verpflichtet jeden Teil nach seinem Inhalt zur Rücksichtnahme auf die Rechte, Rechtsgüter und Interessen des anderen Teils (§ 241 Abs. 2 BGB). Aus diesen spezifischen Rechtsfolgen des rechtsgeschäftsähnlichen Schuldverhältnisses lässt sich auf den Sinn und Zweck der Regelung rückschließen. Die Rücksichtnahmepflichten sollen jeden Teil von Schädigun-

---

107 Larenz/Wolf, Bürgerliches Recht AT, § 31 Rn. 4; Lieb in Dauner-Lieb/Heidel/Lepa/Ring, Das Neue Schuldrecht, S. 139 Rn. 38.

108 Blenske in Schimmel/Buhlmann, Frankfurter Handbuch, S. 161 Rn. 37; MünchKomm-BGB/Emmerich, § 311 Rn. 73; BeckOK-BGB/Gehrlein/Grüneberg/Sutschet, Stand: 01.02.2007, § 311 Rn. 49; Kersting, Dritthaftung, S. 132; Erman/Kindl, § 311 Rn. 20; Lieb in Dauner-Lieb/Heidel/Lepa/Ring, Das Neue Schuldrecht, S. 139 Rn. 37; Staudinger/Löwisch, § 311 Rn. 101; a. A. Larenz/Wolf, Bürgerliches Recht AT, § 31 Rn. 14; wohl auch Heinrichs, FS Canaris, S. 421, 430.

109 BeckOK-BGB/Gehrlein/Grüneberg/Sutschet, Stand: 01.02.2007, § 311 Rn. 47; Erman/Kindl, § 311 Rn. 21; AnwKom-Schuldrecht/Krebs, § 311 Rn. 20.

110 BeckOK-BGB/Gehrlein/Grüneberg/Sutschet, Stand: 01.02.2007, § 311 Rn. 47; Heinrichs, FS Canaris, S. 421, 427; AnwKom-Schuldrecht/Krebs, § 311 Rn. 20.

gen des anderen Teils abhalten. Sollte es gleichwohl zu Schädigungen kommen, ermöglichen sie einen Schadensausgleich.[111] Der Sinn und Zweck der Regelung besteht folglich darin, die durch die Aufnahme von Vertragsverhandlungen und ähnlichen geschäftlichen Kontakten begründete Schutzbedürftigkeit des anderen Teils zu bewältigen. Ausgehend hiervon müssen die nur bei Nr. 2 ausdrücklich angesprochenen Einwirkungsmöglichkeiten auf die Rechte, Rechtsgüter und Interessen des anderen Teils auch in allen anderen Fällen des Abs. 2 vorliegen.[112] Denn erst aus diesen Einwirkungsmöglichkeiten folgen die Gefährdung und die damit korrespondierende Schutzbedürftigkeit der Rechte, Rechtsgüter und Interessen des anderen Teils.[113] Ohne diese Schutzbedürftigkeit macht es keinen Sinn, dem einen Teil Rücksichtnahmepflichten gegenüber dem anderen Teil aufzuerlegen und dadurch dessen Handlungsfreiheit einzuschränken.

Nach dem Sinn und Zweck der Regelung sind an die Einwirkungsmöglichkeiten allerdings keine besonderen Anforderungen zu stellen. Nur unerhebliche Einwirkungsmöglichkeiten müssen außer Betracht bleiben, weil diese keine relevante Schutzbedürftigkeit begründen, der durch die Auferlegung von Rücksichtnahmepflichten Rechnung getragen werden müsste. Dies wird durch die Systematik des Gesetzes bestätigt. Selbst die Haftung in einer echten vertraglichen Beziehung zeichnet sich gegenüber der deliktischen Haftung nicht immer durch erhöhte Einwirkungsmöglichkeiten aus. Im Gegenteil können bei der deliktischen Haftung weitaus größere Einwirkungsmöglichkeiten bestehen als in einer echten vertraglichen Beziehung. Man denke etwa an die einschneidenden Folgen von Verkehrsunfällen, Freiheitsentziehungen oder Tötungen. Wenn sich somit die Haftung in „echten" vertraglichen Beziehungen gegenüber der deliktischen Haftung nicht durch erhöhte Einwirkungsmöglichkeiten auszeichnet, kann für die Haftung in den „rechtsgeschäftsähnlichen" Beziehungen aus Vertragsverhandlungen und ähnlichen geschäftlichen Kontakten nichts anderes gelten. Dies belegen auch die von den Gesetzesverfassern angesprochenen sog. Warenhausfälle, in denen eine Haftung aus culpa in contrahendo beim Umstürzen einer Linoleumrolle oder dem Ausrutschen auf einer Bananenschale bzw. einem Gemüseblatt, also bei typisch deliktischen Sachverhalten, besteht.[114] Für diese Auslegung spricht auch, dass sich die Gesetzesverfasser ausweislich der Begriffe „Rechte" und „Rechtsgüter" in der Bezugsnorm des § 241 Abs. 2 BGB gegen

---

[111] Vgl. Krebs in Dauner-Lieb/Heidel/Lepa/Ring, Das Neue Schuldrecht, S. 130 Rn. 18.

[112] A. A. Larenz/Wolf, Bürgerliches Recht AT, § 31 Rn. 14.

[113] Blenske in Schimmel/Buhlmann, Frankfurter Handbuch, S. 161 Rn. 37; BeckOK-BGB/Gehrlein/Grüneberg/Sutschet, Stand: 01.02.2007, § 311 Rn. 49; Lieb in Dauner-Lieb/Heidel/Lepa/Ring, Das Neue Schuldrecht, S. 139 Rn. 37.

[114] BT-Drucks. 14/6040, S. 163; RGZ 78, 239 ff.: Linoleumrollenfall; BGH NJW 1962, 31, 32: Bananenschalenfall; 1976, 712: Gemüseblattfall.

eine rein deliktische Lösung dieses Bereichs entschieden haben.[115] Zudem haben sie das Merkmal der „besonderen“ Rücksicht in § 241 Abs. 2 BGB, das eine einschränkende Wirkung hätte haben können, im Laufe des Gesetzgebungsverfahrens bewusst fallen gelassen.[116] Die geschäftlichen Kontakte müssen in ihrer Intensität und den durch sie eröffneten Einwirkungsmöglichkeiten deshalb nicht in jedem Fall über die Einwirkungsmöglichkeiten im bloß deliktisch geschützten Jedermannsbereich hinausgehen.[117]

dd) Gesamtwürdigung aller Umstände des Einzelfalls

Das Merkmal „ähnlich“ setzt darüber hinaus eine Gesamtwürdigung aller Umstände des Einzelfalls voraus. Schutzbedürftigkeit des Empfängers allein reicht nämlich nicht. Er muss auch schutzwürdig sein. Dies ist regelmäßig dann anzunehmen, wenn die Auskunft für ihn erkennbar von erheblicher Bedeutung ist und er sie zur Grundlage wesentlicher Entscheidungen machen will.[118] Dies gilt insbesondere in Fällen, in denen der Auskunftsgeber für die Erteilung der Auskunft besonders sachkundig oder ein eigenes wirtschaftliches Interesse bei ihm im Spiel ist.[119] Diese Umstände stellen allerdings lediglich Indizien dar, die, wenn auch mit erheblichem Gewicht, in die Gesamtwürdigung aller Umstände des Einzelfalls einzubeziehen sind.[120]

Diese Auslegung des Merkmals „ähnlich“ ist mit Rücksicht auf den Sinn und Zweck der Regelung geboten. Hinter der Regelung steht der Grundgedanke, dass bereits durch die Aufnahme von Vertragsverhandlungen und ähnlichen geschäftlichen Kontakten eine Beziehung zwischen den Beteiligten entsteht, die es nahe legt, diese wie Vertragspartner einer vertragsähnlichen Haftung zu unterwerfen.[121]

---

[115] AnwKom-Schuldrecht/Krebs, § 241 Rn. 5 und § 311 Rn. 20.

[116] BT-Drucks. 14/7052, S. 182; Heinrichs, FS Canaris, S. 421, 427; AnwKom-Schuldrecht/Krebs, § 241 Rn. 5 und § 311 Rn. 20.

[117] BeckOK-BGB/Gehrlein/Grüneberg/Sutschet, Stand: 01.02.2007, § 311 Rn. 47; Heinrichs, FS Canaris, S. 421, 427; AnwKom-Schuldrecht/Krebs, § 311 Rn. 20.

[118] Erman/Ehmann, § 675 Rn. 9; vgl. BGH NJW-RR 2006, 993, 994; NJW 2003, 1521, 1523; NJW-RR 2001, 768, 769; NJW 1992, 2080, 2082; 1979, 1449; 1953, 60 zur Abgrenzung Auskunft aus reiner Gefälligkeit - stillschweigend geschlossener Auskunftsvertrag.

[119] Erman/Ehmann, § 675 Rn. 9; vgl. BGH NJW-RR 2006, 993, 994; NJW 1992, 2080, 2082; 1979, 1449 zur Abgrenzung Auskunft aus reiner Gefälligkeit - stillschweigend geschlossener Auskunftsvertrag.

[120] Vgl. BGH NJW-RR 2006, 993, 994; NJW 1992, 2080, 2082; 1986, 180, 181 zur Abgrenzung Auskunft aus reiner Gefälligkeit - stillschweigend geschlossener Auskunftsvertrag.

[121] BT-Drucks. 14/6040, S. 161.

Die zentrale Frage lautet deshalb, wann eine Beziehung zwischen den Beteiligten entsteht, die es nahe legt, diese wie Vertragspartner einer vertragsähnlichen Haftung zu unterwerfen.

Diese Frage ist dahin zu beantworten, dass die Beziehung zwischen den Beteiligten mit einer echten vertraglichen Beziehung in den wesentlichen Merkmalen übereinstimmen muss, sodass sie als ein gleichwertiger Ersatz angesehen werden kann (equivalent to contract).[122] Nur dann greift nämlich das zentrale Argument der vertragsähnlichen Haftung, die haftungsrechtliche Gleichbehandlung wesentlich gleicher Sachverhalte.[123]

Ob dies der Fall ist, beurteilt sich danach, was unausgesprochen durch den Zweck der Beziehung nach Treu und Glauben mit Rücksicht auf die Verkehrsanschauung gefordert wird. Nach diesen Maßstäben beurteilt sich nämlich auch in einer echten vertraglichen Beziehung die Haftung wegen Rücksichtnahmepflichtverletzungen, wenn die Parteien hierüber keine Regelung getroffen haben.[124]

Dies habe ich bereits bei der Frage nach den hinter dem rechtsgeschäftsähnlichen Schuldverhältnis stehenden Grundgedanken eingehend erläutert. Zur Vermeidung von Wiederholungen verweise ich deshalb auf die Ausführungen auf den Seiten 55 ff.

Bei der danach anzustellenden Gesamtwürdigung aller Umstände des Einzelfalls kommt es einerseits auf das objektive Schutzbedürfnis und die berechtigten Sicherheitserwartungen des Begünstigten an. Andererseits ist darauf abzustellen, ob die Annahme von Rücksichtnahmepflichten und das sich daraus ergebende Schadensersatzrisiko dem Belasteten unter Berücksichtigung der schutzwürdigen Interessen der Allgemeinheit und der gesetzlichen Wertungen zumutbar sind. Ausschlaggebend dafür sind die Art der Tätigkeit des Belasteten, ihr Grund und Zweck, ihre wirtschaftliche und rechtliche Bedeutung, insbesondere für den Begünstigen, die Umstände, unter denen sie erbracht wird und die Interessenlage der Beteiligten.[125]

---

[122] Vgl. Teubner, Liber Amicorum Schmidt, S. 303, 306 zum Drittschutz.

[123] Vgl. Schwarze, AcP 203, S. 348, 357 zum Drittschutz.

[124] BT-Drucks. 14/6040, S. 126; Staudinger/Olzen, § 241 Rn. 409 ff.; Hk-BGB/Schulze, § 241 Rn. 5; Heinrichs, FS Canaris, S. 421, 428: § 242 BGB ist auch weiterhin die maßgebende Norm.

[125] Vgl. BGH NJW-RR 2006, 117, 120; NJW 1974, 1705, 1706; 1971, 1404, 1405; 1956, 1313, 1314; BeckOK-BGB/Grüneberg/Sutschet, Stand: 01.02.2007, § 241 Rn. 18; Heinrichs, FS Canaris, S. 421, 440: Eine Haftung auf der Grundlage von Nr. 3 wird in allen

In Anwendung dieser Grundsätze ist eine Haftung des Auskunftsgebers wegen Rücksichtnahmepflichtverletzungen regelmäßig dann geboten, wenn die Auskunft für den Empfänger erkennbar von erheblicher Bedeutung ist und er sie zur Grundlage wesentlicher Entscheidungen machen will.[126] Dies gilt insbesondere in Fällen, in denen der Auskunftsgeber für die Erteilung der Auskunft besonders sachkundig oder ein eigenes wirtschaftliches Interesse bei ihm im Spiel ist.[127]

Denn wenn die Auskunft für den Empfänger erkennbar von erheblicher Bedeutung ist und er sie zur Grundlage wesentlicher Entscheidungen machen will, besteht der Sinn der Auskunft gerade darin, dem Empfänger eine verlässliche Entscheidungsgrundlage zu vermitteln und ihn dadurch vor einem erheblichen Schaden zu bewahren.[128] Der Empfänger kann berechtigterweise erwarten, dass der Auskunftsgeber hierauf Rücksicht nimmt und bei Erteilung der Auskunft die im Verkehr erforderliche Sorgfalt anwendet. Diese berechtigte Sicherheitserwartung des Empfängers muss durch entsprechende Rücksichtnahmepflichten des Auskunftsgebers und das damit verbundene Schadensersatzrisiko abgesichert werden. Dies ist dem Auskunftsgeber auch zuzumuten. Denn der Auskunftsgeber hat es in der freien Hand, von der Auskunftserteilung ganz abzusehen, wenn ihm der damit verbundene Aufwand zu viel oder das Haftungsrisiko zu groß ist. Es steht auch in seinem freien Belieben, die Auskunftserteilung von einer angemessenen Vergütung abhängig zu machen oder eine Reduzierung des Haftungsmaßstabs auszuhandeln. Der Auskunftsgeber kann dem Empfänger auch nicht entgegenhalten, dass dieser mit ihm einen Vertrag schließen muss, wenn er auf seine Haftung Wert legt. Denn der Empfänger darf unter den gegebenen Umständen davon ausgehen, dass ein Vertragsschluss nicht erforderlich ist und der Auskunftsgeber auch so auf seine Interessen Rücksicht nehmen bzw. deren Schutz gewährleisten wird.

Schutzwürdige Allgemeininteressen oder gesetzliche Wertungen stehen der Haftung des Auskunftsgebers nicht entgegen. Sie steht insbesondere nicht im Widerspruch zur weitgehenden Ausklammerung reiner Vermögensschäden aus dem Deliktsrecht und den dahinter stehenden Grundgedanken. Denn sie bewirkt

---

Fällen zu bejahen sein, in denen die Rechtsprechung bisher das Zustandekommen eines Gefälligkeitsvertrags angenommen hat. Ders. in Palandt, Einl. v. § 241 Rn. 7 zur Abgrenzung Gefälligkeitsverhältnis im engeren Sinne - Gefälligkeitsvertrag.

126 Erman/Ehmann, § 675 Rn. 9; vgl. BGH NJW-RR 2006, 993, 994; NJW 2003, 1521, 1523; NJW-RR 2001, 768, 769; NJW 1992, 2080, 2082; 1979, 1449; 1953, 60 zur Abgrenzung Auskunft aus reiner Gefälligkeit - stillschweigend geschlossener Auskunftsvertrag.

127 Erman/Ehmann, § 675 Rn. 9; vgl. BGH NJW-RR 2006, 993, 994; NJW 1992, 2080, 2082; 1979, 1449 zur Abgrenzung Auskunft aus reiner Gefälligkeit - stillschweigend geschlossener Auskunftsvertrag.

128 BGH NJW-RR 1998, 16.

keinen uneingeschränkten Vermögensschutz, lässt eine Haftungsausuferung nicht befürchten und bringt die Interessen der Beteiligten und der Allgemeinheit zu einem angemessenen Ausgleich. Es entspricht auch einem allgemeinen deliktischen Grundsatz, dass derjenige, der in seinem Verantwortungsbereich eine Gefahrenlage für andere schafft, hierauf Rücksicht zu nehmen und alle notwendigen und ihm zumutbaren Vorkehrungen zu treffen hat, um eine Schädigung anderer möglichst zu verhindern.[129] Die Haftung des Auskunftsgebers berücksichtigt auch die Wertungen des Vertragsrechts. Sie überlässt es nämlich in erster Linie den Parteien, selbst zu bestimmen, welche Regelungen zu ihrem Schutz erforderlich sind. Nur wenn entsprechende Regelungen fehlen, weil die Parteien die Regelungsbedürftigkeit ihres Schutzes nicht erkannt haben, oder eine getroffene Regelung nicht akzeptiert werden kann, weil es an den Bedingungen der Selbstbestimmung gefehlt hat, bestimmt sie den erforderlichen Schutz anstelle der Parteien.[130] Die Haftung des Auskunftsgebers stimmt schließlich auch mit den Wertungen des Auftrags (§§ 662 ff. BGB) und der Geschäftsführung ohne Auftrag (§§ 677 ff. BGB) überein. Denn sie berücksichtigt, dass nach den Regelungen über den Auftrag und die Geschäftsführung ohne Auftrag derjenige, der ein Geschäft für einen anderen besorgt, das Geschäft ordnungsgemäß zu führen hat, und dass es insofern in erster Linie auf das konkret Geregelte ankommt (§ 662 BGB), sonst aber auf dasjenige, was die Interessen des Geschäftsherrn mit Rücksicht auf dessen wirklichen oder mutmaßlichen Willen erfordern (§ 677 BGB).

## IV. Pflichtverletzung

Wird eine Auskunft erteilt, so muss diese vollständig, richtig und verständlich sein, damit beim anderen keine Irrtümer oder Fehlvorstellungen entstehen oder erhalten bleiben.[131] Eine Auskunft ist mit anderen Worten fehlerhaft, wenn sie inhaltlich unrichtig, unvollständig oder irreführend ist.[132]

---

[129] BGH NJW 2007, 762, 763; 2006, 2326; 2004, 1449, 1450; NJW-RR 2003, 1459; BeckOK-BGB/Spindler, Stand: 01.10.2007, § 823 Rn. 228; Palandt/Sprau, § 823 Rn. 46.

[130] Vgl. Kersting, Dritthaftung, S. 107.

[131] BGH NJW-RR 2005, 1120, 1121; NJW 2004, 1732, 1733; Bruchner in Schimansky/Bunte/Lwowski, Bankrechtshandbuch, § 40 Rn. 51 f.; BeckOK-BGB/Czub, Stand: 01.10.2007, § 675 Rn. 86; MünchKomm-BGB/Ernst, § 280 Rn. 127; PWW/Fehrenbacher, § 675 Rn. 51; Baumbach/Hopt, § 347 Rn. 24 ff.; Larenz/Wolf, Bürgerliches Recht AT, § 31 Rn. 19; Palandt/Sprau, § 675 Rn. 33; Tonner/Tonner in Derleder/Knops/Bamberger, Handbuch Bankrecht, S. 92 Rn. 21.

[132] Soergel/Häuser/Welter, § 676 Rn. 85.

Inhaltlich unrichtig ist eine Auskunft, wenn sie dem tatsächlichen Informationsstand der Auskunftsperson nicht entspricht.[133] Unvollständig ist eine Auskunft, wenn die Auskunftsperson Informationen verschweigt, die für den Anfragenden erkennbar von erheblicher Bedeutung sind.[134] Irreführend ist eine Auskunft, wenn der Anfragende aufgrund der Formulierung einen falschen Eindruck gewinnen muss.[135] Allerdings macht nicht jede Unklarheit eine Auskunft irreführend. In Zweifelsfällen kann dem Anfragenden eine weitere Rückfrage zumutbar sein.[136]

Welche Anforderungen an eine fehlerfreie Auskunft im Einzelnen gestellt werden, hängt von den Umständen des Einzelfalls ab.[137] Die Auskunft muss sich am erkennbaren Informationsbedarf des Anfragenden und dessen Erfahrenheit oder Unerfahrenheit orientieren.[138] Aufseiten der Auskunftsperson ist darauf abzustellen, welcher Informationsstand und -standard redlicherweise erwartet werden kann. Bei einem beruflichen Auskunftsgeber sind professionelle Standards anzulegen.[139]

Maßgebend für die Fehlerfreiheit einer Auskunft sind die Verhältnisse im Zeitpunkt der Auskunftserteilung.[140] Erkenntnisquelle sind alle bei der Auskunftsperson verfügbaren Informationen. Eine Pflicht zu Nachforschungen besteht nur, soweit der Anfragende Nachforschungen redlicherweise erwarten kann und auch nur im Rahmen des Zumutbaren.[141] Eine Pflicht der Auskunftsperson, eine anfangs richtige Auskunft zu berichtigen, wenn sie aufgrund einer Änderung der

---

133 BGH NJW-RR 2001, 768, 769; Bruchner in Schimansky/Bunte/Lwowski, Bankrechtshandbuch, § 40 Rn. 51 f.; Kümpel, Bank- und Kapitalmarktrecht, S. 76 Rn. 2.214; Palandt/Sprau, § 675 Rn. 33.

134 Bruchner in Schimansky/Bunte/Lwowski, Bankrechtshandbuch, § 40 Rn. 52; Soergel/Häuser/Welter, § 676 Rn. 89; Baumbach/Hopt, § 347 Rn. 25.

135 Bruchner in Schimansky/Bunte/Lwowski, Bankrechtshandbuch, § 40 Rn. 52; Baumbach/Hopt, § 347 Rn. 26.

136 Bruchner in Schimansky/Bunte/Lwowski, Bankrechtshandbuch, § 40 Rn. 52 und Rn. 58.

137 BGH NJW 2006, 2041; Berger, ZBB 2001, S. 238, 249; BeckOK-BGB/Czub, Stand: 01.10.2007, § 675 Rn. 86 ff.; MünchKomm-BGB/Heermann, 4. Aufl., § 675 Rn. 123; Palandt/Sprau, § 675 Rn. 33.

138 Berger, ZBB 2001, S. 238, 249; PWW/Fehrenbacher, § 675 Rn. 51; MünchKomm-BGB/Heermann, 4. Aufl., § 675 Rn. 123; Tonner/Tonner in Derleder/Knops/Bamberger, Handbuch Bankrecht, S. 92 Rn. 20.

139 Berger, ZBB 2001, S. 238, 249; Schneider, ZHR 163, S. 246, 263 f.; MünchKomm-BGB/Wagner, 4. Aufl., § 823 Rn. 246.

140 BGH NJW 1973, 1923, 1924; Bruchner in Schimansky/Bunte/Lwowski, Bankrechtshandbuch, § 40 Rn. 51; Soergel/Häuser/Welter, § 676 Rn. 86; Baumbach/Hopt, § 347 Rn. 28.

141 Bruchner in Schimansky/Bunte/Lwowski, Bankrechtshandbuch, § 40 Rn. 51; Soergel/Häuser/Welter, § 676 Rn. 86; Baumbach/Hopt, § 347 Rn. 27; Kümpel, Bank- und Kapitalmarktrecht, S. 76 Rn. 2.214; Palandt/Sprau, § 675 Rn. 33.

Verhältnisse nachträglich fehlerhaft wird, besteht nur unter besonderen Umständen.[142] Eine bereits bei Erteilung unrichtige Auskunft hat die Auskunftsperson dagegen im Hinblick auf die von ihr geschaffene Gefahrenlage für die Interessen des Anfragenden immer zu berichtigen.[143] Dies liegt im Übrigen in ihrem eigenen Interesse an einer Geringhaltung des Schadens.[144]

## V. Schaden

Die Auskunft muss beim Empfänger zu einem Schaden geführt haben. Schaden in diesem Sinne ist jede Einbuße an den durch das rechtsgeschäftsähnliche Schuldverhältnis geschützten Rechten, Rechtsgütern und Interessen des Empfängers (§ 241 Abs. 2 BGB).[145] Das rechtsgeschäftsähnliche Schuldverhältnis schützt regelmäßig das Interesse des Empfängers an einer selbstbestimmten und eigenverantwortlichen Entscheidung für oder gegen das in Aussicht genommene Geschäft.[146] Ein Schaden entsteht deshalb regelmäßig bereits mit der Vornahme des bei ordnungsgemäßer Auskunft nicht getätigten Geschäfts.[147] Ein Vermögensschaden ist nicht erforderlich. Ein Schaden kann vielmehr auch bei Werthaltigkeit von Leistung und Gegenleistung zu bejahen sein, wenn die Leistung für die Zwecke des Empfängers nicht voll brauchbar ist.[148] Der Empfänger muss also nicht erst abwarten, bis sich das Risiko des Geschäfts in einem Vermögensschaden realisiert, sondern kann schon vorher Schadensersatz verlangen. Dies kann von Bedeutung sein, wenn sich das durch die fehlerhafte Auskunft verschleierte wirtschaftliche Risiko des in Aussicht genommenen Geschäfts möglicherweise erst nach Jahren realisiert.[149]

---

142 BGH NJW 1973, 1923, 1924; Bruchner in Schimansky/Bunte/Lwowski, Bankrechtshandbuch, § 40 Rn. 45; Soergel/Häuser/Welter, § 676 Rn. 86; Baumbach/Hopt, § 347 Rn. 28; Palandt/Sprau, § 675 Rn. 33.

143 Bruchner in Schimansky/Bunte/Lwowski, Bankrechtshandbuch, § 40 Rn. 45.

144 Soergel/Häuser/Welter, § 676 Rn. 86.

145 Erman/Kindl, § 311 Rn. 17; AnwKom-Schuldrecht/Krebs, § 311 Rn. 24 und 27.

146 Vgl. BGH NJW 1993, 2865, 2866; 1973, 456, 457; MünchKomm-BGB/Emmerich, § 311 Rn. 120; Erman/Kindl, § 311 Rn. 17 und 43; AnwKom-Schuldrecht/Krebs, § 311 Rn. 27 und 42.

147 Vgl. BGH NJW 2005, 1579, 1580; 1993, 2865, 2866; MünchKomm-BGB/Emmerich, § 311 Rn. 120; Palandt/Grüneberg, § 311 Rn. 55; Erman/Kindl, § 311 Rn. 43; AnwKom-Schuldrecht/Krebs, § 311 Rn. 42; Staudinger/Löwisch, § 311 Rn. 143.

148 BGH NJW 2005, 1579, 1580; 1992, 228, 230; Palandt/Grüneberg, § 311 Rn. 55; Heinrichs, FS Canaris, S. 421, 425; AnwKom-Schuldrecht/Krebs, § 311 Rn. 24 und 42; Staudinger/Löwisch, § 311 Rn. 143; a. A. MünchKomm-BGB/Emmerich, § 311 Rn. 263.

149 Vgl. BGH NJW 2001, 436, 438.

## VI. Verursachung und Zurechnung des Schadens

### 1. Verursachung

Die fehlerhafte Auskunft muss für den entstandenen Schaden kausal geworden sein. Die Darlegungs- und Beweislast hierfür trägt nach den allgemeinen Regeln derjenige, der sich darauf beruft. Folglich muss an sich der Empfänger darlegen und nachweisen, dass der Schaden bei ordnungsgemäßer Auskunftserteilung nicht eingetretenen wäre.[150] Im Regelfall wird er hierzu allerdings außerstande sein, weil häufig unklar ist, wie er sich bei ordnungsgemäßer Auskunftserteilung verhalten und wie die anderen Beteiligten darauf reagiert hätten. Denn es ist vielfach gleichermaßen möglich, dass es zum Abschluss desselben Geschäfts, zum Abschluss eines anderen Geschäfts mit dem Verpflichteten oder mit einem Dritten oder überhaupt nicht zu einem Geschäftsabschluss gekommen wäre.[151] Damit die Pflicht zur ordnungsgemäßen Auskunftserteilung aber nicht nur auf dem Papier steht, hilft die Rechtsprechung dem Empfänger aus seiner Beweisnot vielfach mit der tatsächlichen Vermutung, dass er sich bei ordnungsgemäßer Auskunftserteilung vernünftig verhalten und deshalb keinen Schaden erlitten hätte (Vermutung auskunftsrichtigen Verhaltens).[152] Soweit diese Vermutung reicht, ist es nunmehr Sache des Auskunftsgebers, seinerseits nachzuweisen, dass der Empfänger auch bei ordnungsmäßiger Auskunftserteilung den Vertrag so wie geschehen abgeschlossen hätte, etwa, weil er schon bei früherer Gelegenheit „gute Ratschläge“ unbeachtet gelassen hat oder weil es ihm auf die Information in Wirklichkeit gar nicht ankam.[153] Die Vermutung auskunftsrichtigen Verhaltens kommt allerdings nur in Betracht, wenn es tatsächlich nur eine vernünftige Möglichkeit auskunftsrichtigen Verhaltens gibt.[154] Sie ist deshalb nicht begründet, wenn eine ordnungsgemäße Auskunft beim Empfänger einen Entscheidungskonflikt ausgelöst hätte, weil es vernünftigerweise nicht nur eine, sondern mehrere Möglichkeiten auskunftsrichtigen Verhaltens gab.[155] Die Vermutung greift in einem solchen Fall nur, wenn es für den Empfänger vernünftigerweise zwar mehrere Handlungsalternativen gab, aber die Wahrnehmung je-

---

[150] MünchKomm-BGB/Emmerich, § 311 Rn. 267; Soergel/Häuser/Welter, § 676 Rn. 58.

[151] MünchKomm-BGB/Emmerich, § 311 Rn. 267.

[152] BGH NJW-RR 2006, 685, 687 f.; NJOZ 2003, 842, 846; NJW 2002, 2703, 2704; NJW-RR 1998, 1271, 1272; MünchKomm-BGB/Emmerich, § 311 Rn. 269; MünchKomm-BGB/Grundmann, § 276 Rn. 124; Soergel/Häuser/Welter, § 676 Rn. 58; Palandt/Heinrichs, § 280 Rn. 39.

[153] MünchKomm-BGB/Emmerich, § 311 Rn. 269.

[154] BGH NJW 2007, 54, 57; 2005, 1113, 1114; 2004, 2967, 2969; Soergel/Häuser/Welter, § 676 Rn. 58; Palandt/Heinrichs, § 280 Rn. 39.

[155] BGH NJW 2005, 1113, 1114; 2004, 2967, 2969; NJW-RR 1998, 1271, 1272; Soergel/Häuser/Welter, § 676 Rn. 58; Palandt/Heinrichs, § 280 Rn. 39.

der dieser Handlungsalternativen geeignet gewesen wäre, den entstandenen Schaden zu vermeiden.[156]

## 2. Zurechnung

Der geltend gemachte Schaden muss unter den Schutzzweck der Pflicht fallen, die Auskunft vollständig, richtig und verständlich zu erteilen.[157] Für Bankauskünfte folgt daraus, dass ein Ersatzanspruch entfällt, wenn die Auskunft nicht für den angegebenen, sondern für einen anderen Zweck verwendet wird.[158] Bei Auskünften im Zusammenhang mit Kapitalanlagen, bei denen der Anlageentschluss häufig von zahlreichen verschiedenen Gesichtspunkten abhängt, ist zu unterscheiden: Wird umfassend Auskunft über alle in Betracht kommenden Umstände erteilt, haftet der Auskunftsgeber grundsätzlich für alle mit einer nachteiligen Anlageentscheidung entstandenen Schäden, wenn er seine Pflicht auch nur hinsichtlich eines Einzelpunkts verletzt und dadurch die Anlageentscheidung verursacht hat. Er kann sich deshalb nicht darauf berufen, die fehlerhafte Auskunft habe nur einen Punkt betroffen, der für das Scheitern des Vorhabens nicht ausschlaggebend gewesen sei.[159] Bei einer fehlerhaften Auskunft, die für seinen Anlageentschluss ursächlich war, kann der Anleger infolgedessen auch dann Rückgängigmachung der Anlageentscheidung verlangen, wenn sie sich später aus anderen Gründen, die mit der fehlerhaften Auskunft nichts zu tun haben, als nachteilig erwiesen hat.[160] Beschränkt sich die Auskunft dagegen auf bestimmte Einzelpunkte, haftet der Auskunftsgeber nur für Schäden, in denen sich das Risiko einer fehlerhaften Auskunft verwirklicht.[161] Dies gilt jedenfalls dann, wenn bei wertender Betrachtung der aus der fehlerhaften Auskunft herrührende Schaden isoliert und durch Ausgleich in Geld neutralisiert werden kann. Bei einer falschen Beratung über Steuervorteile einer Kapitalanlage kann der Anleger deshalb nicht Rückgängigmachung der gesamten Anlageentscheidung verlangen. Die Haftung ist vielmehr auf die Höhe der erwarteten Steuervorteile be-

---

156 BGH NJW 2005, 1113, 1114; 2002, 2703, 2704; Palandt/Heinrichs, § 280 Rn. 39.

157 BGH NJW 1992, 555, 556; NJW-RR 1991, 1265; Bruchner in Schimansky/Bunte/Lwowski, Bankrechtshandbuch, § 40 Rn. 55; Palandt/Heinrichs, Vorb. v. § 249 Rn. 62 f.; Erman/Kindl, § 311 Rn. 25; MünchKomm-BGB/Oetker, § 249 Rn. 118.

158 BGH NJW-RR 1991, 1265; Berger, ZBB 2001, S. 238, 250; Soergel/Häuser/Welter, § 676 Rn. 60; Palandt/Heinrichs, Vorb. v. § 249 Rn. 63.

159 BGH NJW 1995, 1025, 1026; 1993, 2865, 2866; 1992, 555, 556; Palandt/Heinrichs, Vorb. v. § 249 Rn. 63.

160 BGH NJW 1995, 1025, 1026; 1993, 2865, 2866; 1992, 555, 556; Palandt/Heinrichs, Vorb. v. § 249 Rn. 63.

161 BGH BeckRS 2007 03623; NJW-RR 2003, 1035, 1036; 1998, 1271, 1273; NJW 1992, 555, 556; Bruchner in Schimansky/Bunte/Lwowski, Bankrechtshandbuch, § 40 Rn. 56; Soergel/Häuser/Welter, § 676 Rn. 64; Palandt/Heinrichs, Vorb. v. § 249 Rn. 63; Erman/Kindl, § 311 Rn. 25.

grenzt. Die sonstigen Risiken müssen beim Anleger verbleiben. Sie waren für den Auskunftsgeber weder zu überblicken noch zu beeinflussen.[162]

## VII. Verschulden

Bezüglich des Verschuldens gelten die allgemeinen Regeln (§§ 276 ff. BGB). Der Auskunftsgeber haftet deshalb für Vorsatz und Fahrlässigkeit. Eine Haftungserleichterung aus dem Gesichtspunkt der Unentgeltlichkeit der Auskunftserteilung kommt in der Regel nicht in Betracht. Für Unentgeltlichkeit besteht im BGB keine generelle Haftungsmilderung.[163] Im Einzelfall kann eine Haftungsbeschränkung auf Vorsatz und grobe Fahrlässigkeit oder eigenübliche Sorgfalt (§ 277 BGB) aber angemessen sein. Eine Haftungsbeschränkung auf Vorsatz und grobe Fahrlässigkeit ist beispielsweise denkbar, wenn die Auskunftserteilung die Abwendung einer dringenden Gefahr vom Empfänger bezweckt (§ 680 BGB analog).[164] Eine Haftungserleichterung auf eigenübliche Sorgfalt kann annehmbar sein, wenn die Auskunftserteilung zugleich im eigenen Interesse des Auskunftsgebers liegt.[165] Dies gilt allerdings nicht im beruflichen Bereich, weil dort immer professionelle Standards erwartet werden können.

## VIII. Art und Umfang des Schadensersatzes

### 1. Art des Schadensersatzes und Schadensberechnung

Der Empfänger kann gemäß § 249 Abs. 1 BGB verlangen, so gestellt zu werden, wie er stehen würde, wenn ihm eine ordnungsgemäße Auskunft erteilt worden wäre. Ist infolge der fehlerhaften Auskunft ein nachteiliger Vertrag zustande gekommen, geht der Ersatzanspruch deshalb auf Rückgängigmachung des Vertrags bzw. Freihaltung von den Verbindlichkeiten und Aufwendungen Zug um Zug gegen Übertragung der Leistung.[166] Stattdessen kann der Empfänger aber auch an dem Vertrag festhalten und Ersatz seiner Mehraufwendungen verlan-

---

[162] BGH NJW 1992, 555, 556.

[163] BGH NJW 1992, 2474, 2475; BeckOK-BGB/Czub, Stand: 01.10.2007, § 662 Rn. 14; PWW/Fehrenbacher, § 662 Rn. 14; Palandt/Heinrichs, § 276 Rn. 34 und 45; MünchKomm-BGB/Seiler, 4. Aufl., § 662 Rn. 54, a. A. Erman/Ehmann, § 662 Rn. 21.

[164] Vgl. PWW/Fehrenbacher, § 662 Rn. 14; Jauernig/Mansel, § 662 Rn. 14; Hk-BGB/Schulze, § 662 Rn. 11; MünchKomm-BGB/Seiler, 4. Aufl., § 662 Rn. 56; Palandt/Sprau, § 662 Rn. 11.

[165] Vgl. Medicus, Bürgerliches Recht, § 16 Rn. 369; MünchKomm-BGB/Seiler, 4. Aufl., § 662 Rn. 54.

[166] BGH NJW 1962, 1196, 1198; MünchKomm-BGB/Emmerich, § 311 Rn. 263; Palandt/Grüneberg, § 311 Rn. 55; Erman/Kindl, § 311 Rn. 25; AnwKom-Schuldrecht/Krebs, § 311 Rn. 42; Staudinger/Löwisch, § 311 Rn. 142.

gen.[167] Hätte er ohne die fehlerhafte Auskunft einen anderen Vertrag geschlossen, gehört zum Ersatzanspruch auch der aus diesem Vertrag entgangene Gewinn.[168] Der Empfänger darf aber nicht besser gestellt werden, als er stehen würde, wenn die Auskunft sich als richtig erwiesen hätte. Der Ersatzanspruch ist deshalb dem Umfang nach auf das Interesse an der Richtigkeit der Auskunft begrenzt. Die Lage, die bestehen würde, wenn der Inhalt der fehlerhaften Auskunft richtig wäre, darf der Schadensbemessung nur zugrunde gelegt werden, wenn der Auskunftsgeber eine Garantie für deren Richtigkeit übernommen hat.[169]

2. Mitverschulden

Der Umfang des Schadensersatzanspruchs kann wegen eines Mitverschuldens des Empfängers eingeschränkt sein (§ 254 BGB). Der Auskunftsgeber kann dem Empfänger allerdings regelmäßig nicht entgegenhalten, er habe auf die Richtigkeit seiner Angaben nicht vertrauen dürfen und sei deshalb für den eingetretenen Schaden mitverantwortlich.[170] Der Sinn der Auskunft besteht nämlich gerade darin, dem Empfänger eine verlässliche Entscheidungsgrundlage zu vermitteln und ihm dadurch vor dem eingetretenen Schaden zu bewahren.[171] Der Empfänger darf sich aber auch nicht blind auf die Richtigkeit der Auskunft verlassen.[172] Ein Mitverschulden des Empfängers kommt deshalb in Betracht, wenn die Umstände der Auskunft Anlass zu Misstrauen geben (z. B. Auskunft des Bürovorstehers statt des Rechtsanwalts),[173] wenn sich die Unrichtigkeit der Auskunft aufdrängt (z. B. widersprüchliche Angaben),[174] wenn die getroffene Entscheidung auch bei Richtigkeit der Auskunft leichtfertig gewesen wäre (z. B. risikoreiche Anlage)[175]

[167] BGH NJW 2006, 899, 902; MünchKomm-BGB/Emmerich, § 311 Rn. 263; Palandt/Grüneberg, § 311 Rn. 57; Erman/Kindl, § 311 Rn. 25; Staudinger/Löwisch, § 311 Rn. 144.

[168] BGH NJW 2006, 60, 63; Palandt/Grüneberg, § 311 Rn. 55; Erman/Kindl, § 311 Rn. 25; Staudinger/Löwisch, § 311 Rn. 145.

[169] BGH NJW 1992, 555, 556; Palandt/Heinrichs, Vorb. v. § 249 Rn. 18.

[170] BGH NJW 2004, 1868, 1870; 2000, 1263, 1265; NJW-RR 1998, 16; BGH NJW 1998, 302, 305; Berger, ZBB 2001, S. 238, 250; Palandt/Heinrichs, § 254 Rn. 14; MünchKomm-BGB/Oetker, § 254 Rn. 58; BeckOK-BGB/Unberath, Stand: 01.02.2007, § 254 Rn. 19.

[171] BGH NJW-RR 1998, 16.

[172] Berger, ZBB 2001, S. 238, 250; Bruchner in Schimansky/Bunte/Lwowski, Bankrechtshandbuch, § 40 Rn. 58.

[173] Bruchner in Schimansky/Bunte/Lwowski, Bankrechtshandbuch, § 40 Rn. 58; Palandt/Heinrichs, § 254 Rn. 14; MünchKomm-BGB/Oetker, § 254 Rn. 58; BeckOK-BGB/Unberath, Stand: 01.02.2007, § 254 Rn. 19.

[174] Bruchner in Schimansky/Bunte/Lwowski, Bankrechtshandbuch, § 40 Rn. 58; BeckOK-BGB/Unberath, Stand: 01.02.2007, § 254 Rn. 19.

[175] Erman/Ehmann, § 675 Rn. 11.

oder wenn von dritter Seite zugegangene oder zugängliche Informationen nicht hinreichend beachtet werden.[176]

## IX. Haftungsbeschränkungen

Die Haftung aus dem rechtsgeschäftsähnlichen Schuldverhältnis kann vor allem durch Begrenzung des Aussagegehalts oder des Verwendungszwecks der Auskunft wirksam eingeschränkt werden.[177] Legt der Auskunftsgeber etwa offen, dass er seiner Auskunft bestimmte Annahmen ungeprüft zugrunde gelegt hat, so kann ihn für die Richtigkeit dieser Annahmen auch keine Haftung treffen.[178] Dasselbe muss aber auch dann gelten, wenn der Auskunftsgeber bei der Auskunftserteilung erkennbar eine bestimmte Verwendung der Information in Rechnung gestellt hat. Auch dann kann ihn keine Haftung treffen, wenn die Information für einen anderen als den angegebenen Zweck verwendet wird und sich infolgedessen ein ganz anderes Risiko verwirklicht, als er es einkalkuliert hat.[179] Hervorzuheben ist, dass es sich bei derartigen Begrenzungen des Aussagegehalts oder des Verwendungszwecks der Auskunft nicht um (zweiseitige) Parteivereinbarungen handelt, sondern um ein Verhalten, welches (einseitig) zur Disposition des Auskunftsgebers steht und die Entstehung von Pflichten gegenüber dem Empfänger von vornherein verhindert.[180]

Die Haftung aus dem rechtsgeschäftsähnlichen Schuldverhältnis kann aber auch durch Individualvereinbarung wirksam beschränkt werden (§ 311 Abs. 1 BGB).[181] Solche Individualvereinbarungen spielen in der Praxis allerdings kaum eine Rolle.[182] Es wäre in der Tat überraschend, wenn einerseits die Haftungsbegründung nicht auf eine vertragliche Grundlage gestützt wird, weil dies als fiktiv

---

176 BGH NJW-RR 1993, 1114, 1115; Bruchner in Schimansky/Bunte/Lwowski, Bankrechtshandbuch, § 40 Rn. 58.

177 Vgl. BGH NJW 1998, 1059, 1061; Canaris, ZHR 163, S. 206, 230; Baumbach/Hopt, § 347 Rn. 38 und 38 a; Kersting, Dritthaftung, S. 312 ff. und 423 ff.; Schneider, ZHR 163, S. 246, 268 zur Dritthaftung.

178 Vgl. BGH NJW 1998, 1059, 1061; Canaris, ZHR 163, S. 206, 230; Baumbach/Hopt, § 347 Rn. 38 und 38 a; Schneider, ZHR 163, S. 246, 268 zur Dritthaftung.

179 Vgl. BGH NJW 1996, 2734, 2736; NJW-RR 1991, 1265; Canaris, ZHR 163, S. 206, 230.

180 Vgl. Schneider, ZHR 163, S. 246, 268 zur Dritthaftung; BeckOK-BGB/Spindler, Stand: 01.10.2007, § 823 Rn. 236 zu den deliktischen Verkehrspflichten.

181 MünchKomm-BGB/Emmerich, § 311 Rn. 283; BeckOK-BGB/Gehrlein/Grüneberg/Sutschet, Stand: 01.02.2007, § 311 Rn. 112; Palandt/Grüneberg, § 311 Rn. 58; Erman/Kindl, § 311 Rn. 27.

182 Erman/Kindl, § 311 Rn. 27; Stellmann in Lindner-Figura/Opreé/Stellmann, Geschäftsraummiete, S. 107 Rn. 51.

erachtet wird, für eine Haftungsbegrenzung andererseits aber doch auf die Konstruktion eines konkludenten Vertragsschlusses zurückgegriffen wird.[183]

Haftungsbeschränkungen durch AGB sind prinzipiell ebenfalls möglich.[184] Sie sind aber nur in den engen Grenzen der Regelungen über die Gestaltung von rechtsgeschäftlichen Schuldverhältnissen durch AGB (§§ 305 ff. BGB) wirksam.[185] Diese Regelungen gelten zwar unmittelbar nur für die Gestaltung rechtsgeschäftlicher Schuldverhältnisse. Sie sind aber sinngemäß auch auf das rechtsgeschäftsähnliche Schuldverhältnis anwendbar.[186] Es sind nämlich keine Gründe dafür ersichtlich, weshalb bei der rechtsgeschäftsähnlichen Haftung der Haftungsmaßstab formularmäßig grundsätzlich anders festlegbar sein soll als innerhalb vertraglicher Haftung.[187] Die sinngemäße Anwendung der §§ 305 ff. BGB führt dazu, dass der Auskunftsgeber seine Haftung für fehlerhafte Auskünfte allenfalls in engen Grenzen wirksam beschränken kann.[188]

Nach § 309 Nr. 7 a BGB ist eine Haftungsbeschränkung bei der Verletzung von Leben, Körper oder Gesundheit ohne Rücksicht auf den Verschuldensgrad stets unwirksam. Nach § 309 Nr. 7 b BGB ist eine Haftungsbeschränkung auch bei der Verletzung sonstiger Rechte, Rechtsgüter und Interessen wie dem reinen Vermögen oder der Beeinträchtigung der Entscheidungsfreiheit unwirksam, sofern sie die Haftung für grobes Verschulden betrifft. Haftungsbeschränkungen im Anwendungsbereich des § 309 Nr. 7 b BGB, die die Haftung für grobes Verschulden unberührt lassen, sind ergänzend an § 307 Abs. 1, Abs. 2 Nr. 1 und 2 BGB zu messen. Nach § 307 Abs. 1 S. 1 BGB sind Bestimmungen in AGB unwirksam, wenn sie den Vertragspartner des Verwenders entgegen den Geboten von Treu und Glauben unangemessen benachteiligen. Eine derartige unangemessene Benachteiligung liegt nach § 307 Abs. 2 Nr. 2 BGB vor, wenn durch die Haftungsbeschränkung wesentliche Rechte und Pflichten, die sich aus der Natur des Vertrags ergeben, so eingeschränkt werden, dass die Erreichung des Vertragszwecks gefährdet ist. Leitender Maßstab dafür ist nach der Rechtspre-

---

[183] Vgl. Bosch, ZHR 163, S. 274, 284; Kersting, Dritthaftung, S. 315 ff. und 425 f. zur Dritthaftung; a. A. Strasser, Haftung der Wirtschaftsprüfer, S. 150 ff.

[184] MünchKomm-BGB/Emmerich, § 311 Rn. 283; BeckOK-BGB/Gehrlein/Grüneberg/Sutschet, Stand: 01.02.2007, § 311 Rn. 112; Palandt/Grüneberg, § 311 Rn. 58; Erman/Kindl, § 311 Rn. 27.

[185] MünchKomm-BGB/Emmerich, § 311 Rn. 283 und 91 ff.; BeckOK-BGB/Gehrlein/Grüneberg/Sutschet, Stand: 01.02.2007, § 311 Rn. 112; Palandt/Grüneberg, § 311 Rn. 58; Erman/Kindl, § 311 Rn. 27.

[186] OLG Düsseldorf NJW 2005, 1515; Strasser, Haftung der Wirtschaftsprüfer, S. 157 ff.; vgl. auch Kersting, Dritthaftung, S. 430 ff. zur Dritthaftung.

[187] Staudinger/Coester-Waltjen, § 309 Nr. 7 Rn. 4 mit 19; dies. in Staudinger, AGBG, § 11 Nr. 7 Rn. 16; Strasser, Haftung der Wirtschaftsprüfer, S. 157 ff.

[188] MünchKomm-BGB/Emmerich, § 311 Rn. 283 und 91 ff.

chung die Frage, ob die Haftungsbeschränkung zu einer Aushöhlung derjenigen vertraglichen Pflichten führt, die die ordnungsgemäße Durchführung des Vertrages erst ermöglichen und auf deren Erfüllung der Vertragspartner des Verwenders deshalb vertraut und vertrauen darf (sog. Kardinalpflichten).[189]

In sinngemäßer Anwendung dieser Rechtsprechung auf das rechtsgeschäftsähnliche Schuldverhältnis darf eine Haftungsbeschränkung nicht zu einer Aushöhlung der Pflicht führen, die Auskunft vollständig, richtig und verständlich zu erteilen. Denn die Erreichung des Zwecks des rechtsgeschäftsähnlichen Schuldverhältnisses „steht und fällt" mit dieser Pflicht.[190] Dieser besteht regelmäßig darin, dem Anfragenden eine selbstbestimmte und eigenverantwortliche Entscheidung für oder gegen das in Aussicht genommene Geschäft zu ermöglichen.[191] Eine fehlerhafte Auskunft vereitelt die Erreichung dieses Zwecks. Sie ist für den Anfragenden unbrauchbar und führt zu einer Beeinträchtigung seiner Entscheidungsfreiheit und damit auch zu einer Gefährdung seiner Vermögensinteressen. Die Pflicht, die Auskunft nur richtig, vollständig und klar zu erteilen, und die sich daraus ergebende Haftung für fehlerhafte Auskünfte sind deshalb für den mit dem rechtsgeschäftsähnlichen Schuldverhältnis bezweckten Schutz des Anfragenden von grundlegender Bedeutung.

Die Haftung für die Verletzung einer solchen Kardinalpflicht kann in Allgemeinen Geschäftsbedingungen grundsätzlich auch für leichte Fahrlässigkeit nicht vollständig ausgeschlossen werden.[192] Haftungsbegrenzungen für leichte Fahrlässigkeit sind allerdings in angemessenem Umfang möglich.[193] Dafür sprechen schon die Regelungen über Haftungsbegrenzungen in Verträgen zwischen Angehörigen freier Berufe und ihren Auftraggebern (z. B. §§ 51 a BRAO, 67 a StBG).[194] Die Haftung aus dem rechtsgeschäftsähnlichen Schuldverhältnis, bei dem die Auskunft freiwillig und unentgeltlich erteilt wird, kann nämlich nicht strenger sein als die Haftung aus einem echten Vertragsverhältnis, bei dem die Auskunft aufgrund der übernommenen Verpflichtung und gegen Entgelt erteilt wird. Insgesamt kommt es für die Wirksamkeit einer Haftungsbeschränkung bei leichter Fahrlässigkeit auf eine umfassende Interessenabwägung an, bei der ein-

---

[189] BGH NJW 2002, 673, 674; BeckOK-BGB/Becker, Stand: 01.02.2007, § 309 Rn. 21; PWW/Berger, § 307 Rn. 27; Palandt/Heinrichs, § 307 Rn. 33 ff.

[190] Vgl. BGH NJW-RR 2001, 768, 769; 2000, 998, 999 zum stillschweigend geschlossenen Auskunftsvertrag.

[191] Vgl. BGH NJW 1993, 2865, 2866; 1973, 456, 457.

[192] BGH NJW 2005, 3208, 3211; 1357, 1360; 2002, 1711, 1712; NJW-RR 2001, 768, 769; 2000, 998, 999; PWW/Berger, § 307 Rn. 29; MünchKomm-BGB/Emmerich, § 311 Rn. 283 und 91 ff.

[193] Kersting, Dritthaftung, S. 431; Koch, WM 2005, S. 1208, 1214 f.

[194] Kersting, Dritthaftung, S. 431.

zustellen ist, welche Konsequenzen die Wirksamkeit oder Unwirksamkeit der Klausel für die beiden Parteien hätte, ob und wie jede der Parteien die Verwirklichung des in der Klausel behandelten Risikos durch eigene Tätigkeit verhindern oder sich gegen die Folgen einer Verwirklichung des Risikos durch eigene Vorsorge schützen kann usw.[195]

## X. Verjährung

Die Ersatzansprüche aus dem rechtsgeschäftsähnlichen Schuldverhältnis verjähren grundsätzlich in der Regelverjährungsfrist von drei Jahren (§§ 195, 199 BGB).[196] Nur soweit dem Schuldverhältnis, über dessen Abschluss verhandelt bzw. für welches die Information eingeholt wurde, entnommen werden kann, dass eine kurze Verjährungsfrist auf bestimmte Pflichtverletzungen erstreckt werden soll, muss dies auch für den Anspruch aus dem rechtsgeschäftsähnlichen Schuldverhältnis gelten.[197] Für den Beginn der Verjährung ist zu beachten, dass das rechtsgeschäftsähnliche Schuldverhältnis regelmäßig das Interesse des Empfängers schützt, eine eigenverantwortliche Entscheidung für oder gegen das in Aussicht genommene Geschäft in voller Kenntnis der damit verbundenen Chancen und Risiken zu treffen.[198] Ein Schaden entsteht deshalb regelmäßig bereits mit der Vornahme des bei ordnungsgemäßer Auskunft nicht getätigten Geschäfts.[199] Ein Vermögensschaden ist nicht erforderlich. Ein Schaden kann vielmehr auch bei Werthaltigkeit von Leistung und Gegenleistung zu bejahen sein, wenn die Leistung für die Zwecke des Empfängers nicht voll brauchbar ist.[200]

---

195 MünchKomm-BGB/Basedow, § 307 Rn. 33.

196 MünchKomm-BGB/Emmerich, § 311 Rn. 279; BeckOK-BGB/Gehrlein/Grüneberg/Sutschet, Stand: 01.02.2007, § 311 Rn. 122; Palandt/Grüneberg, § 311 Rn. 59; Staudinger/Löwisch, § 311 Rn. 147; PWW/Medicus, § 311 Rn. 71.

197 Palandt/Grüneberg, § 311 Rn. 59; AnwKom-Schuldrecht/Krebs, § 311 Rn. 45; Staudinger/Löwisch, § 311 Rn. 147.

198 Vgl. BGH NJW 1993, 2865, 2866; 1973, 456, 457; MünchKomm-BGB/Emmerich, § 311 Rn. 120; Erman/Kindl, § 311 Rn. 17 und 43; AnwKom-Schuldrecht/Krebs, § 311 Rn. 27 und 42.

199 Vgl. BGH NJW 2005, 1579, 1580; 1993, 2865, 2866; MünchKomm-BGB/Emmerich, § 311 Rn. 120; Palandt/Grüneberg, § 311 Rn. 55; Erman/Kindl, § 311 Rn. 43; AnwKom-Schuldrecht/Krebs, § 311 Rn. 42; Staudinger/Löwisch, § 311 Rn. 143.

200 BGH NJW 2005, 1579, 1580; 1992, 228, 230; Palandt/Grüneberg, § 311 Rn. 55; AnwKom-Schuldrecht/Krebs, § 311 Rn. 24 und 42; Staudinger/Löwisch, § 311 Rn. 143; a. A. MünchKomm-BGB/Emmerich, § 311 Rn. 263.

## XI. Exemplarische Anwendung der erzielten Ergebnisse auf die Haftung für fehlerhafte Bankauskünfte

Nachfolgend werden die erzielten Ergebnisse exemplarisch auf die Haftung für fehlerhafte Bankauskünfte angewendet. Diese hat die Praxis vielfach beschäftigt. Die vorkommenden Fallgestaltungen sind sehr verschieden. Sie bietet sich deshalb zur Veranschaulichung der erzielten Ergebnisse besonders an.

### 1. Grundlagen des Bankauskunftsverfahrens

Bankauskünfte sind im Geschäftsleben ein wichtiges Instrument zur raschen Information über die Kreditwürdigkeit eines Geschäftspartners. Bei der Erteilung von Bankauskünften befindet sich das Kreditinstitut in einer Konfliktlage. Einerseits hat es die Interessen seines Kunden zu wahren und das Bankgeheimnis zu beachten, andererseits besteht gegenüber dem Auskunftsempfänger wegen fehlerhafter Auskunft ein Haftungsrisiko. Zurückhaltung, Behutsamkeit und Vertraulichkeit sind deshalb für das Bankauskunftsverfahren charakteristisch.[201]

Bankauskünfte sind allgemein gehaltene Feststellungen und Bemerkungen über die wirtschaftlichen Verhältnisse des Kunden, seine Kreditwürdigkeit und Zahlungsfähigkeit. Betragsmäßige Angaben über Kontenstände, Sparguthaben, Depot- oder sonstige der Bank anvertraute Vermögenswerte sowie Angaben über die Höhe von Kreditinanspruchnahmen werden nicht gemacht.[202]

Das Kreditinstitut darf Bankauskünfte über juristische Personen und im Handelsregister eingetragene Kaufleute erteilen, sofern sich die Anfrage auf deren geschäftliche Tätigkeit bezieht und ihm keine anderslautende Weisung des Kunden vorliegt. In allen anderen Fällen darf das Kreditinstitut Bankauskünfte nur erteilen, wenn der Kunde dem allgemein oder im Einzelfall ausdrücklich zugestimmt hat. Über das Erfordernis der Zustimmung oder der entgegenstehenden Weisung steht es dem Kunden an sich frei, dem Kreditinstitut die Auskunft zu erlauben oder zu verbieten. Das Kreditinstitut kann dadurch allerdings in eine Konfliktlage geraten, wenn einem anderen Kunden bei Wahrung des Bankgeheimnisses ein erheblicher Schaden droht. Ein solcher Konflikt ist durch Güterabwägung im Einzelfall zu lösen.[203] Diese kann dazu führen, dass das Kreditin-

---

[201] Bruchner in Schimansky/Bunte/Lwowski, Bankrechtshandbuch, § 40 Rn. 1; Kümpel, Bank- und Kapitalmarktrecht, S. 71 Rn. 2.195 und S. 72 Rn. 2.199.

[202] Nr. 2 Abs. 2 AGB-Banken = Nr. 3 Abs. 1 AGB-Sparkassen (Fassung April 2002); Bruchner, in Schimansky/Bunte/Lwowski, Bankrechtshandbuch, § 40 Rn. 3; Kümpel, Bank- und Kapitalmarktrecht, S. 72 Rn. 2.209.

[203] Nr. 2 Abs. 3 AGB-Banken = Nr. 3 Abs. 2 AGB-Sparkassen (Fassung April 2002); Bruchner, a. a. O., S. 792 Rn. 13; Kümpel, a. a. O., S. 73 Rn. 2.203.

stitut auch ohne Zustimmung oder trotz entgegenstehender Weisung dem anderen Kunden die Bankauskunft zu erteilen hat.[204]

Bankauskünfte erhalten nur eigene Kunden sowie andere Kreditinstitute für deren eigene Zwecke und die ihrer Kunden.[205] Sie werden nur erteilt, wenn der Anfragende ein berechtigtes Interesse an der gewünschten Auskunft glaubhaft dargelegt hat.[206] Im ersten Fall spricht man von einer „Bank-an-Kunden-Auskunft", im zweiten Fall von einer „Bank-an-Bank-Auskunft".[207]

Für die Erteilung von Bankauskünften gelten seit dem 01.05.1987 die von den Spitzenverbänden des Kreditgewerbes erarbeiteten „Grundsätze für die Durchführung des Bankauskunftsverfahrens zwischen Kreditinstituten".[208] Danach soll eine Auskunftsanfrage grundsätzlich schriftlich abgefasst sein.[209] In der Auskunftsanfrage ist der Anfragegrund, mit dem das berechtigte Interesse an der Bankauskunft glaubhaft gemacht wird, anzugeben. Das anfragende Kreditinstitut hat klarzustellen, ob es die Auskunft im eigenen oder im Kundeninteresse einholt. Bei Auskunftsanfragen im Interesse eines Kunden wird dessen Name nicht genannt. Das anfragende Kreditinstitut ist jedoch verpflichtet, den Namen des anfragenden Kunden dem angefragten Kreditinstitut zu nennen, wenn dem Kunden, über den eine Auskunft erteilt wurde, ein Anspruch auf Nennung des Anfragers zusteht. Wird eine Auskunftsanfrage von dem angefragten Kreditinstitut an ein drittes Kreditinstitut weitergeleitet, ist das Anfrageschreiben weiterzugeben. Soweit eine Bankauskunft nur mit ausdrücklicher Zustimmung des Betroffenen erteilt werden darf, genügt auch die Versicherung des anfragenden Kreditinstituts, dass ihm diese Zustimmungserklärung vorliegt. Bankauskünfte sollen allgemein gehalten sein. Sie sollen grundsätzlich schriftlich erteilt werden. Bankauskünfte werden nur aufgrund von Erkenntnissen erteilt, die der auskunftsgebenden Stelle vorliegen. Es werden keine Recherchen angestellt. Bankauskünfte werden – auch im Fall der Weiterleitung an ein drittes Kreditinstitut – unmittelbar der anfragenden Stelle erteilt. Auskunftsverweigerungen sollen

---

204 BGH NJW 1991, 693; Erman/Ehmann, § 675 Rn. 30 ff.

205 Nr. 2 Abs. 4 AGB-Banken = Nr. 3 Abs. 2 AGB-Sparkassen (Fassung April 2002); Bruchner, in Schimansky/Bunte/Lwowski, Bankrechtshandbuch, § 40 Rn. 24; Kümpel, Bank- und Kapitalmarktrecht, S. 76 Rn. 2.211.

206 Nr. 2 Abs. 3 AGB-Banken = Nr. 3 Abs. 2 AGB-Sparkassen (Fassung April 2002); Bruchner, a. a. O., S. 795 Rn. 20; Kümpel, a. a. O., S. 76 Rn. 2.213.

207 Nr. 2 Abs. 4 AGB-Banken = Nr. 3 Abs. 2 AGB-Sparkassen (Fassung April 2002); Bruchner, in Schimansky/Bunte/Lwowski, Bankrechtshandbuch, § 40 Rn. 24; Kümpel, Bank- und Kapitalmarktrecht, S. 76 Rn. 2.211.

208 Bruchner in Schimansky/Bunte/Lwowski, Bankrechtshandbuch, § 40 Rn. 33; Kümpel, Bank- und Kapitalmarktrecht, S. 72 Rn. 2.201.

209 Nr. 1 der „Grundsätze"; Bruchner in Schimansky/Bunte/Lwowski, Bankrechtshandbuch, § 40 Rn. 34. Zum Folgenden Nr. 2 bis 10 der „Grundsätze", Bruchner, a. a. O., Rn. 34 ff.

ebenfalls allgemein gehalten sein. Die Auskunftsverweigerung wegen fehlender Einwilligung ist so zu formulieren, dass sie nicht als negative Auskunft verstanden werden kann. Die im Kundeninteresse eingeholte Bankauskunft wird an diesen inhaltlich unverändert weitergegeben. Der Kunde, der eine Bankauskunft erhält, ist ausdrücklich darauf hinzuweisen, dass er empfangene Informationen nur für den angegebenen Zweck verwenden und nicht an Dritte weitergeben darf.

Die „Grundsätze" enthalten lediglich Aussagen zu dem Verhältnis zwischen anfragendem und angefragtem Kreditinstitut. Sie haben deshalb keine unmittelbare rechtliche Wirkung im Verhältnis zum Kunden.[210] Unabhängig davon beeinflussen sie das praktizierte Auskunftsverfahren, sodass Haftungsfragen in der Regel nur in diesem Rahmen auftreten.[211] Die „Grundsätze" verpflichten nicht zur Auskunftserteilung. Trotzdem kann das anfragende Kreditinstitut eine Mitteilung der Auskunft nach ungeschriebenem Standesrecht erwarten.[212]

2. Haftung der Bank für eine „Bank-an-Kunden-Auskunft", bei der die Auskunft im Interesse des anfragenden Kunden erteilt wird

Zunächst wird die Haftung der Bank für eine fehlerhafte „Bank-an-Kunden-Auskunft" auf Grundlage des § 311 Abs. 2 Nr. 1 bis 3 BGB untersucht. Hier geht es darum, dass sich ein Kunde bei seiner Bank von der Bonität eines (potenziellen) Geschäftspartners vergewissern will, der ebenfalls Kunde bei seiner Bank ist.

a) Abgrenzung zum Auskunftsvertrag und sonstigen vertraglichen Grundlagen

Eine Haftung der Bank für eine fehlerhafte „Bank-an-Kunden-Auskunft" aus § 311 Abs. 2 Nr. 1 bis 3 BGB setzt voraus, dass zwischen der Bank und ihrem Kunden bei Erteilung der Bankauskunft weder bereits echte vertragliche Beziehungen bestehen, aus denen die Bank für eine fehlerhafte Bankauskunft haftet, noch durch die Auskunftserteilung selbst ein solcher Vertrag begründet wird. Wo bereits „echte" vertragliche Beziehungen bestehen, können nämlich nicht gleichzeitig bloß „vertragsähnliche" Beziehungen existieren.

Diese negativen Voraussetzungen liegen in der hier untersuchten Konstellation regelmäßig vor. Zwischen der Bank und ihrem Kunden bestehen bei Erteilung

---

[210] Bruchner in Schimansky/Bunte/Lwowski, Bankrechtshandbuch, § 40 Rn. 2; Kümpel, Bank- und Kapitalmarktrecht, S. 73 Rn. 2.201.

[211] Soergel/Häuser/Welter, § 676 Rn. 79.

[212] Bruchner in Schimansky/Bunte/Lwowski, Bankrechtshandbuch, § 40 Rn. 26.

der Bankauskunft regelmäßig keine echten vertraglichen Beziehungen, aus denen die Bank für eine fehlerhafte Bankauskunft haftet. Die Haftung lässt sich insbesondere nicht aus einem eigenständigen allgemeinen Bankvertrag herleiten.

Von Teilen der Literatur wird allerdings die Ansicht vertreten, zwischen der Bank und ihrem Kunden komme, wenn nicht nur ein einzelnes Geschäft abgewickelt, sondern wie in der Regel eine längere Geschäftsbeziehung begründet werde, ein eigenständiger allgemeiner Bankvertrag als Grund- oder Rahmenvertrag zustande.[213] Das werde insbesondere aus der üblichen Vereinbarung der AGB der Banken oder Sparkassen deutlich, die nicht nur Regelungen für einzelne Bankgeschäfte enthielten, sondern die gesamte Geschäftsverbindung grundlegend behandelten.[214] Der allgemeine Bankvertrag regle als Dienstvertrag mit Geschäftsbesorgungscharakter das Dauerschuldverhältnis zwischen der Bank und ihrem Kunden und bilde die Grundlage bzw. den Rahmen für die einzelnen rechtlich verschiedenen Bankgeschäfte.[215] Aus ihm ergäben sich zwar keine durchsetzbaren primären Leistungspflichten, wohl aber sekundäre Schutz- und Verhaltenspflichten.[216]

Von der Rechtsprechung wird diese Ansicht allerdings zu Recht abgelehnt.[217] Aus einer längeren Geschäftsverbindung zwischen einer Bank und einem Kunden ergibt sich noch nicht das Bestehen eines eigenständigen allgemeinen Bankvertrags als Rahmenvertrag. Eine längere Geschäftsverbindung als solche ist insoweit nichts weiter als eine Beziehung, die auf einem Dauerschuldverhältnis oder einer mehr oder weniger großen Zahl von Einzelverträgen beruht. Die Annahme eines eigenständigen allgemeinen Bankvertrags als Rahmenvertrag wird außerdem dem allgemeinen Vertragsbegriff nicht gerecht. Es fehlt an einer eigenständigen bindenden Rechtsfolge eines solchen Bankvertrags, die durch die von den Parteien abgegebenen Willenserklärungen in Kraft gesetzt wird. Die sekundären Schutz- und Verhaltenspflichten, die sich aus dem allgemeinen Bankvertrag ergeben sollen, bestehen, wie die Pflicht zur Wahrung des Bankge-

---

213 Bunte in Schimansky/Bunte/Lwowski, Bankrechtshandbuch, § 2 Rn. 1 ff.; BeckOK-BGB/Czub, Stand: 01.10.2007, § 675 Rn. 43; Baumbach/Hopt, (7) Bankgeschäfte A/6; Hopt in Schimansky/Bunte/Lwowski, Bankrechtshandbuch, § 1 Rn. 1 ff.; a. A. Kümpel, Bank- und Kapitalmarktrecht, S. 249 Rn. 2.804 ff.; MünchKomm-BGB/Heermann, 4. Aufl., § 675 Rn. 52; Palandt/Sprau, § 675 Rn. 9; Hk-BGB/Schulze, § 675 Rn. 4.

214 Hopt in Schimansky/Bunte/Lwowski, Bankrechtshandbuch, § 1 Rn. 3 und Rn. 18 f.

215 Bunte in Schimansky/Bunte/Lwowski, Bankrechtshandbuch, § 2 Rn. 6; Baumbach/Hopt, (7) Bankgeschäfte A/6; Hopt in Schimansky/Bunte/Lwowski, Bankrechtshandbuch, § 1 Rn. 32.

216 Bunte in Schimansky/Bunte/Lwowski, Bankrechtshandbuch, § 2 Rn. 5 ff.; Baumbach/Hopt, (7) Bankgeschäfte A/6; Hopt in Schimansky/Bunte/Lwowski, Bankrechtshandbuch, § 1 Rn. 23 ff.

217 Zum Ganzen BGH NJW 2002, 3695, 3696 f.; Nobbe, WM 2005, S. 1537, 1539.

heimnisses zeigt, unabhängig vom Willen der Parteien. Gerade auch die Anerkennung der Entstehung eines gesetzlichen Schuldverhältnisses mit sekundären Schutz- und Verhaltenspflichten nach § 241 Abs. 2 BGB bei der Aufnahme von Vertragsverhandlungen, der Anbahnung eines Vertrags und bei ähnlichen geschäftlichen Kontakten in § 311 Abs. 2 BGB lassen die Konstruktion eines eigenständigen allgemeinen Bankvertrags als überflüssig erscheinen.

Die Haftung lässt sich regelmäßig auch nicht auf einen stillschweigend geschlossenen Auskunftsvertrag stützen. Nach ständiger Rechtsprechung entstehen zwar durch die Erteilung einer Bankauskunft regelmäßig stillschweigend vertragliche Beziehungen.[218] Diese Rechtsprechung befriedigt allerdings nicht. Ihr stehen dieselben Argumente entgegen, die sie dem eigenständigen allgemeinen Bankvertrag entgegensetzt. Es fehlt nämlich auch beim stillschweigend geschlossenen Auskunftsvertrag an einer eigenständigen bindenden Rechtsfolge, die durch die von den Parteien abgegebenen Willenserklärungen in Kraft gesetzt wird. Auch hier geht es nämlich nur um sekundäre Schutz- und Verhaltenspflichten, die unabhängig vom Willen der Parteien bestehen. Auch die Konstruktion eines stillschweigend geschlossenen Auskunftsvertrags ist deshalb überflüssig, weil sich die Pflicht, dass eine freiwillig erteilte Auskunft richtig, vollständig und klar sein muss, bereits aus § 311 Abs. 2 Nr. 1 bis 3 BGB herleiten lässt.

b) Abgrenzung zur Dritthaftung

Eine Haftung der Bank für eine fehlerhafte „Bank-an-Kunden-Auskunft" aus § 311 Abs. 2 Nr. 1 bis 3 BGB setzt außerdem voraus, dass es sich nicht um einen Dritthaftungsfall handelt. Denn die Dritthaftung ist erst in Abs. 3 S. 1 und 2 des § 311 BGB geregelt.

Auch diese Voraussetzung ist in der hier untersuchten Konstellation regelmäßig zu bejahen. Bei einer „Bank-an-Kunden-Auskunft" erhält der Kunde die Bankauskunft aufgrund der unmittelbar zwischen ihm und seiner Bank bestehenden Geschäftsbeziehung.[219] Bankauskünfte erhalten nämlich nur eigene Kunden sowie andere Kreditinstitute für deren eigene Zwecke und die ihrer Kunden.[220]

---

[218] BGH NJW-RR 2001, 768, 769; 1998, 1343, 1344; NJW 1993, 3073, 3075; 1991, 352; 1990, 513, 514; Bunte in Schimansky/Bunte/Lwowski, Bankrechtshandbuch, § 40 Rn. 47 ff.; Kümpel, Bank- und Kapitalmarktrecht, S. 75 Rn. 2.216.

[219] Vgl. Bruchner in Schimansky/Bunte/Lwowski, Bankrechtshandbuch, § 40 Rn. 24: gewissermaßen als Serviceleistung.

[220] Nr. 2 Abs. 4 AGB-Banken = Nr. 3 Abs. 2 AGB-Sparkassen (Fassung April 2002); Bruchner in Schimansky/Bunte/Lwowski, Bankrechtshandbuch, § 40 Rn. 24; Kümpel, Bank- und Kapitalmarktrecht, S. 76 Rn. 2.211.

Nichtkunden erhalten demgegenüber keine Bankauskünfte.[221] Bei einer „Bank-an-Kunden-Auskunft" wird die Bank deshalb nicht als ein Dritter, sondern als unmittelbarer Geschäftspartner ihres Kunden tätig. Es geht in dieser Konstellation demgemäß nicht um einen Dritthaftungsfall, sondern um die „einfache" Haftung zwischen unmittelbaren Geschäftspartnern.

c) Entstehung des rechtsgeschäftsähnlichen Schuldverhältnisses

Eine Haftung der Bank für eine fehlerhafte „Bank-an-Kunden-Auskunft" aus § 311 Abs. 2 Nr. 1 bis 3 BGB setzt weiter voraus, dass zwischen der Bank und ihrem Kunden durch die Aufnahme von Vertragsverhandlungen (Nr. 1), die Anbahnung eines Vertrags (Nr. 2) oder einen ähnlichen geschäftlichen Kontakt (Nr. 3) ein rechtsgeschäftsähnliches Schuldverhältnis entstanden ist, aus dem die Bank für eine fehlerhafte Bankauskunft haftet.

Wenn der Kunde sich bei seiner Bank nach der Bonität eines (potenziellen) Geschäftspartners erkundigt, werden zwischen dem Kunden und seiner Bank im Normalfall weder Vertragsverhandlungen geführt (Nr. 1) noch ein Vertrag zwischen ihnen angebahnt (Nr. 2). Solche Beziehungen bestehen lediglich im Verhältnis zwischen dem Kunden und seinem (potenziellen) Geschäftspartner. Die Anfrage des Kunden steht daher nicht im Zusammenhang mit einem bestimmten Einzelvertrag mit seiner Bank, sondern lediglich mit der Geschäftsverbindung als solcher. Im Einzelfall ist allerdings denkbar, dass der Kunde gleichzeitig mit der Bonitätsanfrage in Verhandlungen mit seiner Bank über einen Vertragsschluss tritt oder einen solchen Vertrag anbahnt. Denkbar ist dies etwa, wenn der Kunde zur Vorfinanzierung des Geschäfts mit dem Dritten bei seiner Bank einen Kredit aufnehmen muss. Dann erteilt die Bank die Auskunft nicht nur im Hinblick auf die bestehende Geschäftsverbindung als solche, sondern auch im Hinblick auf den abzuschließenden Kreditvertrag. Im Normalfall kommt allerdings nur die Annahme eines ähnlichen geschäftlichen Kontakts (Nr. 3) zwischen der Bank und ihrem Kunden in Betracht.

Das Merkmal „geschäftlicher Kontakt" ist dabei regelmäßig gegeben. Normalerweise besteht zwischen der Bank und ihrem Kunden nämlich eine laufende Geschäftsbeziehung.[222] Eine solche laufende Geschäftsbeziehung ist aber nicht zwingend erforderlich. Auch ohne sie kommt mit Erteilung der Bankauskunft ein „geschäftlicher Kontakt" zustande. Der Begriff „geschäftlich" ist weit auszulegen. Er ist deshalb nicht im engeren Sinne einer wirtschaftlichen Tätigkeit,

---

[221] Bruchner in Schimansky/Bunte/Lwowski, Bankrechtshandbuch, § 40 Rn. 24.

[222] Hopt in Schimansky/Bunte/Lwowski, Bankrechtshandbuch, § 1 Rn. 1 ff. Rn. 41; Kümpel, Bank- und Kapitalmarktrecht, S. 246 Rn. 2.794.

sondern im weiteren Sinne als jede Art von zweckgebundener Tätigkeit zu verstehen.[223] Ein „geschäftlicher Kontakt“ besteht deshalb bei jeder Beziehung, die auf irgendeine Art von zweckgebundener Tätigkeit gerichtet ist. Mit Erteilung der Bankauskunft kommt eine solche Beziehung zwischen der Bank und ihrem Kunden zustande. Die Bankauskunft ist eine zweckgebundene Tätigkeit. Sie soll dem Kunden eine eigenverantwortliche Entscheidung für oder gegen das in Aussicht genommene Geschäft in Kenntnis der Kreditwürdigkeit des (potenziellen) Geschäftspartners ermöglichen.[224]

Das Merkmal „ähnlich“ liegt regelmäßig ebenfalls vor. Es setzt voraus, dass der geschäftliche Kontakt mit einer echten vertraglichen Beziehung in den für die Haftung wegen Rücksichtnahmepflichtverletzungen wesentlichen Merkmalen übereinstimmt.[225] Dies kann nur unter Berücksichtigung der Interessenlage beider Parteien nach Treu und Glauben mit Rücksicht auf die Verkehrsanschauung geprüft werden.[226] Dabei kommt es einerseits auf das objektive Schutzbedürfnis und die berechtigten Sicherheitserwartungen des Kunden an. Andererseits ist darauf abzustellen, ob die Annahme von Rücksichtnahmepflichten und das sich daraus ergebende Haftungsrisiko der Bank unter Berücksichtigung der schutzwürdigen Interessen der Allgemeinheit und der gesetzlichen Wertungen zumutbar sind. Das ist regelmäßig dann anzunehmen, wenn die Auskunft für den Kunden erkennbar von erheblicher Bedeutung ist und er sie zur Grundlage wesentlicher Entscheidungen machen will.[227] Dies gilt insbesondere in Fällen, in denen die Bank für die Erteilung der Auskunft besonders sachkundig oder ein eigenes wirtschaftliches Interesse bei ihr im Spiel ist.[228]

Davon ist im Normalfall auszugehen. Wenn ein Kunde sich bei seiner Bank nach der Bonität eines (potenziellen) Geschäftspartners erkundigt, ist für die Bank ohne Weiteres erkennbar, dass für ihren Kunden wesentliche wirtschaftliche Interessen auf dem Spiel stehen und er sein weiteres Verhalten gegenüber dem (potenziellen) Geschäftspartner an der Bonitätsauskunft ausrichten will.

---

223 Vgl. Duden, zu „Geschäft“: Aufgabe; Angelegenheit, die zu erledigen ist; Wahrig, zu „Geschäft“: zweckgebundene Beschäftigung, Tätigkeit, Arbeit, Aufgabe, Auftrag.

224 Bruchner in Schimansky/Bunte/Lwowski, Bankrechtshandbuch, § 40 Rn. 1; Kümpel, Bank- und Kapitalmarktrecht, S. 71 Rn. 2.195.

225 Vgl. Schwarze, AcP 203, S. 348, 357; Teubner, Liber Amicorum Schmidt, S. 303, 306 zum Drittschutz.

226 Vgl. Westermann/Bydlinski/Weber, BGB-Schuldrecht AT, § 11 Rn. 6.

227 Erman/Ehmann, § 675 Rn. 9; vgl. BGH NJW-RR 2006, 993, 994; NJW 2003, 1521, 1523; NJW-RR 2001, 768, 769; NJW 1992, 2080, 2082; 1979, 1449; 1953, 60 zur Abgrenzung Auskunft aus reiner Gefälligkeit - stillschweigend geschlossener Auskunftsvertrag.

228 Erman/Ehmann, § 675 Rn. 9; vgl. BGH NJW-RR 2006, 993, 994; NJW 1992, 2080, 2082; 1979, 1449 zur Abgrenzung Auskunft aus reiner Gefälligkeit - stillschweigend geschlossener Auskunftsvertrag.

Die besondere Sachkunde folgt daraus, dass die Bonitätsauskunft auf den eigenen Erfahrungen der Bank aus der Geschäftsbeziehung mit dem Kunden beruht, über den die Auskunft eingeholt wird.[229] Das eigene wirtschaftliche Interesse ergibt sich daraus, dass die Bank ihrem Kunden die Auskunft gewissermaßen als Serviceleistung innerhalb der bestehenden Geschäftsverbindung erteilt, um diese zu erhalten und zu fördern.[230] Unter diesen Umständen verdient der Kunde den gleichen Schutz vor einer falschen Auskunft wie in einer echten vertraglichen Beziehung. Diese Annahme wird noch dadurch gestützt, dass die Geschäftsbeziehung zwischen der Bank und ihrem Kunden durch ein mit einer echten vertraglichen Beziehung vergleichbares besonderes Vertrauensverhältnis geprägt ist.[231] Dies zeigt sich teils in den AGB, sonst im Auftreten der Bank, wenn entweder ausdrücklich (so die Sparkassen) oder der Sache nach (so die übrigen Banken) betont wird, dass die Geschäftsbeziehung zwischen der Bank und ihrem Kunden durch ein besonderes Vertrauensverhältnis geprägt ist.[232] Dieses Vertrauensverhältnis besteht von Anfang an und setzt keine schon länger dauernde Geschäftsverbindung voraus.[233] Es geht nämlich weniger um ein tatsächlich bereits vorhandenes besonderes Vertrauen, das sich die Bank und ihr Kunde erst durch ein längeres vertrauensvolles Miteinander verdienen können, als um das gegenseitige Versprechen, von Anfang an auf einen sorgfältigen und rücksichtsvollen Umgang des jeweils anderen Teils vertrauen zu dürfen. Aus diesem Grund wird die Existenz des besonderen Vertrauensverhältnisses auch nicht in Frage gestellt, wenn etwa die Bank im Prozess behauptet, dass der Kunde ihr im konkreten Fall tatsächlich gar kein Vertrauen (mehr) entgegengebracht habe. Vielmehr entspricht es der Interessenlage der Parteien auch dann, das Vertrauen des jeweils anderen Teils durch die Auferlegung von Rücksichtnahmepflichten zu fördern.

d) Pflichtverletzung

Wenn die Bank ihrem Kunden freiwillig eine Bankauskunft erteilt, muss diese den Prinzipien der Wahrheit, Klarheit, Vollständigkeit und Verständlichkeit ge-

[229] BGH NJW 1990, 513; Bruchner in Schimansky/Bunte/Lwowski, Bankrechtshandbuch, § 40 Rn. 5.

[230] Vgl. Bruchner in Schimansky/Bunte/Lwowski, Bankrechtshandbuch, § 40 Rn. 24.

[231] Vgl. BGH NJW 2006, 830, 834; Bunte in Schimansky/Bunte/Lwowski, Bankrechtshandbuch, § 2 Rn. 10; BeckOK-BGB/Czub, Stand: 01.10.2007, § 675 Rn. 42; Baumbach/Hopt, (7) Bankgeschäfte A/6; Hopt in Schimansky/Bunte/Lwowski, Bankrechtshandbuch, § 1 Rn. 21 f.

[232] Hopt in Schimansky/Bunte/Lwowski, Bankrechtshandbuch, § 1 Rn. 21 f.

[233] BGH WM 1976, 630, 631; 1967, 1077, 1078; RGZ 126, 50, 52; Staub/Canaris, Rn. 5 und 78; Baumbach/Hopt, § 347 Rn. 16; Hopt in Schimansky/Bunte/Lwowski, Bankrechtshandbuch, § 1 Rn. 43; Staudinger/Martinek, § 675 Rn. C 23.

nügen.[234] Eine Bankauskunft ist mit anderen Worten fehlerhaft, wenn sie inhaltlich unrichtig, unvollständig oder irreführend ist.[235] Welche Anforderungen an die Bankauskunft inhaltlich gestellt werden, hängt vom erkennbaren Informationsbedarf des Kunden und dessen Erfahrenheit oder Unerfahrenheit ab.[236] Aufseiten der Bank sind professionelle, d. h. banküblliche Standards anzulegen.[237] Insoweit bietet die Formalisierung des Auskunftsverfahrens Anhaltspunkte.[238]

Unvollständig ist eine Bankauskunft, wenn die Bank Informationen verschweigt, die für den anfragenden Kunden erkennbar von erheblicher Bedeutung sind.[239] Dies ist z. B. anzunehmen, wenn in einer Bankauskunft nicht miterwähnt wird, dass der in der Auskunft erwähnte Grundbesitz in erheblichem Umfang dinglich belastet ist.[240]

Irreführend ist eine Bankauskunft, wenn sie bei dem Kunden einen falschen Eindruck erweckt.[241] Das ist z. B. der Fall, wenn die positiv formulierte Auskunft wahrheitswidrig den Eindruck erweckt, der auskunftsgebenden Stelle habe die letzte Bilanz vorgelegen und sie habe sich über die Vermögensverhältnisse einen genauen Überblick verschaffen können.[242] Allerdings macht nicht jede Unklarheit eine Bankauskunft irreführend. Unklarheiten kommen bei Bankauskünften häufig vor und rühren daher, dass Banken ihre Auskünfte generell äußerst vorsichtig und zurückhaltend formulieren.[243] Der Grund hierfür liegt darin, dass die Bank in einem Interessenkonflikt steht, wenn eine Anfrage Anlass zu einer negativen Auskunft über einen Kunden gibt. Wirkt die Auskunft zu positiv, drohen Schadensersatzansprüche des anfragenden Kunden, wirkt sie zu negativ, kann es zu entsprechenden Ansprüchen des angefragten Kunden oder zur

234 BGH NJW 1994, 2541; 1968, 588, 589; Berger, ZBB 2001, S. 238, 249; Bruchner in Schimansky/Bunte/Lwowski, Bankrechtshandbuch, § 40 Rn. 51 f.; MünchKomm-BGB/Ernst, § 280 Rn. 127; Baumbach/Hopt, § 347 Rn. 24 ff.; PWW/Fehrenbacher, § 675 Rn. 51; Tonner/Tonner in Derleder/Knops/Bamberger, Handbuch Bankrecht, S. 92 Rn. 21.

235 Soergel/Häuser/Welter, § 676 Rn. 85.

236 Berger, ZBB 2001, S. 238, 249; MünchKomm-BGB/Heermann, 4. Aufl., § 675 Rn. 123; Tonner/Tonner in Derleder/Knops/Bamberger, Handbuch Bankrecht, S. 92 Rn. 20.

237 Berger, ZBB 2001, S. 238, 249.

238 Berger, a. a. O.; Soergel/Häuser/Welter, § 676 Rn. 85.

239 Bruchner in Schimansky/Bunte/Lwowski, Bankrechtshandbuch, § 40 Rn. 52; Soergel/Häuser/Welter, § 676 Rn. 89; Baumbach/Hopt, § 347 Rn. 25.

240 BGH NJW 1979, 1595, 1596; Bruchner in Schimansky/Bunte/Lwowski, Bankrechtshandbuch, § 40 Rn. 52; Kersting, Dritthaftung, S. 402.

241 Bruchner in Schimansky/Bunte/Lwowski, Bankrechtshandbuch, § 40 Rn. 52; Baumbach/Hopt, § 347 Rn. 26.

242 BGH WM 1985, 381, 382; Bruchner in Schimansky/Bunte/Lwowski, Bankrechtshandbuch, § 40 Rn. 52.

243 Bruchner in Schimansky/Bunte/Lwowski, Bankrechtshandbuch, § 40 Rn. 52.

Beendigung der Geschäftsbeziehung durch den angefragten Kunden kommen. Die Auskunft einfach zu verweigern hilft nicht weiter, weil der anfragende Kunde hieraus erst recht negative Schlüsse ziehen wird. Die auskunftserteilende Bank muss sich deshalb in dieser Situation damit behelfen, zu bestimmten Gesichtspunkten zu schweigen und eine teilweise lückenhafte Auskunft zu erteilen.[244] Diese Konfliktlage ist auch jedem anfragenden Kunden klar. Vom Kunden ist daher zu erwarten, dass er zwischen den Zeilen zu lesen versteht und z. B. aus der Tatsache, dass Fragen nicht beantwortet sind, die richtigen Schlüsse zieht.[245] In Zweifelsfällen ist ihm eine weitere Rückfrage zumutbar.[246]

Irreführend ist eine Auskunft, wenn der Kunde aufgrund der Formulierung einen falschen Eindruck gewinnen muss.[247] Allerdings macht nicht jede Unklarheit eine Auskunft irreführend.[248] In Zweifelsfällen kann dem Kunden eine weitere Rückfrage zumutbar sein.[249]

Maßgebend für die Fehlerhaftigkeit einer erteilten Auskunft sind die Verhältnisse im Zeitpunkt der Auskunftserteilung. Daher besteht grundsätzlich keine Pflicht, eine anfangs richtige Auskunft zu berichtigen, wenn sie aufgrund einer Änderung der Verhältnisse nachträglich fehlerhaft wird. Tritt also eine Verschlechterung in der Bonität der Person ein, auf die sich die Auskunft bezieht, muss die Bank ihren Kunden hierüber grundsätzlich nicht unterrichten. Eine derartige Verpflichtung würde die Risikosphären verwischen und das auskunftserteilende Kreditinstitut organisatorisch überfordern. Nur in Ausnahmefällen kann daher eine nachträgliche Benachrichtigungs- bzw. Korrekturpflicht bestehen. Dies kommt etwa dann in Frage, wenn die Bank alsbald nach erteilter Auskunft von den geänderten Verhältnissen erfährt und ihr der Vorgang daher noch präsent ist. In einem solchen Fall kann und darf der Kunde erwarten, dass seine Bank ihn durch einen leicht zu veranlassenden Anruf über die veränderten Verhältnisse informiert.[250]

---

[244] Soergel/Häuser/Welter, § 676 Rn. 90.

[245] Bruchner in Schimansky/Bunte/Lwowski, Bankrechtshandbuch, § 40 Rn. 52.

[246] BGH NJW 1973, 456, 458; Bruchner in Schimansky/Bunte/Lwowski, Bankrechtshandbuch, § 40 Rn. 58.

[247] Bruchner in Schimansky/Bunte/Lwowski, Bankrechtshandbuch, § 40 Rn. 52; PWW/Fehrenbacher, § 675 Rn. 51.

[248] Bruchner, a. a. O.

[249] Bruchner in Schimansky/Bunte/Lwowski, Bankrechtshandbuch, § 40 Rn. 58.

[250] BGH NJW 1973, 1923, 1924; Berger, ZBB 2001, S. 238, 249; Bruchner in Schimansky/Bunte/Lwowski, Bankrechtshandbuch, § 40 Rn. 45 und Rn. 51; Soergel/Häuser/Welter, § 676 Rn. 86; Baumbach/Hopt, § 347 Rn. 28; Palandt/Sprau, § 675 Rn. 33.

Erkenntnisquelle für die Bankauskunft ist nur die Geschäftsbeziehung zum Kunden.[251] Darüber hinausgehende Nachforschungen und Recherchen werden von den Banken nicht angeboten und auch von ihren Kunden nicht erwartet. Sie sind den gewerbsmäßigen Wirtschaftsauskunfteien vorbehalten. Daher muss die Bank nur die aus der Geschäftsbeziehung mit dem Kunden resultierenden Informationsmöglichkeiten ausschöpfen. Dies beinhaltet es, dass die auskunftsgebende Stelle – in der Regel eine Filiale oder Niederlassung – auch die über den angefragten Kunden in ihrem EDV-System gespeicherten Daten abfragt.[252] Hat die auskunftserteilende Filiale Zugriff auf ein bankübergreifendes EDV-System, muss sie auch die sich daraus ergebenden Erkenntnismöglichkeiten im Rahmen ihrer Zugriffsmöglichkeiten ausschöpfen. Kann sie dadurch ermitteln, dass der betreffende Kunde, auf den sich die Anfrage bezieht, auch noch mit einer anderen Filiale der Gesamtbank in Geschäftsverbindung steht, so hat sie entweder das Wissen dieser Filiale nach Rückfrage in die Auskunft mit einzubeziehen oder dem anfragenden Kunden zumindest anheimzustellen, sich zusätzlich direkt an die andere Stelle zu wenden.[253] Ggf. kann sogar eine Pflicht der Gesamtbank zur Einrichtung eines solchen bankübergreifenden Filialnetzes bzw. die Einräumung entsprechender Zugriffsmöglichkeiten der einzelnen Filialen bestehen mit der Folge, dass bei Verletzung dieser Pflicht eine Wissenszusammenrechnung innerhalb der Gesamtbank erfolgt.[254] Vor der Annahme einer solchen Pflicht ist allerdings genau zu prüfen, ob und inwieweit ihr ggf. das innere Bankgeheimnis und datenschutzrechtliche Grundsätze entgegenstehen.[255]

e) Schaden

Die Bankauskunft muss beim anfragenden Kunden zu einem Schaden geführt haben. In der Regel wird eine unrichtige Bonitätsauskunft einen Vermögensschaden beim anfragenden Kunden nach sich ziehen. Zwingend ist dies allerdings nicht. Auch wenn (noch) kein Vermögensschaden vorliegt, kann bereits ein wiedergutzumachender Schaden entstanden sein. Schaden in diesem Sinne ist jede Beeinträchtigung der durch das rechtsgeschäftsähnliche Schuldverhältnis geschützten Rechte, Rechtsgüter und Interessen.[256] Das rechtsgeschäftsähnliche

---

[251] Berger, ZBB 2001, S. 238, 249; Bruchner in Schimansky/Bunte/Lwowski, Bankrechtshandbuch, § 40 Rn. 5.

[252] Bruchner in Schimansky/Bunte/Lwowski, Bankrechtshandbuch, § 40 Rn. 40 und Rn. 51; Soergel/Häuser/Welter, § 676 Rn. 86; Kümpel, Bank- und Kapitalmarktrecht, S. 76 Rn. 2.214.

[253] Bruchner in Schimansky/Bunte/Lwowski, Bankrechtshandbuch, § 40 Rn. 40 und Rn. 51.

[254] Vgl. BGH NJW 1989, 2879, 2881; BeckOK-BGB/Habermeier, Stand: 01.02.2007, § 166 Rn. 22; Palandt/Heinrichs, § 166 Rn. 8; MünchKomm-BGB/Schramm, § 166 Rn. 32 ff.

[255] Bruchner in Schimansky/Bunte/Lwowski, Bankrechtshandbuch, § 40 Rn. 51.

[256] Erman/Kindl, § 311 Rn. 17; AnwKom-Schuldrecht/Krebs, § 311 Rn. 24 und 27.

Schuldverhältnis schützt nicht nur das Vermögen, sondern auch die Entscheidungsfreiheit des Kunden.[257] Deshalb kann auch schon in der Beeinträchtigung der Entscheidungsfreiheit des Kunden, der sich aufgrund der fehlerhaften Auskunft zum Geschäftsabschluss mit der angefragten Person entschließt, ein wiedergutzumachender Schaden entstanden sein.[258] Der Kunde muss also nicht erst abwarten, bis sich das Risiko des Geschäfts in einem Vermögensschaden realisiert, sondern kann schon vorher von der Bank verlangen, so gestellt zu werden, als ob er das Geschäft mit der angefragten Person nicht abgeschlossen hätte. Dies kann von Bedeutung sein, wenn sich das durch die fehlerhafte Auskunft verschleierte wirtschaftliche Risiko des in Aussicht genommenen Geschäfts zwischen dem Kunden und der Person, auf die sich die Auskunft bezieht, möglicherweise erst nach Jahren realisiert.[259]

f) Verursachung und Zurechnung des Schadens

aa) Verursachung

Die fehlerhafte Auskunft muss für den entstandenen Schaden ursächlich geworden sein. Die Darlegungs- und Beweislast trägt hierfür nach den allgemeinen Regeln derjenige, der sich darauf beruft. Folglich muss an sich der Kunde darlegen und nachweisen, dass der Schaden bei ordnungsgemäßer Auskunftserteilung nicht eingetretenen wäre.[260] Im Regelfall wird er hierzu allerdings außerstande sein, weil häufig unklar ist, wie er sich bei ordnungsgemäßer Auskunftserteilung verhalten und wie die anderen Beteiligten darauf reagiert hätten.[261] Damit die Pflicht zur ordnungsgemäßen Auskunftserteilung aber nicht nur auf dem Papier steht, ist dem Kunden mit der tatsächlichen Vermutung zu helfen, dass er sich bei ordnungsgemäßer Auskunftserteilung vernünftig verhalten und deshalb keinen Schaden erlitten hätte.[262] Voraussetzung dafür ist allerdings, dass es aus Sicht des Kunden vernünftigerweise nur eine bestimmte Möglichkeit gab, auf

---

[257] Vgl. BGH NJW 1993, 2865, 2866; 1973, 456, 457; MünchKomm-BGB/Emmerich, § 311 Rn. 120; Erman/Kindl, § 311 Rn. 17 und 43; AnwKom-Schuldrecht/Krebs, § 311 Rn. 27 und 42.

[258] Vgl. BGH NJW 2005, 1579, 1580; 1993, 2865, 2866; MünchKomm-BGB/Emmerich, § 311 Rn. 120; Palandt/Grüneberg, § 311 Rn. 55; Erman/Kindl, § 311 Rn. 43; AnwKom-Schuldrecht/Krebs, § 311 Rn. 42; Staudinger/Löwisch, § 311 Rn. 143.

[259] Vgl. BGH NJW 2001, 436, 438.

[260] MünchKomm-BGB/Emmerich, § 311 Rn. 267; Soergel/Häuser/Welter, § 676 Rn. 58.

[261] MünchKomm-BGB/Emmerich, § 311 Rn. 268.

[262] BGH NJW-RR 2006, 685, 687 f.; NJOZ 2003, 842, 846; NJW 2002, 2703, 2704; NJW-RR 1998, 1271, 1272; Berger, ZBB 2001, S. 238, 250; MünchKomm-BGB/Emmerich, § 311 Rn. 269; MünchKomm-BGB/Grundmann, § 276 Rn. 124; Soergel/Häuser/Welter, § 676 Rn. 58; Palandt/Heinrichs, § 280 Rn. 39.

die erteilte Auskunft zu reagieren.[263] Es darf also kein Entscheidungskonflikt bestanden haben.[264] Andernfalls greift die Vermutung nur, wenn es für den Kunden vernünftigerweise zwar mehrere Handlungsalternativen gab, deren Wahrnehmung aber jeweils geeignet gewesen wäre, den entstandenen Schaden zu vermeiden.[265]

bb) Zurechnung

Hinzu kommt, dass der Schaden innerhalb des Schutzbereichs der verletzten Pflicht liegen muss. Ein Ersatzanspruch entfällt deshalb, wenn die Bankauskunft nicht für den angegebenen, sondern für einen anderen Zweck verwendet wird.[266]

g) Verschulden

Bezüglich des Verschuldens gelten die allgemeinen Regeln. Für Erfüllungsgehilfen hat die Bank nach § 278 BGB einzustehen. In Betracht kommen insoweit in erster Linie ihre Angestellten, aber auch andere Banken können Erfüllungsgehilfen sein. Voraussetzung ist, dass die andere Bank im Pflichtenkreis der auskunftsgebenden Bank gegenüber ihrem Kunden tätig geworden ist. Dies ist etwa dann der Fall, wenn die auskunftsgebende Bank (Erstbank) sich zur Beschaffung der erforderlichen Informationen einer anderen Bank (Korrespondenzbank, auch Zweitbank genannt) bedient, dies aber gegenüber dem Kunden nicht aufdeckt, sondern die Auskunft als eigene erteilt. Dann ist davon auszugehen, dass zum Pflichtenkreis der Erstbank nicht nur die Weitergabe der Auskunft, sondern auch die Beschaffung der erforderlichen Informationen gehört. Anders liegt es, wenn die Erstbank dem Kunden gegenüber deutlich macht, dass sie die Auskunft nicht aus eigener Kenntnis erteilt, sondern nur eine fremde Auskunft weiterleitet. Dann gehören zum Pflichtenkreis der Erstbank nur die sorgfältige Auswahl der Zweitbank und die korrekte und vollständige Weitergabe der Information.[267] Darüber hinaus hat sie allenfalls eine Evidenzkontrolle bzw. eine Plausibilitätsprüfung der ihr zur Weitergabe an den Kunden übermittelten Auskunft wahrzunehmen.[268] Aus diesem Grund haftet die Erstbank dann

[263] BGH NJW 2007, 54, 57; 2005, 1113, 1114; 2004, 2967, 2969; Soergel/Häuser/Welter, § 676 Rn. 58; Palandt/Heinrichs, § 280 Rn. 39.
[264] BGH NJW 2005, 1113, 1114; 2004, 2967, 2969; NJW-RR 1998, 1271, 1272; Soergel/Häuser/Welter, § 676 Rn. 58; Palandt/Heinrichs, § 280 Rn. 39.
[265] BGH NJW 2005, 1113, 1114; 2002, 2703, 2704; Palandt/Heinrichs, § 280 Rn. 39.
[266] BGH NJW-RR 1991, 1265; Berger, ZBB 2001, S. 238, 250; Bruchner in Schimansky/Bunte/Lwowski, Bankrechtshandbuch, § 40 Rn. 42; Palandt/Heinrichs, Vorb. v. § 249 Rn. 63.
[267] Staub/Canaris, Rn. 83.
[268] Bruchner in Schimansky/Bunte/Lwowski, Bankrechtshandbuch, § 40 Rn. 42.

nicht nach § 278 BGB für ein Verschulden der Zweitbank, wenn bereits diese ihr die Auskunft fehlerhaft erteilt hat.

h) Art und Umfang des Schadensersatzes

aa) Art des Schadensersatzes und Schadensberechnung

Nach der schadensersatzrechtlichen Grundnorm des § 249 Abs. 1 BGB ist der Kunde so zu stellen, wie er stehen würde, wenn die Bank ihm eine inhaltlich richtige Auskunft erteilt hätte.[269] Wer auf eine falsche Bankauskunft hin einem anderen ein Darlehen gewährt hat, kann deshalb nicht etwa verlangen, so gestellt zu werden, wie wenn der nicht kreditwürdige Darlehensnehmer der falschen Bankauskunft entsprechend kreditwürdig gewesen wäre, sondern nur so, wie wenn er über die fehlende Kreditwürdigkeit richtig informiert worden wäre.[270] In der Regel hätte der Kunde dann das Geschäft mit der angefragten Person nicht oder zumindest nicht zu diesen Konditionen abgeschlossen, sodass der Anspruch auf Schadensersatz regelmäßig auf das negative Interesse geht. Das negative Interesse umfasst auch den entgangenen Gewinn aus einem Geschäft, das der Kunde aufgrund des pflichtwidrigen Verhaltens der Bank nicht abgeschlossen hat.[271]

bb) Mitverschulden

Die Ersatzpflicht der Bank kann wegen eines Mitverschuldens des Kunden gemäß § 254 BGB eingeschränkt sein. Bei einem Schadensersatzanspruch wegen Erteilung einer unrichtigen Auskunft kann die Bank dem Kunden allerdings in der Regel nicht entgegenhalten, dass er auf die Richtigkeit ihrer Angaben nicht habe vertrauen dürfen.[272] Stattdessen darf sich der Kunde grundsätzlich auf die Richtigkeit der Auskunft verlassen, ohne eigene Nachprüfungen anstellen zu müssen. Denn der Sinn der erbetenen Auskunft besteht gerade darin, Zweifel des Kunden zu zerstreuen und ihm Gewissheit zu vermitteln.[273] Außerdem gibt derjenige, der einen beruflich Sachkundigen hinzuzieht, damit zu erkennen, dass er auf dem betreffenden Fachgebiet nicht die erforderlichen Kenntnisse hat und auf fremde Hilfe angewiesen ist, sodass sein Vertrauen besonderen Schutz ver-

[269] Soergel/Häuser/Welter, § 676 Rn. 60; Tonner/Tonner in Derleder/Knops/Bamberger, Handbuch Bankrecht, S. 95 Rn. 37.

[270] Staudinger/Wittmann, 13. Bearb. 1995, § 676 Rn. 19.

[271] Tonner/Tonner in Derleder/Knops/Bamberger, Handbuch Bankrecht, S. 95 Rn. 37.

[272] BGH NJW 2004, 1868, 1870; 2000, 1263, 1265; NJW-RR 1998, 16; BGH NJW 1998, 302, 305; Berger, ZBB 2001, S. 238, 250; Palandt/Heinrichs, § 254 Rn. 14; MünchKomm-BGB/Oetker, § 254 Rn. 58; BeckOK-BGB/Unberath, Stand: 01.02.2007, § 254 Rn. 19.

[273] BGH NJW-RR 1998, 16.

dient.[274] Dennoch kann unter besonderen Umständen der Einwand des Mitverschuldens begründet sein. Denn nicht in jedem Fall ist eine eigene berufliche Sachkunde erforderlich, um die Fehlerhaftigkeit der Auskunft erkennen zu können. Der Kunde darf sich deshalb nicht blind auf eine Auskunft verlassen, die auch für ihn erkennbar nicht in sich schlüssig ist oder aus einem sonstigen Grund Anlass zu Misstrauen gibt.[275] Ein Mitverschulden kann auch darin liegen, dass sich der Anfragende auf eine Auskunft verlässt, obwohl diese nach den Umständen – z. B. bei einer telefonischen Ad-hoc-Auskunft – nur oberflächlich sein konnte.[276] Ein Mitverschulden kommt auch dann in Betracht, wenn der anfragende Kunde andere ihm von dritter Seite zugegangene oder zugängliche Informationen nicht hinreichend beachtet.[277]

i) Haftungsbeschränkungen

Haftungsfreizeichnungen spielen heute kaum noch eine Rolle. Bis 1993 enthielten die AGB der Banken und Sparkassen noch eine Klausel, wonach die Haftung für freiwillig erteilte Ratschläge und Auskünfte auf grob fahrlässiges oder vorsätzliches Handeln beschränkt war. Die seit 1994 angewendeten AGB der Banken und der Sparkassen verzichten auf diese Haftungsbeschränkung.[278] Auch der früher oft verwendete Vorbehalt „unverbindlich" oder „ohne unser Obligo" wird offenbar nicht mehr verwendet, denn in der jüngeren Rechtsprechung kommt er nicht mehr vor.[279] Praktische Auswirkungen hat dies auf die Haftung der Banken und Sparkassen aus Vertragsverhandlungen und ähnlichen geschäftlichen Kontakten allerdings nicht. Der BGH legte die früher in den AGB der Banken und Sparkassen verwendeten Freizeichnungsklauseln ohnehin einschränkend dahin aus, dass sie auf das rechtsgeschäftsähnliche gesetzliche Schuldverhältnis keine Anwendung fanden.[280] Gleiches galt für die Vorbehalte „unverbindlich" oder „ohne unser Obligo", die nach dem BGH nicht mehr als eine Wiederholung dieser Freizeichnungsklauseln enthielten.[281] Offen war ledig-

---

[274] BGH NJW-RR 1993, 1114, 1115.
[275] PWW/Fehrenbacher, § 675 Rn. 53.
[276] Bruchner in Schimansky/Bunte/Lwowski, Bankrechtshandbuch, § 40 Rn. 58.
[277] BGH NJW-RR 1993, 1114, 1115; Bruchner in Schimansky/Bunte/Lwowski, Bankrechtshandbuch, § 40 Rn. 58.
[278] Soergel/Häuser/Welter, § 676 Rn. 92.
[279] Soergel/Häuser/Welter, § 676 Rn. 92; Ausnahmefall in BGH NJW-RR 2001, 768, 769, wo die Klausel für unwirksam erklärt wurde.
[280] BGH NJW 1991, 694, 695; 1978, 2547, 2548.
[281] BGH NJW 1970, 1737, 1738.

lich, ob sich die Kreditinstitute durch eine ausdrückliche und deutliche Individualerklärung wirksam freizeichnen konnten.[282]

j) Verjährung

Schadensersatzansprüche aus einer fehlerhaften Bankauskunft verjähren grundsätzlich in der Regelverjährungsfrist von drei Jahren. (§§ 195, 199 BGB).[283] Für den Beginn der Verjährung ist zu beachten, dass dem Kunden regelmäßig bereits mit der Vornahme des bei pflichtgemäßer Auskunft nicht getätigten Geschäfts ein Schaden entsteht.[284]

3. Haftung der Bank für eine „Bank-an-Bank-Auskunft“, bei der die Auskunft im Eigeninteresse der anfragenden Bank eingeholt wird

Nunmehr wird die Haftung der Bank für eine fehlerhafte „Bank-an-Bank-Auskunft“, bei der die Auskunft im Eigeninteresse der anfragenden Bank eingeholt wird, auf Grundlage des § 311 Abs. 2 Nr. 1 bis 3 BGB untersucht. Hier geht es um die Einholung von Bonitätsauskünften über Kunden der befragten Bank, mit denen die anfragende Bank ein Geschäft tätigen möchte.

a) Abgrenzung zum Auskunftsvertrag und sonstigen vertraglichen Haftungsgrundlagen

Die Rechtsprechung arbeitet auch bei den Bonitätsauskünften unter Banken mit der Konstruktion eines stillschweigend abgeschlossenen Auskunftsvertrags.[285] Das überzeugt auch in dieser Konstellation nicht. Ebenso wenig wie im Verhältnis zwischen der Bank und ihrem Kunden bedarf es im Verhältnis der Banken untereinander der Konstruktion eines Auskunftsvertrags. Eine Verpflichtung der Kreditinstitute untereinander zur Erteilung von Kreditauskünften besteht nicht. Es handelt sich hierbei vielmehr um eine freiwillige Übung, aus der sich kein Rechtsanspruch auf Auskunftserteilung ableiten lässt.[286] Es geht daher auch im Verhältnis der Banken untereinander allein um die Pflicht der angefragten Bank, wenn sie denn eine Auskunft erteilt, diese auch richtig, vollständig und klar zu erteilen. Diese Pflicht lässt sich aber bereits aus dem Gesetz, nämlich aus § 311

---

282 Siol in Schimansky/Bunte/Lwowski, Bankrechtshandbuch, § 43 Rn. 56.

283 Baumbach/Hopt, § 347 Rn. 39; PWW/Fehrenbacher, § 675 Rn. 54; Tonner/Tonner in Derleder/Knops/Bamberger, Handbuch Bankrecht, S. 95 Rn. 40.

284 Vgl. BGH NJW 2005, 1579, 1580; 1993, 2865, 2866; MünchKomm-BGB/Emmerich, § 311 Rn. 120; Palandt/Grüneberg, § 311 Rn. 55; Erman/Kindl, § 311 Rn. 43; AnwKom-Schuldrecht/Krebs, § 311 Rn. 42; Staudinger/Löwisch, § 311 Rn. 143.

285 BGH NJW-RR 1991, 1265; NJW 1997, 730, 731.

286 Bruchner in Schimansky/Bunte/Lwowski, Bankrechtshandbuch, § 40 Rn. 26.

Abs. 2 Nr. 1 bis 3 BGB, herleiten. Die Konstruktion eines stillschweigend geschlossenen Auskunftsvertrags wird dadurch überflüssig.[287]

b) Abgrenzung zur Dritthaftung

Bei einer „Bank-an-Bank-Auskunft" erhält die anfragende Bank die Bankauskunft aufgrund einer unmittelbar zwischen ihr und der auskunftserteilenden Bank bestehenden Geschäftsbeziehung. Bankauskünfte erhalten nämlich nicht nur eigene Kunden, sondern auch andere Kreditinstitute für deren eigene Zwecke und die ihrer Kunden.[288] Bei der Auskunftsanfrage eines anderen Kreditinstituts wird die angefragte Bank deshalb nicht bloß aufgrund der Geschäftsbeziehung zu ihrem Kunden tätig, sondern als unmittelbarer Geschäftspartner des anderen Kreditinstituts. Diese Annahme entspricht auch dem Verständnis der Kreditinstitute selbst. Dies zeigt sich darin, dass die Spitzenverbände des Kreditgewerbes das Verhältnis zwischen anfragendem und angefragtem Kreditinstitut durch die „Grundsätze für das Bankauskunftsverfahren zwischen Kreditinstituten" eigenständig geregelt haben.[289] Bei einer „Bank-an-Bank-Auskunft" wird die Bank deshalb nicht als Dritter, sondern als unmittelbarer Geschäftspartner des anderen Kreditinstituts tätig. Es geht in dieser Konstellation demgemäß nicht um einen Dritthaftungsfall, sondern um die „einfache" Haftung zwischen unmittelbaren Geschäftspartnern.

c) Entstehung des rechtsgeschäftsähnlichen Schuldverhältnisses

Die Entstehung eines rechtsgeschäftsähnlichen Schuldverhältnisses lässt sich bei „Bank-an-Bank-Auskünften" in der Regel nicht damit begründen, dass zwischen den beteiligten Kreditinstituten Vertragsverhandlungen geführt werden (Nr. 1) oder Vertragsanbahnungen stattfinden (Nr. 2). Bei der Auskunftsanfrage eines Kreditinstituts über die Bonität eines Kunden der angefragten Bank geht es nicht um einen Vertragsschluss zwischen den am Auskunftsverfahren beteiligten Kreditinstituten, sondern um einen Vertragsschluss zwischen dem anfragenden Kreditinstitut mit dem Kunden der angefragten Bank.[290] Auch bei „Bank-an-Bank-Auskünften" kommt deshalb in der Regel nur die Annahme eines ähnlichen geschäftlichen Kontakts (Nr. 3) in Betracht.

---

[287] Vgl. Staub/Canaris, Rn. 77 und 89; Nobbe, WM 2005, S. 1537, 1539.

[288] Nr. 2 Abs. 4 AGB-Banken = Nr. 3 Abs. 2 AGB-Sparkassen (Fassung April 2002); Bruchner in Schimansky/Bunte/Lwowski, Bankrechtshandbuch, § 40 Rn. 24; Kümpel, Bank- und Kapitalmarktrecht, S. 76 Rn. 2.211.

[289] Bruchner in Schimansky/Bunte/Lwowski, Bankrechtshandbuch, § 40 Rn. 33; Kümpel, Bank- und Kapitalmarktrecht, S. 72 Rn. 2.201.

[290] Staub/Canaris, Rn. 92.

Das Merkmal „geschäftlicher Kontakt" ist dabei regelmäßig gegeben. Bei „Bank-an-Bank-Auskünften" liegt es nahe, dass die Auskunft im Rahmen einer schon bestehenden Geschäftsverbindung zwischen den Banken erteilt wird oder zumindest beabsichtigt ist, eine über den einmaligen Auskunftskontakt hinausgehende Geschäftsverbindung anzuknüpfen. Hierfür spricht, dass zwischen den Spitzenverbänden des Kreditgewerbes „Grundsätze für die Durchführung des Bankauskunftsverfahrens zwischen Kreditinstituten" vereinbart wurden.[291] Bereits die Existenz dieser Vereinbarung lässt auf die Massenhaftigkeit der „Bank-an-Bank-Auskünfte" schließen. Es kann also in der Regel davon ausgegangen werden, dass die Auskunft im Rahmen einer bereits bestehenden Geschäftsbeziehung zwischen den Banken erteilt wird. Auch wenn dies ausnahmsweise nicht der Fall ist, ist davon auszugehen, dass zumindest die Anknüpfung einer Geschäftsbeziehung beabsichtigt ist. Denn das Auskunftsverfahren zwischen Kreditinstituten beruht auf Freiwilligkeit. Seine Funktionsfähigkeit hängt deshalb von der wechselseitigen Mitwirkung der Kreditinstitute ab, sodass diese darauf achten, dass das Gegenseitigkeitsprinzip eingehalten wird.[292] Die Auskunftserteilung an das anfragende Kreditinstitut ist also grundsätzlich von der Erwartung motiviert, dass das angefragte Kreditinstitut in die gleiche Lage kommen kann und dann gleichfalls Auskunft erhalten möchte. Das anfragende Kreditinstitut bringt schon durch seine Anfrage zum Ausdruck, dass es sich dieser Erwartung nicht verschließt. Dies reicht für die Annahme einer Geschäftsbeziehung ebenfalls aus. Die Geschäftsbeziehung setzt keine bestimmte Mindestdauer voraus. Schon das erste Geschäft in Erwartung weiterer Geschäfte ist ausreichend.[293]

Nur in Ausnahmefällen wird daher von vornherein feststehen, dass es zwischen den beteiligten Kreditinstituten bei dem einmaligen Auskunftskontakt bleiben wird. Auch ein solcher einmaliger Auskunftskontakt reicht dann aber aus, um einen „geschäftlichen Kontakt" zwischen den Parteien herzustellen. Der Begriff „geschäftlich" ist weit auszulegen. Er ist deshalb nicht im engeren Sinne einer wirtschaftlichen Tätigkeit, sondern im weiteren Sinne als jede Art von zweckgebundener Tätigkeit zu verstehen.[294] Die Bankauskunft ist eine zweckgebundene Tätigkeit in diesem Sinne. Sie soll dem anfragenden Kreditinstitut eine eigenverantwortliche Entscheidung für oder gegen das in Aussicht genommene Ge-

---

[291] Bruchner in Schimansky/Bunte/Lwowski, Bankrechtshandbuch, § 40 Rn. 33; Kümpel, Bank- und Kapitalmarktrecht, S. 72 Rn. 2.201.

[292] Bruchner in Schimansky/Bunte/Lwowski, Bankrechtshandbuch, § 40 Rn. 26.

[293] BGH WM 1976, 630, 631; 1967, 1077, 1078; RGZ 126, 50, 52; Staub/Canaris, Rn. 5 und 78; Baumbach/Hopt, § 347 Rn. 16; Hopt in Schimansky/Bunte/Lwowski, Bankrechtshandbuch, § 1 Rn. 43; Staudinger/Martinek, § 675 Rn. C 23.

[294] Vgl. Duden, zu „Geschäft": Aufgabe; Angelegenheit, die zu erledigen ist; Wahrig, zu „Geschäft": zweckgebundene Beschäftigung, Tätigkeit, Arbeit, Aufgabe, Auftrag.

schäft in Kenntnis der Kreditwürdigkeit des potenziellen Geschäftspartners ermöglichen.[295]

Das Merkmal „ähnlich“ liegt regelmäßig ebenfalls vor. Es setzt voraus, dass der geschäftliche Kontakt mit einer echten vertraglichen Beziehung in den für die Haftung wegen Rücksichtnahmepflichtverletzungen wesentlichen Merkmalen übereinstimmt.[296] Dies kann nur unter Berücksichtigung der Interessenlage der beteiligten Kreditinstitute nach Treu und Glauben mit Rücksicht auf die Verkehrsanschauung geprüft werden.[297] Dabei kommt es einerseits auf das objektive Schutzbedürfnis und die berechtigten Sicherheitserwartungen des anfragenden Kreditinstituts an. Andererseits ist darauf abzustellen, ob die Annahme von Rücksichtnahmepflichten und das sich daraus ergebende Haftungsrisiko dem angefragten Kreditinstitut unter Berücksichtigung der schutzwürdigen Interessen der Allgemeinheit und der gesetzlichen Wertungen zumutbar sind. Das ist regelmäßig dann anzunehmen, wenn die Auskunft für das anfragende Kreditinstitut erkennbar von erheblicher Bedeutung ist und es sie zur Grundlage wesentlicher Entscheidungen machen will.[298] Dies gilt insbesondere in Fällen, in denen das angefragte Kreditinstitut für die Erteilung der Auskunft besonders sachkundig oder ein eigenes wirtschaftliches Interesse bei ihm im Spiel ist.[299]

Davon ist in der Regel auszugehen. Bei der Einholung von Bonitätsauskünften über Kunden der befragten Bank, mit denen die anfragende Bank ein Geschäft tätigen möchte, stehen für letztere erkennbar erhebliche Interessen auf dem Spiel. Die anfragende Bank darf daher von der befragten Bank berechtigterweise erwarten, dass sie auf diese Gefahrenlage Rücksicht nimmt und die Auskunft mit der erforderlichen Sorgfalt erteilt. Dafür spricht auch, dass sich die beteiligten Banken in den „Grundsätzen für die Durchführung des Bankauskunftsverfahrens zwischen Kreditinstituten“ freiwillig den einzuhaltenden Standards unterworfen haben. Dafür spricht außerdem, dass das befragte Kreditinstitut seinerseits jederzeit in die Lage kommen kann, die Rolle des Anfragenden zu übernehmen. Die beteiligten Banken können daher im Rahmen wechselseitiger

---

295 Bruchner in Schimansky/Bunte/Lwowski, Bankrechtshandbuch, § 40 Rn. 1; Kümpel, Bank- und Kapitalmarktrecht, S. 71 Rn. 2.195.

296 Vgl. Schwarze, AcP 203, S. 348, 357; Teubner, Liber Amicorum Schmidt, S. 303, 306 zum Drittschutz.

297 Vgl. Westermann/Bydlinski/Weber, BGB-Schuldrecht AT, § 11 Rn. 6.

298 Erman/Ehmann, § 675 Rn. 9; vgl. BGH NJW-RR 2006, 993, 994; NJW 2003, 1521, 1523; NJW-RR 2001, 768, 769; NJW 1992, 2080, 2082; 1979, 1449; 1953, 60 zur Abgrenzung Auskunft aus reiner Gefälligkeit - stillschweigend geschlossener Auskunftsvertrag.

299 Erman/Ehmann, § 675 Rn. 9; vgl. BGH NJW-RR 2006, 993, 994; NJW 1992, 2080, 2082; 1979, 1449 zur Abgrenzung Auskunft aus reiner Gefälligkeit - stillschweigend geschlossener Auskunftsvertrag.

Bankauskünfte nur ein Interesse daran haben, zuverlässige Auskünfte zu erhalten und zu geben.[300] Es ist daher nicht einzusehen, dass Banken im Rahmen von „Bank-an-Bank-Auskünften" nicht ebenso auf die Richtigkeit, Vollständigkeit und Klarheit der freiwillig erteilten Auskunft vertrauen dürfen sollen wie die Parteien einer „echten" vertraglichen Beziehung.

d) Weitere Voraussetzungen und Rechtsfolgen

Hinsichtlich der weiteren Voraussetzungen und Rechtsfolgen der Haftung gilt im Grundsatz das zur Haftung für „Bank-an-Kunden-Auskünfte" Gesagte. Deshalb sollen hier nur die Abweichungen dargestellt werden: Bei einer „Bank-an-Bank-Auskunft" werden an die Bankauskunft inhaltlich etwas geringere Anforderungen gestellt, weil aufseiten der anfragenden Bank deren eigene besondere Sachkunde und ihre Vertrautheit mit dem Auskunftsverfahren zu berücksichtigen sind. Eine Bank ist deshalb noch mehr als ein Privatkunde gehalten, zwischen den Zeilen zu lesen. Für sie gilt in noch stärkerem Maße, dass sie bei Zweifeln Rücksprache halten muss. Die anfragende Bank muss sich auch deutlich früher als ein Privatkunde ein Mitverschulden gemäß § 254 BGB entgegenhalten lassen. Einer Bank ist nämlich in weiterem Maße als einem Privatkunden eine Überprüfung der Bankauskunft auf Plausibilität und erkennbare Unrichtigkeiten zuzumuten. Die angefragte Bank haftet nur innerhalb des angegebenen Zwecks. Gibt die anfragende Bank eine im eigenen Interesse eingeholte Auskunft an einen ihrer Kunden weiter, braucht die auskunftserteilende Bank dem Kunden für einen hieraus entstehenden Schaden deshalb nicht einzustehen.[301]

4. Haftung der Bank für eine „Bank-an-Bank-Auskunft", bei der die Auskunft im Interesse eines Kunden der anfragenden Bank eingeholt wird

Zuletzt wird die Haftung der Bank für eine fehlerhafte „Bank-an-Bank-Auskunft", die im Interesse eines Kunden der anfragenden Bank eingeholt wird, auf Grundlage des § 311 Abs. 2 Nr. 1 bis 3 BGB untersucht. Hier geht es darum, dass eine Bank im Auftrag eines ihrer Kunden bei einem anderen Kreditinstitut eine Bonitätsauskunft über dessen Kunden einholt.

Eine Haftung des auskunftserteilenden Kreditinstituts gegenüber dem Kunden der anfragenden Bank auf Grundlage des § 311 Abs. 2 Nr. 1 bis 3 BGB kommt in der Regel nicht in Betracht. Im Normalfall handelt es sich hier nämlich nicht um die „einfache" Haftung zwischen unmittelbaren Geschäftspartnern, sondern

---

300 BGH NJW 1968, 588, 590.

301 BGH NJW-RR 1991, 1265; Bruchner in Schimansky/Bunte/Lwowski, Bankrechtshandbuch, § 40 Rn. 49; Soergel/Häuser/Welter, § 676 Rn. 81.

um einen Dritthaftungsfall. Bankauskünfte erhalten nämlich nur eigene Kunden sowie andere Kreditinstitute für deren Zwecke und die ihrer Kunden.[302] Nichtkunden erhalten demgegenüber keine Bankauskünfte.[303] Unter Berücksichtigung dessen kann ein Nichtkunde sich nach Treu und Glauben und der Verkehrsauffassung grundsätzlich nicht selbst als Geschäftspartner der fremden Bank betrachten. Stattdessen muss ihm klar sein, dass er die Bankauskunft grundsätzlich nur als Dritter über sein Kreditinstitut als den eigentlichen Geschäftspartner der Bank erhält.[304] Die Haftung der Bank gegenüber dem Kunden des anderen Kreditinstituts ist deshalb regelmäßig als Dritthaftungsfall nicht § 311 Abs. 2 Nr. 1 bis 3 BGB, sondern Abs. 3 S. 1 und 2 des § 311 BGB zuzuordnen.

### XII. Fazit

Die Untersuchungen zu § 311 Abs. 2 Nr. 3 BGB haben gezeigt, dass bei diesem Tatbestand vor allem an die sog. Gefälligkeitsauskünfte zu denken ist, sodass die Haftung in diesen Fällen nicht mehr auf den häufig nur fiktiven Auskunftsvertrag gestützt werden muss.

Es hat sich außerdem herausgestellt, dass das Merkmal „ähnlich" entgegen dem ersten Anschein nicht voraussetzt, dass der geschäftliche Kontakt einen wie auch immer zu bestimmenden rechtsgeschäftsähnlichen Charakter hat. Stattdessen geht es darum, ob aufgrund des geschäftlichen Kontakts eine Haftung nach vertragsrechtlichen Grundsätzen in gleicher Weise gerechtfertigt ist wie in einer echten rechtsgeschäftlichen Beziehung. Dies beurteilt sich danach, was unausgesprochen durch den Zweck des geschäftlichen Kontakts nach Treu und Glauben mit Rücksicht auf die Verkehrsanschauung gefordert wird. Dabei kommt es einerseits auf das objektive Schutzbedürfnis und die berechtigten Sicherheitserwartungen des Empfängers an. Andererseits ist darauf abzustellen, ob die Annahme von Rücksichtnahmepflichten und das sich daraus ergebende Haftungsrisiko dem Auskunftsgeber unter Berücksichtigung der schutzwürdigen Interessen der Allgemeinheit und der gesetzlichen Wertungen zumutbar sind. Ausschlaggebend dafür sind die Art der erteilten Auskunft, ihr Grund und Zweck, ihre wirtschaftliche und rechtliche Bedeutung, insbesondere für den Empfänger, die Umstände, unter denen sie erteilt wird und die Interessenlage der Beteiligten.

In Anwendung dieser Grundsätze ist ein ähnlicher geschäftlicher Kontakt im Sinne des § 311 Abs. 2 Nr. 3 BGB regelmäßig dann anzunehmen, wenn die

---

[302] Nr. 2 Abs. 4 AGB-Banken = Nr. 3 Abs. 2 AGB-Sparkassen (Fassung April 2002); Bruchner in Schimansky/Bunte/Lwowski, Bankrechtshandbuch, § 40 Rn. 24; Kümpel, Bank- und Kapitalmarktrecht, S. 76 Rn. 2.211.

[303] Bruchner in Schimansky/Bunte/Lwowski, Bankrechtshandbuch, § 40 Rn. 24.

[304] Vgl. Staub/Canaris, Rn. 92.

Auskunft für den Empfänger erkennbar von erheblicher Bedeutung ist und er sie zur Grundlage wesentlicher Entscheidungen machen will. Dies gilt insbesondere in Fällen, in denen der Auskunftsgeber für die Erteilung der Auskunft besonders sachkundig oder ein eigenes wirtschaftliches Interesse bei ihm im Spiel ist.

Im Ergebnis können somit die Kriterien, welche die Rechtsprechung für den stillschweigend geschlossenen Auskunftsvertrag entwickelt hat, auch im Rahmen des § 311 Abs. 2 Nr. 3 BGB fruchtbar gemacht werden. Auch auf der Rechtsfolgenseite ergeben sich keine wesentlichen Unterschiede zu den von der Rechtsprechung herausgearbeiteten Grundsätzen. Die Auswirkungen der neuen Gesetzeslage beschränken sich damit darauf, dass die allgemein anerkannten Ergebnisse der Rechtsprechung nunmehr auf eine saubere dogmatische Grundlage gestellt werden können.

Die Untersuchungen zu § 311 Abs. 2 Nr. 3 BGB haben schließlich noch ergeben, dass die Entstehung von Schutzwirkungen für Dritte aus culpa in contrahendo nicht auf diesen Tatbestand gestützt werden kann, weil er nur die „einfache" Haftung zwischen unmittelbaren Geschäftspartnern erfasst und Dritthaftungsfälle erst in Abs. 3 S. 1 und 2 geregelt sind.

## B. Eigenhaftung Dritter für vertraglich nicht geschuldete Informationen auf Grundlage des § 311 Abs. 3 S. 1 und 2 BGB

Gemäß § 311 Abs. 3 S. 1 BGB kann ein rechtsgeschäftsähnliches Schuldverhältnis auch zu Personen entstehen, die nicht selbst Vertragspartei werden sollen. Nach S. 2 entsteht ein solches Schuldverhältnis insbesondere, wenn der Dritte in besonderem Maße Vertrauen für sich in Anspruch nimmt und dadurch die Vertragsverhandlungen oder den Vertragsschluss erheblich beeinflusst.

Laut der Gesetzesbegründung wurde mit diesen beiden Bestimmungen vor allem die Möglichkeit der Haftung von Dritten angesprochen und in einer Weise geregelt, die eine Weiterentwicklung dieses Rechtsinstituts durch Rechtsprechung und Wissenschaft erlaubt.[305] Nachfolgend wird untersucht, in welchen Grenzen die beiden Bestimmungen die Haftung von Dritten tatsächlich ermöglichen. Dazu werden sie mithilfe der klassischen Auslegungsmethoden konkretisiert und systematisiert.

[305] BT-Drucks. 14/6040, S. 163; MünchKomm-BGB/Emmerich, Bd. 2 a, 4. Aufl., § 311 Rn. 198 und 201; Huber/Faust, Schuldrechtsmodernisierung, 1. Teil 3. Kapitel Rn. 12; PWW/Medicus, § 311 En. 34.

## I. Eigenhaftung Dritter für vertraglich nicht geschuldete Informationen wegen der Inanspruchnahme besonderen persönlichen Vertrauens gemäß § 311 Abs. 3 S. 2 BGB

Eine Eigenhaftung des Auskunftsgebers für fehlerhafte Information nach § 311 Abs. 3 S. 2 BGB setzt voraus, dass er ein Dritter ist, in besonderem Maße Vertrauen für sich in Anspruch nimmt und dadurch die Vertragsverhandlungen oder den Vertragsschluss erheblich beeinflusst.

### 1. Der Begriff „Dritter"

Der Auskunftsgeber muss ein „Dritter" sein. Dritter in diesem Sinne ist, wer nicht selbst Vertragspartei werden soll, an den Vertragsverhandlungen oder der Anbahnung eines Vertrags aber als Vertreter oder Verhandlungsgehilfe einer Partei beteiligt ist.[306] Dies folgt zum einen aus der Bezugnahme auf S. 1, der von einer Person spricht, die nicht selbst Vertragspartei werden soll. Dies ergibt sich zum anderen aus S. 2, der eine erhebliche Beeinflussung der Vertragsverhandlungen oder des Vertragsschlusses verlangt.[307]

### 2. Inanspruchnahme besonderen persönlichen Vertrauens

Der Auskunftsgeber muss „in besonderem Maße Vertrauen für sich in Anspruch nehmen". Das kann nur unter engen Voraussetzungen angenommen werden.[308] Voraussetzung ist, dass der Auskunftsgeber als der eigentliche Gewährsmann des Geschäfts auftritt und quasi in eigener Sache tätig wird, obwohl er formal nicht selbst Vertragspartei werden soll.[309] Dazu muss er dem anderen Teil eine zusätzliche, gerade von ihm persönlich ausgehende Gewähr für die Seriosität und die Erfüllung des Geschäfts oder für die Richtigkeit und Vollständigkeit der Erklärungen, die für den Willensentschluss des anderen Teils bedeutsam sind, bieten oder dem anderen Teil in zurechenbarer Weise den Eindruck vermitteln, er werde persönlich die ordnungsgemäße Abwicklung des Geschäfts selbst dann gewährleisten, wenn der andere Teil dem Geschäftsherrn nicht oder nur wenig vertraut oder sein Verhandlungsvertrauen sich als nicht gerechtfertigt erweist.[310]

---

[306] Vgl. BGH NJW-RR 2005, 1137; 2004, 308, 309; NJW 1997, 1233.

[307] Vgl. MünchKomm-BGB/Emmerich, § 311 Rn. 234.

[308] BGH NJW 1997, 1233, 1234; NJW-RR 1991, 1241, 1242; MünchKomm-BGB/Emmerich, § 311 Rn. 241 und 245; BeckOK-BGB/Gehrlein/Grüneberg/Sutschet, Stand: 01.02.2007, § 311 Rn. 114; AnwKom-Schuldrecht/Krebs, § 311 Rn. 49.

[309] Vgl. Larenz/Wolf, Bürgerliches Recht AT, § 31 Rn. 35 und 37.

[310] BGH BeckRS 2007 03797; NJW-RR 2006, 993, 994; 2005, 1137; 2002, 1309, 1310; NJW 1997, 1233; NJW-RR 1992, 605, 606 (nahezu wörtlich); 1991, 1241, 1242; NJW 1990, 1907, 1908; MünchKomm-BGB/Emmerich, § 311 Rn. 241 und 245; BeckOK-BGB/Gehr-

Zudem muss er aus seiner Rolle als Vertreter oder Verhandlungsgehilfe des Geschäftsherrn heraustreten und insoweit eine eigenständige Funktion übernehmen.[311] Sonst behandelt er nämlich das in Aussicht genommene Geschäft nicht quasi wie sein eigenes, sondern erfüllt bloß seine Verpflichtungen gegenüber dem Geschäftsherrn.[312] Dann aber liegt der richtige Ansatzpunkt nicht in dem in Aussicht genommenen Geschäft, sondern in dem Vertrag zwischen dem Auskunftsgeber und seinem Geschäftsherrn.[313] Die Erklärungen des Auskunftsgebers müssen sich insofern im Vorfeld einer Garantie bewegen.[314] Von S. 2 werden aus diesem Grund weder die Haftung von Experten, deren Auskünfte, Gutachten oder Ratschläge bestimmungsgemäß bei den Vertragsverhandlungen zwischen anderen Personen Verwendung finden[315] noch die Sonderfälle[316] der bürgerlich-rechtlichen Prospekthaftung[317] und der Haftung des Gebrauchtwagenhändlers beim Agenturgeschäft[318] erfasst.

---

lein/Grüneberg/Sutschet, Stand: 01.02.2007, § 311 Rn. 115; Palandt/Grüneberg, § 311 Rn. 63; Staudinger/Löwisch, § 311 Rn. 154; PWW/Medicus, § 311 Rn. 65.

311 BGH NJW-RR 2002, 1309, 1310; NJW 1995, 1213, 1215; OLG Köln NJW-RR 1997, 308, 309; Canaris, JZ 2001, S. 499, 521; Kersting, Dritthaftung, S. 44 und 259.

312 BGH NJW-RR 2002, 1309, 1310; NJW 1995, 1213, 1215.

313 Vgl. BeckOK-BGB/Gehrlein/Grüneberg/Sutschet, Stand: 01.02.2007, § 311 Rn. 121; Palandt/Grüneberg, § 311 Rn. 60; MünchKomm-BGB/Gottwald, § 328 Rn. 114; Staudinger/Jagmann, § 328 Rn. 92; Teubner, Liber Amicorum Schmidt, S. 303, 328 f.; MünchKomm-BGB/Wagner, 4. Aufl., § 826 Rn. 59; a. A. Canaris, JZ 2001, S. 499, 520, obwohl der Sachverständige nicht per se aus seiner Rolle als Erfüllungsgehilfe heraustritt, was auf S. 521 ausdrücklich vorausgesetzt wird; MünchKomm-BGB/Emmerich, § 311 Rn. 230 ff., Schwab, JuS 2002, S. 872, 877.

314 BGH NJW-RR 2006, 993, 994; NJW 1994, 2220, 2222; OLG Koblenz NJW-RR 2003, 1198, 1199; NJOZ 2002, 957, 959; OLG Hamm WM 1993, 241; Canaris, JZ 2001, S. 499, 521; MünchKomm-BGB/Emmerich, § 311 Rn. 241; PWW/Medicus, § 311 Rn. 65.

315 Vgl. BeckOK-BGB/Gehrlein/Grüneberg/Sutschet, Stand: 01.02.2007, § 311 Rn. 121; AnwKom-Schuldrecht/Krebs, § 311 Rn. 49 und 54; Staudinger/Jagmann, § 328 Rn. 92; Teubner, Liber Amicorum Schmidt, S. 303, 328 f.; MünchKomm-BGB/Wagner, 4. Aufl., § 826 Rn. 59; offen Lieb in Dauner-Lieb/Heidel/Lepa/Ring, Das Neue Schuldrecht, S. 143 Rn. 46 f.; a. A. Blenske in Schimmel/Buhlmann, Frankfurter Handbuch, S. 175 Rn. 66; Canaris, JZ 2001, S. 499, 520; Finn, NJW 2004, S. 3752, 3754; Kersting, Dritthaftung, S. 318 ff.; Koch, WM 2005, S. 1208, 1211; ders., AcP 204, S. 59 ff.; PWW/Medicus, § 311 Rn. 66 und § 328 Rn. 7 und 21; PWW/Fehrenbacher, § 675 Rn. 57: Fall des § 311 Abs. 3 S. 1 BGB; Schwab, JuS 2002, S. 872, 877: § 311 Abs. 2 Nr. 3 BGB.

316 BGH NJW-RR 1992, 605; MünchKomm-BGB/Emmerich, § 311 Rn. 249; BeckOK-BGB/Gehrlein/Grüneberg/Sutschet, Stand: 01.02.2007, § 311 Rn. 119 mit IV. Sonderfälle; Palandt/Grüneberg, § 311 Rn. 64; Staudinger/Löwisch, § 311 Rn. 157.

317 Blenske in Schimmel/Buhlmann, Frankfurter Handbuch, S. 175 Rn. 65: Fall des § 311 Abs. 3 S. 1 BGB; Palandt/Grüneberg, § 311 Rn. 64: Sonderfall; Palandt/Heinrichs, § 280 Rn. 55 f.: Anspruchsgrundlage allein § 280 BGB; Kersting, Dritthaftung, S. 332 f.: Fall des § 311 Abs. 3 S. 2 BGB; AnwKom-Schuldrecht/Krebs, § 311 Rn. und 54: kein Fall des

a) Wortlaut

Die hier vertretene enge Auslegung ist vom Wortlaut des Gesetzes gedeckt. Danach muss der Vertreter oder sonstige Verhandlungsgehilfe in besonderem Maße Vertrauen für sich in Anspruch nehmen. Das bedeutet nach dem allgemeinen Sprachgebrauch, dass er in besonderem Maße von sich behaupten muss, dass man sich auf ihn verlassen kann.[319] Weitere Erkenntnisse lassen sich aus dem Wortlaut nicht ziehen. Er eröffnet daher einen weiten Auslegungsspielraum. Bei weiter Auslegung erfasst er nicht nur die Haftung für Erklärungen im Vorfeld einer Garantie, sondern auch die Haftung von Experten, deren Auskünfte, Gutachten oder Ratschläge bestimmungsgemäß bei den Vertragsverhandlungen zwischen anderen Personen Verwendung finden[320] und die Sonderfälle der Prospekthaftung[321] und der Haftung von Gebrauchtwagenhändlern beim Agenturgeschäft[322]. Bei enger Auslegung lassen sich die letztgenannten Fälle allerdings auch aus dem Anwendungsbereich der Vorschrift ausschließen, ohne dass man in den Kernbereich des Wortlauts eingreifen würde.

b) Entstehungsgeschichte

Die hier vertretene enge Auslegung steht auch im Einklang mit der bisherigen Rechtsprechung. Danach haftet aus einem Verschulden bei den Vertragsverhandlungen grundsätzlich nur, wer selbst Vertragspartei ist oder werden soll.[323]

---

§ 311 Abs. 3 S. 2 BGB. Fraglich, ob man die Haftung unter S. 1 einordnen kann; Larenz/Wolf, Bürgerliches Recht AT, § 31 Rn. 50: der Haftung für culpa in contrahendo vergleichbar; Staudinger/Löwisch, § 311 Rn. 157; Hk-BGB/Schulze, § 311 Rn. 22: aus den Grundsätzen der culpa in contrahendo entwickelt; a. A. Erman/Kindl, § 311 Rn. 54: Fall des § 311 Abs. 3 S. 2 BGB; in diesem Sinne auch MünchKomm-BGB/Emmerich, § 311 Rn. 246 und 191 ff.; Soergel/Wiedemann, 12. Aufl., vor § 275 Rn. 338: Richterrecht, das über den Ansatz der Dritthaftung aus culpa in contrahendo hinausgewachsen ist und an andere Rechtsinstitute nicht angelehnt werden kann.

318 A. A. Medicus, Schuldrecht AT, § 14 Rn. 110 f.

319 Vgl. Duden, zu etwas für sich in „Anspruch" nehmen: etwas Bestimmtes von sich behaupten und „Vertrauen": festes Überzeugtsein von der Verlässlichkeit, Zuverlässigkeit einer Person; Wahrig, zu etwas in „Anspruch" nehmen: Gebrauch davon machen, verwenden, benutzen und „ Vertrauen": Zuversicht, fester Glaube an jemands Zuverlässigkeit; enger Kersting, Dritthaftung, S. 214: „Mit der Inanspruchnahme von Vertrauen ist gemeint, dass der Vertrauensnehmer eine Vertrauenserwartung tatsächlich hervorruft oder sich auf eine vorhandene Vertrauenserwiderung beruft sowie dass er diese Vertrauenserwartung dem Vertrauensnehmer als Grundlage für eine Vertrauenshandlung anbietet."

320 BT-Drucks. 14/6040, S. 163; Canaris, JZ 2001, S. 499, 520; AnwKom-Schuldrecht/Krebs, § 311 Rn. 48.

321 Erman/Kindl, § 311 Rn. 54; AnwKom-Schuldrecht/Krebs, § 311 Rn. 48.

322 Medicus, Schuldrecht AT, § 14 Rn. 110 f.

323 BGH NJW-RR 1991, 1241, 1242; NJW 1983, 2696, 1981, 922; 1971, 1309, 1310.

Vertreter oder sonstige Verhandlungsgehilfen einer Partei können nur ausnahmsweise und unter besonderen Umständen aus einem Verschulden bei den Vertragsverhandlungen selbst in Anspruch genommen werden.[324] Solche besonderen Umstände sind gegeben, wenn der Vertreter oder sonstige Verhandlungsgehilfe in besonderem Maße Vertrauen für sich in Anspruch nimmt.[325] Dies ist allerdings nur unter engen Voraussetzungen anzunehmen.[326] Voraussetzung ist, dass der Vertreter oder sonstige Verhandlungsgehilfe dem anderen Teil eine zusätzliche, gerade von ihm persönlich ausgehende Gewähr für die Seriosität und die Erfüllung des Geschäfts oder für die Richtigkeit und Vollständigkeit der Erklärungen, die für den Willensentschluss des anderen Teils bedeutsam sind, bietet oder dem anderen Teil in zurechenbarer Weise den Eindruck vermittelt, er werde persönlich die ordnungsgemäße Abwicklung des Geschäfts selbst dann gewährleisten, wenn der andere Teil dem Geschäftsherrn nicht oder nur wenig vertraut oder sein Verhandlungsvertrauen sich als nicht gerechtfertigt erweist.[327] An diesen Voraussetzungen fehlt es, wenn der Vertreter oder sonstige Verhandlungsgehilfe bloß über die für seine Tätigkeit erforderliche besondere Sachkunde verfügt und hierauf hinweist oder sie mit seinem persönlichen Werdegang und eigenen Erfahrungen belegt.[328] Er erweckt damit nur das normale Verhandlungsvertrauen, dass sein Geschäftsherr, was der andere Teil ohnehin erwarten darf, einen sachkundigen Vertreter oder Vermittler eingesetzt hat.[329] Er lässt damit aber nicht erkennen, dass er persönlich die ordnungsgemäße Abwicklung des Geschäfts selbst dann gewährleisten wird, wenn der andere Teil dem Geschäftsherrn nicht oder nur wenig vertraut oder sein Verhandlungsvertrauen sich als nicht gerechtfertigt erweist.[330] Insofern müssen sich seine Erklärungen im Vorfeld einer Garantie bewegen.[331]

Das eher abstrakte Vertrauen in die berufliche Stellung und neutrale Funktion als Sachwalter reicht danach nicht aus, um einen Vertreter oder sonstigen Verhandlungsgehilfen persönlich aus einem Verschulden bei den Vertragsverhand-

---

[324] BGH NJW-RR 2005, 1137; 2004, 308, 309; 1991, 1241, 1242; NJW 1983, 2696, 1981, 922; 1971, 1309, 1310.

[325] BGH NJW-RR 2006, 993, 994; 1991, 1241, 1242; NJW 1983, 2696, 1981, 922; 1971, 1309, 1310.

[326] BGH NJW 1997, 1233, 1234; NJW-RR 1991, 1241, 1242.

[327] BGH BeckRS 2007 03797; NJW-RR 2006, 993, 994; 2005, 1137; 2002, 1309, 1310; NJW 1997, 1233; NJW-RR 1992, 605, 606 (nahezu wörtlich); 1991, 1241, 1242; NJW 1990, 1907, 1908.

[328] BGH NJW-RR 2002, 1309, 1310; 1993, 342, 343; 1991, 1241, 1242; NJW 1990, 506, 1983, 2696.

[329] BGH NJW-RR 1993, 342, 343; NJW 1990, 506, 507; 1990, 1990, 389; 1983, 2696, 2697.

[330] BGH NJW-RR 1993, 342, 343; NJW 1990, 1907, 1908; 1990, 389, 390.

[331] BGH NJW-RR 2006, 993, 994; NJW 1994, 2220, 2222; OLG Koblenz NJW-RR 2003, 1198, 1199; NJOZ 2002, 957, 959; OLG Hamm WM 1993, 241.

lungen in Anspruch zu nehmen.[332] Auf dieses eher abstrakte Vertrauen greift die Rechtsprechung deshalb auch nur in den Sonderfällen der bürgerlich-rechtlichen Prospekthaftung und der Haftung des Gebrauchtwagenhändlers beim Agenturgeschäft zurück, bei denen neben dem Vertrauensgedanken offenkundig noch andere Rechtsgedanken in die Haftung eingehen. Bei der bürgerlich-rechtlichen Prospekthaftung etwa geht es ersichtlich um den Schutz der Kapitalanleger in einem bestimmten, vom Gesetzgeber nicht als regelungsbedürftig gesehenen, aber ausfüllungsbedürftigen Bereich.[333] Die Haftung des Gebrauchtwagenhändlers beim Agenturgeschäft beruht hingegen augenscheinlich auf dem Gedanken, dass der Händler aus rein steuerrechtlichen Gründen nicht als Verkäufer, sondern nur als Vermittler auftritt.[334] Dementsprechend besteht ihre Funktion darin, die zivilrechtlich richtige Rechtslage wiederherzustellen, ohne den Händler der steuerlichen Vorteile der Gestaltung des Geschäfts zu berauben.[335] Außerhalb dieser Sonderfälle tendiert die Rechtsprechung dagegen, wenn sich bloß das eher abstrakte Vertrauen in die berufliche Stellung und neutrale Funktion als Sachwalter feststellen lässt, eindeutig zum Vertrag mit Schutzwirkung für Dritte. Dies gilt insbesondere für die Haftung von Experten, deren Auskünfte, Gutachten oder Ratschläge bestimmungsgemäß nicht nur gegenüber ihren Auftraggebern, sondern auch gegenüber Dritten Verwendung finden.[336] Obwohl die Rechtsprechung auch hier den Haftungsgrund in dem eher abstrakten Vertrauen sieht, das Experten aufgrund der von ihnen erwarteten beruflichen Sachkunde und persönlichen Zuverlässigkeit in Anspruch nehmen,[337] wird die Möglichkeit einer neben die Haftung aus dem Vertrag mit Schutzwirkung für Dritte tretenden Haftung Dritter aus einem Verschulden bei den Vertragsverhandlungen regelmäßig nicht einmal angesprochen.[338]

c) Sinn und Zweck

Die hier vertretene enge Auslegung ist auch mit Rücksicht auf den Sinn und Zweck der Regelung geboten.

---

332 A. A. Kersting, Dritthaftung, S. 265 und 276.

333 BGH NJW 2004, 3420, 3422; 1981, 1449, 1450; MünchKomm-BGB/Emmerich, § 311 Rn. 64.

334 MünchKomm-BGB/Emmerich, § 311 Rn. 249.

335 Z. B. BGH NJW 1981, 922; 1980, 2184, 2185; MünchKomm-BGB/Emmerich, § 311 Rn. 249; Medicus, Schuldrecht AT, § 14 Rn. 110; ders., Gutachten, S. 479, 544.

336 BGH NJW 2006, 1975, 1976; NJW-RR 2004, 1356, 1357; 2004, 1464, 1465; 2003, 1035, 1036 f.; 2002, 1528, NJW 1998, 1948, 1949; 1995, 392; NJW-RR 1989, 696; MünchKomm-BGB/Heermann, 4. Aufl., § 675 Rn. 129.

337 BGH NJW 2004, 3420, 3421.

338 BGH NJW 2006, 1975, 1976; NJW-RR 2004, 1356, 1357; 2004, 1464, 1465; 2003, 1035, 1036 f.; 2002, 1528, NJW 1998, 1948, 1949; 1995, 392; NJW-RR 1989, 696.

aa) Haftungsrechtliche Gleichbehandlung wesentlich gleicher Sachverhalte

Hinter der Regelung steht der Grundgedanke, dass auch zu Personen, die selbst nicht Vertragspartei werden sollen, an den Vertragsverhandlungen aber als Vertreter oder Verhandlungsgehilfe einer Partei beteiligt sind, eine Beziehung entstehen kann, die es nahe legt, diese wie Vertragspartner einer vertragsähnlichen Haftung zu unterwerfen.[339]

Die zentrale Frage lautet deshalb, wann zu einem Vertreter oder sonstigen Verhandlungsgehilfen eine Beziehung entsteht, die es nahe legt, diesen wie einen Vertragspartner einer vertragsähnlichen Haftung zu unterwerfen. Diese Frage ist dahin zu beantworten, dass die Beziehung zu dem Vertreter oder sonstigen Verhandlungsgehilfen mit einer echten vertraglichen Beziehung in den wesentlichen Merkmalen übereinstimmen muss, sodass sie als ein gleichwertiger Ersatz angesehen werden kann (equivalent to contract).[340] Nur dann greift das zentrale Argument der vertragsähnlichen Haftung, die haftungsrechtliche Gleichbehandlung wesentlich gleicher Sachverhalte.[341]

Entscheidend ist somit, dass zwischen der Beziehung zu dem Vertreter oder sonstigen Verhandlungsgehilfen und einer echten vertraglichen Beziehung keine Unterschiede von solcher Art und solchem Gewicht bestehen, dass sie eine unterschiedliche Behandlung hinsichtlich der Haftung rechtfertigen und der andere Teil deshalb auf die schwächere deliktische Haftung zu verweisen ist.

bb) Die Stellung als Vertreter oder sonstiger Verhandlungsgehilfe als wesentlicher Unterschied

Der Unterschied zwischen der Beziehung zu dem Vertreter oder sonstigen Verhandlungsgehilfen und einer echten vertraglichen Beziehung besteht darin, dass dieser nicht selbst Vertragspartei werden soll und an den Vertragsverhandlungen oder der Vertragsdurchführung nur als Vertreter oder Gehilfe einer Partei beteiligt ist. Dieser Unterschied ist tatsächlich von solcher Art und solchem Gewicht, dass eine eigene Haftung des Vertreters oder sonstigen Verhandlungsgehilfen gegenüber dem anderen Teil nach vertragsrechtlichen Grundsätzen normalerweise nicht gerechtfertigt erscheint und der andere Teil deshalb im Verhältnis zu ihm auf die schwächere deliktische Haftung zu verweisen ist.

---

339 BT-Drucks. 14/6040, S. 161 und 163.

340 Vgl. Teubner, Liber Amicorum Schmidt, S. 303, 306.

341 Vgl. Schwarze, AcP 203, S. 348, 357.

Denn die Abgrenzung und Verteilung der haftungsrechtlichen Interessen und Risiken ist außerhalb des deliktischen Bereichs in erster Linie der Privatautonomie der Beteiligten überlassen. Diese ordnet den Gehilfen, seinen Geschäftsherrn und dessen Geschäftspartner rechtlich selbstständigen, hintereinandergeschalteten Geschäftsbeziehungen zu.[342] Diese Geschäftsordnung und die darauf beruhende Abgrenzung und Verteilung der haftungsrechtlichen Interessen und Risiken haben Gesetz und Rechtsprechung grundsätzlich zu akzeptieren.[343] Eine persönliche Haftung des Gehilfen gegenüber dem Geschäftspartner seines Geschäftsherrn darf deshalb nur ausnahmsweise und unter besonderen Umständen angenommen werden.

Eine persönliche Haftung des Gehilfen gegenüber dem Geschäftspartner seines Geschäftsherrn wird im Allgemeinen auch dessen Stellung nicht gerecht. Der Gehilfe wird nämlich nicht im eigenen Namen tätig, sondern als Repräsentant des Geschäftsherrn. Deshalb ist seine Tätigkeit nicht ihm, sondern dem Geschäftsherrn zuzurechnen.

Eine persönliche Haftung des Gehilfen gegenüber dem Geschäftspartner seines Geschäftsherrn lässt sich normalerweise auch nicht mit der Interessenlage der Beteiligten vereinbaren. Denn Gehilfen sind den Interessen ihres Geschäftsherrn verpflichtet und sollen diese umsetzen. Eine persönliche Haftung des Gehilfen gegenüber dem Geschäftspartner seines Geschäftsherrn führt aber dazu, dass er sich zugleich an dessen abweichenden Interessen ausrichten muss. Dadurch droht er in einen von ihm kaum zu überblickenden und zu bewältigenden Interessenwiderstreit zu geraten. Dementsprechend hat nicht nur der Gehilfe, sondern auch sein Geschäftsherr ein berechtigtes Interesse daran, dass nur der Geschäftsherr selbst dem Geschäftspartner haftet.[344] Der Geschäftspartner hat zwar ein genauso berechtigtes Interesse auf Schutz gegen die durch die Einschaltung des Gehilfen begründete Gefährdung. Dieses rechtfertigt aber keine persönliche Haftung des Gehilfen gegenüber dem Geschäftspartner seines Geschäftsherrn. Denn es wird durch § 278 BGB und die Haftungskette Gehilfe – Geschäftsherr – Geschäftspartner hinreichend befriedigt.[345] Das Interesse des Geschäftspartners am Schadensausgleich ist gewahrt, weil ihm der Geschäftsherr nach § 278 BGB nicht nur für sein eigenes, sondern auch für ein Verschulden des Gehilfen einstehen muss. Und auch das Präventionsinteresse des Geschäftspartners ist gewahrt, weil der Gehilfe wegen der Haftungskette Gehilfe – Geschäftsherr – Ge-

---

342 Vgl. BGH NJW 1974, 1503, 1504 zur Haftung in der Absatzkette des Warenkaufs.

343 Vgl. MünchKomm-BGB/Emmerich, Bd. 2 a, 4. Aufl., § 311 Rn. 209 und 219; AnwKom-Schuldrecht/Krebs, § 311 Rn. 47 und 56.

344 Krebs, Sonderverbindung, S. 277 f.; Teubner, Liber Amicorum Schmidt, S. 303, 322.

345 AnwKom-Schuldrecht/Krebs, § 311 Rn. 56; ders., Sonderverbindung, S. 339.

schäftspartner mittelbar auch auf dessen Interessen Rücksicht nehmen muss.[346] Deshalb ist dem berechtigten Interesse des Gehilfen und seines Geschäftsherrn, dass nur der Geschäftsherr selbst dem Geschäftspartner haftet, der Vorrang einzuräumen und eine persönliche Haftung des Gehilfen gegenüber dem Geschäftspartner nicht zuzulassen. Demgemäß ist auch die Haftung aus einem Verschulden bei den Vertragsverhandlungen grundsätzlich auf die zukünftigen Vertragsparteien zu beschränken und eine persönliche Haftung des Vertreters oder sonstigen Verhandlungsgehilfen aus einem Verschulden bei den Vertragsverhandlungen regelmäßig nicht zuzulassen.

cc) Die eine Ausnahme rechtfertigenden besonderen Umstände

Eine persönliche Haftung des Vertreters oder sonstigen Verhandlungsgehilfen aus einem Verschulden bei den Vertragsverhandlungen kommt aus den vorstehenden Gründen nur ausnahmsweise und unter besonderen Umständen in Betracht. Solche besonderen Umstände sind gegeben, wenn der Gehilfe als der eigentliche Gewährsmann des Geschäfts auftritt und quasi in eigener Sache tätig wird, obwohl er formal nicht selbst Vertragspartner werden soll.[347] Dazu muss er dem anderen Teil eine zusätzliche, gerade von ihm persönlich ausgehende Gewähr für die Seriosität und die Erfüllung des Geschäfts oder für die Richtigkeit und Vollständigkeit der Erklärungen, die für den Willensentschluss des anderen Teils bedeutsam sind, bieten oder dem anderen Teil in zurechenbarer Weise den Eindruck vermitteln, er werde persönlich die ordnungsgemäße Abwicklung des Geschäfts selbst dann gewährleisten, wenn der andere Teil dem Geschäftsherrn nicht oder nur wenig vertraut oder sein Verhandlungsvertrauen sich als nicht gerechtfertigt erweist.[348] Zudem muss er aus seiner Rolle als Gehilfe des Geschäftsherrn heraustreten und insoweit eine eigenständige Funktion übernehmen.[349] Sonst behandelt er nämlich das in Aussicht genommene Geschäft nicht quasi wie sein eigenes, sondern erfüllt bloß seine Verpflichtungen gegenüber dem Geschäftsherrn.[350] Dann aber liegt der richtige Ansatzpunkt nicht in dem in Aussicht genommenen Geschäft, sondern in dem Vertrag zwischen dem Gehil-

---

[346] Krebs, Sonderverbindung, S. 339 f.

[347] Vgl. Larenz/Wolf, Bürgerliches Recht AT, § 31 Rn. 35 und 37.

[348] BGH BeckRS 2007 03797; NJW-RR 2006, 993, 994; 2005, 1137; 2002, 1309, 1310; NJW 1997, 1233; NJW-RR 1992, 605, 606 (nahezu wörtlich); 1991, 1241, 1242; NJW 1990, 1907, 1908; MünchKomm-BGB/Emmerich, § 311 Rn. 241 und 245; BeckOK-BGB/Gehrlein/Grüneberg/Sutschet, Stand: 01.02.2007, § 311 Rn. 115; Palandt/Grüneberg, § 311 Rn. 63; Staudinger/Löwisch, § 311 Rn. 154.

[349] BGH NJW-RR 2002, 1309, 1310; NJW 1995, 1213, 1215; OLG Köln NJW-RR 1997, 308, 309; Canaris, JZ 2001, S. 499, 521.

[350] BGH NJW-RR 2002, 1309, 1310; NJW 1995, 1213, 1215.

fen und seinem Geschäftsherrn.[351] Die Erklärungen des Gehilfen müssen sich insofern im Vorfeld einer Garantie bewegen.[352]

Nur unter all diesen Voraussetzungen ist es sachlich gerechtfertigt, den Vertreter oder sonstigen Verhandlungsgehilfen persönlich aus einem Verschulden bei den Vertragsverhandlungen haftbar zu machen. Der Schutz der Interessen des Geschäftspartners ist dann nämlich nicht mehr nur eine Angelegenheit seines Geschäftsherrn. Der Gehilfe macht ihn vielmehr zu einer eigenen Angelegenheit, indem er gegenüber dem Geschäftspartner eine zusätzliche, gerade von ihm persönlich ausgehende Gewähr übernimmt. Der Geschäftspartner kann berechtigterweise erwarten, dass der Gehilfe seine zusätzliche, von dem Geschäftsherrn unabhängige Schutzfunktion ordnungsgemäß erfüllt. Diese berechtigte Schutzerwartung des Geschäftspartners muss durch eine persönliche Haftung des Gehilfen gegenüber dem Geschäftspartner abgesichert werden. Denn sie wird durch § 278 BGB und die Haftungskette Gehilfe – Geschäftsherr – Geschäftspartner nicht hinreichend befriedigt. Die persönliche Haftung des Gehilfen gegenüber dem Geschäftspartner ist diesem auch zuzumuten. Es liegt nämlich in seiner freien Entscheidung, ob er den Schutz der Interessen des Geschäftspartners zu einer eigenen Angelegenheit macht. Es steht auch in seinem freien Belieben, dies von einer angemessenen Vergütung abhängig zu machen oder eine Reduzierung des Haftungsmaßstabs auszuhandeln. Er kann auch hinreichend sicher erkennen, wann er mit seinen Erklärungen die Grenze zwischen bloßer Gehilfentätigkeit und der persönlichen Übernahme der Verantwortung für die Interessen des Geschäftspartners seines Geschäftsherrn überschreitet, wenn man darauf abstellt, dass sich seine Erklärungen im Vorfeld einer Garantie bewegen müssen. Der Gehilfe kann dem Geschäftspartner auch nicht entgegenhalten, dass dieser mit ihm einen Vertrag schließen muss, wenn er auf seine persönliche Haftung Wert legt. Denn der Geschäftspartner darf unter den gegebenen Umständen davon ausgehen, dass ein Vertragsschluss nicht erforderlich ist und der Gehilfe die ihm gegenüber persönlich übernommene zusätzliche Schutzfunktion auch so ordnungsgemäß erfüllen wird. Der persönlichen Haftung des Gehilfen stehen auch keine schutzwürdigen Interessen des Geschäftsherrn entgegen, wenn es

---

[351] Vgl. BeckOK-BGB/Gehrlein/Grüneberg/Sutschet, Stand: 01.02.2007, § 311 Rn. 121; Palandt/Grüneberg, § 311 Rn. 60; Staudinger/Jagmann, § 328 Rn. 92; Teubner, Liber Amicorum Schmidt, S. 303, 328 f.; MünchKomm-BGB/Wagner, 4. Aufl., § 826 Rn. 59; a. A. Canaris, JZ 2001, S. 499, 520, obwohl der Sachverständige nicht per se aus seiner Rolle als Erfüllungsgehilfe heraustritt, was auf S. 521 ausdrücklich vorausgesetzt wird; MünchKomm-BGB/Emmerich, § 311 Rn. 257 ff., Schwab, JuS 2002, S. 872, 877.

[352] BGH NJW-RR 2006, 993, 994; NJW 1994, 2220, 2222; OLG Koblenz NJW-RR 2003, 1198, 1199; NJOZ 2002, 957, 959; OLG Hamm WM 1993, 241; Canaris, JZ 2001, S. 499, 521; MünchKomm-BGB/Emmerich, § 311 Rn. 241; PWW/Medicus, § 311 Rn. 65.

bloß darum geht, dass der Gehilfe notfalls für ihn einspringt und den Schutz des Geschäftspartners an seiner Stelle gewährleistet.

Schutzwürdige Allgemeininteressen oder gesetzliche Wertungen stehen der persönlichen Haftung des Gehilfen ebenfalls nicht entgegen. Sie steht insbesondere nicht im Widerspruch zur weitgehenden Ausklammerung reiner Vermögensschäden aus dem Deliktsrecht und den dahinter stehenden Grundgedanken. Denn sie bewirkt keinen uneingeschränkten Vermögensschutz, lässt eine Haftungsausuferung nicht befürchten und bringt die Interessen der Beteiligten und der Allgemeinheit zu einem angemessenen Ausgleich. Es entspricht auch einem allgemeinen deliktischen Grundsatz, dass derjenige, der tatsächlich eine Schutzfunktion gegenüber einem anderen übernimmt und diesen dadurch dazu veranlasst, anderweitige Maßnahmen zu seinem Schutz zu unterlassen oder sich einer Gefahr auszusetzen, der er nicht gewachsen ist, alle notwendigen und ihm zumutbaren Vorkehrungen zu treffen hat, um eine Schädigung des anderen möglichst zu verhindern.[353] Die persönliche Haftung des Gehilfen berücksichtigt auch die Wertungen des Vertragsrechts. Sie akzeptiert nämlich die Privatautonomie der Beteiligten, die den Gehilfen, seinen Geschäftsherrn und dessen Geschäftspartner rechtlich selbstständigen, hintereinandergeschalteten Geschäftsbeziehungen zuordnet. Sie lässt eine persönliche Haftung des Gehilfen deshalb nur zu, wenn dieser die Geschäftsordnung selbst durchbricht, indem er eine persönliche Gewähr gegenüber dem Geschäftspartner übernimmt. Die persönliche Haftung des Gehilfen stimmt schließlich auch mit den Wertungen des Auftrags (§§ 662 ff. BGB) und der Geschäftsführung ohne Auftrag (§§ 677 ff. BGB) überein. Der Gehilfe ist nämlich nicht persönlich haftbar, wenn er bloß als Repräsentant des Geschäftsführers anzusehen ist. Er ist erst dann selbst verantwortlich, wenn er die Geschäftsbesorgung zu einer eigenen Angelegenheit macht und sich damit in die Rolle eines Geschäftsführers aufschwingt.

### 3. Erhebliche Beeinflussung der Vertragsverhandlungen oder des Vertragsschlusses

Der Auskunftsgeber muss durch die Inanspruchnahme besonderen Vertrauens die Vertragsverhandlungen oder den Vertragsschluss erheblich beeinflussen. Die Gewährübernahme des Auskunftsgebers muss sich also auf den Verhandlungsverlauf und dessen Ergebnis messbar auswirken.[354]

---

353 BGH NJW 2007, 762, 763; 2006, 2326; 2004, 1449, 1450; NJW-RR 2003, 1459; BeckOK-BGB/Spindler, Stand: 01.10.2007, § 823 Rn. 228; Palandt/Sprau, § 823 Rn. 46.

354 BeckOK-BGB/Gehrlein/Grüneberg/Sutschet, Stand: 01.02.2007, § 311 Rn. 117; Kersting, Dritthaftung, S. 42 und 44; Koch, AcP 204, S. 59, 79; AnwKom-Schuldrecht/Krebs, § 311 Rn. 50; PWW/Medicus, § 311 Rn. 67.

4. Weitere Voraussetzungen und Rechtsfolgen

Für die weiteren Voraussetzungen und Rechtsfolgen der persönlichen Haftung von Vertretern und Verhandlungsgehilfen für ein Verschulden bei den Vertragsverhandlungen gelten die gleichen Grundsätze wie für die Haftung des zukünftigen Vertragspartners (Seiten 96 ff.).[355]

5. Kerstings Konzept des § 311 Abs. 3 S. 2 BGB als einheitliche Anspruchsgrundlage für alle Fälle der Informationshaftung Dritter

Kersting befasst sich in seiner erst kürzlich erschienenen Habilitation ebenfalls mit dem Problem der Haftung Dritter für Informationen, mit denen diese auf einen fremden Vertrag Einfluss nehmen.[356]

a) Grundlagen des Konzepts

Auch er hält den Lösungsweg der Rechtsprechung, die bestrebt ist, dem Geschädigten nach Möglichkeit eine vertragliche Grundlage für einen Schadensersatzanspruch mit allen damit verbundenen Vorteilen zu verschaffen, nicht für gangbar.[357]

Die Annahme eines stillschweigend geschlossenen Auskunfts- oder Beratungsvertrags sei in aller Regel eine Fiktion, die darüber hinaus in einem kaum aufzulösenden Widerspruch zu § 675 Abs. 2 BGB stehe.[358] Die Einbeziehung Dritter in den Schutzbereich von Verträgen mit Experten lasse sich bei dem häufig bestehenden Interessengegensatz zwischen dem Auftraggeber des Experten und dem zu schützenden Dritten ebenfalls nicht aus dem Parteiwillen ableiten, und auch die Problematik des § 334 BGB könne auf Grundlage einer vertraglichen Herleitung nicht überzeugend gelöst werden.[359]

Neben den dogmatischen Einwänden gegenüber den vertraglichen Ansätzen der Rechtsprechung könne auch die bisher praktizierte tatbestandliche Abgrenzung zwischen stillschweigend geschlossenem Auskunfts- und Beratungsvertrag, Vertrag mit Schutzwirkung für Dritte und Dritthaftung aus culpa in contrahendo nicht überzeugen. Besonders deutlich werde dies daran, dass bestimmte Gesichtspunkte der Haftungsbegründung wie „Vertrauen“ und „berufliche Stel-

[355] BeckOK-BGB/Gehrlein/Grüneberg/Sutschet, Stand: 01.02.2007, § 311 Rn. 122; Staudinger/Löwisch, § 311 Rn. 159 f; i E. auch Kersting, Dritthaftung, S. 337 ff.
[356] Kersting, Dritthaftung.
[357] Kersting, a. a. O., S. 98 ff.
[358] Kersting, a. a. O., S. 62 ff. und 101.
[359] Kersting, a. a. O., S. 21 ff. und 101.

lung" bei allen Ansätzen auftauchten. Dies indiziere eine allgemeine Lösung. Systematische Unterscheidungskraft oder gar ein Gerechtigkeitsgehalt, der darüber hinausginge, der Rechtsprechung Flexibilität im Einzelfall zu verschaffen, seien der Aufspaltung auf verschiedene Begründungswege nicht zu eigen.[360]

Überzeugender sei demgegenüber der Ansatz von Canaris,[361] der eine einheitliche Erklärungshaftung aus Vertrauen auf die Grundsätze der Dritthaftung aus culpa in contrahendo stütze. Indem er auf eine Sonderverbindung abstelle, vermeide er zunächst eine deliktische Jedermannshaftung. Sodann könne er mit dem Aspekt des Vertrauens ein inhaltliches Kriterium für die Entstehung dieser Sonderverbindung benennen, das über die bloße Gerichtetheit der Information hinausgehe. Gleichzeitig erlaube ihm dies, den berechtigten Ansatz der Vertreter der Berufshaftung aufzunehmen. Er könne die berufliche Stellung als starkes Indiz für ein von dem Berufsträger in Anspruch genommenes und ihm gewährtes Vertrauen werten, ohne die berufliche Stellung als konstitutives Haftungsmerkmal betrachten zu müssen. Zudem böten die Tatbestandsvoraussetzungen des Vertrauens und der Gerichtetheit zumindest so viel Flexibilität, dass der Kernbereich der haftungswürdigen Fälle erfasst werden könne, ohne dass eine uferlose Haftung zu befürchten wäre. Schließlich entgehe seine einheitliche, gesetzliche Erklärungshaftung den Einwänden, denen sich die Rechtsprechung ausgesetzt sehe. Er müsse weder auf verschiedene, nur ungenügend gegeneinander abgrenzbare Fallgruppen zurückgreifen noch Fiktionen bemühen.[362]

Trotzdem habe sich der Ansatz von Canaris in der Praxis nicht durchsetzen können, was weniger an Vorbehalten gegenüber dem Konzept des Vertrauens als daran liege, dass ihm die große Flexibilität im Einzelfall fehle, welche die Lösung der Rechtsprechung für sich in Anspruch nehmen könne.[363]

Aus diesen Erkenntnissen entwickelt Kersting ein neues Konzept, das auf folgenden Thesen basiert: Es sei von einer einheitlichen Anspruchsgrundlage für alle Fälle der Informationshaftung Dritter auszugehen. Diese Anspruchsgrundlage stelle die Schuldrechtsreform mit §§ 311 Abs. 3 S. 2, 241 Abs. 2, 280 Abs. 1 BGB zur Verfügung. Um alle Fälle der Dritthaftung für Informationen erfassen zu können, müsse der Tatbestand des § 311 Abs. 3 S. 2 BGB allerdings weiter verstanden werden als die bisherige Dritthaftung aus culpa in contrahendo. Dies führe zu der Frage, wie eine uferlose Haftung vermieden werden könne. Die Lösung hierfür liege in der im Gesetz angelegten Trennung zwischen Sonderver-

[360] Kersting, a. a. O., S. 102 f.

[361] Canaris, ZHR 163, S. 206, 224 ff.; ders., JZ 1995, S. 441, 444 f.; ders., FS Larenz, S. 27, 93 ff., 105 f.; Vertrauenshaftung, S. 532 ff.; 538 f., 551 f.

[362] Kersting, Dritthaftung, S. 104 f.

[363] Kersting, a. a. O., S. 105.

bindung (§ 311 Abs. 3 S. 2 BGB), Pflichten (§ 241 Abs. 2 BGB) und Haftung (§ 280 Abs. 1 BGB). Der Ausweitung des Tatbestandes werde eine Einschränkung der Pflichten gegenübergestellt, wodurch eine übermäßige Haftung vermieden werden könne. Damit werde die bisher allgemein akzeptierte Annahme, dass im Rahmen einer Sonderverbindung erteilte Informationen zutreffend sein müssten, zurückgewiesen. Die Pflichten seien stattdessen im Einzelnen aus dem individuellen Tatbestand der Vertrauensinanspruchnahme zu entwickeln. Das von ihm entwickelte Konzept verbinde damit die dogmatischen Vorzüge, welche den auf eine gesetzliche Sonderverbindung aufbauenden Ansichten, insbesondere der Auffassung von Canaris, zu eigen sei, mit dem Vorzug der Rechtsprechung, die sich mit ihren vertraglichen Begründungsansätzen die notwendige Flexibilität zur Berücksichtigung aller Umstände des Einzelfalls erhalte.[364]

Diese Thesen werden von Kersting im Folgenden ausführlich begründet. Dabei wird zunächst der Tatbestand des § 311 Abs. 3 S. 2 BGB einer eingehenden Analyse unterzogen:

b) Auslegung des Tatbestands

Mit „Vertrauen“ im Sinne des § 311 Abs. 3 S. 2 BGB sei die Erwartung des Vertrauensgebers gemeint, dass die Angaben des Vertrauensnehmers sowohl im Hinblick auf dessen vergangenes (Besitz und Einsatz der angegebenen Fähigkeiten und Kenntnisse) als auch dessen künftiges Verhalten (entsprechend der Ankündigung) zutreffend seien (und blieben) und er daher bei seinen Dispositionen insofern auf eigene Maßnahmen zur Überprüfung der Richtigkeit einer Wissenserklärung oder zur Sicherstellung künftigen Verhaltens verzichten könne.[365]

Zum Nachweis des tatsächlichen Vorliegens einer solchen Vertrauenserwartung könne auf die Grundsätze des Anscheinsbeweises zurückgegriffen und von der Vertrauenshandlung auf die Vertrauenserwartung geschlossen werden, sofern von der Kausalität der Inanspruchnahme für die Vertrauenshandlung ausgegangen werden könne.[366]

Ein Erfordernis der Berechtigung des Vertrauens sei nicht anzuerkennen, sondern stattdessen eine Lösung über § 254 BGB bzw. über eine differenzierte Pflichtenbestimmung nach § 241 Abs. 2 BGB zu suchen.[367]

---

[364] Kersting, a. a. O., S. 102, 106 und 119.
[365] Kersting, a. a. O., S. 209 ff. und 257.
[366] Kersting, a. a. O., S. 225 ff. und 257.
[367] Kersting, a. a. O., S. 234 ff. und 257.

Die „Inanspruchnahme" des Vertrauens habe zwei Elemente. Zum einen müsse der Vertrauensnehmer eine Vertrauenserwartung tatsächlich hervorrufen oder sich auf eine vorhandene Vertrauenserwartung berufen. Zum anderen müsse er diese Vertrauenserwartung dem Vertrauensgeber als Grundlage für eine Vertrauenshandlung anbieten. Dies impliziere einen kommunikativen Kontakt zwischen dem Vertrauensgeber und dem Vertrauensnehmer, der sich im Hinblick auf die erstrebte Vertrauenshandlung als vertrauenswürdig präsentieren müsse.[368]

In subjektiver Hinsicht müsse sich der Vertrauensnehmer des rechtsgeschäftsbezogenen Charakters bewusst sein (Inanspruchnahmebewusstsein) und darüber hinaus auch den Willen zur Vertrauensinanspruchnahme im Hinblick auf den konkreten Bezugsvertrag haben (Inanspruchnahmewillen). Fehle es an einer dieser subjektiven Voraussetzungen, so entstehe zum Schutz des Vertrauensgebers dennoch eine Sonderverbindung. Die Interessen des Vertrauensnehmers würden durch eine entsprechende Anwendung der Anfechtungsregeln, zu denen allerdings auch § 122 BGB gehöre, gewahrt.[369]

Ein Handeln „für sich" liege immer dann vor, wenn der Dritte Vertrauen (auch) für seine eigene Person in Anspruch genommen habe. Zu verneinen sei das Merkmal, wenn er (nur) für eine andere Person gehandelt habe.[370]

Für die Fallgruppe der Vertretereigenhaftung könne zur Abgrenzung auf die bisherige Rechtsprechung zurückgegriffen werden. Diese sei zurückhaltend und bemüht, Vertreter und Erfüllungsgehilfen nicht allein aufgrund ihrer Sachkunde einer persönlichen Haftung zu unterwerfen. Diese werde vielmehr nur bejaht, wenn der Vertreter dem anderen Teil eine persönliche Gewähr geboten habe, die bis an die Grenze zur Garantie gegangen sei, und er sie dem anderen Teil gerade für den Fall geboten habe, dass dieser seinem Geschäftsherrn nicht oder nur wenig vertraue. Diese Zurückhaltung sei auch angebracht, um ein Unterlaufen und Aushöhlen der Regelungen über die Stellvertretung zu vermeiden. Man könne insofern auch mit Canaris abstrahierend darauf abstellen, ob der Stellvertreter bzw. das Organ innerhalb der ihm zugewiesenen Funktion gehandelt habe, und in diesem Fall ein Auftreten als Eigenperson verneinen. Insbesondere in den problematischen Fällen, in denen ein Gesellschafter-Geschäftsführer seine GmbH vertrete, lasse sich auf diese Weise ohne Schwierigkeiten begründen, dass dieser eine Aussage über die Bonität der Gesellschaft für die Gesellschaft

---

368 Kersting, a. a. O., S. 213 ff. und 258.
369 Kersting, a. a. O., S. 239 ff. und 258.
370 Kersting, a. a. O., S. 258 ff.

und nicht für sich (als Eigenperson) abgebe. Denn solche Aussagen gehörten zum Aufgabenkreis eines Geschäftsführers.[371]

In anderen Fallgruppen, in denen nicht ein Vertreter, sondern eine andere Person auftrete, sei von der Grundregel des § 164 BGB auszugehen, dass jeder „für sich" handele, wenn er keine Abweichung offenlege.[372]

Vertrauen werde dann „in besonderem Maße" in Anspruch genommen, wenn der Vertrauensgeber offenlege, warum auf seine Aussagen viel eher Verlass sei als auf die Aussagen beliebiger anderer Personen. Dies könne sich aus einer Erläuterung des Wissensvorsprungs („Firma X ist kreditwürdig. Ich stehe mit ihr in ständiger Geschäftsverbindung.") oder aus einer Bezugnahme auf die berufliche Stellung und die damit verbundene besondere Sachkunde ergeben. Das Merkmal bewirke eine Fokussierung der Vertrauensbeziehung auf eine bestimmte Information („Firma X ist kreditwürdig.") und scheide solche Beziehungen aus, in denen sich der Vertrauensgeber nicht einen bestimmten Wissensvorsprung des Vertrauensnehmers zunutze machen wolle.[373]

Das Tatbestandsmerkmal der „Beeinflussung" diene der Abgrenzung gegenüber dem nicht rechtsgeschäftlichen Bereich, sodass die Inanspruchnahme von Vertrauen zwecks Erzielung rein tatsächlicher Handlungen nicht zu einer Sonderverbindung führen könne. Dabei sei das Tatbestandsmerkmal gegenüber seinem Wortlaut, der eine Beschränkung auf den vertraglichen Bereich nahezulegen scheine, erweiternd dahin auszulegen, dass der rechtsgeschäftliche Bereich unter Einschluss einseitiger Rechtsgeschäfte gemeint sei. Die „Erheblichkeit" der Beeinflussung sei zu bejahen, wenn sie sich auf das „ob" des Vertragsschlusses oder der Vertragsverhandlungen ausgewirkt habe. Andernfalls sei sie nur zu bejahen, wenn entweder die wirtschaftliche Bedeutung des Vertrags tangiert sei oder der Vertrauensgeber zu von dem späteren Vertragsschluss unabhängigen Dispositionen, etwa der Offenlegung von Informationen, veranlasst worden sei. Zum Nachweis der Kausalität könne sich der Vertrauensgeber auf eine rein tatsächliche Vermutung stützen, derzufolge eine ihm bekannte Vertrauensinanspruchnahme für seine Vertrauenshandlung kausal gewesen sei.[374]

Der Begriff des „Dritten" bezeichne alle Personen, die nicht selbst Vertragspartei werden sollen. Auf einen qualifizierten Einfluss des Dritten auf den Bezugs-

---

[371] Kersting, a. a. O., S. 259 f.
[372] Kersting, a. a. O., S. 260.
[373] Kersting, a. a. O., S. 262 ff.
[374] Kersting, a. a. O., S. 267 ff. und 279.

vertrag bzw. seine Eigenschaft als Vertreter, Erfüllungsgehilfe oder Sachwalter einer der potenziellen Vertragsparteien komme es nicht an.[375]

§ 311 Abs. 3 S. 2 BGB habe damit einen erheblich größeren Anwendungsbereich als die bisherige Dritthaftung aus culpa in contrahendo[376]. Er erfasse tatbestandlich nahezu alle Fälle, in denen Informationen für ein intendiertes Rechtsgeschäft zur Verfügung gestellt würden.[377] Insbesondere erfasse er auch diejenigen Fallgruppen der Informationshaftung Dritter, in denen die Rechtsprechung in erster Linie mit vertraglichen Ansätzen operiere, wie z. B. die Expertenfälle, die Auskunftsfälle sowie die Gefälligkeitsverhältnisse mit Rechtsbindungswillen.[378]

c) Bestimmung der Pflichten

Im Anschluss an den Tatbestand des § 311 Abs. 3 S. 2 BGB bestimmt Kersting die daraus folgenden Pflichten nach § 241 Abs. 2 BGB.

Ausgangspunkt seiner Untersuchungen ist die These, dass es sich bei dem Drittschuldverhältnis um ein eigenständiges Schuldverhältnis handele, dessen Pflichten aus dessen Tatbestand zu entnehmen und nicht aus einem anderen Schuldverhältnis abzuleiten seien. Aus dem Tatbestand des Drittschuldverhältnisses lasse sich eine Pflicht zur Vertrauensentsprechung herleiten, die sich durch Auslegung der Vertrauensinanspruchnahme in einzelne, konkrete Verhaltenspflichten umsetzen lasse. Den Vertrauensnehmer treffe damit zwar keine Leistungspflicht, sodass er insbesondere nicht zur Erteilung einer zutreffenden Information verpflichtet sei. Ihm werde jedoch abverlangt, dass Angaben, die er zur Verlässlichkeit seiner Informationen mache, zutreffend sein müssten und dass er über eine Änderung seiner mitgeteilten Handlungsabsichten informieren müsse. Auf diese Weise gelange man zu einer Verlässlichkeitspflicht, verstanden als eine Wahrheitspflicht bezüglich der Verlässlichkeit der Information sowie zu einer Verhaltensinformationspflicht.[379]

Diese bedürfe jedoch noch der Ausfüllung, die konkret kläre, von welchen Angaben zur Verlässlichkeit der Information und welchen Handlungsabsichten ausgegangen werden müsse. Hierzu sei in erster Linie auf entsprechende ausdrückliche oder konkludente Aussagen des Vertrauensnehmers zurückzugreifen. Fehle es an solchen Aussagen, so seien sie normativ zu bestimmen, wobei insbe-

375 Kersting, a. a. O., S. 279 ff.
376 Kersting, a. a. O., S. 334.
377 Kersting, a. a. O., S. 290 und 441 f.
378 Kersting, a. a. O., S. 317 ff. und 334.
379 Kersting, a. a. O., S. 350 ff und 433 ff.

sondere den Aspekten der Informationskostenasymmetrie, der Produktivität der Information sowie dem Erfordernis der Vertrauensprämie eine wichtige Rolle zukomme. Dabei könnten umso höhere Anforderungen an die Verlässlichkeit der Information des Vertrauensnehmers gestellt werden, je größer die von ihm vereinnahmte Vertrauensprämie, d. h. sein Entgelt sei. Unterscheiden ließen sich dabei drei Stufen: Erhalte der Vertrauensnehmer ein vertragliches Entgelt für seine Information, so könnten an die dem Dritten erteilte Information die gleichen Anforderungen gestellt werden wie an eine vertraglich erteilte Information. Dies sei die Konstellation der von der Rechtsprechung über den Vertrag mit Schutzwirkung für Dritte gelösten Expertenfälle. Erhalte der Vertrauensnehmer zwar eine Vertrauensprämie, erreiche diese aber nicht die Höhe einer vertraglichen Vergütung, könnten an die Verlässlichkeit der Information nur reduzierte Anforderungen gestellt werden. Davon sei etwa bei den ohne besondere Vergütung erteilten Bankauskünften auszugehen. Erhalte der Vertrauensnehmer schließlich bei reinen Gefälligkeitsauskünften überhaupt keine Vergütung, könnten an die Verlässlichkeit seiner Information nur ganz geringe Anforderungen gestellt werden, nämlich nichts bewusst Falsches gesagt zu haben. Neben dem Entgeltgedanken seien die Kriterien der Produktivität der Information und der Informationskostenasymmetrie relevant. In der Terminologie der Rechtsprechung seien dies die Merkmale der wirtschaftlichen Bedeutung der Information für den Empfänger und die Sachkunde des Auskunftsgebers.[380]

Weil viele Kriterien und Erwägungen der Rechtsprechung zum alten Recht entweder auf der Tatbestands- oder Rechtsfolgenseite aufgegriffen würden, seien im Ergebnis keine gravierenden Änderungen gegenüber der bisherigen Rechtsprechung zu erwarten.[381]

d) Ansatzpunkte für Haftungsbegrenzungen

Für die Möglichkeit zur Haftungsbegrenzung bieten sich nach Kersting zwei Ansatzpunkte.

Der erste Punkt setze bei den Pflichten des Vertrauensnehmers nach § 241 Abs. 2 BGB an. Der Vertrauensnehmer könne durch ausdrückliche Angaben zur Verlässlichkeit der Information und zu seinen Handlungsabsichten, insbesondere durch entsprechende negative Angaben, sein Haftungsrisiko begrenzen. Untauglich seien insofern Erklärungen des Vertrauensnehmers, wonach er nicht für

---

380 Kersting, a. a. O., S. 381 ff., 395 ff. und 416 ff.
381 Kersting, a. a. O., S. 433 ff.

Fahrlässigkeit oder nur bis zu einem bestimmten Höchstbetrag haften wolle. Diese nähmen den Verlässlichkeitsanspruch nämlich nicht zurück.[382]

Der zweite Punkt setze nicht bei den Pflichten des Vertrauensnehmers an, sondern bei den Pflichten des Vertrauensgebers. Diesen treffe nach § 241 Abs. 2 BGB die Pflicht, den Vertrauensnehmer nicht weitergehend in Anspruch zu nehmen, als es dessen Wunsch nach Haftungsbeschränkung entspreche. Hieraus entstehe für den Vertrauensnehmer eine Einrede, die er seiner weitergehenden Inanspruchnahme entgegenhalten könne. Voraussetzung hierfür sei nur, dass der Wunsch nach Haftungsbeschränkung bei der Vertrauensinanspruchnahme offengelegt wurde und dass dieser Wunsch nicht unangemessen sei.[383]

e) Eigene Stellungnahme

Kerstings Konzept des § 311 Abs. 3 S. 2 BGB als einheitliche Anspruchsgrundlage für alle Fälle der Informationshaftung Dritter überzeugt nicht.

§ 311 Abs. 3 S. 2 BGB ist nur Anspruchsgrundlage für die Eigenhaftung Dritter wegen Inanspruchnahme besonderen persönlichen Vertrauens, nicht aber für die Expertenhaftung oder die Auskunftshaftung in den Fällen, in denen die Rechtsprechung mit dem stillschweigend geschlossenen Auskunfts- und Beratungsvertrag arbeitet.

Die Expertenhaftung ist stattdessen über den Vertrag mit Schutzwirkung für Dritte zu lösen. Denn der Experte tritt normalerweise nicht aus seiner Rolle als Auftragnehmer hinaus, sondern erfüllt bloß seine Verpflichtungen gegenüber dem Auftraggeber. Dann aber liegt der richtige Ansatzpunkt für seine Haftung in dem Vertrag mit dem Auftraggeber und nicht in einem davon unabhängigen gesetzlichen Schuldverhältnis gemäß § 311 Abs. 3 S. 2 BGB. Vertrauensrechtlich lässt sich dies damit begründen, dass der Experte normalerweise nur deshalb und auch nur insoweit das Vertrauen des Dritten für sich in Anspruch nimmt, als er hierzu gegenüber dem Auftraggeber verpflichtet ist. Dies zeigt sich, wenn man bedenkt, welche Auswirkungen es hätte, wenn es den Vertrag mit dem Auftraggeber nicht gäbe. Dann würde der Experte nämlich überhaupt kein Vertrauen des Dritten für sich in Anspruch nehmen. Wenn aber der Vertrag bestimmt, ob und wieweit der Experte das Vertrauen des Dritten für sich in Anspruch nimmt, muss er der richtige Ansatzpunkt für die Haftung sein. An die Inanspruchnahme besonderen persönlichen Vertrauens kann die Haftung folglich erst dann geknüpft werden, wenn der Experte aus seiner Rolle als Auftragnehmer heraustritt

[382] Kersting, a. a. O., S. 423 ff. und 432.
[383] Kersting, a. a. O., S. 429 ff. und 432 f.

und deutlich mehr Vertrauen für sich in Anspruch nimmt, als er es zur Erfüllung seiner Verpflichtungen gegenüber dem Auftraggeber muss. Das ist bei der Expertenhaftung aber regelmäßig nicht der Fall.

Die Fälle, in denen die Rechtsprechung mit dem stillschweigend geschlossenen Auskunfts- und Beratungsvertrag arbeitet, sind ebenfalls nicht über § 311 Abs. 3 S. 2 BGB, sondern über § 311 Abs. 2 Nr. 3 BGB zu lösen. Denn der Auskunftsgeber ist in diesen Fällen nicht bloß Dritter, sondern unmittelbarer Geschäftspartner des Empfängers. Es ist für seine Haftung deshalb ohne jede Bedeutung, ob er die Auskunft für einen eigenen Vertrag, einen fremden Vertrag oder eine sonstige Entscheidung des Empfängers von erheblicher Bedeutung erteilt. Dies lässt sich anhand der Bankauskünfte belegen. Wenn die Bank ihrem Kunden eine Auskunft erteilt, tut sie dies als Serviceleistung im Rahmen der zu ihm bestehenden Geschäftsverbindung. Sie steht ihrem Kunden deshalb nicht bloß als Dritte, sondern als unmittelbare Geschäftspartnerin gegenüber. Der Kunde kann von seiner Bank deshalb unabhängig davon eine verlässliche Auskunft erwarten, ob er sie für einen Vertrag mit ihr, für einen Vertrag mit einem anderen oder für eine sonstige Entscheidung von erheblicher Bedeutung benötigt. Wenn es aber für die Haftung der Bank ohne jede Bedeutung ist, ob sie die Auskunft für einen eigenen Vertrag, einen fremden Vertrag oder eine sonstige Entscheidung ihres Kunden von erheblicher Bedeutung erteilt, kann ihre Stellung als Dritte kein wesentliches Merkmal der Haftung sein. Dementsprechend passen in diesen Fällen auch die Tatbestandsmerkmale der Dritthaftung gemäß § 311 Abs. 3 S. 2 BGB nicht. Es steht von vornherein fest, dass die Bank Vertrauen für sich und nicht für einen anderen in Anspruch nimmt. Es ist auch nicht entscheidend, ob die Bank in besonderem Maße Vertrauen für sich in Anspruch nimmt oder nicht. Entscheidend ist vielmehr, ob ihr Kunde berechtigterweise erwarten kann, dass sie ihm eine verlässliche Auskunft erteilt und hierfür notfalls auch einsteht. Dies beurteilt sich nach den Kriterien, welche die Rechtsprechung für den stillschweigend geschlossenen Auskunfts- und Beratungsvertrag aufgestellt hat.[384]

Kerstings Auslegung des Tatbestands des § 311 Abs. 3 S. 2 BGB vermag ebenfalls nicht zu überzeugen.

Abzulehnen ist zunächst die Auslegung des Merkmals „Inanspruchnahme von Vertrauen“ als ein zweiseitiger Tatbestand, der sowohl den Vertrauensnehmer als auch den Vertrauensgeber anspricht. Die Inanspruchnahme von Vertrauen ist kein zweiseitiger, sondern ein einseitiger Tatbestand. Angesprochen ist nur der Vertrauensnehmer, nicht auch der Vertrauensgeber. Für die Inanspruchnahme von Vertrauen reicht aus, dass der Dritte sich als zuverlässig bezeichnet, um die

384 Heinrichs, FS Canaris, S. 421, 440 ff.

Vertragsverhandlungen oder den Vertragsschluss zu beeinflussen. Es ist nicht erforderlich, dass es dem Dritten tatsächlich gelingt, bei dem anderen Teil eine Vertrauenserwartung hervorzurufen.

Dafür sprechen sowohl der Wortlaut als auch die Gesetzesmaterialien. Der Wortlaut beschränkt sich darauf, dass der Dritte Vertrauen für sich in Anspruch nehmen muss. Er verlangt nicht darüber hinaus, dass der andere Teil ihm das Vertrauen auch gewährt. Die Gesetzesmaterialien bestätigen dies. Diese beziehen sich nicht auf die in der Literatur gebräuchliche Formel vom in Anspruch genommenen und gewährten Vertrauen, sondern auf die Formulierung der Rechtsprechung.[385] Danach muss der Dritte über das allgemeine Verhandlungsvertrauen hinaus eine zusätzliche, von ihm persönlich ausgehende Gewähr für die Seriosität und die Erfüllung des Geschäfts bieten.[386] Nach den Gesetzesmaterialien genügt es dafür nicht, wenn jemand auf eigene Sachkunde verweist oder der Wortführer ist. Ausreichen könne aber z. B. die Erklärung, man verbürge sich für den Vertragspartner oder ähnliches.[387] Auch die Gesetzesmaterialien sprechen somit nur den Dritten, nicht auch den anderen Teil an. Es genügt also, wenn der Dritte sich als vertrauenswürdig bezeichnet. Es ist nicht zusätzlich erforderlich, dass der andere Teil ihn auch für vertrauenswürdig hält. Insofern beschränkt sich das Gesetz darauf, dass der Dritte durch sein Verhalten Einfluss auf die Vertragsverhandlungen oder den Vertragsschluss nimmt. Auch dies entspricht der Formulierung der Rechtsprechung. Danach muss der Dritte durch die persönliche Gewährsübernahme Einfluss auf die Entscheidung des anderen Teils nehmen.[388] Dies ist darüber hinaus auch die Haltung von Canaris, des prominentesten Vertreters der Lehre von der Vertrauenshaftung und Mitglied der Kommission Leistungsstörungsrecht, auf welche die Regelung zurückgeht.[389] Canaris spricht in tatsächlicher Hinsicht von Vertrauen, wenn zwei Voraussetzungen erfüllt sind: Zum einen müsse der Geschützte Kenntnis von dem Vertrauenstatbestand haben und zum anderen müsse dieser für sein Verhalten kausal gewesen sein. Dabei sei es nicht erforderlich, Vertrauen als psychische Tatsache in jedem Einzelfall festzustellen. Das Fehlen von Misstrauen reiche als intensivste Form des Vertrauens aus und selbst bei tatsächlich vorhandenem Misstrauen solle bei gegebener Kausalität der Schutz der Vertrauenshaftung nicht versagt werden.[390]

---

[385] BT-Drucks. 14/6040, S. 163.

[386] BGH NJW-RR 1991, 1241, 1242.

[387] BT-Drucks. 14/6040, S. 163.

[388] BGH NJW-RR 1991, 1241, 1242.

[389] Canaris, JZ 2001, S. 499 mit Fn. 1; Heinrichs, FS Canaris, S. 421 bezeichnet Canaris sogar als das wichtigste Mitglied der Kommission. Fast alle von ihm unterbreiteten Vorschläge seien, manchmal mit marginalen Änderungen, von der Kommission übernommen worden.

[390] Canaris, FS Schimansky, S. 43, 56 f.

Es ist deshalb gemäß dem Wortlaut nur zu verlangen, dass der Dritte in besonderem Maße Vertrauen für sich in Anspruch nimmt und dadurch die Vertragsverhandlungen oder den Vertragsschluss erheblich beeinflusst. Es ist nicht zusätzlich erforderlich, das Vertrauen des anderen Teils als psychische Tatsache von Fall zu Fall positiv festzustellen.

Abzulehnen ist außerdem die isolierte Auslegung der Merkmale „für sich" und „in besonderem Maße". Diese Merkmale können nicht sinnvoll voneinander getrennt betrachtet werden. Denn Vertrauen für sich nimmt nur in Anspruch, wer „in besonderem Maße" Vertrauen in Anspruch nimmt. Die Gesetzesmaterialien belegen dies. Danach muss das besondere Vertrauen über das „normale Verhandlungsvertrauen" hinausgehen.[391] Diesen Begriff verwendet die Rechtsprechung, wenn der Vertreter oder sonstige Verhandlungsgehilfe bloß über die für seine Tätigkeit erforderliche besondere Sachkunde verfügt und hierauf hinweist oder sie mit seinem persönlichen Werdegang und eigenen Erfahrungen belegt. Er erweckt damit nur das normale Verhandlungsvertrauen, dass sein Geschäftsherr, was der andere Teil ohnehin erwarten darf, einen sachkundigen Vertreter oder Vermittler eingesetzt hat.[392] Er lässt damit aber nicht erkennen, dass er persönlich die ordnungsgemäße Abwicklung des Geschäfts selbst dann gewährleisten wird, wenn der andere Teil dem Geschäftsherrn nicht oder nur wenig vertraut oder sein Verhandlungsvertrauen sich als nicht gerechtfertigt erweist.[393] Daraus folgt, dass das normale Verhandlungsvertrauen nicht dem Dritten, sondern dem zukünftigen Vertragspartner gilt, für den er tätig wird.

Die isolierte Auslegung der Merkmale „für sich" und „in besonderem Maße" muss deshalb zwangsläufig dazu führen, dass entweder das eine oder das andere Merkmal verkümmert. Dies zeigen die Ausführungen Kerstings. Bei diesem liegt der Schwerpunkt auf dem Merkmal „für sich". Dies belegen seine Erläuterungen zur Fallgruppe der Vertretereigenhaftung. Hier sei zur Abgrenzung auf die bisherige Rechtsprechung zurückzugreifen. Diese sei zurückhaltend und bemüht, Vertreter und Erfüllungsgehilfen nicht allein aufgrund ihrer Sachkunde einer persönlichen Haftung zu unterwerfen. Diese werde vielmehr nur bejaht, wenn der Vertreter dem anderen Teil eine persönliche Gewähr geboten habe, die bis an die Grenze zur Garantie gegangen sei, und er sie dem anderen Teil gerade für den Fall geboten habe, dass dieser seinem Geschäftsherrn nicht oder nur wenig vertraue. Kersting bejaht eine Vertrauensinanspruchnahme „für sich" somit nur dann, wenn der Vertreter „in besonderem Maße" Vertrauen für sich in Anspruch nimmt. Dies führt dazu, dass das Merkmal „in besonderem Maße" ver-

---

391 BT-Drucks. 14/6040, S. 163.

392 BGH NJW-RR 1993, 342, 343; NJW 1990, 506, 507; 1990, 1990, 389; 1983, 2696, 2697.

393 BGH NJW-RR 1993, 342, 343; NJW 1990, 1907, 1908; 1990, 389, 390.

kümmert. Dessen Funktion soll sich darauf beschränken, solche Beziehungen auszuscheiden, in denen sich der Vertrauensgeber nicht einen bestimmten Wissensvorsprung des Vertrauensnehmers zunutze machen wolle. Dann könnte man dieses Merkmal aber auch gleich streichen. Denn ein konkreter Wissensvorsprung ist Grundlage jeder Auskunftserteilung.

Richtigerweise müssen die Merkmale „für sich“ und „in besonderem Maße“ deshalb zusammen betrachtet werden. Sie dürfen zusammen nur bejaht werden, wenn aufgrund der besonderen Umstände des konkreten Falles eine Ausnahme von dem Grundsatz gemacht werden kann, dass für ein Verschulden bei den Vertragsverhandlungen nur die zukünftigen Vertragsparteien haften und ihre Vertreter oder sonstigen Verhandlungsgehilfen nicht selbst in Anspruch genommen werden können. Dazu ist erforderlich, dass der Vertreter oder sonstige Verhandlungsgehilfe als der eigentliche Gewährsmann des Geschäfts auftritt und quasi in eigener Sache tätig wird, obwohl er formal nicht selbst Vertragspartner werden soll. Hinsichtlich der Anforderungen im Einzelnen kann auf die vorstehenden Ausführungen auf den Seiten 129 ff. verwiesen werden.

Abzulehnen ist weiter auch die Annahme, dass der Begriff des „Dritten“ alle Personen bezeichne, die nicht selbst Vertragspartei werden sollen. Es ist nicht richtig, dass es auf einen qualifizierten Einfluss des Dritten auf den Bezugsvertrag bzw. seine Eigenschaft als Vertreter, Erfüllungsgehilfe oder Sachwalter einer der potenziellen Vertragsparteien nicht ankomme. Dritter ist nur, wer als Vertreter oder sonstiger Verhandlungsgehilfe für einen der zukünftigen Vertragspartner bei den Vertragsverhandlungen mitwirkt. Andernfalls besteht nämlich gar keine Dritthaftungsproblematik, sodass es auf die Stellung des Auskunftsgebers als Dritter für die Haftung nicht entscheidend ankommt und auch die Tatbestandsvoraussetzungen der Dritthaftung nicht passen. Es steht nämlich von vornherein fest, dass der Auskunftsgeber Vertrauen für sich und nicht für einen der zukünftigen Vertragspartner in Anspruch nimmt, wenn er gar nicht für diesen agiert. Die Haftung beurteilt sich in diesen Fällen deshalb nicht nach § 311 Abs. 3 S. 2 BGB, sondern nach § 311 Abs. 2 Nr. 3 BGB.

Abzulehnen ist schließlich auch das von Kersting gezogene Fazit. Es ist nicht richtig, dass § 311 Abs. 3 S. 2 BGB tatbestandlich nahezu alle Fälle erfasst, in denen Informationen für ein intendiertes Rechtsgeschäft zur Verfügung gestellt werden. Er erfasst nur die Eigenhaftung Dritter wegen Inanspruchnahme besonderen persönlichen Vertrauens, nicht aber die Expertenhaftung oder die Auskunftshaftung in den Fällen, welche die Rechtsprechung über den stillschweigend geschlossenen Auskunfts- und Beratungsvertrag löst.

Im Übrigen ist Kersting zuzustimmen. Eine Modifikation der hier vertretenen Auffassung ist insofern nicht erforderlich. Denn diesbezüglich bestehen keine wesentlichen Unterschiede. Dies zeigt sich daran, dass auch Kersting die Kriterien und Erwägungen der Rechtsprechung entweder auf der Tatbestands- oder der Rechtsfolgenseite aufgreift.[394]

## II. Eigenhaftung Dritter für vertraglich nicht geschuldete Informationen in den unbenannten Fällen des § 311 Abs. 3 S. 1 BGB

Da S. 2 keine abschließende Regelung darstellt („insbesondere"), kommt eine Eigenhaftung des Auskunftsgebers für fehlerhafte Information auch in anderen Fällen als der Inanspruchnahme eines besonderen persönlichen Vertrauens in Betracht.[395]

### 1. Der Begriff „Dritter"

Der Auskunftsgeber muss ein „Dritter" sein. Dritter in diesem Sinne ist insbesondere, wer nicht selbst Vertragspartei werden soll, an den Vertragsverhandlungen oder der Anbahnung eines Vertrags aber als Vertreter oder Verhandlungsgehilfe einer Partei beteiligt ist. Dies folgt zum einen aus S. 1, der von einer Person spricht, die nicht selbst Vertragspartei werden soll. Dies ergibt sich zum anderen aus S. 2, der diese Person als einen Dritten bezeichnet. Dies geht schließlich aus der Gesetzesbegründung hervor, nach der S. 1 insbesondere die Eigenhaftung von Vertretern oder Verhandlungsgehilfen anspricht.[396]

Dritter im Sinne von S. 1 ist aber auch, wer nicht selbst Vertragspartei werden soll, an der Vertragsdurchführung aber als Vertreter oder Erfüllungsgehilfe einer Partei beteiligt ist. Auch diese weite Auslegung ist vom Wortlaut gedeckt.[397] Denn S. 1 spricht ganz allgemein von einer Person, die nicht selbst Vertragspartei werden soll, ohne zwischen den Phasen der Vertragsanbahnung und der Vertragsdurchführung zu unterscheiden. Die weite Auslegung steht auch im Einklang mit der Systematik des Gesetzes. S. 1 bezieht sich nämlich nach seiner Stellung nicht nur auf die vorvertraglichen Beziehungen gemäß Abs. 2, sondern ebenso auf die vertraglichen Beziehungen gemäß Abs. 1.[398] Der Sinn und Zweck der Regelung spricht ebenfalls für die weite Auslegung. Es besteht nämlich kein grundsätzlicher Unterschied zwischen der Eigenhaftung Dritter wegen eines Verschuldens bei den Vertragsverhandlungen und derjenigen wegen eines Ver-

---

394 Ausdrücklich Kersting, Dritthaftung, S. 434.

395 BT-Drucks. 14/6040, S. 163; Blenske in Schimmel/Buhlmann, Frankfurter Handbuch, S. 170 Rn. 55; Erman/Kindl, § 311 Rn. 47; AnwKom-Schuldrecht/Krebs, § 311 Rn. 51; PWW/Medicus, § 311 Rn. 68; Staudinger/Otto, § 280 Rn. B 8.

396 BT-Drucks. 14/6040, S. 163; MünchKomm-BGB/Emmerich, § 311 Rn. 232.

397 Vgl. MünchKomm-BGB/Emmerich, § 311 Rn. 234; Kersting, Dritthaftung, S. 289.

398 Vgl. Staudinger/Otto, § 280 Rn. B 11.

schuldens bei der Durchführung eines Vertrags.[399] Stattdessen ist es nicht einzusehen, dass das einem Dritten infolge seines Verhaltens entgegengebrachte Vertrauen im vorvertraglichen Stadium ein Haftungsgrund, nach Vertragsabschluss aber keiner mehr sein soll, auch wenn der Dritte das Vertrauen für sich gerade auch für die Vertragsdurchführung in Anspruch genommen hat.[400] Dafür spricht außerdem, dass der Zeitpunkt des Vertragsschlusses ausweislich Nr. 1 und 2 des § 311 Abs. 2 BGB für die Entstehung des rechtsgeschäftsähnlichen Schuldverhältnisses nicht entscheidend ist.[401] Schließlich steht auch der Wille des Gesetzgebers der weiten Auslegung nicht entgegen. In Rechtsprechung und Literatur ist schon lange anerkannt, dass die zur Eigenhaftung Dritter aus culpa in contrahendo entwickelten Grundsätze nicht auf das Stadium der Vertragsanbahnung beschränkt sind.[402] Wenn der Gesetzgeber eine einschränkende Auslegung gewollt hätte, hätte er eine klarstellende Formulierung wählen oder dies in den Gesetzesmaterialien zum Ausdruck bringen müssen, was aber nicht geschehen ist.

2. Besonderes wirtschaftliches Eigeninteresse

Eine Eigenhaftung des Auskunftsgebers nach § 311 Abs. 3 S. 1 BGB kommt insbesondere unter dem Gesichtspunkt eines besonderen wirtschaftlichen Eigeninteresses in Betracht.[403] Ein solches qualifiziertes Eigeninteresse ist allerdings nur unter engen Voraussetzungen anzunehmen.[404] Voraussetzung ist, dass der Auskunftsgeber bei wirtschaftlicher Betrachtung als der eigentliche Herr des Geschäfts anzusehen ist und quasi in eigener Sache tätig wird, obwohl er formal nicht selbst Vertragspartner werden soll.[405] Hinzu kommen müssen besondere

---

399 AnwKom-Schuldrecht/Krebs, § 311 Rn. 47.

400 BGH NJW 1997, 1233, 1234; 1978, 1374, 1375.

401 Staudinger/Otto, § 280 Rn. B 15.

402 BGH NJW 1997, 1233, 1234; 1985, 2584, 2585; 1978, 1374, 1375; 1954, 1925, 1927; OLG Dresden NJW-RR 2000, 207; Canaris, FS Giger, S. 91, 96; MünchKomm-BGB/Emmerich, § 311 Rn. 234; ders. in MünchKomm-BGB, Bd. 2, 4. Aufl., vor § 275 Rn. 266.

403 BGH BeckRS 2007 03797; NJW-RR 2006, 993, 994; 2005, 23, 25; 2002, 1309, 1310; NJW 2002, 208, 212; 1997, 1233, 1234; MünchKomm-BGB/Emmerich, § 311 Rn. 235 und 242; BeckOK-BGB/Gehrlein/Grüneberg/Sutschet, Stand: 01.02.2007, § 311 Rn. 118; Palandt/Grüneberg, § 311 Rn. 61; Erman/Kindl, § 311 Rn. 50; Kersting, Dritthaftung, S. 219; AnwKom-Schuldrecht/Krebs, § 311 Rn. 51 und 53; Larenz/Wolf, Bürgerliches Recht AT, § 31 Rn. 37 f.; Staudinger/Löwisch, § 311 Rn. 149 und 155 f.; Staudinger/Otto, § 280 Rn. B 8.

404 BGH NJW-RR 1991, 1241, 1242; Canaris, JZ 2001, S. 499, 520; MünchKomm-BGB/Emmerich, § 311 Rn. 242; BeckOK-BGB/Gehrlein/Grüneberg/Sutschet, Stand: 01.02.2007, § 311 Rn. 114.

405 BGH NJW-RR 2007, 348, 349; NJW 1997, 1233, 1234; NJW-RR 1992, 605; 1991, 1241, 1242; BeckOK-BGB/Gehrlein/Grüneberg/Sutschet, Stand: 01.02.2007, § 311 Rn. 118; Palandt/Grüneberg, § 311 Rn. 61; AnwKom-Schuldrecht/Krebs, § 311 Rn. 53; Larenz/Wolf,

Umstände, die es dem Auskunftsgeber nach Treu und Glauben verwehren, sich auf seine formale Unzuständigkeit zu berufen, wenn der andere Teil ihn auf Schadensersatz in Anspruch nimmt. Solche besonderen Umstände liegen etwa vor, wenn der Auskunftsgeber aus steuerrechtlichen[406] oder sonstigen haftungsrechtlich rein zufälligen Gründen nicht selbst Vertragspartei werden soll[407] oder wenn er den formalen Vertragspartner nur zum Schein vorschiebt und damit seine rechtlichen Gestaltungsmöglichkeiten missbraucht.[408] Es muss sich also um Fälle handeln, in denen sich die Berufung des Auskunftsgebers auf seine formale Unzuständigkeit geradezu als Missbrauch einer formalen Rechtsstellung darstellt.[409]

a) Wortlaut

Diese Auslegung ist vom Wortlaut der Regelung gedeckt. S. 1 spricht die Möglichkeit der Haftung von Dritten nur an, ohne etwas über die Voraussetzungen einer derartigen Haftung zu besagen („kann").[410]

b) Entstehungsgeschichte

Der Wille des Gesetzgebers lässt sie ebenfalls zu. Die Gesetzesmaterialien lassen offen, ob und unter welchen Voraussetzungen eine Eigenhaftung Dritter bei einem besonderen wirtschaftlichen Eigeninteresse anzuerkennen ist.[411] Die Beantwortung dieser Frage wurde von den Gesetzesverfassern bewusst Rechtsprechung und Literatur überlassen.[412] Dies belegen die repräsentativen Erläuterungen von Canaris. Danach wollte die zuständige Arbeitsgruppe die Fälle eines besonderen wirtschaftlichen Eigeninteresses explizit neben die Fälle der Inanspruchnahme eines besonderen persönlichen Vertrauens stellen. Die Kommission übernahm diesen Vorschlag jedoch nicht, weil sie eine rückläufige Tendenz des Stellenwertes des qualifizierten wirtschaftlichen Eigeninteresses in der

---

Bürgerliches Recht AT, § 31 Rn. 37; Erman/Kindl, § 311 Rn. 50; PWW/Medicus, § 311 Rn. 69.

406 Z. B. BGH NJW 1981, 922; 1980, 2184, 2185; MünchKomm-BGB/Emmerich, § 311 Rn. 249; Medicus, Schuldrecht AT, § 14 Rn. 110; ders., Gutachten, S. 479, 544.

407 RGZ 120, 249, 252 f.

408 BGH NJW-RR 2002, 1309, 1310.

409 Vgl. Esser/Schmidt, Schuldrecht AT/2, § 29 II Nr. 4 a).

410 MünchKomm-BGB/Emmerich, § 311 Rn. 232; Erman/Kindl, § 311 Rn. 47; Messer, Dritthaftung, S. 33 f.

411 BT-Drucks. 14/6040, S. 163.

412 Messer, Dritthaftung, S. 33 f.

Rechtsprechung festzustellen meinte und ihr deshalb nicht ganz klar war, ob diesem Kriterium überhaupt noch eine Bedeutung zukommen sollte.[413]

Tatsächlich hat sich die Rechtsprechung dahin entwickelt, dass die Möglichkeit einer Eigenhaftung Dritter wegen eines besonderen wirtschaftlichen Eigeninteresses nach wie vor grundsätzlich anerkannt ist,[414] heute allerdings nur noch in Fällen angenommen wird, in denen sich die Berufung des Dritten auf die alleinige Haftung des formalen Vertragspartners wegen zusätzlicher, besonderer Umstände geradezu als Missbrauch einer formalen Rechtsstellung darstellt.[415] Dieser Befund wird durch nachfolgende stark verkürzte Darstellung der bisherigen Entwicklung der Rechtsprechung belegt:

Die Rechtsprechung zur Eigenhaftung Dritter geht auf eine Entscheidung des RG über einen Fall zurück, in dem der Vertreter der eigentliche Vertragsinteressent war und nur aus formalen Gründen nicht selbst als Vertragspartei, sondern als Vertreter auftrat.[416] In diesem Fall verkaufte der Käufer eines Grundstücks, bevor das Eigentum an diesem auf ihn übergegangen war, es im Namen des Verkäufers weiter. Der Käufer trat also nur aus dem formalen Grunde, dass das Grundstück noch nicht auf seinen Namen eingetragen war, beim Weiterverkauf nicht als Verkäufer, sondern als Vertreter auf.[417]

Der BGH übernahm diese Rechtsprechung und brachte sie auf die Formel, dass ausnahmsweise auch ein Dritter für ein Verschulden bei den Vertragsverhandlungen haften könne, wenn er dem Verhandlungsgegenstand besonders nahe stehe, weil er wirtschaftlich selbst stark an dem Vertragsabschluss interessiert sei und aus dem Geschäft eigenen Nutzen erstrebe.[418] Demjenigen, der bei von ihm maßgeblich beeinflussten Verhandlungen seinen eigenen wirtschaftlichen Nutzen in einer Weise verfolge, als sei er gleichsam in eigener Sache tätig, müsse es nach dem Grundsatz von Treu und Glauben verwehrt sein, sich auf seine

---

[413] Canaris, JZ 2001, S. 499, 520.

[414] BGH BeckRS 2007 03797; NJW-RR 2006, 993, 994; 2005, 23, 25; 2002, 1309, 1310; NJW 2002, 208, 212; 1997, 1233, 1234.

[415] Bejaht: BGH NJW-RR 2002, 1309, 1310, verneint: BGH NJW-RR 2006, 993, 994; 2005, 23, 25, NJW 2004, 2523, 2525; 2002, 208, 212; 1997, 1233, 1234.

[416] BGH NJW 1994, 2220; Canaris, JZ 2001, S. 499, 520 jeweils unter Hinweis auf RGZ 120, 249, 252 f.

[417] RGZ 120, 249, 252 f.

[418] BGH NJW 1997, 1233; NJW-RR 1989, 110, 111; 1988, 2234; 1971, 1309, 1310; 1964, 2009.

Unzuständigkeit zu berufen, wenn er bei den Vertragsverhandlungen einen für den anderen Teil schädlichen Fehler begangen habe.[419]

Diese Voraussetzungen waren beinahe definitionsgemäß bei dem maßgeblich beteiligten Geschäftsführer einer GmbH erfüllt.[420] Dementsprechend nahm der BGH ein die Haftung begründendes wirtschaftliches Eigeninteresse des Geschäftsführers zunächst bereits in Fällen an, in denen er maßgeblich an der Gesellschaft, in deren Namen er die Vertragsverhandlungen führte, beteiligt war.[421]

Gegen diese Rechtsprechung wurde eingewandt, dass sie sich in einen Wertungswiderspruch zu § 13 Abs. 2 GmbHG setze, wonach eine persönliche Haftung des Gesellschafters für die Verbindlichkeiten der Gesellschaft ausgeschlossen sei.[422] Denn sie knüpfe die Haftung an eine den Gesellschafter-Geschäftsführer nicht persönlich, sondern nur in seiner Stellung als Vertretungsorgan der Gesellschaft treffende Pflichtverletzung an und begründe damit eine Durchgriffshaftung ohne Vorliegen der Durchgriffsvoraussetzungen.[423]

Diese Kritik veranlasste den BGH, die maßgebliche Beteiligung des Geschäftsführers an der Gesellschaft für sich allein nicht mehr als ausreichend anzusehen, um eine Haftung wegen unmittelbaren wirtschaftlichen Eigeninteresses zu begründen.[424] Es wurde vielmehr das Vorliegen zusätzlicher Umstände gefordert, die die Annahme rechtfertigen konnten, der Vertreter habe gleichsam in eigener Sache gehandelt. Um derartige Umstände sollte es sich handeln, wenn der Gesellschafter-Geschäftsführer der Gesellschaft zusätzlich zu seiner Kapitalbeteiligung zur Absicherung von Gesellschaftsverbindlichkeiten persönliche Bürgschaften oder dingliche Sicherheiten zur Verfügung stellte,[425] ferner, wenn seine Tätigkeit auf die Beseitigung von Schäden abzielte, für die er anderenfalls von der Gesellschaft in Anspruch genommen werden konnte,[426] und schließlich, wenn er bei Abschluss des Vertrags die Absicht hatte, die vom Vertragspartner zu erbringende vertragliche Leistung nicht ordnungsgemäß an die Gesellschaft

---

419 BGH NJW 1988, 2234, 2235; 1986, 586, 587.
420 MünchKomm-BGB/Emmerich, § 311 Rn. 241 und 247.
421 BGH ZIP 1993, 763, 764; NJW 1983, 1607, 1608 f.; 1983, 676, 677; WM 1963, 160, 161; MünchKomm-BGB/Emmerich, § 311 Rn. 248.
422 BGH ZIP 1993, 763, 764; Brandner, FS Werner, S. 53, 64; Schmidt, ZIP 1988, S. 1497, 1503.
423 BGH ZIP 1993, 763, 764; Soergel/Wiedemann, 12. Aufl., vor § 275 Rn. 227.
424 BGH ZIP 1993, 763, 764; 1989, 292, 293; NJW 1988, 2234, 2235; 1986, 586, 587.
425 BGH ZIP 1993, 763, 764; NJW-RR 1988, 615, 616; NJW 1988, 2234, 2235.
426 BGH ZIP 1993, 763, 764; NJW-RR 1988, 615, 616; NJW 1986, 586, 588.

weiterzuleiten, sondern sie zum eigenen Nutzen dafür geeigneten Zwecken zuzuführen[427].

Auch mit diesem eingeschränkten Inhalt wurde die Rechtsprechung zur Haftung des Gesellschafter-Geschäftsführers im Schrifttum überwiegend abgelehnt.[428] Unter dem Eindruck dieser Kritik hielt der BGH zuletzt auch die Stellung zusätzlicher Sicherheiten nicht mehr für ausreichend, um den Gesellschafter-Geschäftsführer persönlich haftbar zu machen.[429] Diese Revision der Rechtsprechung zur Eigenhaftung des Gesellschafter-Geschäftsführers strahlte auch auf die anderen Bereiche des Zivilrechts aus. Für die Bejahung der Eigenhaftung Dritter unter dem Gesichtspunkt des besonderen wirtschaftlichen Eigeninteresses reicht es heute allgemein nicht mehr, dass der Dritte bei wirtschaftlicher Betrachtung gleichsam in eigener Sache tätig ist. Hinzu kommen müssen zusätzliche Umstände, die es dem Dritten nach dem Grundsatz von Treu und Glauben verwehren, sich auf seine formale Unzuständigkeit zu berufen, wenn er bei den Vertragsverhandlungen einen für den anderen Teil schädlichen Fehler begangen hat. In diesem Sinne hat der BGH zuletzt die Eigenhaftung eines Architekten angenommen, der einen Vertrag über Bauarbeiten auf seinem eigenen Grundstück nicht im eigenen Namen abgeschlossen, sondern einen Scheinauftraggeber vorgeschoben hat.[430]

c) Sinn und Zweck

Durchgreifende teleologische Gesichtspunkte, die zu einer Aufgabe der Rechtsprechung nötigen, bestehen nicht.

Hinter der Regelung steht der Grundgedanke, dass auch zu Personen, die nicht selbst Vertragspartei werden sollen, eine Beziehung entstehen kann, die es rechtfertigt, diese wie einen Vertragspartner einer vertragsähnlichen Haftung zu unterwerfen.[431]

Die Beziehung zwischen dem Dritten und dem anderen Teil muss einer echten vertraglichen Beziehung dazu so ähnlich sein, dass sie als ein gleichwertiger Ersatz angesehen werden kann (equivalent to contract).[432] Nur dann greift das zen-

---

[427] BGH ZIP 1993, 763, 764; NJW 1986, 586, 588.
[428] BGH ZIP 1993, 763, 764; Kübler, FS Kellermann, S. 243, 252 ff.; Medicus, FS Steindorff, S. 725, 727 ff.; Hachenburg/Ulmer, § 64 Rn. 72.
[429] BGH ZIP 1993, 763, 765; BGH NJW 1993, 2931.
[430] BGH NJW-RR 2002, 1309, 1310.
[431] BT-Drucks. 14/6040, S. 161 und 163.
[432] Vgl. Teubner, Liber Amicorum Schmidt, S. 303, 306.

trale Argument der vertragsähnlichen Haftung, die haftungsrechtliche Gleichbehandlung wesentlich gleicher Sachverhalte.[433]

Dies ist normalerweise jedoch nicht der Fall. Denn der Dritte soll nicht selbst Vertragspartei werden. Er ist an den Vertragsverhandlungen oder der Vertragsdurchführung nur als Vertreter oder sonstiger Gehilfe einer Partei beteiligt. Dies ist ein Unterschied von solcher Art und solchem Gewicht, dass eine vertragsähnliche Haftung des Dritten gegenüber dem anderen Teil nicht gerechtfertigt erscheint und der andere Teil deshalb im Verhältnis zu ihm auf die schwächere deliktische Haftung zu verweisen ist.

Dies habe ich bereits bei der Eigenhaftung Dritter wegen der Inanspruchnahme besonderen persönlichen Vertrauens im Einzelnen begründet. Zur Vermeidung von Wiederholungen verweise ich deshalb auf die Erläuterungen auf den Seiten 134 ff.

Eine Eigenhaftung Dritter kommt deshalb nur ausnahmsweise und unter besonderen Umständen in Betracht. Solche besonderen Umstände liegen nicht bereits dann vor, wenn es sich bei wirtschaftlicher Betrachtung um ein eigenes Geschäft des Dritten handelt. Denn aufgrund der Privatautonomie haben Gesetz und Rechtsprechung es grundsätzlich zu akzeptieren, wenn der Dritte ein eigenes Geschäft nicht selbst abschließt, sondern einen anderen als formalen Vertragspartner vorschiebt. Deshalb kann auch der Hintermann beim Strohmanngeschäft bzw. bei der mittelbaren Stellvertretung grundsätzlich nicht persönlich haftbar gemacht werden.[434] Der Dritte haftet infolgedessen erst dann persönlich, wenn er aus haftungsrechtlich rein zufälligen oder missbräuchlichen Gründen nicht selbst als Vertragspartei auftritt. Erst dann stellt sich die Berufung des Dritten auf die alleinige Haftung des formalen Vertragspartners nicht mehr als Ausdruck einer gewollten und anerkennenswerten Risikoverteilung zwischen den Beteiligten dar, sondern als Missbrauch einer formalen Rechtsposition.

Schutzwürdige Allgemeininteressen oder gesetzliche Wertungen stehen der persönlichen Haftung des Dritten nicht entgegen. Sie steht insbesondere nicht im Widerspruch zu den Wertungen des Vertragsrechts. Sie akzeptiert nämlich, dass die Abgrenzung und Verteilung der haftungsrechtlichen Interessen und Risiken außerhalb des deliktischen Bereichs in erster Linie der Privatautonomie der Beteiligten überlassen ist.[435] Eine persönliche Haftung des Dritten wird deshalb nur

---

433 Vgl. Schwarze, AcP 203, S. 348, 357.

434 Vgl. Palandt/Heinrichs, Einf. v. § 164 Rn. 6 und 8; MünchKomm-BGB/Schramm, vor § 164 Rn. 14 und 25.

435 Vgl. BGH NJW 1974, 1503, 1504 zur Haftung in der Absatzkette des Warenkaufs.

zugelassen, wenn die Art und Weise der Gestaltung der rechtlichen Beziehung nicht auf einer bewussten und anerkennenswerten Risikoverteilung zwischen den Beteiligten beruht. Die persönliche Haftung des Dritten stimmt auch mit den Wertungen des Auftrags (§§ 662 ff. BGB) und der Geschäftsführung ohne Auftrag (§§ 677 ff. BGB) überein. Der Gehilfe ist nämlich nicht persönlich haftbar, wenn er bloß als Repräsentant des Geschäftsführers anzusehen ist. Er ist erst dann selbst verantwortlich, wenn es sich bei der Geschäftsbesorgung bei wirtschaftlicher Betrachtung um seine eigene Angelegenheit handelt und er deshalb als der eigentliche Geschäftsführer anzusehen ist.

### 3. Inanspruchnahme besonderen persönlichen Vertrauens

Eine Eigenhaftung des Auskunftsgebers nach § 311 Abs. 3 S. 1 BGB kommt auch unter dem Gesichtspunkt der Inanspruchnahme eines besonderen persönlichen Vertrauens in Betracht.

S. 2 regelt nämlich nur die Eigenhaftung Dritter aus einem Verschulden bei den Vertragsverhandlungen oder der Vertragsanbahnung. Die zur Eigenhaftung Dritter entwickelten Grundsätze sind aber nicht auf das Stadium vor Abschluss eines Vertrags beschränkt.[436] Denn es besteht kein grundsätzlicher Unterschied zwischen der Eigenhaftung Dritter aus einem Verschulden vor und nach Abschluss eines Vertrags.[437] Stattdessen ist es nicht einzusehen, dass das einem Dritten infolge seines Verhaltens entgegengebrachte Vertrauen im vorvertraglichen Stadium ein Haftungsgrund, nach Vertragsabschluss aber keiner mehr sein soll, auch wenn der Dritte das Vertrauen für sich gerade auch für die Vertragsdurchführung in Anspruch genommen hat.[438] Es ist nicht einmal zwingend notwendig, dass der Dritte bereits im vorvertraglichen Stadium Vertrauen für sich in Anspruch nimmt. Eine Eigenhaftung Dritter kommt vielmehr auch dann in Betracht, wenn der Dritte erst nach Abschluss des Vertrags in besonderem Maße Vertrauen für sich in Anspruch nimmt und dadurch die Vertragsabwicklung erheblich beeinflusst. Nimmt etwa ein Vertreter erst nach Abschluss des Vertrags in besonderem Maße Vertrauen für sich in Anspruch und veranlasst er den Vertragspartner seines Geschäftsherrn dadurch dazu, die Zug um Zug geschuldete Leistung vorzeitig zu erbringen, kann er persönlich zum Ersatz des daraus entstehenden Schadens verpflichtet sein.[439] Wegen der Begründung und der Anfor-

---

436 BGH NJW 1997, 1233, 1234; 1985, 2584, 2585; 1978, 1374, 1375; 1954, 1925, 1927; OLG Dresden NJW-RR 2000, 207; Canaris, FS Giger, S. 91, 96; MünchKomm-BGB/Emmerich, § 311 Rn. 234; ders. in MünchKomm-BGB, Bd. 2, 4. Aufl., vor § 275 Rn. 266.

437 AnwKom-Schuldrecht/Krebs, § 311 Rn. 47.

438 BGH NJW 1997, 1233, 1234; 1978, 1374, 1375.

439 OLG Dresden NJW-RR 2000, 207

derungen an eine hinreichende Inanspruchnahme besonderen persönlichen Vertrauens gilt das zu S. 2 Gesagte entsprechend (Seiten 129 ff.).

4. Weitere Voraussetzungen und Rechtsfolgen

Für die weiteren Voraussetzungen und Rechtsfolgen der Eigenhaftung Dritter gelten die gleichen Grundsätze wie für die Haftung des zukünftigen Vertragspartners (Seiten 96 ff.).[440]

## III. Eigenhaftung Dritter für vertraglich nicht geschuldete Informationen in analoger Anwendung des § 311 Abs. 3 S. 1 und 2 BGB

Eine Eigenhaftung des Auskunftsgebers kommt nicht nur bei vorvertraglichen oder bereits bestehenden vertraglichen Beziehungen, sondern auch bei den ähnlichen geschäftlichen Kontakten des Abs. 2 Nr. 3 in Betracht.[441] Hier sind § 311 Abs. 3 S. 1 und 2 BGB analog anzuwenden.

Eine unmittelbare Anwendung der § 311 Abs. 3 S. 1 und 2 BGB auf die Eigenhaftung Dritter aus ähnlichen geschäftlichen Kontakten ist ausgeschlossen. Dem steht der eindeutige Gesetzeswortlaut entgegen. Denn die ähnlichen geschäftlichen Kontakte sind gerade dadurch gekennzeichnet, dass sie nicht auf den Abschluss eines Vertrags abzielen. Man kann den Dritten in diesen Fällen daher nicht als eine Person bezeichnen, die nicht „selbst“ Vertragspartei werden soll.

§ 311 Abs. 3 S. 1 und 2 BGB sind auf diese Fälle aber analog anzuwenden. Die hierfür erforderliche unplanmäßige Regelungslücke liegt vor, weil der Gesetzgeber nicht bedacht hat, dass Abs. 2 Nr. 3 gerade auf solche Fälle Anwendung findet, in denen der Abschluss eines Vertrags zwischen den Beteiligten nicht beabsichtigt ist und dass auch in diesen Konstellationen die Problematik der Beteiligung Dritter bestehen kann. Die Regelungslücke ist durch analoge Anwendung des § 311 Abs. 2 S. 1 und 2 BGB zu schließen, weil kein grundsätzlicher Unterschied zwischen einer Dritthaftung aus vorvertraglichen Beziehungen und der aus ähnlichen geschäftlichen Kontakten besteht.[442]

---

440 BeckOK-BGB/Gehrlein/Grüneberg/Sutschet, Stand: 01.02.2007, § 311 Rn. 122; Staudinger/Löwisch, § 311 Rn. 159 f.

441 Larenz/Wolf, Bürgerliches Recht AT, § 31 Rn. 34.

442 Vgl. AnwKom-Schuldrecht/Krebs, § 311 Rn. 47.

## IV. Bürgerlich-rechtliche (oder allgemein-zivilrechtliche) Prospekthaftung im engeren Sinne

§ 311 Abs. 3 S. 1 und 2 BGB werden auch als Rechtsgrundlage der bürgerlich-rechtlichen Prospekthaftung im engeren Sinne diskutiert.[443]

1. Allgemeine Grundlagen

Bei der bürgerlich-rechtlichen (oder allgemein-zivilrechtlichen) Prospekthaftung handelt es sich um eine Haftung, die von der Rechtsprechung für Bereiche entwickelt wurde, in denen keine gesetzliche Prospektpflicht besteht. Hier muss man zwischen der Prospekthaftung im engeren und im weiteren Sinne unterscheiden.[444]

Die Prospekthaftung im weiteren Sinne (oder uneigentliche Prospekthaftung) ist eine Haftung nach den herkömmlichen Grundsätzen des Verschuldens bei den Vertragsverhandlungen.[445] Sie hat ihre Grundlage in § 311 Abs. 2 und 3 BGB und tritt neben die Prospekthaftung im engeren Sinne.[446]

---

[443] Die dogmatische Einordnung der bürgerlich-rechtlichen Prospekthaftung ist kontrovers: Blenske in Schimmel/Buhlmann, Frankfurter Handbuch, S. 175 Rn. 65: Fall des § 311 Abs. 3 S. 1 BGB; Palandt/Grünebeg, § 311 Rn. 64: Sonderfall; PWW/Fehrenbacher, § 675 Rn. 58: § 311 Abs. 3 S. 1 BGB Kersting, Dritthaftung, S. 332 f.: § 311 Abs. 3 S. 1 BGB; MünchKomm-BGB/Kramer, Einl. Rn. 88; AnwKom-Schuldrecht/Krebs, § 311 Rn. 54: kein Fall des § 311 Abs. 3 S. 2 BGB. Fraglich, ob man die Haftung unter S. 1 einordnen kann.; Larenz/Wolf, Bürgerliches Recht AT, § 31 Rn. 50: der Haftung für culpa in contrahendo vergleichbar; Staudinger/Löwisch, § 311 Rn. 157: Sonderfall; Hk-BGB/Schulze, § 311 Rn. 22: aus den Grundsätzen der culpa in contrahendo entwickelt; Erman/Kindl, § 311 Rn. 54: Fall des § 311 Abs. 3 S. 2 BGB; in diesem Sinne auch MünchKomm-BGB/Emmerich, § 311 Rn. 246 und 191 ff.; Soergel/Wiedemann, 12. Aufl., vor § 275 Rn. 338: Richterrecht, das über den Ansatz der Dritthaftung aus culpa in contrahendo hinausgewachsen ist und an andere Rechtsinstitute nicht angelehnt werden kann.

[444] BGH NJW-RR 2006, 610; NJOZ 2003, 679, 680 f.; NJW 2001, 436, 437; NJW-RR 1991, 1246, 1248; NJW 1982, 1514, 1515; MünchKomm-BGB/Emmerich, § 311 Rn. 185 ff. und 209 f.; BeckOK-BGB/Gehrlein/Grüneberg/Sutschet, Stand: 01.02.2007, § 311 Rn. 105 ff. und 109; Palandt/Heinrichs, § 280 Rn. 54 ff. und 55; Erman/Kindl, § 311 Rn. 54; PWW/Schmidt-Kessel, § 280 Rn. 64; Siol, DRiZ 2003, 204.

[445] BGH NJW-RR 1991, 1246, 1248; NJW 1982, 1514, 1515; MünchKomm-BGB/Emmerich, § 311 Rn. 209 f.; BeckOK-BGB/Gehrlein/Grüneberg/Sutschet, Stand: 01.02.2007, § 311 Rn. 109; Palandt/Heinrichs, § 280 Rn. 55; Erman/Kindl, § 311 Rn. 54; PWW/Schmidt-Kessel, § 311 Rn. 64; Siol, DRiZ 2003, 204.

[446] BGH NJW-RR 2005, 23, 26; 2003, 1054; 2003, 1351; 1991, 1246, 1247; MünchKomm-BGB/Emmerich, § 311 Rn. 209 f.; Palandt/Heinrichs, § 280 Rn. 55; PWW/Schmidt-Kessel, § 280 Rn. 64.

Die Prospekthaftung im engeren Sinne – von der im Folgenden die Rede ist – ist demgegenüber eine von der Rechtsprechung in Anlehnung an die spezialgesetzlichen Prospekthaftungstatbestände für den sog. „grauen", nicht organisierten Kapitalmarkt entwickelte Haftung.[447] Bei der Prospekthaftung im engeren Sinne ist Grundlage der Haftung nicht das persönliche Vertrauen, das einem bestimmten Verhandlungspartner entgegengebracht wird, sondern das typisierte Vertrauen in die Richtigkeit und Vollständigkeit der von den Prospektverantwortlichen gemachten Angaben.[448]

Der Anwendungsbereich der Prospekthaftung im engeren Sinne wurde durch das AnSVG wesentlich eingeschränkt.[449] Durch das AnSVG wurde ab dem 01.07.2005 eine Prospektpflicht für alle nicht wertpapiermäßig verbrieften Anteile des sog. „grauen" Kapitalmarktes, für Treuhandvermögen und sämtliche geschlossenen Fonds eingeführt.[450] Die neue Prospektpflicht ergibt sich aus § 8 f VerkProspG und wurde in der VerkProspV des Bundesfinanzministeriums konkretisiert.[451] Die bürgerlich-rechtliche Prospekthaftung im engeren Sinne beschränkt sich nunmehr auf nicht unter § 8 f VerkProspG fallende Anlagen[452], nicht unter § 44 Abs. 1 BörsG fallende Beteiligte[453] und Altfälle[454].

2. Rechtliche Einordnung

Die Prospekthaftung im engeren Sinne ist kein Anwendungsfall des § 311 Abs. 3 S. 1 und 2 BGB.[455] Sie steht den spezialgesetzlichen Prospekthaftungstat-

---

447 BGH NJOZ 2003, 679, 681; NJW 2001, 1203; MünchKomm-BGB/Emmerich, Bd. 2 a, 4. Aufl., § 311 Rn. 162; Palandt/Heinrichs, § 280 Rn. 54; Erman/Kindl, § 311 Rn. 52; Siol, DRiZ 2003, 204.

448 BGH NJW-RR 2006, 611, 613; NJW 2004, 3420, 3422; NJOZ 2003, 679, 680 f.; NJW 2001, 360, 363; 1993, 2865; 1985, 380; 1982, 1514; Palandt/Heinrichs, § 280 Rn. 54; Erman/Kindl, § 311 Rn. 54; Larenz/Wolf, Bürgerliches Recht AT, § 31 Rn. 51; Siol, DRiZ 2003, 204.

449 BT-Drucks. 13/8933, S. 81; Palandt/Heinrichs, § 280 Rn. 54 a; Keul/Ertmann, DB 2006, S. 1664 ff; PWW/Schmidt-Kessel, § 280 Rn. 64.

450 BGBl. 2004, Teil I Nr. 56, S. 2630, 2647 ff.; Palandt/Heinrichs, § 280 Rn. 54 a.

451 BGBl. 2004, Teil I Nr. 56, S. 2630, 2647 ff.; BGBl. 2004 Teil I Nr. 69, S. 3464 ff.; Palandt/Heinrichs, § 280 Rn. 54 a.

452 Palandt/Heinrichs, § 280 Rn. 54 a; Janert/Schuster, BB 2005, S. 987, 991; Keul/Ertmann, DB 2006, S. 1664 ff.; Kiethe, MDR 2006, S. 843, 845; PWW/Schmidt-Kessel, § 280 Rn. 64.

453 Kiethe, MDR 2006, S. 843, 845; a. A. Fleischer, BKR 2004, S. 339, 343 f.; Palandt/Heinrichs, § 280 Rn. 54 a; PWW/Schmidt-Kessel, § 280 Rn. 64.

454 Palandt/Heinrichs, 65. Aufl., § 280 Rn. 54 b; Janert/Schuster, BB 2005, S. 987, 991; Kiethe, MDR 2006, S. 843, 845; PWW/Schmidt-Kessel, § 280 Rn. 64.

455 A. A. Kersting, Dritthaftung, S. 332 f.: kein Fall von S§ 311 Abs. 3 S. 2 BGB, aber einer von § 311 Abs. 3 S. 1 BGB.

beständen näher als der Eigenhaftung Dritter aus einem Verschulden bei den Vertragsverhandlungen.[456] Dogmatisch ist es deshalb konsequenter, die Prospekthaftung im engeren Sinne mit einer Analogie zu diesen Vorschriften zu begründen, um die es sich der Sache nach handelt.[457] Hierzu im Einzelnen:

a) Zwischenstellung in der Rechtsprechung

In der Rechtsprechung hat die Prospekthaftung im engeren Sinne eine Zwischenstellung zwischen den spezialgesetzlichen Prospekthaftungstatbeständen und der Eigenhaftung Dritter aus einem Verschulden bei den Vertragsverhandlungen. Sie lässt sich weder dem einen noch dem anderen Rechtsinstitut eindeutig zuordnen.

aa) Entwicklung aus der Eigenhaftung Dritter

Die Prospekthaftung im engeren Sinne wurde vom II. Zivilsenat des BGH in Anlehnung an die gesetzlichen Prospekthaftungstatbestände aus der Haftung wegen eines Verschuldens beim Vertragsschluss entwickelt.[458] Zuerst stellte der II. Zivilsenat den Leitsatz auf, dass die das Management bildenden Initiatoren und Gründer einer Publikums-KG den beitretenden Kommanditisten im Regelfall aus einem Verschulden beim Vertragsschluss für die Vollständigkeit und Richtigkeit der mit ihrem Wissen und Willen in Verkehr gebrachten Verkaufsprospekte haften.[459] Sodann erstreckte der II. Zivilsenat die Haftung auf die Personen, die hinter der Komplementär-GmbH und der Publikums-KG stehen und neben der Geschäftsleitung besonderen Einfluss auf die Gesellschaft ausüben und deshalb Mitverantwortung tragen.[460] Anknüpfungspunkt der Haftung war insofern nicht die Inanspruchnahme eines besonderen persönlichen Vertrauens, sondern ein standardisiertes, diesen Personen typischerweise kraft ihres Amtes und ihrer Funktion entgegengebrachtes Vertrauen, das als solches nicht davon abhängt, dass die jeweiligen Personen und ihr Einfluss im Prospekt offenbart oder den Anlegern sonst bekannt werden.[461] Schließlich erstreckte der II. Zivilsenat die Haftung für fehlerhafte Prospektangaben auch auf Personen, die mit Rücksicht auf ihre allgemein anerkannte und herausgehobene berufliche und wirtschaftliche Stellung oder auf ihre Eigenschaft als berufsmäßige Sachkenner

[456] BGH NJOZ 2003, 679, 681; NJW 2001, 1203; Palandt/Heinrichs, 65. Aufl., § 280 Rn. 54: praeter legem entwickelt; Schießl, NJW 1987, S. 1684, 1685; Soergel/Wiedemann, 12. Aufl., vor § 275 Rn. 338.
[457] Schießl, NJW 1987, S. 1684, 1685; Soergel/Wiedemann, 12. Aufl., vor § 275 Rn. 338.
[458] BGH NJOZ 2003, 679, 681; NJW 2001, 1203; NJW 1982, 1514; 1981, 1449, 1450.
[459] BGH NJW 1978, 1625.
[460] BGH NJW 1979, 718.
[461] BGH NJW 1981, 1449, 1450; 1979, 718.

eine Garantenstellung einnehmen, sofern sie durch ihr nach außen in Erscheinung tretendes Mitwirken an dem Prospekt einen Vertrauenstatbestand geschaffen haben.[462] Damit stellte der II. Zivilsenat bezüglich des verantwortlichen Personenkreises eine weitgehende Übereinstimmung mit den gesetzlichen Prospekthaftungstatbeständen her.[463] Anknüpfungspunkt war auch insoweit nicht die Inanspruchnahme eines besonderen persönlichen Vertrauens, sondern ein standardisiertes, diesen Personen typischerweise entgegengebrachtes Vertrauen, das auch ohne persönlichen Kontakt durch das nach außen in Erscheinung tretende Mitwirken am Prospekt einen Vertrauenstatbestand schafft.[464]

Dogmatisch entwickelte der II. Zivilsenat dadurch die Grundsätze der Eigenhaftung Dritter für ein Verschulden bei den Vertragsverhandlungen für den engen Bereich der Prospekthaftung dahin weiter, dass Grundlage der Vertrauenshaftung nicht nur das von einem bestimmten Menschen ausgehende persönliche Vertrauen sein kann, sondern auch ein Vertrauen, das sich aus einer Art Garantenstellung herleitet, die kraft Amtes oder Berufes entsteht oder auf einer besonderen Fachkunde oder einer allgemein anerkannten und hervorgehobenen beruflichen und wirtschaftlichen Stellung beruht.[465] Der II. Zivilsenat bezeichnete diese Haftung als Prospekthaftung im engeren Sinne und ließ Ansprüche daraus in entsprechender Anwendung der gesetzlichen Prospekthaftungstatbestände in 6 Monaten seit Kenntnis des Anlegers vom Prospektfehler, spätestens in 3 Jahren seit dem Beitritt zu der Gesellschaft oder dem Erwerb der Anteile verjähren. Er stellte dieser Prospekthaftung im engeren Sinne die Prospekthaftung im weiteren Sinne (oder uneigentliche Prospekthaftung) gegenüber, die sich nach den herkömmlichen Grundsätzen der Eigenhaftung Dritter wegen Verschuldens bei den Vertragsverhandlungen richtet und sich demgemäß aus der Inanspruchnahme eines besonderen persönlichen Vertrauens oder einem besonderen wirtschaftlichen Eigeninteresse ergeben kann und für die die allgemeine Verjährungsregelung gilt.[466] Die anderen Senate des BGH übernahmen die Rechtsprechung des II. Zivilsenats und hielten an ihr bis heute fest.[467] Sie wendeten sie auch auf geschlossene Immobilienfonds,[468] Spekulationsfonds,[469] Bauherrenmodelle,[470] Bau-

[462] BGH NJW 1980, 1840, 1841.
[463] BGH NJW 1982, 1514; 1981, 1449, 1450.
[464] BGH NJW 1980, 1840, 1841.
[465] BGH NJW 1982, 1514; 1981, 1449, 1450.
[466] BGH NJW 1982, 1514, 1515.
[467] BGH NJW-RR 2006, 1405 (IV. Zivilsenat), 2005, 23, 26 (XI. Zivilsenat), NJW 2004, 3420 ff. (X. Zivilsenat), 2004, 1732 ff. (III. Zivilsenat), 2004, 288, 289 (VII. Zivilsenat), 2003, 1811 ff. (V. Zivilsenat).
[468] BGH NJW 2001, 1203, 1204.
[469] BGH NJW 1995, 1025.
[470] BGH NJW 1990, 2461.

trägermodelle[471] und Mischformen dieser Anlagearten[472] an, nicht aber auf Prospekte des normalen Geschäftsverkehrs.[473]

bb) Zwischenstellung in der Anknüpfung

Auch wenn die Prospekthaftung im engeren Sinne vom II. Zivilsenat des BGH dogmatisch aus der Haftung wegen Verschuldens bei Vertragsschluss entwickelt wurde, steht damit noch nicht fest, ob es sich hierbei tatsächlich nur um eine Weiterentwicklung handelte oder ob nicht ein ganz neues Rechtsinstitut geschaffen wurde, das mit dem ursprünglichen Ansatz der Haftung aus einem Verschulden beim Vertragsschluss nichts mehr gemein hat.

Die Rechtsprechung des II. Zivilsenats gibt hierauf keine eindeutige Antwort. Einerseits betont der Senat, mit seiner Rechtsprechung zur Prospekthaftung im engeren Sinne an die Grundsätze über die Haftung wegen eines Verschuldens beim Vertragsschluss anzuknüpfen.[474] Dies spricht eher für eine Einordnung der Prospekthaftung im engeren Sinne als Unterfall der Haftung aus einem Verschulden bei den Vertragsverhandlungen. Andererseits weist der Senat darauf hin, dass Anlass der Entwicklung der Prospekthaftung im engeren Sinne der sonst nicht hinreichend gewährleistete Schutz der Kapitalanleger vor unrichtigen und unvollständigen Werbeprospekten für die Beteiligung an sog. Publikums-Kommanditgesellschaften war.[475] Dies spricht eher dafür, dass der Senat mit der Prospekthaftung im engeren Sinne ein Sonderrecht zum Schutz der Anleger am Kapitalmarkt geschaffen hat. Dafür spricht auch, dass es erklärtes Ziel des Senats war, mit der Prospekthaftung im engeren Sinne - was den verantwortlich zu machenden Personenkreis angeht - eine weitgehende Übereinstimmung mit der spezialgesetzlichen Prospekthaftung herzustellen.[476] Dafür spricht weiter, dass der Senat eine Ausweitung seiner Rechtsprechung auf Prospekte des normalen Geschäftsverkehrs ablehnt.[477] Dafür spricht schließlich auch, dass der Senat ausdrücklich klargestellt hat, dass er keinesfalls eine generelle Ausweitung des Rechtsinstituts der culpa in contrahendo auf die Personen befürworte, denen zwar typischerweise Vertrauen entgegengebracht werde, die aber nicht im herkömmlichen Sinne durch ihr Verhalten persönliches Vertrauen für sich in Anspruch nehmen. Vielmehr gehe es um eine Weiterführung der Grundgedanken einer Vertrauenshaftung, wie sie für die Grundfälle eines Verschuldens bei den

---

471 BGH NJW 2001, 436, 437.
472 BGH NJW 1992, 228, 229.
473 BGH NJW 1981, 2810, 2811.
474 BGH NJW 1982, 1514; 1981, 1449, 1450.
475 BGH NJW 1982, 1514; 1981, 1449, 1450.
476 BGH NJW 1982, 1514; 1981, 2810, 2811.
477 BGH NJW 1981, 2810, 2811.

Vertragsverhandlungen entwickelt worden seien, in einem bestimmten, vom Gesetzgeber als regelungsbedürftig nicht vorhergesehenen, aber ausfüllungsbedürftigen Bereich.[478] In der Rechtsprechung des II. Zivilsenats klingt also sowohl eine Nähe zur Haftung für ein Verschulden bei den Vertragsverhandlungen als auch eine Nähe zu den spezialgesetzlichen Prospekthaftungstatbeständen an.

cc) Zwischenstellung in der Ausgestaltung

Auch in den Haftungsvoraussetzungen und -folgen findet sich diese Zwischenstellung wieder. Einerseits richtet sich die Verjährung der Prospekthaftungsansprüche im engeren Sinne nach der kurzen Verjährung der spezialgesetzlichen Prospekthaftungstatbestände.[479] Andererseits ist die Prospekthaftung im engeren Sinne nicht wie bei den spezialgesetzlichen Prospekthaftungsansprüchen auf Vorsatz und grobe Fahrlässigkeit beschränkt, sondern tritt wie bei der herkömmlichen Haftung aus einem Verschulden bei den Vertragsverhandlungen bei jedem Verschulden ein.[480]

dd) Zwischenstellung in den Begrifflichkeiten

Schließlich sind auch die Begrifflichkeiten des II. Zivilsenats nicht eindeutig. Während er die Prospekthaftung im engeren Sinne in einigen Entscheidungen ausdrücklich als einen Fall des Verschuldens beim Vertragsschluss bezeichnet,[481] unterscheidet er in anderen Entscheidungen zwischen der Haftung für ein Verschulden beim Vertragsschluss und der Prospekthaftung[482]. In wieder anderen Entscheidungen spricht er von der typisierten Prospekthaftung einerseits und der herkömmlichen Haftung aus Verschulden bei den Vertragsverhandlungen andererseits [483] oder (im Hinblick auf die Verjährungsproblematik) davon, dass die Grundsätze zur allgemeinen Prospekthaftung in Analogie zu den gesetzlichen Prospekthaftungstatbeständen entwickelt worden seien.[484] Auch die Begrifflichkeiten der anderen Senate des BGH sind nicht ergiebiger. Sie ziehen sich regelmäßig auf die vom II. Zivilsenat geprägte Bezeichnung als Prospekthaftung im engeren Sinne zurück und vermeiden auf diese Weise Ausführungen zu den Grundlagen dieser Haftung.[485] Zum Teil finden sich allerdings auch hier

---

[478] BGH NJW 1981, 1449, 1450.
[479] BGH NJW 1982, 1514, 1515.
[480] BGH NJW-RR 2002, 915; NJW 2002, 1711, 1712.
[481] BGH NJW 1982, 1514.
[482] BGH NJW 2004, 3332, 3333.
[483] BGH NJW-RR 2003, 1054.
[484] BGH NJOZ 2003, 679, 681; NJW 2001, 1203.
[485] BGH NJW-RR 2005, 23, 26; NJW 2004, 2523, 2525 (jew. XI. Zivilsenat); 2004, 1732 (III. Zivilsenat); 2004, 1376, 1378 (XI. Zivilsenat); 2004, 288, 289; 2001, 436, 437 (jew.

Andeutungen, zwischen der Prospekthaftung im engeren Sinne und der Prospekthaftung im weiteren Sinne als Haftung wegen Verschuldens bei den Vertragsverhandlungen zu unterscheiden.[486]

b) Analogie zu den spezialgesetzlichen Prospekthaftungstatbeständen

In der Sache steht die Prospekthaftung im engeren Sinne den spezialgesetzlichen Prospekthaftungstatbeständen allerdings eindeutig näher als der Eigenhaftung Dritter aus einem Verschulden bei den Vertragsverhandlungen.[487]

aa) Vergleich mit den herkömmlichen Fällen der Eigenhaftung Dritter

Die Eigenhaftung Dritter aus einem Verschulden bei den Vertragsverhandlungen ist dadurch gekennzeichnet, dass der Dritte durch sein Verhalten bei den Vertragsverhandlungen eine Stellung einnimmt, die der eines zukünftigen Vertragspartners vergleichbar ist.[488] Aus diesem Grund müssen sowohl die Inanspruchnahme eines besonderen persönlichen Vertrauens als auch das besondere wirtschaftliche Eigeninteresse dazu führen, dass der Dritte den in Aussicht genommenen Vertrag quasi wie sein eigenes Geschäft behandelt. Bei der Prospekthaftung im engeren Sinne kann jedoch keine Rede davon sein, dass die Prospektverantwortlichen bei den Beitrittsverhandlungen durch ihr Verhalten gegenüber den Anlegern eine Stellung einnehmen, die der eines Vertragspartners vergleichbar ist. Bei den Herausgebern des Prospekts und den sonst für seine Herstellung Verantwortlichen wird dies besonders deutlich, weil das ihnen angeblich typischerweise entgegengebrachte Vertrauen nicht einmal davon abhängt, dass die jeweiligen Personen und ihr Einfluss im Prospekt offenbart oder den Anlegern sonst bekannt werden.[489] Bei den Prospektverantwortlichen aus Garan-

---

VII. Zivilsenat); 2003, 1811, 1812 (V. Zivilsenat); NJW-RR 2001, 1639, 1642; 1996, 826, 828 (jew. IX. Zivilsenat); anders nur BGH NJW-RR 2006, 1405: Parallele zur börsenrechtlichen Prospekthaftung nach § 45 BörsG (IV. Zivilsenat).

486 BGH NJW 2004, 1732, 1733.

487 BGH NJOZ 2003, 679, 681; NJW 2001, 1203; Palandt/Heinrichs, 65. Aufl., § 280 Rn. 54: praeter legem entwickelt; Schießl, NJW 1987, S. 1684, 1685; Soergel/Wiedemann, 12. Aufl., vor § 275 Rn. 338.

488 BGH WM 1967, 121, 123; OLG Frankfurt am Main BeckRS 2005 00521; OLG Hamm BeckRS 2005 30354311; OLG Stuttgart BeckRS 2000 30110995; OLG Düsseldorf NJW-RR 1998, 196, 197; Palandt/Grüneberg, § 311 Rn. 61 jew.: Quasipartei; Koch, AcP 204, S. 58, 74 und 78: parteiähnlicher Einfluss/parteiähnliche Vertrauensstellung; PWW/Medicus, § 311 Rn. 69: Der Händler sei ein Quasiverkäufer; BeckOK-BGB/Schwarz/Schöpflin, Stand: 01.02.2007, § 31 Rn. 27: Quasivertragspartner; Soergel/Wiedemann, 12. Aufl., vor § 275 Rn. 227: Quasivertragspartner; a. A. Kersting, Dritthaftung, S. 264 f. und 281.

489 Vgl. BGH NJW-RR 2006, 1405; NJW 2001, 360, 363; 1981, 1449, 1450.

tenstellung zeigt sich dies dadurch, dass ihre Garantenstellung allein aus ihrer allgemein anerkannten und herausgehobenen beruflichen und wirtschaftlichen Stellung oder ihrer Eigenschaft als berufsmäßige Sachkenner hergeleitet wird.[490] Keines dieser Kriterien kann dazu führen, dass die Prospektverantwortlichen den Beitritt der Anleger zur Anlagegesellschaft quasi wie ihr eigenes Geschäft behandeln. Daher kann auch aus keiner dieser Haftungsvoraussetzungen abgeleitet werden, dass die Prospektverantwortlichen gegenüber den Anlegern beim Beitritt zur Anlagegesellschaft eine Stellung einnehmen, die der eines Vertragspartners vergleichbar ist. Damit ist die Grundlage der herkömmlichen Eigenhaftung Dritter aus einem Verschulden bei den Vertragsverhandlungen aufgegeben.[491]

bb) Anknüpfung an ein typischerweise vorhandenes Vertrauen

Es überzeugt auch sonst nicht, die Grundsätze der Eigenhaftung Dritter für ein Verschulden bei den Vertragsverhandlungen dahin weiterzuentwickeln, dass Anknüpfungspunkt nicht nur das von einem bestimmten Menschen für sich konkret in Anspruch genommene Vertrauen sein kann, sondern auch das eher abstrakte Vertrauen, das den Prospektverantwortlichen kraft ihres Amtes oder ihres Berufes oder aufgrund einer besonderen Fachkunde oder einer allgemein anerkannten und hervorgehobenen beruflichen und wirtschaftlichen Stellung angeblich typischerweise von den Anlegern entgegengebracht wird. Es ist nämlich schon zweifelhaft, ob den Prospektverantwortlichen von den Anlegern in der heutigen Zeit überhaupt typischerweise Vertrauen entgegengebracht wird oder ob es sich hierbei nicht bloß um eine Fiktion handelt. Beim Management und den Hintermännern der Anlagegesellschaft sprechen für letzteres bereits die Motive, die den Gesetzgeber zum Erlass des AnSVG bewogen haben. Dem Gesetzgeber ging es nämlich mit dem AnSVG vor allem darum, das verlorene Vertrauen der Anleger in die Kapitalmärkte zurückzugewinnen.[492] Damit reagierte der Gesetzgeber darauf, dass Unternehmenskrisen und -zusammenbrüche gerade auch wegen Missmanagements das Vertrauen der Anleger in die Integrität der Unternehmensführung und damit zugleich das Vertrauen in den Kapitalmarkt erschüttert haben. Dies betraf insbesondere den sog. „grauen" Kapitalmarkt, weil hier in der Vergangenheit häufig hohe Anlegerschäden bis hin zu Totalverlusten zu verzeichnen waren.[493] Aber nicht nur beim Management, sondern auch bei den Garanten kraft Berufsstellung scheint die Vorstellung vom typischerweise entgegengebrachten Vertrauen eher Wunsch als Realität zu sein. Nach einer repräsentativen europaweiten Umfrage des Magazins Reader´s Digest, an der

---

490 Vgl. BGH NJW-RR 2006, 611, 613; NJW 2001, 360, 363; 1981, 1449, 1450.
491 Soergel/Wiedemann, 12. Aufl., vor § 275 Rn. 338.
492 BT-Drucks. 15/3174, S. 26.
493 BT-Drucks. 15/3174, S. 27 f.

sich von September bis November 2006 rund 25.000 Menschen beteiligten, stehen z. B. Rechtsanwälte auf der Skala der 20 abgefragten Berufsgruppen nur auf Rang 13. Zwar bewerteten 50 % der Befragten das Vertrauen in diese Berufsgruppe mit „sehr hoch" oder „ziemlich hoch". Immerhin 47 % der Befragten bewerteten das Vertrauen in diese Berufsgruppe hingegen nur mit „nicht sehr hoch" oder „überhaupt keins". Bei Finanzberatern sieht es noch düsterer aus. Sie kommen nur auf Rang 16 der Skala. Gerade einmal 20 % der Befragten bewerteten das Vertrauen in diese Berufsgruppe mit „sehr hoch" oder „ziemlich hoch", wohingegen die überwältigende Mehrheit von 76 % der Befragten das Vertrauen in diese Berufsgruppe mit „nicht sehr hoch" oder „überhaupt keins" bewerteten.[494] Jedenfalls heute kann deshalb nicht mehr davon ausgegangen werden, dass die Anleger den Prospektverantwortlichen typischerweise besonderes Vertrauen entgegenbringen. Ebenso zweifelhaft ist, ob das angeblich typischerweise vorhandene Vertrauen der Anleger in die Prospektverantwortlichen überhaupt wirklich die Grundlage der Rechtsprechung zur Prospekthaftung im engeren Sinne ist. Konsequenterweise müsste die Rechtsprechung dann nämlich die Haftung der Prospektverantwortlichen verneinen, wenn die Anleger ihnen im konkreten Fall kein besonderes Vertrauen entgegengebracht haben, etwa weil sie Misstrauen hegten oder sich das „Vertrauen" zumindest auf ein bloßes Fehlen von Misstrauen beschränkte.[495] Diesen Schluss zieht die Rechtsprechung jedoch nicht. Er wäre auch kaum nachvollziehbar, vor allem wenn man bedenkt, dass die Rechtsprechung den Anlegern selbst ein bloßes Mitverschulden nur unter ganz besonderen Umständen anlastet. Richtigerweise verdienen Anleger auch dann Schutz vor einem unrichtigen oder unvollständigen Prospekt, wenn sie kein besonderes Vertrauen in die Prospektverantwortlichen haben. In diesem Sinne entfällt auch die spezialgesetzliche Prospekthaftung nur, wenn der Anleger die Unrichtigkeit oder Unvollständigkeit der Angaben des Prospekts beim Erwerb positiv kannte. Es spricht daher nichts dafür, dass die angeblich vorhandene Vertrauensbeziehung zwischen den Prospektverantwortlichen und den Anlegern wirklich Grundlage der Prospekthaftung im engeren Sinne ist.

Die Anknüpfung des rechtsgeschäftsähnlichen Charakters der Beziehung an das sog. typisierte Vertrauen überzeugt auch deshalb nicht, weil eine hierauf ge-

---

494 Reader´s Digest, Vertrauensskala in Deutschland, Internetquelle, URL: http://www.readers-digest.de/service_fuer_journalisten/index.php?idhttp://www.readers-digest.de/service_fuer_journalisten/index.php?id=etb&no_cache=1&tx_ttnews[tt_news]=548&tx_ttnews[backPid]=14 (15.04.2007); Reader´s Digest, Trusted Brands 2007, Internetquelle, URL: http://www.rdtrustedbrands.com/trusted-brands/results/tables/Confidence%2520in%2520professions.country.Germany.shtml (15.04.2007).

495 Canaris, FS Schimansky, S. 43, 56 hält allerdings bereits das bloße Fehlen von Misstrauen für eine tragfähige Grundlage der Vertrauenshaftung, weil darin häufig geradezu die intensivste Form des Vertrauens liege.

gründete Dritthaftung in der Sache nichts anderes als eine allgemeine Funktionen- oder Berufshaftung wäre. Eine solche Annahme findet im geltenden Recht keine Stütze. Außerdem bestünde die Gefahr, dass die Dritthaftungen ihren Ausnahmecharakter verlieren. Es wäre nämlich nicht einsichtig, den Gedanken vom typisierten Vertrauen auf den Kapitalmarkt zu beschränken. Es gäbe keinen nachvollziehbaren Grund, das typisierte Vertrauen nicht auch im allgemeinen Geschäftsverkehr als Grundlage der Dritthaftung genügen zu lassen. Außerdem müsste man die Dritthaftungen, wollte man sich nicht in Wertungswidersprüche verstricken, zwangsläufig auf eine Vielzahl von Berufsträgern am Markt erstrecken. Nach der bereits zitierten Umfrage des Magazins Reader's Digest sind es nicht die oben genannten traditionellen Professionen, denen typischerweise in besonderem Maße Vertrauen entgegengebracht wird, sondern Berufe wie Feuerwehrmänner, Piloten, Krankenschwestern oder Landwirte.[496]

cc) Anlegerschutz zur Sicherung der Funktionsfähigkeit der Kapitalmärkte

Die Prospekthaftung im engeren Sinne steht den spezialgesetzlichen Prospekthaftungstatbeständen näher als der Eigenhaftung Dritter aus einem Verschulden bei den Vertragsverhandlungen.[497] In der Sache geht es bei der Prospekthaftung im engeren Sinne nämlich nicht um den Schutz eines konkreten oder typischerweise vorhandenen Vertrauensverhältnisses zwischen den Anlegern und den Prospektverantwortlichen, sondern um die Förderung eines wünschenswerten Vertrauens der Anleger in die Prospektverantwortlichen und den Kapitalmarkt. Das Vertrauensverhältnis zwischen den Anlegern und den Prospektverantwortlichen ist also nicht der Grund, sondern das Ziel der Haftung.[498] Grund der Haftung ist allein der Anlegerschutz im Interesse einer Förderung und des Erhalts der Funktionsfähigkeit der Kapitalmärkte.[499] Dies ist auch bei den spezialgesetzlichen Prospekthaftungstatbeständen so.[500] Dogmatisch ist es deshalb konsequenter, die Prospekthaftung im engeren Sinne mit einer Analogie zu diesen

[496] Reader's Digest, Vertrauensskala in Deutschland, Internetquelle, URL: http://www.readers-digest.de/service_fuer_journalisten/index.php?idhttp://www.readers-digest.de/service_fuer_journalisten/index.php?id=etb&no_cache=1&tx_ttnews[tt_news]=548&tx_ttnews[backPid]=14 (15.04.2007); Reader's Digest, Trusted Brands 2007, Internetquelle, URL: http://www.rdtrustedbrands.com/trusted-brands/results/tables/Confidence%2520in%2520professions.country.Germany.shtml (15.04.2007).

[497] BGH NJOZ 2003, 679, 681; NJW 2001, 1203; Palandt/Heinrichs, 65. Aufl., § 280 Rn. 54: praeter legem entwickelt; Schießl, NJW 1987, S. 1684, 1685; Soergel/Wiedemann, 12. Aufl., vor § 275 Rn. 338.

[498] Kersting, Dritthaftung, S. 173 und 494; a. A. BGH NJW 2004, 3420, 3422: Ziel ist der Anlegerschutz, Grundlage die typisierte Vertrauenshaftung.

[499] BGH NJW 1982, 1514; 1981, 1449, 1450; MünchKomm-BGB/Emmerich, § 311 Rn. 64.

[500] BT-Drucks. 15/3174, S. 26 ff.

Vorschriften zu begründen, um die es sich der Sache nach handelt.[501] Durch eine solche Analogie lassen sich auch Missverständnisse im Hinblick auf den Grund und die Grenzen der Prospekthaftung im engeren Sinne vermeiden. So ist es z. B. mit der vom Gesetzgeber intendierten Begrenzung der Haftung der Prospektverantwortlichen nicht zu vereinbaren, wenn die Rechtsprechung bei der Prospekthaftung im engeren Sinne jede Form von Fahrlässigkeit genügen lässt, während die spezialgesetzliche Prospekthaftung auf Vorsatz und grobe Fahrlässigkeit beschränkt ist.[502] Auch der 64. Deutsche Juristentag empfiehlt, die gesetzliche und die richterrechtliche Prospekthaftung im engeren Sinne einander anzugleichen.[503]

Einer Begründung der Prospekthaftung im engeren Sinne durch eine Analogie zu den spezialgesetzlichen Prospekthaftungstatbeständen stehen weder das Erfordernis einer planwidrigen Lücke noch das einer Vergleichbarkeit der geregelten und der ungeregelten Fälle entgegen. Eine planwidrige Lücke liegt vor, soweit es um nicht unter § 8 f VerkProspG fallende Anlagen, nicht unter § 44 Abs. 1 BörsG fallende Beteiligte und Altfälle geht. Hier besteht eine Regelungslücke, weil die spezialgesetzlichen Prospekthaftungstatbestände nicht greifen.[504] Die Regelungslücke ist auch unplanmäßig. Es ist zwar davon auszugehen, dass dem Gesetzgeber nicht verborgen geblieben ist, dass die spezialgesetzliche Prospekthaftung nicht alle Fälle erfasst, in denen eine Prospekthaftung im engeren Sinne nach der Rechtsprechung in Betracht kommt. Es ist aber ebenso davon auszugehen, dass der Gesetzgeber mit der spezialgesetzlichen Prospekthaftung keine abschließende Regelung dieses Sachgebiets geschaffen hat.[505] In diesem Sinne weist der Gesetzgeber in der Begründung des AnSVG darauf hin, dass er mit den Änderungen im VerkProspG eine Regelungslücke in einem Marktsegment (dem sog. „grauen" Markt) geschlossen hat, für das sich in der Vergangenheit anhand von hohen Schäden bis hin zu Totalverlusten besonderer Handlungsbedarf gezeigt hat.[506] Der Gesetzgeber ist also nicht abschließend, sondern nur insoweit tätig geworden, als er einen besonderen Handlungsbedarf gesehen hat. Soweit der Gesetzgeber nicht tätig geworden ist, weil er einen besonderen

---

501 Vgl. BGH NJOZ 2003, 679, 681; NJW 2001, 1203; Palandt/Heinrichs, 65. Aufl., § 280 Rn. 54: praeter legem entwickelt; Schießl, NJW 1987, S. 1684, 1685; Soergel/Wiedemann, 12. Aufl., vor § 275 Rn. 338.

502 BT-Drucks. 13/8933, S. 81; Baums/Fischer, Haftung gegenüber Anlegern, S. 4, Internetquelle, URL http://publikationen.ub.uni-frankfurt.de/volltexte/2005/655/ (15.04.2007); Meyer, WM 2003, S. 1301, 1303; a. A. Siol, DRiZ 2003, S. 204, 208.

503 Meyer, WM 2003, S. 1301, 1302 Fn. 6.

504 Vgl. Palandt/Heinrichs, § 280 Rn. 54 a; Keul/Ertmann, DB 2006, S. 1664 ff.

505 BT-Drucks. 15/3174, S. 44 ausdrücklich für nicht unter § 44 Abs. 1 BörsG fallende Beteiligte.

506 BT-Drucks. 15/3174, S. 26, 27 f.

Handlungsbedarf nicht gesehen hat, liegt deshalb eine zwar bewusste, aber dennoch ausfüllungsbedürftige und damit unplanmäßige Lücke vor. Der Gesetzgeber erwartet in diesem Bereich erkennbar, dass ein Haftungsbedürfnis durch die Rechtsprechung befriedigt wird.[507] Die geregelten und die ungeregelten Fälle sind auch vergleichbar. Bei den Altfällen liegt dies auf der Hand, soweit es um nunmehr unter § 8 f VerkProspG fallende Anlagen geht. Dass hier früher keine gesetzliche Prospektpflicht bestand, steht dem nicht entgegen. Denn früher bestand hier zumindest eine faktische Prospektpflicht, weil ein Prospekt in aller Regel erforderlich ist, um der Anlage am Markt zum Erfolg zu verhelfen und weil der Anbieter einer Kapitalanlage nach den Grundsätzen der Vertrauenshaftung dem Anlageinteressenten die zur Entscheidung erforderliche Information schuldet.[508] Auch bei der Haftung der sog. Garanten spricht alles dafür, diese für den Bereich des Prospekts, für den sie Verantwortung übernommen haben, mit den nach § 44 Abs. 1 BörsG Prospektverantwortlichen gleichzustellen.[509] Bei Anlagen, die nicht unter § 8 f VerkProspG fallen, ist in jedem Einzelfall zu prüfen und besonders zu begründen, ob eine Gleichbehandlung mit der spezialgesetzlichen Prospekthaftung geboten ist. Andernfalls entfällt eine Prospekthaftung im engeren Sinne.

## V. Eigenhaftung des Gebrauchtwagenhändlers beim Agenturgeschäft

§ 311 Abs. 3 S. 1 und 2 BGB werden auch als Grundlage der Eigenhaftung des Gebrauchtwagenhändlers beim Agenturgeschäft diskutiert.[510]

Die Grundlagen des Agenturgeschäfts habe ich bereits bei der Darstellung der Rechtsprechung zur Eigenhaftung Dritter abgehandelt. Hierauf nehme ich zur Vermeidung von Wiederholungen Bezug (Seiten 38 ff.).

---

507 BT-Drucks. 15/3174, S. 44 ausdrücklich für nicht unter § 44 Abs. 1 BörsG fallende Beteiligte.

508 Siol, DRiZ 2003, S. 204, 206.

509 Baums/Fischer, Haftung gegenüber Anlegern, S. 3 ff., Internetquelle, URL http://publikationen.ub.uni-frankfurt.de/volltexte/2005/655/ (15.04.2007); Kiethe, MDR 2006, S. 843, 845; Meyer, WM 2003, S. 1301, 1309 und 1311; a. A. Fleischer, BKR 2004, S. 339, 344; Palandt/Heinrichs, § 280 Rn. 54 a.

510 Fall des § 311 Abs. 3 S. 2 BGB: MünchKomm-BGB/Emmerich, § 311 Rn. 244 i. V. m. Rn. 249 ff.; BeckOK-BGB/Gehrlein/Grüneberg/Sutschet, Stand: 01.02.2007, § 311 Rn. 116 i. V. m. Rn. 119; Erman/Kindl, § 311 Rn. 51; Larenz/Wolf, Bürgerliches Recht AT, § 31 Rn. 35 f.; Jauernig/Stadler, § 311 Rn. 64; Fall des § 311 Abs. 3 S. 1 BGB: PWW/Medicus, § 311 Rn. 69; Hk-BGB/Schulze, § 311 Rn. 19.

1. Steuerrechtlich motiviertes Agenturgeschäft

Der BGH bejahte beim steuerrechtlich motivierten Agenturgeschäft regelmäßig die herkömmlichen Voraussetzungen der Inanspruchnahme besonderen persönlichen Vertrauens[511] oder eines besonderen wirtschaftlichen Eigeninteresses[512] oder gar beides zugleich[513].

Die Annahme, dass ein Händler beim steuerlich motivierten Agenturgeschäft regelmäßig in besonderem Maße Vertrauen für sich in Anspruch nimmt, ist jedoch abzulehnen. Sie läuft auf die unzutreffende Aussage hinaus, dass die Vermittlung von Gebrauchtwagen stets eine Sache besonderen Vertrauens sei. Diese Aussage entbehrt jeder Grundlage.[514] Nach der schon zur Prospekthaftung zitierten repräsentativen europaweiten Umfrage des Magazins Reader´s Digest stehen Autohändler auf der Skala der 20 abgefragten Berufsgruppen nur auf Rang 19. Gerade einmal 11 % der Befragten bewerteten das Vertrauen in diese Berufsgruppe mit „sehr hoch“ oder „ziemlich hoch“. Dagegen bewerteten 86 % der Befragten das Vertrauen in diese Berufsgruppe nur mit „nicht sehr hoch“ oder „überhaupt keins“. Ein schlechteres Bild geben bei der Umfrage nur noch die Politiker ab.[515] Auch wer die Berichterstattung in den Medien verfolgt, wird feststellen, dass das Image insbesondere der Gebrauchtwagenhändler geradezu herausragend schlecht ist und beim Gebrauchtwagenkauf immer wieder zu besonderer Vorsicht gemahnt und vor den schwarzen Schafen der Branche und Betrug gewarnt wird.[516] Die Annahme eines besonderen Vertrauensverhältnisses zwischen dem Händler und dem potenziellen Käufer des Altfahrzeugs erscheint vor diesem Hintergrund als geradezu abenteuerlich. Dies gilt auch für die Zeit vor Einführung der Differenzbesteuerung, weil nichts dafür ersichtlich ist, dass sich die Verhältnisse in den letzten Jahren wesentlich verändert haben. Wie bei der Prospekthaftung im engeren Sinne war und ist Vertrauen also nicht der Grund, sondern das Ziel der Haftung des Gebrauchtwagenhändlers.

---

511 BGH NJW 1983, 2192, 2193; 1975, 642, 643 f.

512 BGH NJW 1981, 922, 923.

513 BGH NJW 1977, 1914, 1915; Eggert, NZV 1989, S. 456, 459.

514 BGH NJW 1975, 642, 644; Breinersdorfer, Haftung für Kreditauskünfte, S. 188.

515 Reader´s Digest, Vertrauensskala in Deutschland, Internetquelle, URL: http://www.readers-digest.de/service_fuer_journalisten/index.php?idhttp://www.readers-digest.de/service_fuer_journalisten/index.php?id=etb&no_cache=1&tx_ttnews[tt_news]=548&txtt-news[backPid]=14 (15.04.2007); Reader´s Digest, Trusted Brands 2007, Internetquelle, URL: http://www.rdtrustedbrands.com/trusted-brands/results/tables/Confidence%2520in%2520professions.country.Germany.shtml (15.04.2007).

516 Z. B. Baum/Mauke, Getürkte Tachos, Internetquelle, URL:http://www.zdf.de/ZDFde/inhalt/0/0,1872,2285056,00.html (15.04.2007); SWR, Gebrauchtwagenverkauf, Internetquelle, URL: http://www.swr.de/infomarkt/archiv/2004/06/08/beitrag1.html (15.04.2007).

Auch die Annahme, dass der Händler beim steuerlich motivierten Agenturgeschäft regelmäßig ein besonderes wirtschaftliches Eigeninteresse am Verkauf des in Zahlung gegebenen Gebrauchtwagens habe, ist abzulehnen. Ein solches wirtschaftliches Eigeninteresse ist nur anzunehmen, wenn bei wirtschaftlicher Betrachtungsweise der Händler der eigentliche Verkäufer des in Zahlung gegebenen Altfahrzeugs ist, weil er Nutzen und Risiken des Verkaufs trägt.[517] Davon kann allerdings nicht regelmäßig, sondern nur in besonderen Konstellationen des Agenturgeschäfts ausgegangen werden. Eine solche besondere Konstellation liegt etwa vor, wenn der Händler dem Käufer eines Neuwagens, der ein Altfahrzeug in Zahlung gibt, einen Mindestpreis für das Altfahrzeug garantiert und ihm den entsprechenden Teil des Kaufpreises für den Neuwagen bis zum Verkauf des Gebrauchtwagens oder einem Selbsteintritt des Händlers stundet.[518] Hat dagegen der Neuwagenkäufer das Risiko des Weiterverkaufs seines Altfahrzeugs zu tragen, beschränkt sich die Rolle des Händlers nicht nur formell, sondern auch wirtschaftlich auf eine reine Vermittlertätigkeit.[519] Er trägt weder Nutzen noch Risiken des Verkaufs. Die erhoffte Vermittlungsprovision stellt nur einen mittelbaren und damit unbeachtlichen Vorteil dar. Nach allgemeinen Grundsätzen reicht die Vermittlungsprovision nämlich nicht aus, um den Händler als wirtschaftlichen Herren des Geschäfts und Quasi-Vertragspartner anzusehen.[520]

Wenn der Händler allerdings nach den vorstehenden Grundsätzen als der eigentliche Verkäufer des in Zahlung gegebenen Altfahrzeugs anzusehen ist, ist seine persönliche Haftung wegen eines Verschuldens bei den Vertragsverhandlungen zu bejahen. Wenn nämlich der bei wirtschaftlicher Betrachtung gleichsam in eigener Sache tätige Händler aus rein steuerrechtlichen Gründen nicht selbst als Verkäufer, sondern als Vermittler auftritt, ist es ihm nach Treu und Glauben verwehrt, sich auf seine formale Unzuständigkeit zu berufen, wenn der andere Teil ihn auf Schadensersatz in Anspruch nimmt.[521] Denn durch die persönliche Haftung des Händlers wird nicht in eine anzuerkennende Risikoverteilung zwischen den Beteiligten eingegriffen, sondern nur die zivilrechtlich „richtige"

517 Vgl. BGH NJW 2005, 1039, 1040; BeckOK-BGB/Faust, Stand: 01.02.2007, § 474 Rn. 7; Katzenmeier, NJW 2004, S. 2632, 2633; MünchKomm-BGB/Lorenz, § 475 Rn. 30; Hk-BGB/Saenger, § 475 Rn. 2; Palandt/Weidenkaff, §§ 474 Rn. 5 a und 475 Rn. 6.

518 Vgl. BGH NJW 2005, 1039, 1040; BeckOK-BGB/Faust, Stand: 01.02.2007, § 474 Rn. 7; MünchKomm-BGB/Lorenz, § 475 Rn. 30.

519 Vgl. BGH NJW 2005, 1039, 1040.

520 BGH NJW-RR 2006, 993, 994; 1992, 605; 1991, 1241, 1242; MünchKomm-BGB/Emmerich, § 311 Rn. 242; BeckOK-BGB/Gehrlein/Grüneberg/Sutschet, Stand: 01.02.2007, § 311 Rn. 118; Palandt/Grüneberg, § 311 Rn. 61.

521 Vgl. MünchKomm-BGB/Emmerich, § 311 Rn. 249; Medicus, Schuldrecht AT, § 14 Rn. 110; ders., Gutachten, S. 479, 544.

Rechtslage wiederhergestellt, ohne dass ihm dadurch der gewollte steuerliche Vorteil genommen wird.[522]

2. Haftungsrechtlich motiviertes Agenturgeschäft

Die heutige Eigenhaftung des Gebrauchtwagenhändlers beim haftungsrechtlich motivierten Agenturgeschäft beurteilt sich ebenfalls nach den herkömmlichen Grundsätzen der Eigenhaftung Dritter wegen eines Verschuldens bei den Vertragsverhandlungen. Diese kommen allerdings nur mit Einschränkungen zum Tragen. Ein Rückgriff auf sie kommt nämlich nicht in Betracht, soweit der Anwendungsbereich der verbrauchsgüterkaufvertraglichen Gewährleistung reicht und das Agenturgeschäft als ein gemäß § 475 Abs. 1 S. 2 BGB verbotenes Umgehungsgeschäft zu qualifizieren ist.[523] Dann muss der Händler sich nämlich haftungsrechtlich so behandeln lassen, als hätte er das Altfahrzeug selbst an den Käufer verkauft.[524]

Konsequenterweise stellt sich dann nicht nur im Verhältnis des bisherigen Eigentümers zum Käufer des Altfahrzeugs, sondern auch im Verhältnis des Händlers zum Käufer des Altfahrzeugs das Konkurrenzproblem zum kaufvertraglichen Gewährleistungsrecht wegen fahrlässiger Falschangaben über solche Umstände, die Gegenstand einer Sachmangel begründenden Beschaffenheitsvereinbarung sein können. Dieses Konkurrenzproblem ist wie nach bisherigem Recht im Sinne eines Vorrangs der kaufvertraglichen Gewährleistungsansprüche vor der Haftung aus culpa in contrahendo zu lösen.[525] Das kaufvertragliche Gewährleistungsrecht mit seinen differenzierten und abgestuften Rechtsbehelfen und einer spezifischen Verjährung darf durch die Haftung aus culpa in contrahendo nicht unterlaufen werden.[526] Auch nach der Neuregelung unterliegt die

---

[522] Vgl. MünchKomm-BGB/Emmerich, § 311 Rn. 249.

[523] MünchKomm-BGB/Emmerich, § 311 Rn. 251 f.; Palandt/Heinrichs, § 311 Rn. 66; Erman/Kindl, § 311 Rn. 51.

[524] BGH NJW 2005, 1039, 1040; Erman/Kindl, § 311 Rn. 51; a. A. MünchKomm-BGB/Lorenz, § 475 Rn. 36: Dem bisherigen Eigentümer des Altfahrzeugs wird die Unternehmereigenschaft des wirtschaftlichen Vertragspartners (Händler) zugerechnet.

[525] Berger, JZ 2004, S. 276, 282 f.; BeckOK-BGB/Gehrlein/Grüneberg/Sutschet, Stand: 01.02.2007, § 311 Rn. 43; Palandt/Grüneberg, § 311 Rn. 14 ff.; offen Erman/Kindl, § 311 Rn. 45 f.; Staudinger/Löwisch, § 311 Rn. 129; Jauernig/Stadler, § 311 Rn. 38; a. A. MünchKomm-BGB/Emmerich, § 311 Rn. 137 ff.; Häublein, NJW 2003, S. 388, 391 ff.; Singer, FG BGH, S. 381, 398 ff.; offen gelassen für die Rechtsmängelhaftung BGH NJW 2004, 364, 365.

[526] Berger, JZ 2004, S. 276, 282 f.; BeckOK-BGB/Gehrlein/Grüneberg/Sutschet, Stand: 01.02.2007, § 311 Rn. 43; Palandt/Grüneberg, § 311 Rn. 14 ff.; AnwKom-Schuldrecht/Krebs, § 311 Rn. 33; Staudinger/Löwisch, § 311 Rn. 129; a. A. MünchKomm-BGB/

Gewährleistung besonderen Regelungen. Zwar gibt es nunmehr auch im Gewährleistungsrecht eine Schadensersatzhaftung des Verkäufers bereits für Fahrlässigkeit, jedoch ist die Verjährung für Sach- und Rechtsmängelhaftung in § 438 BGB abweichend von der Regelverjährung des § 195 BGB kodifiziert. Der maßgebliche Unterschied besteht dabei nicht nur in der Differenz von einem Jahr, sondern insbesondere in der abweichenden Regelung des Verjährungsbeginns, der im Bereich des Gewährleistungsrechts unabhängig von der Kenntnis des Käufers an die Ablieferung der Sache anknüpft. Auch enthält das Gewährleistungsrecht weiterhin eine Sonderregelung für den Ausschluss von Gewährleistungsansprüchen im Falle grobfahrlässiger Unkenntnis des Käufers, die überdies auf die Rechtsmängelhaftung ausgedehnt wurde (§ 442 Abs. 1 BGB). Weiter könnte bei behebbaren Mängeln durch einen sofortigen, auf culpa in contrahendo gestützten Anspruch auf Vertragsaufhebung der Vorrang der Nacherfüllung umgangen werden. Da dies nicht nur für die Sachmängelhaftung, sondern insbesondere in Bezug auf die Verjährung gleichermaßen für die Rechtsmängelhaftung gilt, müssen nunmehr Ansprüche aus fahrlässiger culpa in contrahendo sowohl im Anwendungsbereich der Sachmängelgewährleistung als auch im Anwendungsbereich der Rechtsmängelgewährleistung im Wege der Spezialität ausgeschlossen sein.

## VI. Fazit

Die Untersuchungen zu § 311 Abs. 3 S. 1 und 2 BGB haben ergeben, dass diese alle bisherigen Fallgruppen der Eigenhaftung Dritter aus einem Verschulden bei den Vertragsverhandlungen erfassen. Sogar die seltenen Fälle der Eigenhaftung Dritter aus einem bereits bestehenden Vertrag und ähnlichen geschäftlichen Kontakten können unter die neuen Tatbestände subsumiert werden.

Die herausgearbeiteten Voraussetzungen decken sich weitgehend mit denen der Rechtsprechung, welche die Eigenhaftung Dritter zuletzt wieder deutlich auf Ausnahmefälle beschränkt hat. Eine Eigenhaftung Dritter wegen der Inanspruchnahme eines besonderen persönlichen Vertrauens kommt nur noch in Betracht, wenn der Dritte als der eigentliche Gewährsmann des Geschäfts auftritt und quasi in eigener Sache tätig wird, obwohl er selbst nicht Vertragspartei werden soll. Seine Erklärungen müssen sich insofern im Vorfeld einer Garantie bewegen. In der Fallgruppe des besonderen wirtschaftlichen Eigeninteresses reicht es nicht mehr aus, dass der Dritte als der eigentliche wirtschaftliche Herr des Geschäfts anzusehen ist. Es müssen zusätzlich besondere Umstände hinzukommen, die es ihm nach Treu und Glauben verwehren, sich auf seine formale Un-

---

Emmerich, § 311 Rn. 137 ff.; Häublein, NJW 2003, S. 388, 391 ff.; Singer, FG BGH, S. 381, 398 ff.

zuständigkeit zu berufen, wenn der andere Teil ihn auf Schadensersatz in Anspruch nimmt. Es muss sich also um Fälle handeln, in denen sich die Berufung des Dritten auf seine formale Unzuständigkeit geradezu als Missbrauch einer formalen Rechtsstellung darstellt.

Auch in den Rechtsfolgen und der Abgrenzung der verschiedenen Rechtsinstitute stimmt die hier entwickelte Neukonzeption weitgehend mit den Ansichten der Rechtsprechung überein. Insbesondere stimmt sie mit der Rechtsprechung darin überein, dass das Problem der Expertenhaftung gegenüber Dritten weiterhin über den Vertrag mit Schutzwirkung für Dritte zu lösen ist. Die Einbeziehung dieser Fälle in die Eigenhaftung Dritter wegen der Inanspruchnahme eines besonderen persönlichen Vertrauens ist nicht möglich.

Differenzen bestehen allerdings bei der rechtlichen Einordnung der Prospekthaftung im engeren Sinne. Die Rechtsprechung ordnet diese zwischen der Eigenhaftung Dritter und den spezialgesetzlichen Prospekthaftungstatbeständen ein. Vorzuziehen ist demgegenüber eine Analogie zu den spezialgesetzlichen Prospekthaftungstatbeständen, um die es sich der Sache nach handelt.

Im Ergebnis lässt sich festhalten, dass die neue Gesetzeslage auch bei der Eigenhaftung Dritter keine wesentlichen Änderungen mit sich bringt. Ihr Vorteil gegenüber der alten Rechtslage beschränkt sich darauf, dass die allgemein anerkannten Ergebnisse nunmehr eine gesetzliche Grundlage haben.

## C. Haftung für vertraglich nicht geschuldete Informationen aus einem Vertrag oder einem rechtsgeschäftsähnlichen Schuldverhältnis mit Schutzwirkung für Dritte auf Grundlage des § 311 Abs. 3 S. 1 BGB

Nunmehr wird untersucht, ob § 311 Abs. 3 S. 1 BGB auch eine Haftung des Auskunftsgebers aus einem Vertrag oder einem rechtsgeschäftsähnlichen Schuldverhältnis mit Schutzwirkung für Dritte ermöglicht. In dieser Konstellation ist nicht der Auskunftsgeber, sondern der Empfänger Dritter. Dogmatisch ist nicht die Haftung eines Dritten, sondern der Schutz eines Dritten das Problem.

### I. § 311 Abs. 3 S. 1 BGB als Rechtsgrundlage des Vertrags oder rechtsgeschäftsähnlichen Schuldverhältnisses mit Schutzwirkung für Dritte

Dabei stellt sich zunächst die Frage, ob § 311 Abs. 3 S. 1 BGB überhaupt eine Rechtsgrundlage für die Entstehung von Schutzwirkungen für Dritte bietet und welche Schuldverhältnisse erfasst werden.

1. Culpa in contrahendo mit Schutzwirkung für Dritte

§ 311 Abs. 3 S. 1 BGB ist die Rechtsgrundlage der culpa in contrahendo mit Schutzwirkung für Dritte.[527]

a) Wortlaut

Der Wortlaut des § 311 Abs. 3 S. 1 BGB spricht für diese Auslegung.[528] Denn S. 1 unterscheidet nicht zwischen Berechtigten und Verpflichteten, sondern stellt allgemein den Rechtssatz auf, dass ein Schuldverhältnis mit Pflichten nach § 241 Abs. 2 BGB auch zu Personen entstehen kann, die nicht selbst Vertragspartei werden sollen. Nach seinem Wortlaut ist S. 1 damit nicht auf den Fall beschränkt, dass der Dritte zur Rücksichtnahme verpflichtet ist, sondern erfasst vielmehr auch den Fall, dass der Dritte berechtigt ist, von dem anderen Teil Rücksichtnahme zu verlangen. Damit ermöglicht der Wortlaut der Vorschrift nicht nur, hierunter die Eigenhaftung Dritter zu subsumieren, sondern auch die culpa in contrahendo mit Schutzwirkung für Dritte.

b) Systematik

Die Systematik des Gesetzes spricht ebenfalls für diese Auslegung. Unter systematischen Gesichtspunkten ist es unbefriedigend, wenn zentrale Rechtsinstitute des deutschen Zivilrechts nicht auch im BGB als der zentralen deutschen Zivilrechtskodifikation ihren textlichen Ausdruck finden.[529] Die culpa in contrahendo mit Schutzwirkung für Dritte gehört zu den zentralen Rechtsinstituten des deutschen Zivilrechts. Unter systematischen Aspekten ist deshalb eine Auslegung vorzuziehen, bei der dieses Rechtsinstitut im BGB seinen textlichen Ausdruck findet. Dies spricht dafür, § 311 Abs. 3 S. 1 BGB als Grundlage der culpa in contrahendo mit Schutzwirkung für Dritte anzusehen. Dies ist nämlich die einzige Stelle im BGB, an der die Möglichkeit, dass ein vorvertragliches Schuldverhältnis Schutzwirkung für Dritte entfaltet, ihren textlichen Ausdruck findet. Unter systematischen Gesichtspunkten ist § 311 Abs. 3 S. 1 BGB auch

---

[527] Blenske in Schimmel/Buhlmann, Frankfurter Handbuch, S. 170 Rn. 56; Canaris, JZ 2001, S. 499, 520; Baumbach/Hopt, § 347 Rn. 21; Huber/Faust, Schuldrechtsmodernisierung, 1. Teil 3. Kapitel Rn. 12 f.; Kersting, Dritthaftung, S. 149 ff. und 326; Larenz/Wolf, Bürgerliches Recht AT, § 31 Rn. 41; Staudinger/Otto, § 280 Rn. B 12; a. A. Staudinger/Löwisch, § 311 Rn. 163; Jauernig/Stadler, § 311 Rn. 49; weitere Nachweise bei Staudinger/Jagmann, § 328 Rn. 113.

[528] Blenske in Schimmel/Buhlmann, Frankfurter Handbuch, S. 170 Rn. 56; Canaris, JZ 2001, S. 499, 520; Huber/Faust, Schuldrechtsmodernisierung, 1. Teil 3. Kapitel Rn. 12 f.; Staudinger/Jagmann, § 328 Rn. 92; Schwab, JuS 2002, S. 872, 873.

[529] BT-Drucks. 14/6040, S. 84, 162 und 175.

die am besten geeignete Stelle, um die culpa in contrahendo mit Schutzwirkung für Dritte unterzubringen. Insbesondere ist es nicht möglich, sie bei Abs. 2 Nr. 3 zu verorten.[530] Abs. 2 regelt nämlich nur die Haftung zwischen den potenziellen Vertragspartnern. Die Dritthaftung ist erst in Abs. 3 geregelt. Dies ergibt sich aus der Formulierung des Abs. 3 S. 1, der im Anschluss an Abs. 2 bestimmt, dass ein Schuldverhältnis mit Pflichten nach § 241 Abs. 2 BGB „auch" zu Personen entstehen kann, die nicht selbst Vertragspartei werden sollen. Daraus folgt im Umkehrschluss, dass in Abs. 2 „nur" die Haftung zwischen den potenziellen Vertragspartnern geregelt ist. Der Verortung der culpa in contrahendo mit Schutzwirkung für Dritte bei § 311 Abs. 3 S. 1 BGB steht in systematischer Hinsicht auch nicht entgegen, dass S. 2 nur die Eigenhaftung Dritter aus culpa in contrahendo ausdrücklich anspricht.[531] S. 2 regelt nämlich nach seinem Wortlaut nur beispielhaft einen besonderen Fall, in dem ein Schuldverhältnis zu einem Dritten entsteht („insbesondere").[532] Deshalb lässt S. 2 nur den Schluss zu, dass bei S. 1 weitere Fälle geregelt sein müssen, in denen ein Schuldverhältnis zu einem Dritten entsteht. Der umgekehrte Schluss, dass S. 2 den Dritten nur als Verpflichteten anspricht, weshalb dies auch bei S. 1 so sein muss, ist dagegen nicht zwingend möglich.

c) Sinn und Zweck

Neben dem Wortlaut und der Systematik sprechen auch der Sinn und Zweck des § 311 Abs. 3 S. 1 BGB dafür, hier die Haftung aus culpa in contrahendo mit Schutzwirkung für Dritte zu verorten. Der Sinn und Zweck der Vorschrift besteht darin, klarzustellen, dass ein rechtsgeschäftsähnliches Schuldverhältnis mit Pflichten nach § 241 Abs. 2 BGB auch zu Personen entstehen kann, die nicht selbst Vertragspartei werden sollen.[533] Ein solches rechtsgeschäftsähnliches Schuldverhältnis entsteht aber nicht nur bei der Eigenhaftung Dritter, sondern auch bei der culpa in contrahendo mit Schutzwirkung für Dritte. Auch diese beruht nämlich auf dem das rechtsgeschäftsähnliche Schuldverhältnis kennzeichnenden Grundgedanken, dass auch zu Personen, die nicht selbst Vertragspartei werden sollen, eine Beziehung entstehen kann, die es rechtfertigt, diese hinsichtlich der Rücksichtnahmepflichten wie Vertragspartner zu behandeln.[534] Die

[530] Blenske in Schimmel/Buhlmann, Frankfurter Handbuch, S. 168 Rn. 52; Krebber, VersR 2004, S. 150, 156; beides für möglich hält Canaris, JZ 2001, S. 499, 520.
[531] A. A. Staudinger/Jagmann, § 328 Rn. 92.
[532] BT-Drucks. 14/6040, S. 163; Blenske in Schimmel/Buhlmann, Frankfurter Handbuch, S. 170 Rn. 55; AnwKom-Schuldrecht/Krebs, § 311 Rn. 51 f.
[533] BT-Drucks. 14/6040, S. 163.
[534] Vgl. BT-Drucks. 14/6040, S. 161 und 163; MünchKomm-BGB/Gottwald, § 328 Rn. 123; Schwarze, AcP 203, S. 348, 357; Teubner, Liber Amicorum Schmidt, S. 303, 306; Westermann/Bydlinski/Weber, Schuldrecht AT, § 16 Rn. 4.

Eigenhaftung Dritter und die culpa in contrahendo mit Schutzwirkung für Dritte unterscheiden sich insofern nur durch den unterschiedlichen Anknüpfungspunkt der Haftung. Nach seinem Sinn und Zweck erfasst § 311 Abs. 3 S. 1 BGB deshalb nicht nur die Eigenhaftung Dritter, sondern auch die culpa in contrahendo mit Schutzwirkung für Dritte.

d) Entstehungsgeschichte

Gegen die Einbeziehung der culpa in contrahendo mit Schutzwirkung für Dritte in den Anwendungsbereich des § 311 Abs. 3 S. 1 BGB lässt sich auch nicht einwenden, dass der Wille des Gesetzgebers einer solchen Auslegung entgegensteht. Es lässt sich nämlich nicht feststellen, dass dies tatsächlich so ist. Dass sich die Gesetzesbegründung nur auf die Eigenhaftung Dritter, nicht aber auf die culpa in contrahendo mit Schutzwirkung für Dritte bezieht,[535] ist insofern kein zwingendes Argument.[536] Den Gesetzesverfassern ist nämlich bewusst gewesen, dass S. 1 so offen formuliert ist, dass sich hierunter nicht nur die Eigenhaftung Dritter, sondern auch die culpa in contrahendo mit Schutzwirkung für Dritte subsumieren lässt. Dies belegen die repräsentativen Erläuterungen von Canaris[537] und die Stellungnahme des Zivilrechtsausschusses des Deutschen Anwaltsvereins e. V., der eine klarstellende Formulierung angeregt hatte.[538] Dass die Gesetzesverfasser trotzdem keine engere Formulierung gewählt haben, obwohl dies sprachlich ohne Weiteres möglich gewesen wäre,[539] spricht dafür, dass sie die Frage bewusst nicht selbst entscheiden wollten, sondern Rechtsprechung und Literatur überlassen haben.[540] Selbst wenn man aber unterstellt, dass der Wille des Gesetzgebers einer Auslegung in dem vorstehenden Sinne entgegensteht, ist dieser mit Rücksicht auf den Wortlaut, die Systematik und den Sinn und Zweck des § 311 Abs. 3 S. 1 BGB im Gesetz selbst nicht hinreichend zum Ausdruck gekommen. Für die Auslegung ist aber nicht nach dem inneren, sondern nach dem objektivierten Willen des Gesetzgebers zu forschen.[541] Auch deshalb steht

---

535 BT-Drucks. 14/6040, S. 163.

536 Vgl. Staudinger/Otto, § 280 Rn. B 11.

537 Canaris, JZ 2001, S. 499, 520.

538 DAV, Stellungnahme des Zivilrechtsausschusses, S. 13, Internetquelle, URL: http://www.anwaltsverein.de/03/05/2001/28-01.rtf (15.04.2007).

539 Klarstellung der Beschränkung auf die Eigenhaftung Dritter etwa durch die Formulierung „... kann auch zulasten von Personen entstehen, ...“, Klarstellung der Einbeziehung der Schutzwirkungen für Dritte etwa durch die Formulierung „mit Rechten und Pflichten nach § 241 Abs. 2 BGB .....“

540 Vgl. Lieb in Dauner-Lieb/Heidel/Lepa/Ring, Das Neue Schuldrecht, S. 142 Rn. 44.

541 BGH NJW 2006, 777, 778; 2002, 68; 2001, 1138, 1139; Palandt/Heinrichs, Einl. Rn. 40; Kersting, Dritthaftung, S. 157 ff.; Wiedemann/Wiedemann, 1. Kapitel § 3 Rn. 14; a. A. MünchKomm-BGB/Säcker, Bd. 1/1, Einl. Rn. 116 ff.

der Wille des Gesetzgebers einer Einbeziehung der culpa in contrahendo mit Schutzwirkung für Dritte in den Anwendungsbereich des S. 1 nicht entgegen.

2. Vertrag mit Schutzwirkung für Dritte

§ 311 Abs. 3 S. 1 BGB ist auch die Rechtsgrundlage des Vertrags mit Schutzwirkung für Dritte.[542]

a) Wortlaut

Der Wortlaut des § 311 Abs. 3 S. 1 BGB lässt diese Auslegung zu.[543] Bei einem bereits abgeschlossenen Vertrag passt es zwar nicht ganz so gut wie bei der culpa in contrahendo, bei Dritten von Personen zu sprechen, die nicht selbst Vertragspartei werden „sollen". Weil der Vertragsschluss hier nicht in der Zukunft, sondern in der Vergangenheit liegt, müssten sie eigentlich als Personen bezeichnet werden, die nicht selbst Vertragspartei geworden „sind". Vom möglichen Wortsinn ist allerdings auch diese Konstellation gedeckt. Denn es ist auch im Zeitraum nach dem Vertragsschluss möglich, dass Dritte als weitere Parteien an einem Vertrag beteiligt werden. Soweit dies von den Beteiligten nicht gewollt ist, bleiben die Dritten deshalb auch nach dem Vertragsschluss Personen, die nicht selbst Vertragspartei werden „sollen".

b) Systematik

Die Systematik des Gesetzes spricht ebenfalls dafür, § 311 Abs. 3 S. 1 BGB als Grundlage des Vertrags mit Schutzwirkung für Dritte anzusehen. Dies ist nämlich die einzige Stelle im BGB, an der die Möglichkeit, dass ein Vertrag Schutzwirkung für Dritte entfaltet, ihren textlichen Ausdruck findet. Unter systematischen Gesichtspunkten ist S. 1 auch die am besten geeignete Stelle, um den Vertrag mit Schutzwirkung für Dritte unterzubringen, weil hierdurch alle

---

[542] Blenske in Schimmel/Buhlmann, Frankfurter Handbuch, S. 170 Rn. 56; Eckebrecht, MDR 2002, S. 425, 427 f.; Huber/Faust, Schuldrechtsmodernisierung, 1. Teil 3. Kapitel Rn. 12 f.; Kersting, Dritthaftung, S. 322 ff.; Schwab, JuS 2002, S. 872, 873; Staudinger/Otto, § 280 Rn. B 11; Van Eickels, Drittschutzwirkung, S. 150 ff.; Westermann/Bydlinski/Weber, Schuldrecht AT, § 16 Rn. 4; nicht ganz zweifelsfrei: MünchKomm-BGB/Gottwald, § 328 Rn. 111; a. A. Palandt/Grüneberg, § 311 Rn. 60; Baumbach/Hopt, § 347 Rn. 21; Staudinger/Löwisch, § 311 Rn. 161; Jauernig/Stadler, § 311 Rn. 49; weitere Nachweise bei Staudinger/Jagmann, § 328 Rn. 92.

[543] Blenske in Schimmel/Buhlmann, Frankfurter Handbuch, S. 170 Rn. 56; Canaris, JZ 2001, S. 499, 520; Huber/Faust, Schuldrechtsmodernisierung, 1. Teil 3. Kapitel Rn. 12 f.; Staudinger/Jagmann, § 328 Rn. 92; Schwab, JuS 2002, S. 872, 873.

„Drittfälle" in einer Bestimmung zusammengefasst werden.[544] Dem steht auch nicht entgegen, dass S. 2 nur die Eigenhaftung Dritter aus culpa in contrahendo ausdrücklich anspricht.[545] Dass nicht auch der Vertrag mit Schutzwirkung für Dritte ausdrücklich erwähnt wird, lässt sich nämlich damit erklären, dass hier nicht der richtige Ort ist, um den Kreis der geschützten Dritten zu bestimmen.[546] Deshalb beschränkt sich § 311 Abs. 3 S. 1 BGB darauf, die Möglichkeit, dass ein Vertrag Schutzwirkung für Dritte entfaltet, grundsätzlich anzuerkennen, ohne sie tatbestandlich auszuformulieren.

c) Sinn und Zweck und Entstehungsgeschichte

Neben dem Wortlaut und der Systematik sprechen auch der Sinn und Zweck und die Entstehungsgeschichte des § 311 Abs. 3 S. 1 BGB dafür, hier den Vertrag mit Schutzwirkung für Dritte zu verorten. Insofern kann vollumfänglich auf die obigen Ausführungen zur culpa in contrahendo mit Schutzwirkung für Dritte verwiesen werden.

3. Ähnliche geschäftliche Kontakte mit Schutzwirkung für Dritte

§ 311 Abs. 3 S. 1 BGB ist darüber hinaus auch die Rechtsgrundlage der ähnlichen geschäftlichen Kontakte mit Schutzwirkung für Dritte.

§ 311 Abs. 3 S. 1 BGB kann auf die ähnlichen geschäftlichen Kontakte allerdings nicht unmittelbar angewendet werden. Eine solche Auslegung wäre nicht mehr vom Wortlaut des S. 1 gedeckt. Die ähnlichen geschäftlichen Kontakte sind nämlich dadurch gekennzeichnet, dass ein Vertragsabschluss zwischen den Parteien überhaupt nicht beabsichtigt ist. Deshalb kann man bei Dritten in dieser Konstellation nicht von Personen sprechen, die nicht „selbst" Vertragspartei werden sollen.

S. 1 ist auf die ähnlichen geschäftlichen Kontakte aber analog anzuwenden. Die hierfür erforderliche Regelungslücke liegt vor. S. 1 erfasst mit Ausnahme der ähnlichen geschäftlichen Kontakte alle anderen rechtsgeschäftsähnlichen und rechtsgeschäftlichen Schuldverhältnisse. Die Regelungslücke ist auch unplanmäßig. Der Gesetzgeber hat nicht gesehen, dass sich Schutzwirkungen für Dritte auch aus geschäftlichen Kontakten ergeben können, die nicht im Vorfeld eines möglichen Vertragsschlusses liegen. Die unplanmäßige Regelungslücke ist schließlich auch ausfüllungsbedürftig. Es besteht kein grundsätzlicher Unter-

---

[544] Canaris, JZ 2001, S. 499, 520.
[545] A. A. Staudinger/Jagmann, § 328 Rn. 92.
[546] Canaris, JZ 2001, S. 499, 520.

schied zwischen den ähnlichen geschäftlichen Kontakten und den vorvertraglichen oder rechtsgeschäftlichen Beziehungen. Andernfalls wären sie diesen Beziehungen nicht „ähnlich". Es ist deshalb kein Grund dafür ersichtlich, weshalb die ähnlichen geschäftlichen Kontakte hinsichtlich des Problems der Schutzwirkungen für Dritte unterschiedlich behandelt werden sollten. Dieselben Gründe, die für die Einbeziehung des Vertrags mit Schutzwirkung für Dritte und der vorvertraglichen Schuldverhältnisse mit Schutzwirkung für Dritte in den Anwendungsbereich des § 311 Abs. 3 S. 1 BGB sprechen, lassen sich daher auch für die Einbeziehung der ähnlichen geschäftlichen Kontakte mit Schutzwirkung für Dritte fruchtbar machen.

## II. Der Begriff „Dritter"

Der durch die Auskunft Geschädigte muss ein „Dritter" sein. Dritter in diesem Sinne ist, wer nicht selbst an dem Vertrag oder rechtsgeschäftsähnlichen Schuldverhältnis beteiligt ist, aufgrund dessen die Auskunft erteilt wird.

## III. Schutzwirkungen für den Dritten

Der Vertrag oder das rechtsgeschäftsähnliche Schuldverhältnis müssen Schutzwirkungen für den Dritten entfalten. Dazu müssen sie nach ihrem Inhalt und Zweck gerade auch auf den Schutz des geltend gemachten Interesses des Dritten angelegt sein.[547] Ob dies der Fall ist, kann nur unter Berücksichtigung aller Umstände des Einzelfalls geprüft werden.[548] Ausschlaggebend dafür sind die Art der Leistung, ihr Grund und Zweck, ihre wirtschaftliche und rechtliche Bedeutung, insbesondere für den Dritten, die Umstände, unter denen sie erbracht wird und die Interessenlage der Beteiligten.[549] In Anwendung dieser Grundsätze sind Schutzwirkungen für Dritte vor allem in den folgenden beiden Fallgestaltungen anzunehmen:

1. Auskunft, die dem Gläubiger bestimmungsgemäß als Grundlage für eine Entscheidung von erheblicher Bedeutung dienen soll, die er in Mitverantwortung und Fürsorge des Dritten treffen will

Schutzwirkungen für Dritte sind anzunehmen, wenn die Auskunft dem Gläubiger bestimmungsgemäß als Grundlage für eine Entscheidung von erheblicher

---

547 BGH NJW 1994, 2417, 2419.

548 MünchKomm-BGB/Gottwald, § 328 Rn. 123; Staudinger/Jagmann, § 328 Rn. 96.

549 Vgl. MünchKomm-BGB/Gottwald, § 328 Rn. 111 und 122; Staudinger/Jagmann, § 328 Rn. 96; BeckOK-BGB/Janoschek, § 328 Rn. 52; Erman/Westermann, § 328 Rn. 12.

Bedeutung dienen soll, die er in Mitverantwortung und Fürsorge des Dritten treffen will.

Davon ist insbesondere dann auszugehen, wenn dem Gläubiger gegenüber dem Dritten eine gesteigerte Schutz- und Fürsorgepflicht obliegt, ihm gleichsam dessen „Wohl und Wehe" anvertraut ist.[550] Eine solche gesteigerte Schutz- und Fürsorgepflicht ist allerdings nur unter engen Voraussetzungen anzunehmen.[551] Voraussetzung ist, dass der Gläubiger aufgrund einer besonderen Pflichtenstellung im Sinne einer Garantenstellung rechtlich dafür einzustehen hat, dass bei dem Dritten kein Schaden eintritt.[552] Eine solche besondere Pflichtenstellung kann sich aus Gesetz (§§ 1353 Abs. 1 S. 2, 1626 BGB), rechtlich fundierten Verhältnissen enger natürlicher Verbundenheit (z. B. Eheleute, Verlobte, Verwandte in gerader Linie), anderen Lebens- und Gefahrengemeinschaften (z. B. Zusammenschlüsse von Bergsteigern oder Expeditionsteilnehmern), der freiwilligen Übernahme besonderer Schutz- und Fürsorgepflichten (z. B. Übernahme der Behandlung durch einen Arzt, Tätigkeit als Babysitter) oder aus einer mit einem besonderen Pflichtenkreis verbundenen Stellung als Amtsträger (z. B. Polizeibeamter) oder Organ einer juristischen Person ergeben.[553] Es ist im Einzelfall stets zu prüfen, ob sich die besondere Pflichtenstellung gerade auch auf das geltend gemachte Interesse des Dritten bezieht. Dabei ist bei Sachinteressen und noch mehr bei Vermögensinteressen ein strenger Maßstab anzulegen.[554] Das Bestehen vertraglicher Beziehungen reicht hierfür für sich allein nicht aus.[555] Insbesondere reicht die allgemeine Pflicht, sich bei Abwicklung eines Vertrags so zu verhalten, dass die Rechte, Rechtsgüter und Interessen des anderen Teils nicht gefährdet werden, nicht dafür aus, eine besondere Pflichtenstellung im Sinne einer Ga-

---

550 BGH NJW 2004, 3035, 3037; 2001, 3115, 3116; NJW-RR 1990, 1423, 1424; NJW 1984, 355, 356; 1976, 712, 713; 1973, 2059, 2061; 1971, 1931, 1932; 1969, 269, 272; MünchKomm-BGB/Gottwald, § 328 Rn. 121; Palandt/Grüneberg, § 328 Rn. 17; Staudinger/Jagmann, § 328 Rn. 100; BeckOK-BGB/Janoschek, § 328 Rn. 52; PWW/Medicus, vor §§ 328 bis 338 Rn. 6; Erman/Westermann, § 328 Rn. 13.

551 Vgl. BGH NJW 2006, 1975, 1977; 1994, 2417, 2419; 1976, 712, 713; OLG Hamm BeckRS 2005 11127 unter B. II. 4; MünchKomm-BGB/Gottwald, § 328 Rn. 121; Palandt/Grüneberg, § 328 Rn. 16; Staudinger/Jagmann, § 328 Rn. 96; BeckOK-BGB/Janoschek, § 328 Rn. 50.

552 I. E. BGH NJW 2002, 3625, 3626.

553 Palandt/Heinrichs, Vorb. v. § 249 Rn. 84; BeckOK-BGB/Spindler, Stand: 01.10.2007, § 823 Rn. 7 f.; Hk-BGB/Staudinger, § 823 Rn. 57; MünchKomm-BGB/Wagner, 4. Aufl., § 823 Rn. 237 ff.

554 BGH NJW 1977, 2073, 2074; 1968, 1929, 1931; MünchKomm-BGB/Gottwald, § 328 Rn. 128 a.

555 BGH NJW 2002, 3625, 3626; 1989, 1029, 1030; MünchKomm-BGB/Gottwald, § 328 Rn. 122; vgl. auch BGH NJW 2001, 453, 454; 2000, 3013, 3014; 1994, 950, 951 zur strafrechtlichen Garantenpflicht beim Betrug durch Unterlassen.

rantenstellung zum Schutz fremden Vermögens zu begründen.[556] Erforderlich ist vielmehr eine gesteigerte Pflicht zum Schutz fremden Vermögens.[557] Eine in diesem Sinne gesteigerte Pflicht setzt ein Treueverhältnis qualifizierter Art voraus, das anzunehmen sein kann, wenn die Wahrung der Vermögensinteressen des Dritten ausdrücklich vertraglich vereinbart ist und den wesentlichen Inhalt des Vertragsverhältnisses ausmacht (z. B. Treuhandvertrag) oder wenn der Gläubiger sonst durch sein Verhalten eine besondere Gewähr für das Vermögen des Dritten übernommen hat. Es muss sich damit im Grunde um Fallgestaltungen in der Nähe einer echten vertraglichen Garantie für die Vermögensinteressen des Dritten handeln.

Dass der Gläubiger seine Entscheidung in Mitverantwortung und Fürsorge des Dritten treffen will, kann aber auch dann anzunehmen sein, wenn er zwar nicht für das „Wohl und Wehe" des Dritten verantwortlich ist, aber trotzdem in Mitverantwortung und Fürsorge des Dritten handelt. Davon ist auszugehen, wenn die Entscheidung nach ihrem Sinn und Zweck gerade auch dem Schutz und der Fürsorge des Dritten dient wie etwa bei der Errichtung eines den Dritten begünstigenden Testaments.[558]

Die genannten Umstände müssen für den Schuldner erkennbar sein.[559] Andernfalls ist ihm die Haftung nicht zumutbar.[560]

Der Dritte muss außerdem schutzbedürftig sein.[561] Ihm dürfen deshalb keine eigenen Ansprüche gegen den Gläubiger zustehen, die denselben oder zumindest einen gleichwertigen Inhalt haben wie diejenigen Ansprüche, die ihm über eine

---

556 BGH NJW 2002, 3625, 3626; MünchKomm-BGB/Gottwald, § 328 Rn. 122; vgl. auch BGH NJW 2001, 453, 454; 2000, 3013, 3014; 1994, 950, 951 zur strafrechtlichen Garantenpflicht beim Betrug durch Unterlassen.

557 BGH NJW 2002, 3625, 3626.

558 Vgl. BGH NJW 1995, 51, 53; 1965, 1955, 1956 f.

559 BGH NJW 1996, 2927, 2928 f.; MünchKomm-BGB/Gottwald, § 328 Rn. 126; Palandt/Grüneberg, § 328 Rn. 18; Staudinger/Jagmann, § 328 Rn. 105; BeckOK-BGB/Janoschek, § 328 Rn. 53; PWW/Medicus, vor §§ 328 bis 338 Rn. 8; Erman/Westermann, § 328 Rn. 15.

560 MünchKomm-BGB/Gottwald, § 328 Rn. 126; Staudinger/Jagmann, § 328 Rn. 105; Medicus, Bürgerliches Recht, § 33 Rn. 846.

561 MünchKomm-BGB/Gottwald, § 328 Rn. 127; Palandt/Grüneberg, § 328 Rn. 18; Staudinger/Jagmann, § 328 Rn. 106; BeckOK-BGB/Janoschek, § 328 Rn. 54; PWW/Medicus, vor §§ 328 bis 338 Rn. 9; Erman/Westermann, § 328 Rn. 15; a. A. Grunewald, Bürgerliches Recht, § 18 Rn. 13.

Einbeziehung in den Schutzbereich des Vertrags oder rechtsgeschäftsähnlichen Schuldverhältnisses zukämen.[562]

Für diese Auslegung lassen sich sowohl historische als auch sachliche Gesichtspunkte in Anspruch nehmen.

a) Entstehungsgeschichte

Historische Gesichtspunkte sprechen zunächst dafür, Schutzwirkungen für Dritte insbesondere dann anzunehmen, wenn dem Gläubiger gegenüber dem Dritten eine gesteigerte Fürsorgepflicht obliegt, ihm gleichsam dessen „Wohl und Wehe“ anvertraut ist. Gerade diese Fallgestaltungen waren nämlich Ausgangspunkt der Rechtsprechung zum Vertrag mit Schutzwirkung für Dritte,[563] die nach den Gesetzesverfassern auch auf die rechtsgeschäftsähnlichen Schuldverhältnisse angewendet werden soll.[564] Schon das RG erkannte beispielsweise Familienangehörigen und Arbeitnehmern des Mieters, die durch das Verschulden eines vom Vermieter mit einer Reparatur am Haus beauftragten Handwerkers Schaden erlitten hatten, im Rahmen dieses Werkvertrags einen vertraglichen Schadensersatzanspruch zu.[565] Der BGH übernahm diese Rechtsprechung und hält bis heute daran fest, dass Schutz nach wie vor gerade für solche Dritte besteht, denen gegenüber dem Gläubiger eine Schutz- und Fürsorgepflicht obliegt, ihm gleichsam deren „Wohl und Wehe“ anvertraut ist.[566]

Historische Gesichtspunkte sprechen auch dafür, an das „Wohl und Wehe“-Kriterium strenge Anforderungen zu stellen und es nur dann anzunehmen, wenn der Gläubiger dem Dritten gegenüber eine Garantenstellung einnimmt. Der Begriff der Garantenstellung, der vor allem im Strafrecht eine besondere Rolle spielt, wird zwar in der „Wohl und Wehe“-Rechtsprechung nicht gebraucht. In der Sache geht es aber um nichts anderes. Schon das RG ließ nicht jedes beliebige Rechtsverhältnis zwischen Gläubiger und Drittem mit den daraus entspringenden Fürsorgepflichten genügen, um an dieses Innenverhältnis Schutzwirkungen zugunsten Dritter zu knüpfen. Es verlangte vielmehr stets eine gesteigerte Fürsorgepflicht, die sich insbesondere aus familienrechtlichen oder arbeitsrechtlichen Beziehungen ergeben konnte.[567] Der BGH verfuhr ebenso restriktiv und

---

562 BGH NJW 2004, 3420, 3421; 1996, 2927, 2929; 1978, 883; Ausnahmefall: BGH NJW-RR 2005, 928, 929.

563 BGH NJW 2004, 3035, 3037; 2001, 3115, 3116; NJW 1984, 355, 356; 1976, 712, 713; 1973, 2059, 2061; 1971, 1931, 1932; 1969, 269, 272.

564 BT-Drucks. 14/6040, S. 163.

565 RGZ 91, 21, 24; 102, 231 f.; 127, 218, 222; 160, 153, 155.

566 BGH NJW 2004, 3035, 3037; 2001, 3115, 3116.

567 RGZ 91, 21, 23 ff.; 102, 231 f.; 127, 218, 219 ff.; 160, 153, 155.

verlangte ein Rechtsverhältnis mit personenrechtlichem Einschlag, das den Gläubiger in ähnlicher Weise wie familien- oder arbeitsrechtliche Rechtsverhältnisse gegenüber dem Dritten zu besonderer Fürsorge verpflichtete.[568] Diese restriktive Tendenz bei der „Wohl und Wehe"-Rechtsprechung hat der BGH bis heute nicht aufgegeben. Man darf sich insofern nicht dadurch täuschen lassen, dass er in einigen Entscheidungen ein relativ großzügiges Verständnis von Rechtsverhältnissen mit personenrechtlichem Einschlag zeigte, indem er hierzu auch das mietrechtliche Verhältnis zählte.[569] Dies hatte, nachdem diese Frage in keinem der Fälle streitentscheidend war, seinen Grund wohl eher in einer wenig sorgfältigen Recherche alter Entscheidungen als in sachlicher Überzeugung. Es wurde offenbar übersehen, dass in den alten Entscheidungen Schutzwirkungen für Dritte zwar aus einem mietrechtlichen Verhältnis abgeleitet wurden, dass im Innenverhältnis zwischen Gläubiger und Drittem aber jeweils ein familien- oder arbeitsrechtliches Verhältnis bestand. Dies belegt eine andere Entscheidung des BGH, in der diese Frage streitentscheidend war, und in der er ausdrücklich erklärte, dass der Vermieter in aller Regel nicht in ähnlicher Weise für das „Wohl und Wehe" des Mieters verantwortlich sei wie bei familien- oder arbeitsrechtlichen Rechtsverhältnissen.[570] Erst in einer jüngeren Entscheidung hat der BGH noch einmal ausdrücklich klargestellt, dass das Bestehen vertraglicher Beziehungen für sich genommen nicht genügt, um Schutzwirkungen für Dritte anzunehmen.[571] Insbesondere reicht die allgemeine Pflicht, sich bei Abwicklung des Vertrags so zu verhalten, dass die Rechte, Rechtsgüter und Interessen des anderen Teils nicht gefährdet werden, nicht aus. Erforderlich ist vielmehr eine gesteigerte Pflicht zur Wahrnehmung fremder Vermögensinteressen.[572] Das sind in der Sache dieselben Anforderungen, die im Strafrecht an die Garantenstellung beim Betrug und bei der Untreue gestellt werden.[573]

Historische Gesichtspunkte sprechen weiter dafür, Schutzwirkungen für Dritte auch dann anzunehmen, wenn die Entscheidung des Gläubigers, die er auf Grundlage der Auskunft des Schuldners treffen will, gerade auch dem Schutz und der Fürsorge des Dritten dient. Berät etwa ein Rechtsanwalt Eheleute beim Abschluss einer Scheidungsvereinbarung, in der die Ehefrau dem Ehemann verspricht, ihren Kindern bestimmte Vermögenswerte zuzuwenden, so können nach der Rechtsprechung den Kindern gegen den Anwalt unmittelbar Ersatzansprüche

568 BGH NJW 1996, 2927, 2928; 1976, 712, 713; 1969, 269, 272; 1964, 33, 34 f.; 1959, 1676, 1677; Staudinger/Jagmann, § 328 Rn. 86.
569 BGH NJW 2004, 3035, 3037; 2001, 3115, 3116.
570 BGH NJW 1964, 33, 35.
571 BGH NJW 2002, 3625, 3626; 1989, 1029, 1030.
572 BGH NJW 2002, 3625, 3626.
573 BGH NJW 2001, 453, 454; 2000, 3013, 3014; 1994, 950, 951 zur strafrechtlichen Garantenpflicht beim Betrug durch Unterlassen.

erwachsen, wenn die Vereinbarung wegen seines Verschuldens nicht durchsetzbar ist.[574] Gleiches gilt, wenn ein Rechtsanwalt einen Erblasser über die Errichtung eines Testaments berät, mit dem die Tochter als Alleinerbin eingesetzt werden soll. Auch in diesem Fall können der Tochter nach der Rechtsprechung unmittelbar Ersatzansprüche gegen den Anwalt zustehen.[575] Hier kann sicher keine Rede davon sein, dass die Eheleute oder der Erblasser ihren Kindern dazu verpflichtet gewesen sind, ihnen die jeweiligen Vermögenswerte zuzuwenden. Sie haben aber freiwillig in Mitverantwortung und Fürsorge ihrer Kinder gehandelt.

Historische Gesichtspunkte sprechen schließlich dafür, Schutzwirkungen für Dritte nur dann anzunehmen, wenn dem Dritten keine eigenen Ansprüche gegen den Gläubiger zustehen, die denselben oder zumindest einen gleichwertigen Inhalt haben wie diejenigen Ansprüche, die ihm über eine Einbeziehung in den Schutzbereich des Vertrags zukämen. Andernfalls fehlt es nämlich nach der Rechtsprechung an der Schutzbedürftigkeit des Dritten.[576]

b) Sinn und Zweck

Unter sachlichen Gesichtspunkten empfiehlt es sich, an den von der Rechtsprechung entwickelten Grundsätzen festzuhalten.

aa) Rechtliche Gleichbehandlung wesentlich gleicher Sachverhalte hinsichtlich des Schutzes

Hinter dem Vertrag oder rechtsgeschäftsähnlichem Schuldverhältnis mit Schutzwirkung für Dritte steht der Grundgedanke, dass auch zu einem Dritten, der nicht selbst Vertragspartei werden soll, eine Beziehung entstehen kann, die es nahe legt, diesen wie einen Vertragspartner einem vertragsähnlichen Schutz zu unterstellen.[577]

Die Beziehung zu dem Dritten muss einer echten vertraglichen Beziehung dazu so ähnlich sein, dass sie als ein gleichwertiger Ersatz angesehen werden kann (equivalent to contract).[578] Nur dann greift das zentrale Argument des vertrags-

---

574 BGH NJW 1977, 2073, 2074.

575 BGH NJW 1965, 1955, 1956 f.

576 BGH NJW 2004, 3420, 3421; 1996, 2927, 2929; 1978, 883; Ausnahmefall: BGH NJW-RR 2005, 928, 929.

577 Vgl. BT-Drucks. 14/6040, S. 161 und 163; MünchKomm-BGB/Gottwald, § 328 Rn. 123; Schwarze, AcP 203, S. 348, 357; Teubner, Liber Amicorum Schmidt, S. 303, 306; Westermann/Bydlinski/Weber, Schuldrecht AT, § 16 Rn. 4.

578 Vgl. Teubner, Liber Amicorum Schmidt, S. 303, 306.

ähnlichen Schutzes, die rechtliche Gleichbehandlung wesentlich gleicher Sachverhalte.[579]

Entscheidend ist somit, dass zwischen der Beziehung zu dem Dritten und einer echten vertraglichen Beziehung keine Unterschiede von solchem Gewicht bestehen, dass sie eine unterschiedliche Behandlung hinsichtlich des Schutzes rechtfertigen und der Dritte deshalb auf den schwächeren deliktischen Schutz zu verweisen ist.

bb) Die Stellung als Dritter als wesentlicher Unterschied

Der Unterschied zwischen der Beziehung zu dem Dritten und einer echten vertraglichen Beziehung besteht darin, dass dieser nicht selbst Vertragspartei werden soll und mit der Leistung des Schuldners nur über den Gläubiger in Berührung kommt.

Dieser Unterschied ist tatsächlich von solcher Art und solchem Gewicht, dass Schutzwirkungen für Dritte regelmäßig zu verneinen sind. Denn die Abgrenzung und Verteilung der rechtlichen Interessen und Risiken ist außerhalb des deliktischen Bereichs in erster Linie der Privatautonomie der Beteiligten überlassen. Diese ordnet den Schuldner, den Gläubiger und den Dritten rechtlich selbstständigen, hintereinandergeschalteten Geschäftsbeziehungen zu.[580] Diese Geschäftsordnung und die darauf beruhende Abgrenzung und Verteilung der rechtlichen Interessen und Risiken haben Gesetz und Rechtsprechung grundsätzlich zu akzeptieren.[581]

Schutzwirkungen für Dritte werden im Allgemeinen auch der Stellung des Schuldners nicht gerecht. Dieser wird nämlich nicht im eigenen Namen tätig, sondern als Repräsentant des Gläubigers. Deshalb ist seine Tätigkeit nicht ihm, sondern dem Gläubiger zuzurechnen.

Schutzwirkungen für Dritte lassen sich normalerweise auch nicht mit der Interessenlage der Beteiligten vereinbaren. Denn der Schuldner ist den Interessen des Gläubigers verpflichtet und soll diese umsetzen.[582] Schutzwirkungen für Dritte führen aber dazu, dass der Schuldner sich zugleich an den abweichenden Interessen des Dritten ausrichten muss. Dadurch droht er in einen von ihm kaum zu überblickenden und zu bewältigenden Interessenwiderstreit zu geraten. Dem-

---

[579] Vgl. Schwarze, AcP 203, S. 348, 357.
[580] Vgl. BGH NJW 1974, 1503, 1504 zur Haftung in der Absatzkette des Warenkaufs.
[581] Vgl. MünchKomm-BGB/Emmerich, Bd. 2 a, 4. Aufl., § 311 Rn. 209 und 219; AnwKom-Schuldrecht/Krebs, § 311 Rn. 47 und 56.
[582] Krebs, Sonderverbindung, S. 277; Teubner, Liber Amicorum Schmidt, S. 303, 322.

entsprechend hat nicht nur der Schuldner, sondern auch der Gläubiger ein berechtigtes Interesse daran, dass nur der Gläubiger selbst dem Dritten haftet.[583] Der Dritte hat zwar ein genauso berechtigtes Interesse auf Schutz gegen die durch die Einschaltung des Schuldners begründete Gefährdung. Dieses rechtfertigt aber keine persönliche Haftung des Schuldners gegenüber dem Dritten. Denn es wird durch § 278 BGB und die Haftungskette Schuldner – Gläubiger – Dritter hinreichend befriedigt.[584] Das Interesse des Dritten am Schadensausgleich ist gewahrt, weil ihm der Gläubiger nach § 278 BGB nicht nur für sein eigenes, sondern auch für ein Verschulden des Schuldners einstehen muss. Und auch das Präventionsinteresse des Dritten ist gewahrt, weil der Schuldner wegen der Haftungskette Schuldner – Gläubiger – Dritter mittelbar auch auf dessen Interessen Rücksicht nehmen muss.[585] Deshalb ist dem berechtigten Interesse des Schuldners und des Gläubigers, dass nur der Gläubiger selbst dem Dritten haftet, grundsätzlich der Vorrang einzuräumen und sind Schutzwirkungen für den Dritten regelmäßig zu verneinen.

cc) Die eine Ausnahme rechtfertigenden besonderen Umstände

Schutzwirkungen für Dritte kommen deshalb nur ausnahmsweise und unter besonderen Umständen in Betracht. Solche besonderen Umstände liegen vor, wenn die Auskunft dem Gläubiger als Grundlage für eine Entscheidung von erheblicher Bedeutung dienen soll, die er erkennbar in Mitverantwortung und Fürsorge des Dritten treffen will. Denn dann besteht der Sinn der Auskunft gerade darin, dem Gläubiger eine verlässliche Entscheidungsgrundlage zu vermitteln und den Dritten dadurch vor einem erheblichen Schaden zu bewahren. Dies ist aber nur gewährleistet, wenn der Schuldner dem Gläubiger eine ordnungsgemäße Auskunft erteilt und dies durch Schutzwirkungen gegenüber dem Dritten abgesichert wird. Denn andernfalls ist der Dritte nicht hinreichend geschützt, weil der Gläubiger zwar einen Anspruch gegen den Schuldner, aber keinen Schaden, der Dritte wiederum einen Schaden, aber keinen Anspruch gegen den Schuldner hat. Auch § 278 BGB und die Haftungskette Schuldner – Gläubiger – Dritter funktionieren nicht, weil der Gläubiger dem Dritten aufgrund seiner Schutz- und Fürsorgepflicht nur zur Beschaffung der Auskunft verpflichtet ist, damit er keine den Dritten schädigende Entscheidung trifft, nicht aber zu deren Erstellung. Der Schuldner ist deshalb im Verhältnis zum Dritten nicht Erfüllungsgehilfe des Gläubigers[586] wie z. B. auch der Hersteller im Verhältnis zum Käufer nicht Erfüllungsgehilfe des Verkäufers ist, weil sich dessen Pflichten nicht auf die Her-

583 Krebs, Sonderverbindung, S. 277 f.
584 AnwKom-Schuldrecht/Krebs, § 311 Rn. 56; ders., Sonderverbindung, S. 339.
585 Krebs, Sonderverbindung, S. 339 f.
586 A. A. Kersting, Dritthaftung, S. 30.

stellung der Sache erstrecken.[587] Dem Schuldner sind die Schutzwirkungen für den Dritten auch zuzumuten, weil für ihn erkennbar ist, dass der Gläubiger den Schutz des Dritten von ihm ebenso erwartet wie seinen eigenen Schutz und weil es sich um einen begrenzten, überschaubaren Personenkreis handelt, dem dieser Schutz zugutekommt.[588]

2. Auskunft, die dem Dritten bestimmungsgemäß als Grundlage für eine Entscheidung von erheblicher Bedeutung dienen soll

Schutzwirkungen für Dritte kommen auch dann in Betracht, wenn die Auskunft dem Dritten bestimmungsgemäß als Grundlage für eine Entscheidung von erheblicher Bedeutung dienen soll.[589] Dies gilt insbesondere in Fällen, in denen der Schuldner für die Erteilung der Auskunft besonders sachkundig oder ein eigenes wirtschaftliches Interesse bei ihm im Spiel ist.[590]

Die genannten Umstände müssen für den Schuldner erkennbar sein.[591] Andernfalls ist ihm die Haftung nicht zumutbar.[592]

Der Dritte muss außerdem schutzbedürftig sein.[593] Ihm dürfen deshalb keine eigenen Ansprüche gegen den Gläubiger zustehen, die denselben oder zumindest einen gleichwertigen Inhalt haben wie diejenigen Ansprüche, die ihm über eine

---

587 BGH NJW 1978, 1157; 1968, 2238, 2239; OLG Köln NJW-RR 2006, 677; MünchKomm-BGB/Ernst, § 280 Rn. 61; Palandt/Heinrichs, § 278 Rn. 13; BeckOK-BGB/Unberath, Stand: 01.02.2007, § 278 Rn. 27; Erman/Westermann, § 278 Rn. 19.

588 BGH NJW 1959, 1676, 1677; Larenz, NJW 1956, S. 1194.

589 Palandt/Grüneberg, § 328 Rn. 34; Staudinger/Jagmann, § 328 Rn. 104 und 137 ff; BeckOK-BGB/Janoschek, § 328 Rn. 63; PWW/Medicus, vor §§ 328 bis 338 Rn. 7.

590 BGH NJW 2006, 1975, 1976; NJW-RR 2004, 1356, 1357; 2004, 1464, 1465; 2003, 1035, 1036 f.; 2002, 1528, NJW 1998, 1948, 1949; 1995, 392; NJW-RR 1989, 696.

591 BGH NJW 1996, 2927, 2928 f.; MünchKomm-BGB/Gottwald, § 328 Rn. 126; Palandt/Grüneberg, § 328 Rn. 18; Staudinger/Jagmann, § 328 Rn. 105; BeckOK-BGB/Janoschek, § 328 Rn. 53; PWW/Medicus, vor §§ 328 bis 338 Rn. 8; Erman/Westermann, § 328 Rn. 15.

592 MünchKomm-BGB/Gottwald, § 328 Rn. 126; Staudinger/Jagmann, § 328 Rn. 105; Medicus, Bürgerliches Recht, § 33 Rn. 846.

593 MünchKomm-BGB/Gottwald, § 328 Rn. 127; Palandt/Grüneberg, § 328 Rn. 18; Staudinger/Jagmann, § 328 Rn. 106; BeckOK-BGB/Janoschek, § 328 Rn. 54; PWW/Medicus, vor §§ 328 bis 338 Rn. 9; Erman/Westermann, § 328 Rn. 15; a. A. Grunewald, Bürgerliches Recht, § 18 Rn. 13.

Einbeziehung in den Schutzbereich des Vertrags oder rechtsgeschäftsähnlichen Schuldverhältnisses zukämen.[594]

a) Entstehungsgeschichte

Die Anerkennung von Schutzwirkungen für Dritte in diesen Fällen steht im Einklang mit den von der Rechtsprechung entwickelten Grundsätzen über den Vertrag mit Schutzwirkung für Dritte, die nach den Gesetzesverfassern auch auf die rechtsgeschäftsähnlichen Schuldverhältnisse angewendet werden sollen.[595] Danach sind Schutzwirkungen für Dritte insbesondere dann anzunehmen, wenn eine Person, die über eine besondere, vom Staat anerkannte Sachkunde verfügt, mit der Erteilung von Informationen beauftragt wird, die erkennbar Dritten als Grundlage für wesentliche Entscheidungen dienen sollen.[596] Dementsprechend können Dritte nicht nur in den Schutzbereich eines den Grundstückswert oder die Bebaubarkeit eines Grundstücks betreffenden Gutachtervertrags einbezogen sein,[597] sondern auch durch einen fremden Vertrag geschützt werden, aufgrund dessen ein Rechtsanwalt, Steuerberater oder Wirtschaftsprüfer eine Auskunft erteilt,[598] ein Gutachten anfertigt[599] oder einen Abschluss erstellt[600]. Schutzwirkungen für Dritte kommen nach der Rechtsprechung aber auch dann in Betracht, wenn von Personen, die nicht über eine besondere, vom Staat anerkannte Sachkunde verfügen, Auskünfte eingeholt werden, die erkennbar Dritten als Grundlage wesentlicher Entscheidungen dienen sollen. Denn für die Annahme der Schutzwirkungen für Dritte ist letztendlich ausschlaggebend, dass der Zweck der Auskunft gerade darin besteht, dem Dritten eine verlässliche Grundlage für seine Entscheidung zu bieten und ihn dadurch vor einem erheblichen Schaden zu bewahren.[601] Dementsprechend können sich nach der Rechtsprechung aus einem Gutachtervertrag Schutzwirkungen für Dritte auch dann ergeben, wenn das Gutachten nicht von einem öffentlich bestellten Sachverständigen erstattet wird.[602] Zudem können etwa auch bei Bonitätsauskünften von Bank zu Bank im Kun-

---

[594] BGH NJW 2004, 3420, 3421; 1996, 2927, 2929; 1978, 883; Ausnahmefall: BGH NJW-RR 2005, 928, 929.

[595] BT-Drucks. 14/6040, S. 163.

[596] BGH NJW 2006, 1975, 1976; NJW-RR 2004, 1356, 1357; 2004, 1464, 1465; 2003, 1035, 1036 f.; 2002, 1528, NJW 1998, 1948, 1949; 1995, 392; NJW-RR 1989, 696.

[597] BGH NJW 2004, 3035 ff.; NJW-RR 2002, 1528, 1529; NJW 1998, 1059 ff.; 1995, 392 ff.; 1984, 355 ff.

[598] BGH NJW 2004, 3630 ff.; NJW-RR 2003, 1035 ff.; NJW 1993, 1139; NJW-RR 1986, 1307.

[599] BGH NJW 1983, 1053, 1054.

[600] BGH NJW 1998, 1948 ff.; 1997, 1235, 1236; NJW-RR 1989, 696, 697; NJW 1987, 1758, 1759 f.

[601] Vgl. BGH NJW 2006, 1975, 1976.

[602] BGH NJW-RR 2002, 1528; NJW 2001, 514, 516.

deninteresse Schutzpflichten zugunsten des letztlich anfragenden Kunden entstehen.[603] Von einer besonderen, vom Staat anerkannten Sachkunde kann hier keine Rede sein. Trotzdem muss sich der Dritte auch bei solchen Auskünften darauf verlassen können, dass sie mit der erforderlichen Sorgfalt erteilt werden.

b) Sinn und Zweck

Die Anerkennung von Schutzwirkungen für Dritte in diesen Fällen ist auch sachlich gerechtfertigt. Hinter dem Vertrag oder rechtsgeschäftsähnlichen Schuldverhältnis mit Schutzwirkung für Dritte steht der Grundgedanke, dass auch zu einem Dritten, der nicht selbst Vertragspartei werden soll, eine Beziehung entstehen kann, die es rechtfertigt, diesen wie einen Vertragspartner einem vertragsähnlichen Schutz zu unterstellen.[604] Die Beziehung zu dem Dritten muss einer echten vertraglichen Beziehung dazu so ähnlich sein, dass sie als ein gleichwertiger Ersatz angesehen werden kann (equivalent to contract).[605] Nur dann greift das zentrale Argument des vertragsähnlichen Schutzes, die rechtliche Gleichbehandlung wesentlich gleicher Sachverhalte hinsichtlich des Schutzes.[606] Entscheidend ist somit, dass zwischen der Beziehung zu dem Dritten und einer echten vertraglichen Beziehung keine Unterschiede von solcher Art und solchem Gewicht bestehen, dass sie eine unterschiedliche Behandlung hinsichtlich des Schutzes rechtfertigen und der Dritte deshalb auf den schwächeren deliktischen Schutz zu verweisen ist.

Der Unterschied zwischen der Beziehung zu dem Dritten und einer echten vertraglichen Beziehung besteht darin, dass der Dritte nicht selbst Vertragspartei werden soll. Dieser Unterschied ist tatsächlich von solcher Art und solchem Gewicht, dass ein Schutz des Dritten nach vertragsrechtlichen Grundsätzen normalerweise nicht gerechtfertigt erscheint und er deshalb auf den schwächeren deliktischen Schutz zu verweisen ist. Dies ist bereits in der vorstehenden Fallgruppe im Einzelnen begründet worden, sodass hierauf Bezug genommen wird (Seiten 188 f.).

Schutzwirkungen für Dritte kommen deshalb nur ausnahmsweise und unter besonderen Umständen in Betracht. Solche besonderen Umstände liegen vor, wenn die Auskunft dem Dritten bestimmungsgemäß als Grundlage für eine Entschei-

---

[603] BGH NJW 1991, 352.

[604] Vgl. BT-Drucks. 14/6040, S. 161 und 163; MünchKomm-BGB/Gottwald, § 328 Rn. 123; Schwarze, AcP 203, S. 348, 357; Teubner, Liber Amicorum Schmidt, S. 303, 306; Westermann/Bydlinski/Weber, Schuldrecht AT, § 16 Rn. 4.

[605] Vgl. Teubner, Liber Amicorum Schmidt, S. 303, 306.

[606] Vgl. Schwarze, AcP 203, S. 348, 357.

dung von erheblicher Bedeutung dienen soll.[607] Denn dann besteht der Zweck der Auskunft gerade darin, dem Dritten eine verlässliche Entscheidungsgrundlage zu vermitteln und ihn dadurch vor einem erheblichen Schaden zu bewahren.[608] Dies ist aber nur gewährleistet, wenn der Schuldner dem Dritten eine ordnungsgemäße Auskunft erteilt und dies durch Schutzwirkungen gegenüber dem Dritten abgesichert wird. Denn andernfalls ist der Dritte nicht hinreichend geschützt. Dies ist ebenfalls bereits in der ersten Fallgruppe im Einzelnen begründet worden, sodass hierauf Bezug genommen wird (Seiten 189 f.).

## IV. Weitere Voraussetzungen und Rechtsfolgen

Hinsichtlich der weiteren Voraussetzungen und Rechtsfolgen der Haftung aus dem Vertrag oder rechtsgeschäftsähnlichen Schuldverhältnis mit Schutzwirkungen für Dritte gelten die gleichen Grundsätze wie für die Haftung des zukünftigen Vertragspartners (Seiten 96 ff.). Deshalb sollen hier nur die Besonderheiten dargestellt werden.

### 1. Mitverschulden

Umstritten ist, ob der Dritte sich auch ein Mitverschulden des Gläubigers entgegenhalten lassen muss.[609]

Nach der Rechtsprechung können dem Dritten, der seine Rechte aus der Vertragsbeziehung zwischen Schuldner und Gläubiger herleitet, grundsätzlich keine weitergehenden Rechte zustehen als dem Gläubiger selbst. Daraus folgert die Rechtsprechung, dass sich der Dritte ein Mitverschulden des Gläubigers grundsätzlich auch dann anrechnen lassen muss, wenn dieser nicht gesetzlicher Vertreter oder Erfüllungsgehilfe des Dritten im Sinne von §§ 254 Abs. 2 S. 2, 278 BGB ist. Diese Begrenzung des Drittschutzes wird dabei sowohl dem Rechtsgedanken des § 334 BGB als auch dem Grundsatz von Treu und Glauben entnommen.[610] Eine Ausnahme von dieser grundsätzlichen Anrechnung eines Mitverschuldens des Gläubigers zulasten des Dritten nimmt die Rechtsprechung vor allem in den Fallgestaltungen an, in denen trotz gegenläufiger Interessen von Gläubiger und Drittem ein Vertrag mit Schutzwirkung für Dritte bejaht wird. Namentlich bei der Haftung von Sachverständigen muss sich der Dritte nach der Rechtsprechung entsprechend dem Zweck des Gutachtens, dem Dritten gegen-

607 BeckOK-BGB/Janoscheck, § 328 Rn. 63; PWW/Medicus, vor §§ 328 bis 338 Rn. 7.

608 Vgl. BGH NJW 2006, 1975, 1976; NJW-RR 2002, 1528; NJW 2001, 3115, 3116; 1998, 1948, 1950; 1997, 1235; NJW-RR 1989, 696.

609 Umfangreiche Nachweise bei MünchKomm-BGB/Gottwald, § 328 Rn. 137 und Staudinger/Jagmann, § 328 Rn. 109.

610 BGH NJW 1998, 1059, 1061; 1995, 392, 393; 1975, 867, 869; 1961, 211, 212.

über Vertrauen zu erwecken und Beweiskraft zu besitzen, ausnahmsweise ein Mitverschulden des Gläubigers nicht anrechnen lassen.[611]

Der überwiegende Teil der Literatur folgt der Rechtsprechung.[612] Zum Teil wird allerdings auch vertreten, dass dem Dritten ein Mitverschulden des Gläubigers nur anzurechnen ist, wenn dieser gesetzlicher Vertreter oder Erfüllungsgehilfe des Dritten im Sinne von §§ 254 Abs. 2 S. 2, 278 BGB ist.[613] Es wird darüber hinaus auch angenommen, dass eine Anrechnung des Mitverschuldens des Gläubigers grundsätzlich nicht in Betracht kommt[614] oder dass hierüber von Fall zu Fall zu entscheiden ist.[615]

Der Ansatz der Rechtsprechung ist abzulehnen. Dem Dritten können durchaus mehr Rechte zustehen als dem Gläubiger selbst.[616] Denn der Sinn und Zweck der Schutzwirkungen für den Dritten besteht nicht darin, dem Dritten den Schutz zukommen zu lassen, den der Schuldner dem Gläubiger versprochen hat.[617] Er besteht vielmehr darin, dem Dritten den gebotenen Schutz zukommen zu lassen. Ausschlaggebend dafür sind die Art der Leistung, ihr Grund und Zweck, ihre wirtschaftliche und rechtliche Bedeutung, insbesondere für den Dritten, die Umstände, unter denen sie erbracht wird und die Interessenlage der Beteiligten. Die Anrechnung eines Mitverschuldens des Gläubigers zulasten des Dritten kann nur nach denselben Maßstäben geprüft werden. Denn auch dabei geht es darum, dem Dritten einen angemessenen Schutz zukommen zu lassen.

Im Ergebnis ist der Rechtsprechung trotzdem zuzustimmen. Denn die Interessenabwägung führt zu denselben Ergebnissen: In der ersten Fallgruppe leitet der Dritte seinen Schutz aus dem berechtigten Interesse des Gläubigers her, nach Möglichkeit auch die Belange des Dritten wahrzunehmen, weil er aufgrund einer Garantenstellung in besonderem Maße für dessen Schutz verantwortlich ist.[618] Beispielsfall ist die Haftung des Lieferanten einer Arbeitsmaschine gegenüber den Arbeitnehmern des Bestellers.[619] In Fällen dieser Art wird durch die

---

[611] BGH NJW 1998, 1059, 1061; 1995, 392, 393.

[612] Grunewald, Bürgerliches Recht, § 18 Rn. 15; Palandt/Heinrichs, § 254 Rn. 58; Staudinger/Jagmann, § 328 Rn. 109 ff; PWW/Medicus, vor §§ 328 bis 338 Rn. 11.

[613] Berg, NJW 1978, S. 2018; Esser/Schmidt, Schuldrecht AT/2, § 34 IV 2 d); Gernhuber, Das Schuldverhältnis, § 21 II 7; Marburger, JR 1975, S. 369, 370.

[614] Assmann, JuS 1986, S. 885, 888; Weimar, DAR 1972, S. 64, 67.; Teubner, Liber Amicorum Schmidt, S. 303, 333 f.

[615] Fikentscher/Heinemann, Schuldrecht, § 37 Rn. 307.

[616] Fikentscher/Heinemann, Schuldrecht, § 37 Rn. 307; Gernhuber, Das Schuldverhältnis, § 21 II 7; Teubner, Liber Amicorum Schmidt, S. 303, 333 f.

[617] A. A. BGH NJW 1975, 867, 869.

[618] I. E. BGH NJW 2002, 3625, 3626.

[619] BGH NJW 1956, 1193, 1194.

Annahme von Schutzwirkungen für den Dritten das berechtigte Interesse des Schuldners, es nur mit dem Gläubiger zu tun zu haben, dem ebenso berechtigten Interesse des Gläubigers, nach Möglichkeit auch die Belange des Dritten wahrzunehmen, untergeordnet.[620] Dies ist allerdings nur insoweit gerechtfertigt, als der Gläubiger den Schutz des Dritten nicht selbst gewährleisten kann, weil dessen Gefährdung außerhalb seines Einflussbereichs liegt. Innerhalb seines Einflussbereichs muss es hingegen dabei bleiben, dass der Gläubiger für den Schutz des Dritten primär verantwortlich ist. Dem Schuldner kann insoweit nach Treu und Glauben und unter Berücksichtigung des Vertragszwecks nicht zugemutet werden, sich ohne zusätzliche Vergütung auf das Risiko einer erweiterten Haftung einzulassen. In dieser Fallgruppe ist der Rechtsprechung deshalb darin zuzustimmen, dass sich der Dritte ein Mitverschulden des Gläubigers grundsätzlich anrechnen lassen muss.

In der zweiten Fallgruppe leitet der Dritte seinen Schutz daraus her, dass die Leistung des Schuldners ihm eine besondere Gewähr für die Richtigkeit und Vollständigkeit bestimmter Informationen bieten soll, die für seinen Willensentschluss von erheblicher Bedeutung sind.[621] Beispielsfall ist die Haftung des Sachverständigen für ein Gutachten, das erkennbar zum Gebrauch gegenüber Dritten bestimmt ist und diesen als Grundlage für wesentliche Vermögensentscheidungen dienen soll.[622] Das Gutachten kann dem Dritten aber nur dann eine besondere Gewähr für die darin getroffenen Feststellungen bieten, wenn er auch vor einem etwaigen Fehlverhalten des Gläubigers geschützt wird.[623] Andernfalls bleibt es nämlich sanktionslos, wenn der Sachverständige seine Leistung einseitig an den Interessen des Gläubigers ausrichtet oder wenn er von diesem zur Verfügung gestelltes Tatsachenmaterial verwendet, ohne es zuvor gewissenhaft zu prüfen. Deshalb ist der Rechtsprechung auch in dieser Fallgruppe darin zuzustimmen, dass dem Dritten ein Mitverschulden des Gläubigers grundsätzlich nicht angerechnet werden darf.[624]

---

620 Larenz, NJW 1960, S. 77, 80.

621 Vgl. BGH NJW 2006, 1975, 1976; NJW-RR 2002, 1528; NJW 2001, 3115, 3116; 1998, 1948, 1950; 1997, 1235; NJW-RR 1989, 696.

622 BGH NJW 2006, 1975, 1976; NJW-RR 2004, 1356, 1357; 2004, 1464, 1465; 2003, 1035, 1036 f.; 2002, 1528, NJW 1998, 1948, 1949; 1995, 392; NJW-RR 1989, 696.

623 BGH NJW 1998, 1059, 1061; 1995, 392, 393; Canaris, JZ 1995, S. 441, 442; Staudinger/Jagmann, § 328 Rn. 94; Schwab, JuS 2002, S. 872, 877 f.; Teubner, Liber Amicorum Schmidt, S. 325.

624 Staudinger/Jagmann, § 328 Rn. 111; Schwab, JuS 2002, S. 872, 877 f.; Teubner, Liber Amicorum Schmidt, S. 333 f.

2. Haftungsbeschränkungen

Umstritten ist auch, ob vertragliche Haftungsbeschränkungen zwischen Schuldner und Gläubiger auch zulasten des geschützten Dritten wirken.[625] Weil dem Dritten nach der Rechtsprechung grundsätzlich keine weitergehenden Rechte als dem Gläubiger selbst zustehen können, lässt sie Haftungsbeschränkungen zwischen Schuldner und Gläubiger auch zulasten des geschützten Dritten wirken.[626] Der überwiegende Teil der Literatur folgt der Rechtsprechung.[627] Zum Teil wird aber auch vertreten, dass dem Dritten durchaus mehr Rechte zustehen können als dem Gläubiger selbst.[628] Es müsse deshalb in jedem Einzelfall geprüft werden, ob die Haftungsbeschränkung auch zulasten des Dritten wirke.[629] Es wird außerdem auch vertreten, dass Schuldner und Gläubiger jedenfalls nicht die Möglichkeit hätten, die Haftung allein zulasten des Dritten auszuschließen oder zu beschränken.[630]

Die Wirkung einer vertraglichen Haftungsbeschränkung zwischen Schuldner und Gläubiger zulasten des Dritten beurteilt sich richtig nach den gleichen Grundsätzen wie die Frage, ob dem Dritten ein Mitverschulden des Gläubigers anzurechnen ist.[631] Es geht nämlich auch hier darum, dem Dritten den gebotenen Schutz zukommen zu lassen. Dies kann nicht nach dem Rechtsgedanken des § 334 BGB geprüft werden, der lediglich die vertragliche Leistungsebene betrifft,[632] sondern nur unter Berücksichtigung der Art der Leistung, ihres Grund und Zwecks, ihrer wirtschaftlichen und rechtlichen Bedeutung, insbesondere für den Dritten, der Umstände, unter denen sie erbracht wird und der Interessenlage der Beteiligten. Dabei sind die Regelungen über die Gestaltung von rechtsgeschäftlichen Schuldverhältnissen durch AGB (§§ 305 ff. BGB) sinngemäß he-

---

625 Dafür: Staub/Canaris, Rn. 32; ders., ZHR 163, S. 206, 230 f.; Gernhuber, Das Schuldverhältnis, § 21 II 7; Palandt/Grüneberg, § 328 Rn. 20; Larenz, Schuldrecht AT, S. 229; Neuner, JZ 1999, S. 126, 130; dagegen: Assmann, JuS 1986, S. 885, 888; differenzierend: Esser/Schmidt, Schuldrecht AT/2, § 34 IV 2 d); Fikentscher/Heinemann, Schuldrecht, § 37 Rn. 307; MünchKomm-BGB/Gottwald, § 328 Rn. 132, Staudinger/Jagmann, § 328 Rn. 112; Weber, NZG 1999, S. 1, 8 f.

626 BGH NJW 1995, 392, 393; NJW-RR 1988, 559, 561; NJW 1971, 1931, 1932; 1987, 1013.

627 Staub/Canaris, Rn. 32; ders., ZHR 163, S. 206, 230 f.; Gernhuber, Das Schuldverhältnis, § 21 II 7; Palandt/Grüneberg, § 328 Rn. 20; Larenz, Schuldrecht AT, S. 229; Neuner, JZ 1999, S. 126, 130.

628 Fikentscher/Heinemann, Schuldrecht, § 37 Rn. 307; Gernhuber, Das Schuldverhältnis, § 21 II 7; Teubner, Liber Amicorum Schmidt, S. 303, 333 f.

629 MünchKomm-BGB/Gottwald, § 328 Rn. 132.

630 Soergel/Hadding, 12. Aufl., Anh. § 328 Rn. 20; BeckOK-BGB/Janoschek, § 328 Rn. 56; Larenz, Schuldrecht AT, S. 229; Teubner, Liber Amicorum Schmidt, S. 303, 333 f.

631 Vgl. Staudinger/Jagmann, § 328 Rn. 112.

632 Esser/Schmidt, Schuldrecht AT/2, 7. Aufl., § 34 IV 2 c); Neuner, JZ 1999, S. 126, 130.

ranzuziehen. Denn eine vertragliche Haftungsbeschränkung zwischen Schuldner und Gläubiger wirkt gegenüber dem Dritten wie eine AGB. Sie ist deshalb auch wie eine solche zu behandeln. Es gelten deshalb für die Frage, ob eine vertragliche Haftungsbeschränkung zwischen Schuldner und Gläubiger auch zulasten des geschützten Dritten wirkt, die gleichen Grundsätze wie bei einer Haftungsbeschränkung durch AGB zwischen Schuldner und Drittem.

## V. Exemplarische Anwendung der erzielten Ergebnisse auf die Haftung des Sachverständigen für fehlerhafte Grundstücksbewertungen gegenüber Dritten

Nachfolgend werden die erzielten Ergebnisse exemplarisch auf die Haftung des Sachverständigen für fehlerhafte Grundstücksbewertungen gegenüber Dritten angewendet. Eine solche Haftung kommt in allen Fällen in Betracht, in denen die Grundstücksbewertung nicht nur für den Auftraggeber des Sachverständigen, sondern auch zum Gebrauch gegenüber Dritten bestimmt ist und diesen als Grundlage für wesentliche Vermögensentscheidungen dienen soll.[633]

### 1. Grundlagen des Grundstücksbewertungsverfahrens

Die Grundstücksbewertung ist ein Verfahren zur Ermittlung des Werts von unbebauten und bebauten Grundstücken sowie von Rechten an Grundstücken.

#### a) Die Ermittlung des Verkehrswerts als Ziel

Ziel der Grundstücksbewertung ist im Allgemeinen die Ermittlung des Verkehrswerts (Marktwerts) des Grundstücks. Der Verkehrswert ist z. B. bei Grundstücksgeschäften, Vermögensauseinandersetzungen im Erbfall, bei Schenkung oder Scheidung, im Enteignungs- oder Entschädigungsverfahren oder bei der Zwangsversteigerung von Bedeutung. Er wird durch den Preis bestimmt, der in dem Zeitpunkt, auf den sich die Ermittlung bezieht (Wertermittlungsstichtag), im gewöhnlichen Geschäftsverkehr nach den rechtlichen Gegebenheiten und tatsächlichen Eigenschaften, der sonstigen Beschaffenheit und Lage des Grundstücks oder des sonstigen Gegenstands der Wertermittlung ohne Rücksicht auf ungewöhnliche oder persönliche Verhältnisse zu erzielen wäre.[634]

---

[633] BGH NJW 2004, 3035, 3036; NJW-RR 2004, 1464, 1465; 1998, 1059, 1060; NJW 1995, 392; NJW-RR 1986, 484 ff.; NJW 1984, 355 ff.; 1982, 2431.

[634] Definition nach § 194 BauGB und Nr. 1.3 Wertermittlungsrichtlinien – WertR 2006; Rüchardt, Beleihungswert, S. 14 Rn. 2.22; Simon/Kleiber, Ermittlung von Grundstückswerten, S. 12 Rn. 1.43 ff.; Pohnert, Wertermittlungen, S. 8; vgl. auch Duden, zu „Verkehrswert“: Wert, den ein Gut, bes. ein Grundstück im Geschäftsverkehr unter Berücksichti-

b) Rechtliche Grundlagen der Verkehrswertermittlung

Zur Ermittlung des Verkehrswerts ist im Normalfall auf die Wertermittlungsverordnung (WertV 98)[635] und die in Ergänzung dazu erlassenen Wertermittlungsrichtlinien (WertR 2006)[636] zurückzugreifen.[637] Diese Wertermittlungsvorschriften gelten zwar nur für die Ermittlung von Verkehrswerten nach dem Baugesetzbuch durch die Gutachterausschüsse.[638] Faktisch sind sie aber für alle Sachverständigen verbindlich, weil sie über die Zwecke des Baugesetzbuches hinaus allgemein anerkannte Grundsätze für die Ermittlung von Verkehrswerten enthalten und damit den Standard für die Anforderungen an Gutachten und Gutachter im Rahmen der Verkehrswertermittlung setzen.[639] Abweichungen von diesem Standard sind deshalb nur zulässig, sofern sie ebenfalls zu sachgerechten Ergebnissen führen und das Wertbild nicht verfälschen.

---

gung aller Umstände hat; Wahrig, zu „Verkehrswert“: zu einem bestimmten Zeitpunkt erzielbarer Verkaufspreis.

[635] BGBl. I 1988, S. 2209, zuletzt geändert durch Artikel 3 des Gesetzes vom 18.08.1997 (BGBl. I 1997, S. 2081).

[636] Bundesanzeiger Nr. 108a vom 10.06.2006 (Berichtigung vom 01.07.2006 BAnz. Nr. 121 S. 4798).

[637] BGH NJW-RR 2006, 1389, 1390; NZM 2004, 709; NJW-RR 2001, 732, 733; 1992, 899, 900; NJW 1991, 3036, 3037; Palandt/Brudermüller, § 1376 Rn. 12 ff.; PWW/Deppenkämper, § 2311 Rn. 14; Palandt/Edenhofer, § 2311 Rn. 7; MünchKomm-BGB/Koch, 4. Aufl., § 1376 Rn. 12; MünchKomm-BGB/Lange, 4. Aufl., § 2311 Rn. 22 ff.; BeckOK-BGB/Mayer, Stand: 01.10. und 01.08.2007, § 1376 Rn. 6 ff. und § 2311 Rn. 19 ff.; Simon/Kleiber, Ermittlung von Grundstückswerten, S. 41 Rn. 1.165.

[638] BeckOK-BGB/Mayer, Stand: 01.10.2007, § 1376 Rn. 6; Simon/Kleiber, Ermittlung von Grundstückswerten, S. 41 Rn. 1.165.

[639] Zurückhaltend Rspr. und Literatur: BGH NJW-RR 2006, 1389, 1390; NZM 2004, 709; NJW-RR 2001, 732, 733; 1992, 899, 900; NJW 1991, 3036, 3037; Palandt/Brudermüller, § 1376 Rn. 12: kann zugrunde gelegt werden; PWW/Deppenkemper, § 2311 Rn. 14: grundsätzlich unter Beachtung der WertVO zu bewerten; Palandt/Edenhofer, § 2311 Rn. 7: in der Regel der Verkehrswert i. S. d. WertV; MünchKomm-BGB/Koch, 4. Aufl., § 1376 Rn. 12: Für die Bewertung kann grundsätzlich auf die WertV zurückgegriffen werden; MünchKomm-BGB/Lange, 4. Aufl., § 2311 Rn. 22 ff.: grundsätzlich WertV zu beachten; BeckOK-BGB/Mayer, Stand: 01.10. und 01.08.2007, § 1376 Rn. 6 ff. und § 2311 Rn. 19 ff.: Bewertung kann nach der WertV erfolgen; Simon/Kleiber, Ermittlung von Grundstückswerten, S. 41 Rn. 1.165: Vorschriften der WertV dürften richtungsweisen sein.

c) Heranzuziehende Verfahren zur Verkehrswertermittlung

Zur Ermittlung des Verkehrswerts sind das Vergleichswertverfahren, das Ertragswertverfahren, das Sachwertverfahren oder mehrere dieser Verfahren heranzuziehen.[640]

aa) Vergleichswertverfahren

Bei Anwendung des Vergleichswertverfahrens sind Kaufpreise solcher Grundstücke heranzuziehen, die hinsichtlich der ihren Wert beeinflussenden Merkmale hinreichend übereinstimmen.[641] Das Vergleichswertverfahren wird angewendet, wenn sich der Grundstücksmarkt an Vergleichswerten orientiert. Es ist das Regelverfahren für die Ermittlung des Bodenwerts unbebauter sowie bebauter Grundstücke.[642]

bb) Ertragswertverfahren

Bei Anwendung des Ertragswertverfahrens ist der Wert der baulichen Anlagen, insbesondere der Gebäude, getrennt von dem Bodenwert auf der Grundlage des Ertrags zu ermitteln.[643] Das Ertragswertverfahren ist vor allem für die Verkehrswertermittlung von Grundstücken heranzuziehen, die im gewöhnlichen Geschäftsverkehr im Hinblick auf ihre Rentierlichkeit gehandelt werden wie z. B. Mietimmobilien, Gewerbeimmobilien und Sonderimmobilien.[644]

cc) Sachwertverfahren

Bei Anwendung des Sachwertverfahrens ist der Wert der baulichen Anlagen wie Gebäuden, Außenanlagen und besonderen Betriebseinrichtungen und der Wert der sonstigen Anlagen, getrennt vom Bodenwert, nach Herstellungswerten zu ermitteln.[645] Das Sachwertverfahren steht im Vordergrund, wenn im gewöhnlichen Geschäftsverkehr der verkörperte Sachwert und nicht die Erzielung von Erträgen für die Preisbildung ausschlaggebend ist, insbesondere bei eigengenutzten Ein- und Zweifamilienhäusern.[646]

---

[640] § 7 WertV 98.
[641] § 13 Abs. 1 WertV 98.
[642] Nr. 1.5.5 WertR 2006.
[643] § 15 Abs. 1 WertV 98.
[644] Nr. 1.5.5 WertR 2006.
[645] § 23 Abs. 1 WertR 98.
[646] Nr. 1.5.5 WertR 2006.

dd) Anwendung mehrerer Verfahren

Der Verkehrswert ist aus dem Ergebnis der herangezogenen Verfahren unter Berücksichtigung der Lage auf dem Grundstücksmarkt abzuleiten. Sind mehrere Verfahren herangezogen worden, ist der Verkehrswert aus den Ergebnissen der angewendeten Verfahren unter Würdigung ihrer Aussagefähigkeit zu bemessen.[647]

d) Die Ermittlung anderer Werte als Ziel

Ziel der Grundstücksbewertung muss nicht immer die Ermittlung des Verkehrswerts sein. Es kann je nach Zweck der Wertermittlung auch um davon abweichende Werte gehen wie z. B. den Beleihungswert, den Versicherungswert 1914 oder den Einheitswert.

aa) Beleihungswert

Der Beleihungswert findet im Zusammenhang mit langfristigen Immobilienbeleihungen Verwendung.[648] Er wird definiert als der Wert der Immobilie, der erfahrungsgemäß unabhängig von vorübergehenden, etwa konjunkturell bedingten, Wertschwankungen am maßgeblichen Grundstücksmarkt und unter Ausschaltung von spekulativen Elementen während der gesamten Dauer der Beleihung bei einer Veräußerung voraussichtlich erzielt werden kann.[649] Zur Ermittlung des Beleihungswerts ist die zukünftige Verkäuflichkeit der Immobilie unter Berücksichtigung der langfristigen, nachhaltigen Merkmale des Objekts, der normalen regionalen Marktgegebenheiten sowie der derzeitigen und möglichen anderweitigen Nutzungen im Rahmen einer vorsichtigen Bewertung zugrunde zu legen.[650]

bb) Versicherungswert 1914

Der Versicherungswert 1914 findet bei der Gebäudeversicherung Anwendung.[651] Hierunter versteht man den ortsüblichen Neubauwert des Gebäudes nach Preisen

---

[647] § 7 Abs. 1 WertV 98.

[648] Rüchardt, Beleihungswert, S. 17 Rn. 2.25.

[649] Definition nach § 3 Abs. 1 BelWertV (BGBl. 2006 I, S. 1175).

[650] Grundsätze nach § 3 Abs. 2 BelWertV.

[651] Kollhosser in Prölls/Martin, § 1 SGlN 79 a Rn. 3; Terbille in Terbille, MAH Versicherungsrecht, § 2 Rn. 409.

des Jahres 1914. Er wird durch Division des Gegenwartsneubauwerts durch eine regionale Indexzahl ermittelt.[652]

cc) Einheitswert

Der Einheitswert findet bei der Bemessung der Grundsteuer Anwendung. Er ist das Produkt, das sich aus der Multiplikation der nach dem Ertragswertverfahren ermittelten Jahresrohmiete (§ 79 BewG) mit dem Vervielfältiger (§ 80 BewG) ergibt, der wiederum aus den dem BewG beigefügten Tabellen ersichtlich ist und von Grundstücksart, Bauart und Bauausführung, Baujahr und Gemeindegröße abhängt.[653] Für die Ermittlung des Einheitswertes sind die Verhältnisse im Zeitpunkt der letzten Hauptfeststellung (01.01.1964) maßgeblich (§ 21 BewG).[654]

2. Die verschiedenen Gruppen von Sachverständigen

Die Bezeichnung „Sachverständiger" ist gesetzlich nicht geschützt. Im Prinzip darf deshalb jeder diese Bezeichnung führen, ohne dass er einer Erlaubnis oder Anerkennung bedarf.[655] Allerdings darf sie nicht in einer gegen das UWG verstoßenden Weise unlauter verwendet werden.[656] Deshalb darf sie niemand führen, der nur über durchschnittliche Kompetenz verfügt. Denn der Verkehr erwartet auch von selbsternannten Sachverständigen uneingeschränkt fundiertes Fach- und Erfahrungswissen.[657] Der Erwerb dieses fundierten Fach- und Erfahrungswissens setzt im Regelfall einen Ausbildungsgang mit förmlicher Abschlussprüfung voraus. Im Ausnahmefall kann aber auch eine langjährige Mitarbeit bei einem anerkannten Sachverständigen ausreichen, der die Anforderungen selbst erfüllt und beurteilen kann, ob der Mitarbeiter sich diese auch angeeignet hat.

---

652 Kollhosser in Prölls/Martin, § 1 SGlN 79 a Rn. 3.

653 Schmidt-Futterer/Langenberg, § 556 a Rn. 85; ders., Betriebskostenrecht, F. Umlageschlüssel Rn. 69.

654 Schmidt-Futterer/Langenberg, § 556 Rn. 107; ders., Betriebskostenrecht, A. Begriff der Betriebskosten Rn. 36 und F. Umlageschlüssel Rn. 71.

655 BGH GRUR 1997, 758, 759; Wellmann, Der Sachverständige, S. 4 Rn. 4.

656 BGH GRUR 1997, 758, 759; Hefermehl/Köhler/Bornkamm, § 5 UWG Rn. 5.142 - 5.144; Piper/Ohly, § 5 Rn. 579, 582 und 591.

657 BGH GRUR 1997, 758, 759; Hefermehl/Köhler/Bornkamm, § 5 UWG Rn. 5.144; vgl. auch Duden, zu „Sachverstand": genaue, zuverlässige Kenntnisse auf einem bestimmten Gebiet, die zu einer entsprechenden Tätigkeit, der Beurteilung, Einschätzung o. ä. von etwas befähigen und „Sachverständige": jmd., der aufgrund seiner besonderen Sachkunde in einem gerichtlichen Verfahren als Gutachter bzw. als Gutachterin auftritt; Wahrig, zu „Sachverstand": Sachkenntnis und „Sachverständiger": Fachmann oder Fachfrau, der bzw. die wegen seiner/ihrer Sachkenntnis von einem Gericht bei schwierigen Fragen zur Abgabe eines Gutachtens berufen wird.

Nicht völlig auszuschließen ist sogar der Erwerb der nötigen Fachkompetenz auf autodidaktischem Wege in Verbindung mit einer langjährigen ordnungsgemäßen Gutachtertätigkeit. An den Nachweis sind insoweit allerdings nicht geringe Anforderungen zu stellen.[658]

Man unterscheidet mehrere Gruppen von Sachverständigen, wobei Sachverständige ohne Weiteres mehreren Gruppen zugleich angehören können:

a) Der öffentlich bestellte und vereidigte Sachverständige

Bestimmte Bestellungskörperschaften sind aufgrund besonderer gesetzlicher Bestimmungen dazu berufen, fähige und geeignete Personen als Sachverständige öffentlich zu bestellen. Zu diesen Stellen gehören insbesondere die Industrie- und Handelskammern, die Handwerkskammern, die Landwirtschaftskammern und in einigen Bundesländern die Architekten- und Ingenieurkammern.[659] Die Bewerber werden nur dann öffentlich bestellt, wenn sie zuvor besondere Sachkunde nachweisen und keine Bedenken gegen ihre persönliche Eignung bestehen. Außerdem müssen sie einen Eid ablegen, dass sie ihre Gutachten und sonstigen Aufgaben unabhängig, weisungsfrei, persönlich, gewissenhaft und unparteiisch erfüllen (§ 36 Abs. 1 GewO). Während der Zeit ihrer öffentlichen Bestellung unterliegen sie einem umfangreichen Pflichtenkatalog und der Aufsicht ihrer Bestellungskörperschaft. Bei Verstößen gegen den Pflichtenkatalog können sie ihre Bestellung verlieren.[660] Die öffentlich bestellten und vereidigten Sachverständigen haben bei der Sachverständigenauswahl im Gerichtsverfahren den Vorzug. Andere Sachverständige soll das Gericht nur auswählen, wenn besondere Gründe vorliegen (§ 404 Abs. 2 ZPO).

b) Der amtlich anerkannte Sachverständige

Die amtlich anerkannten Sachverständigen werden aufgrund besonderer gesetzlicher Bestimmungen in bestimmten Bereichen hoheitlich tätig, indem sie Sicherheitsprüfungen durchführen. Beispiele sind die Überprüfung von Kraftfahrzeugen, Aufzügen, Druckbehältern oder medizinisch-technischen Geräten.[661] Die amtlich anerkannten Sachverständigen sind Angestellte oder Vertragspartner von staatlich beliehenen Organisationen (z. B. DEKRA, GTÜ, TÜV). Die Voraussetzungen der amtlichen Anerkennung sind mit denen der öffentlichen Be-

---

[658] BGH GRUR 1997, 758, 759 f.

[659] Wellmann, Der Sachverständige, S. 5 Rn. 5.

[660] Einzelheiten bei DIHK, Sachverständige, S. 13; Wellmann, Der Sachverständige, S. 199 Rn.403 ff. und S. 220 Rn. 444 ff. und den Sachverständigenordnungen der jeweiligen Bestellungskörperschaften.

[661] DIHK, Sachverständige, S. 13.

stellung vergleichbar.[662] Ein Eid muss aber nicht abgelegt werden. Die Organisationen sowie deren Sachverständige werden von den zuständigen Landesbehörden nach einem gesetzlich festgelegten Pflichtenkatalog bei ihrer Tätigkeit überwacht. Die amtliche Anerkennung kann bei Pflichtverstößen widerrufen werden.[663]

c) Der staatlich anerkannte Sachverständige

Die staatlich anerkannten Sachverständigen werden aufgrund besonderer gesetzlicher Bestimmungen zur Prüfung von Schall- und Wärmeschutz, baulichem Brandschutz und Standsicherheit hoheitlich tätig. Anders als die amtlich anerkannten Sachverständigen sind sie keine Angestellten oder Vertragspartner von staatlich beliehenen Organisationen. Die Voraussetzungen der staatlichen Anerkennung sind mit denen der öffentlichen Bestellung vergleichbar.[664] Ein Eid muss nicht abgelegt werden. Die Sachverständigen werden von den zuständigen Anerkennungsstellen entsprechend eines festgelegten Pflichtenkatalogs bei ihrer Tätigkeit überwacht.[665] Bei Verstößen gegen den Pflichtenkatalog kann die staatliche Anerkennung widerrufen werden.

d) Der zertifizierte Sachverständige

Mit dem Ziel "Anerkennung weltweit: Einmal geprüft, überall akzeptiert" wurde mit der Zertifizierung ein international einheitliches Verfahren der Qualitätssicherung geschaffen. Die Prüfung, Zertifizierung und Überwachung von Sachverständigen erfolgt nach einheitlichen Kriterien entsprechend der internationalen Norm DIN EN ISO/IEC 17024 und den für das jeweilige Zertifizierungsgebiet gültigen Bestimmungen.[666] Die Zertifizierung ist keine hoheitliche Aufgabe, sondern geschieht durch akkreditierte Zertifizierungsstellen. Der Akkreditierungsprozess ähnelt dem der Zertifizierung und wird nach den weltweit abgestimmten IAF-Guidelines (International Accreditation Forum, Inc.) durchgeführt. Mit der Akkreditierung wird der Zertifizierungsstelle bestätigt, dass sie in der Lage ist und auch diesbezüglich ständig überprüft wird, die Zertifizierung

---

662 Z. B. § 2 Gesetz über amtlich anerkannte Sachverständige und amtlich anerkannte Prüfer für den Kraftfahrzeugverkehr (KfSachvG) vom 22.12.1971, BGBl. I 1971, S. 2086.
663 Z. B. §§ 8 und 13 KfSachvG.
664 Z. B. §§ 3 ff. Verordnung über staatlich anerkannte Sachverständige nach der Bauordnung Sachsen-Anhalt (BauO-SV-VO), GVBl. für das Land Sachsen-Anhalt 2001 Nr. 45, S. 410.
665 Z. B. § 6 BauO-SV-VO.
666 Wellmann, Der Sachverständige, S. 6 Rn. 9 ff.; IfS, Zertifizierung, S. 3, Internetquelle, URL: http://www.ifsforum.de/db/Informationen_02.pdf (19.04.2007).

von Sachverständigen ordnungsgemäß durchzuführen.[667] Dadurch ist dieses rein privatrechtliche System der Qualitätssicherung durchaus mit dem der öffentlichen Bestellung vergleichbar.[668]

e) Sonstige Sachverständige

Ein Teil der Sachverständigen hat sich in privatrechtlichen Verbänden organisiert, die Mitglieder aufnehmen und als Verbandssachverständige anerkennen, wenn sie bestimmte Anforderungen an die Vorbildung und Sachkunde erfüllen. Den Zusatz „anerkannt" darf grundsätzlich auch ein Verbandssachverständiger führen, er darf aber nicht in einer gegen das UWG verstoßenden Weise unlauter verwendet werden. Deshalb darf ihn nur führen, wer eine besondere, seine Mitbewerber deutlich überragende Qualifikation aufweist und diese Qualifikation in einer Prüfung vor einer dafür kompetenten Stelle mit Erfolg unter Beweis gestellt hat.[669]

3. Die Anforderungen an das Sachverständigengutachten

Die Anforderungen an das Sachverständigengutachten ergeben sich aus den Sachverständigenordnungen (SVO) der Bestellungskörperschaften, den in Ergänzung dazu erlassenen Richtlinien (Richtlinien-SVO) und den vom Institut für Sachverständigenwesen entwickelten Empfehlungen zum Aufbau eines Sachverständigengutachtens.[670] Diese Anforderungen und Empfehlungen richten sich zwar in erster Linie an öffentlich bestellte und vereidigte Sachverständige. Faktisch sind sie aber für alle Sachverständigen bindend, weil sie aus dem Begriff des Gutachtens[671] selbst und der Zweckbestimmung der Tätigkeit des Sachverständigen[672] abgeleitet sind, den Standard für die Anforderungen an Gutachten und Gutachter setzen und damit die Verkehrserwartung prägen. Abweichungen

---

667 Wellmann, Der Sachverständige, S. 6 Rn. 9 ff.; IfS, Zertifizierung, S. 3, Internetquelle, URL: http://www.ifsforum.de/db/Informationen_02.pdf (19.04.2007).

668 Wellmann, Der Sachverständige, S. 8 Rn. 11.

669 BGH GRUR 1984, 740, 741; 1978, 368, 369; Hefermehl/Köhler/Bornkamm, § 5 UWG Rn. 5.155; Piper/Ohly, § 5 Rn. 579, 582 und 591.

670 Abrufbar unter www.ifsforum.de und bei den jeweiligen Bestellungskörperschaften.

671 Vgl. Duden, zu „Gutachten": in bestimmter Weise auszuwertende Aussage eines bzw. einer Sachverständigen; Wahrig, zu „Gutachten": fachmännisches Urteil.

672 Vgl. auch Duden, zu „Sachverstand": genaue, zuverlässige Kenntnisse auf einem bestimmten Gebiet, die zu einer entsprechenden Tätigkeit, der Beurteilung, Einschätzung o. ä. von etwas befähigen und „Sachverständige": jmd., der aufgrund seiner besonderen Sachkunde in einem gerichtlichen Verfahren als Gutachter bzw. als Gutachterin auftritt; Wahrig, zu „Sachverstand": Sachkenntnis und „Sachverständiger": Fachmann oder Fachfrau, der bzw. die wegen seiner/ihrer Sachkenntnis von einem Gericht bei schwierigen Fragen zur Abgabe eines Gutachtens berufen wird.

von diesem Standard sind deshalb nur zulässig, wenn sie ebenfalls zu sachgerechten Ergebnissen führen.

Der Sachverständige hat das Gutachten unabhängig, weisungsfrei, gewissenhaft und unparteiisch zu erstatten.[673]

a) Unabhängigkeit

Unabhängigkeit bedeutet, dass sich der Sachverständige bei der Erbringung seiner Leistung keiner Einflussnahme aussetzen darf, die seine Vertrauenswürdigkeit und die Glaubhaftigkeit seiner Aussagen gefährdet.[674]

b) Weisungsfreiheit

Weisungsfreiheit bedeutet, dass der Sachverständige keine Verpflichtungen eingehen darf, die geeignet sind, seine tatsächlichen Feststellungen und Beurteilungen zu verfälschen. Dabei muss sorgfältig zwischen Anweisungen zum Gegenstand und Umfang des Gutachtens auf der einen und der sach- und ergebnisbezogenen Weisung auf der anderen Seite unterschieden werden. Die erstgenannte Art von Anweisungen ist nicht zu beanstanden, weil nur der Auftraggeber bestimmen kann, was Gegenstand einer gutachterlichen Untersuchung sein soll. Die zweitgenannte Art von Anweisungen kann nur akzeptiert werden, wenn sie das Gutachtenergebnis nicht verfälscht.[675]

c) Gewissenhaftigkeit

Gewissenhaftigkeit erfordert, dass der Sachverständige seine Aufträge unter Berücksichtigung des aktuellen Stands von Wissenschaft, Technik und Erfahrung mit der Sorgfalt eines ordentlichen Sachverständigen zu erledigen hat. Gutachten sind systematisch aufzubauen, übersichtlich zu gliedern, nachvollziehbar zu begründen und auf das Wesentliche zu beschränken. Es sind alle im Auftrag gestellten Fragen zu beantworten, wobei sich der Sachverständige genau an den Inhalt des Auftrags zu halten hat. Die tatsächlichen Grundlagen für eine Sachverständigenaussage sind sorgfältig zu ermitteln und die erforderlichen Besichtigungen sind persönlich durchzuführen. Kommen für die Beantwortung der gestellten Fragen mehrere Lösungen ernsthaft in Betracht, so hat der Sachverständige diese darzulegen und den Grad der Wahrscheinlichkeit der Richtigkeit der einzelnen Lösungen gegeneinander abzuwägen. Die Schlussfolgerungen im

673 § 8 SVO.
674 § 8.1 SVO, Erläuterungen 8.1.1 – 8.1.3 Richtlinien-SVO; DIHK, Sachverständige, S. 22.
675 § 8.1 SVO, Erläuterungen 8.2.1 – 8.2.3 Richtlinien-SVO; DIHK, Sachverständige, S. 22.

Gutachten müssen so klar und verständlich dargelegt sein, dass sie für einen Nichtfachmann lückenlos nachvollziehbar und plausibel sind. Ist eine Schlussfolgerung nicht zwingend, sondern nur naheliegend und ist das Gefolgerte deshalb nicht erkenntnissicher, sondern nur mehr oder weniger wahrscheinlich, so muss der Sachverständige dies im Gutachten deutlich zum Ausdruck bringen.[676]

Aus diesen Vorgaben hat das Institut für Sachverständigenwesen Empfehlungen für den Aufbau eines Sachverständigengutachtens erarbeitet, die vom Arbeitskreis Sachverständigenwesen des DIHK befürwortet worden sind. Darüber hinaus hat das Institut für einige Sachgebiete wie z. B. für die Bewertung von bebauten und unbebauten Grundstücken oder Kfz-Schäden und -bewertung spezifische Anforderungen an das Sachverständigengutachten formuliert.[677]

d) Unparteilichkeit

Unparteiisches Verhalten erfordert, dass der Sachverständige bei der Erbringung seiner Leistung stets darauf zu achten hat, dass er sich nicht der Besorgnis der Befangenheit aussetzt. Er hat bei der Vorbereitung und Erarbeitung des Gutachtens strikte Neutralität zu wahren, muss die gestellten Fragen objektiv und unvoreingenommen beantworten. Insbesondere darf der Sachverständige nicht Gutachten in eigener Sache oder für Objekte und Dienstleistungen seines Dienstherren oder Arbeitgebers erstatten, Gegenstände erwerben oder zum Erwerb vermitteln, eine Sanierung oder Regulierung der Objekte durchführen, über die er ein Gutachten erstellt hat, es sei denn, er erhält den entsprechenden Folgeauftrag nach Beendigung des Gutachtenauftrags und seine Glaubwürdigkeit wird durch die Übernahme dieser Tätigkeiten nicht in Frage gestellt.[678]

e) Höchstpersönlichkeit

Der Sachverständige hat die von ihm angeforderten Leistungen unter Anwendung der ihm zuerkannten Sachkunde in eigener Person zu erbringen. Er darf Hilfskräfte nur zur Vorbereitung seiner Leistung und nur insoweit beschäftigen, als er ihre Mitarbeit ordnungsgemäß überwachen kann. Der Umfang der Tätigkeit der Hilfskraft ist kenntlich zu machen. Er darf Hilfskräfte über Vorarbeiten hinaus nur einsetzen, wenn der Auftraggeber zustimmt und Art und Umfang der Mitwirkung offengelegt werden.[679]

---

676 § 8.3 SVO, Erläuterungen 8.3.1. – 8.3.8 Richtlinien-SVO; DIHK, Sachverständige, S. 21 f.

677 Abrufbar unter www.ifsforum.de und bei den jeweiligen Bestellungskörperschaften.

678 § 8.4 SVO, Erläuterungen 8.4.1. - 8.4.8 Richtlinien-SVO; DIHK, Sachverständige, S. 21.

679 § 9 SVO, Erläuterungen 9.1 - 9.13 Richtlinien-SVO; DIHK, Sachverständige, S. 20.

4. Der Geschädigte als „Dritter"

Der Geschädigte muss ein „Dritter" sein. Dritter in diesem Sinne ist, wer nicht selbst an dem Vertrag beteiligt ist, aufgrund dessen das Gutachten erstattet wird. Diese Voraussetzung ist in den hier untersuchten Fällen, in denen das Wertgutachten des Sachverständigen nicht nur für den Besteller, sondern auch zum Gebrauch gegenüber Dritten bestimmt ist und diesen als Grundlage für wesentliche Vermögensentscheidungen dienen soll, regelmäßig gegeben.[680] Gibt etwa der Kreditsuchende bei einem Sachverständigen ein Wertgutachten über das als Sicherheit dienende Grundstück in Auftrag, das der Hausbank des Kreditsuchenden zur Entscheidung über die Kreditvergabe vorgelegt werden soll, dann ist die Hausbank in Bezug auf den Gutachterauftrag weder Schuldner noch Gläubiger, sondern ein „Dritter".

5. Schutzwirkungen für den Dritten

Der Vertrag zwischen dem Sachverständigen und seinem Auftraggeber muss Schutzwirkungen für den Dritten entfalten.

Die Annahme von Schutzwirkungen für den Dritten kann nicht daraus hergeleitet werden, dass der Auftraggeber aufgrund einer Garantenstellung rechtlich dafür einzustehen hätte, dass bei dem Dritten ein Schaden nicht eintritt. Die Annahme einer derartigen Garantenstellung ist nämlich normalerweise nicht gerechtfertigt. Das Bestehen vorvertraglicher Beziehungen zwischen dem Auftraggeber und dem Dritten reicht hierfür nicht aus. Insbesondere reicht die allgemeine Pflicht, sich bei Anbahnung eines Vertrags so zu verhalten, dass die Rechte, Rechtsgüter und Interessen des anderen Teils nicht gefährdet werden, nicht aus, um eine besondere Pflichtenstellung des Auftraggebers im Sinne einer Garantenstellung zum Schutz des Dritten zu begründen. Es liegen regelmäßig auch keine Umstände vor, welche die Annahme rechtfertigen, dass der Auftraggeber durch sein Verhalten eine besondere Gewähr für den Schutz des Dritten übernommen hat. Im Gegenteil geht es dem Besteller bei der Einholung des Gutachtens regelmäßig weniger um den Schutz des Dritten als um seine eigenen Interessen. Er möchte vor allem erreichen, dass der Dritte sich für den Vertragsschluss mit ihm entscheidet.

Die Annahme von Schutzwirkungen für den Dritten ist aber deshalb gerechtfertigt, weil das Gutachten dem Dritten bestimmungsgemäß als Grundlage für eine

[680] BGH NJW 2004, 3035, 3036; NJW-RR 2004, 1464, 1465; 1998, 1059, 1060; NJW 1995, 392; NJW-RR 1986, 484 ff.; NJW 1984, 355 ff.; 1982, 2431.

Entscheidung von erheblicher Bedeutung dienen soll.[681] Dies lässt sich anhand der Grundstücksbewertung zu Finanzierungszwecken belegen. Denn das Gutachten dient nach seinem Sinn und Zweck unmittelbar dazu, die kreditgebende Stelle von der Werthaltigkeit des als Sicherheit dienenden Grundstücks zu überzeugen und ihr eine verlässliche Entscheidungsgrundlage für oder gegen die Kreditvergabe zu liefern. Dass die kreditgebende Stelle den Auftrag zur Erstellung des Gutachtens nicht selbst erteilt, beruht auf rein formalen Gründen. Denn es geht hier nicht um eine bewusste und anerkennenswerte Risikoverteilung mit dem Ziel, den Haftungsausgleich auf die Parteien des Gutachtervertrags zu beschränken. Es geht vielmehr um den haftungsrechtlich rein zufälligen Grund, den Kosten- und Arbeitsaufwand für die Einholung des Gutachtens auf den Kreditsuchenden abzuwälzen. Darüber hinaus bietet das Gutachten der kreditgebenden Stelle auch eine besondere Gewähr für die Werthaltigkeit des Grundstücks. Der Geschäftsverkehr erwartet von dem Gutachten eines Sachverständigen, dass es auf besonderer Sachkunde beruht und unabhängig, weisungsfrei, persönlich, gewissenhaft und unparteiisch erstellt wird. Das gilt unabhängig davon, ob es sich bei dem Sachverständigen um einen öffentlich bestellten und vereidigten, einen staatlich oder amtlich anerkannten, einen zertifizierten oder einen sonstigen Sachverständigen handelt.[682] Das Gutachten ist für die Entscheidung der kreditgebenden Stelle auch von erheblicher Bedeutung. Das Grundstück dient der kreditgebenden Stelle nämlich als Sicherheit, mit ihrer Forderung nicht auszufallen, wenn der Kredit notleidend wird. Das Grundstück kann diese Funktion aber nur erfüllen, wenn es auch werthaltig ist. Unter diesen Umständen ist es dem Sachverständigen verwehrt, sich auf seine fehlende formale Unzuständigkeit zu berufen, wenn der Kredit notleidend wird und die kreditgebende Stelle mit ihrer Forderung ausfällt, weil das Grundstück entgegen den Angaben im Gutachten nicht werthaltig ist.

Die zur Anerkennung der Schutzwirkungen für den Dritten führenden Umstände sind dem Sachverständigen regelmäßig bekannt. Denn er wird bei Erteilung des Auftrags darüber informiert, dass die Grundstücksbewertung Finanzierungszwe-

---

681 BGH NJW 2004, 3035, 3036; NJW-RR 2004, 1464, 1465; 1998, 1059, 1060; NJW 1995, 392; NJW-RR 1986, 484 ff.; NJW 1984, 355 ff.; 1982, 2431; Palandt/Grüneberg, § 328 Rn. 34; Staudinger/Jagmann, § 328 Rn. 139; BeckOK-BGB/Janoschek, § 328 Rn. 63.

682 Vgl. BGH GRUR 1997, 758, 759; Hefermehl/Köhler/Bornkamm, § 5 UWG Rn. 5.144; Duden, zu „Sachverstand“: genaue, zuverlässige Kenntnisse auf einem bestimmten Gebiet, die zu einer entsprechenden Tätigkeit, der Beurteilung, Einschätzung o. ä. von etwas befähigen und „Sachverständige“: jmd., der aufgrund seiner besonderen Sachkunde in einem gerichtlichen Verfahren als Gutachter bzw. als Gutachterin auftritt; Wahrig, zu „Sachverstand“: Sachkenntnis und „Sachverständiger“: Fachmann oder Fachfrau, der bzw. die wegen seiner/ihrer Sachkenntnis von einem Gericht bei schwierigen Fragen zur Abgabe eines Gutachtens berufen wird.

cken dient. Es ist ihm deshalb bei Übernahme des Auftrags bewusst, welches Risiko er eingeht.

Die erforderliche Schutzbedürftigkeit des Dritten ist in den hier untersuchten Fällen ebenfalls gegeben. Dem Dritten stehen nämlich regelmäßig keine eigenen Ansprüche gegen den Gläubiger zu, die denselben oder zumindest einen gleichwertigen Inhalt haben wie diejenigen Ansprüche, die ihm über eine Einbeziehung in den Schutzbereich eines Vertrages zukommen. Der Kreditsuchende schuldet der kreditgebenden Stelle nämlich nur die Einholung eines Gutachtens, nicht auch dessen Erstattung. Deshalb hat die kreditgebende Stelle im Falle eines fehlerhaften Gutachtens keinen Schadensersatzanspruch gegen den Kreditsuchenden.[683]

6. Weitere Voraussetzungen und Rechtsfolgen

Hinsichtlich der weiteren Voraussetzungen und Rechtsfolgen der Haftung gilt im Grundsatz das oben Gesagte (Seiten 193 ff.). Deshalb soll hier nur noch einmal dargestellt werden, wann von einer Pflichtverletzung auszugehen ist: Der Sachverständige hat das Gutachten ordnungsgemäß zu erstellen. Dazu muss es den oben dargestellten Anforderungen genügen. Abweichungen von diesen Anforderungen sind nur zulässig, sofern sie ebenfalls zu sachgerechten Ergebnissen führen und das Wertbild nicht verfälschen. Das Gutachten ist damit mangelhaft, wenn es den oben dargestellten Anforderungen nicht genügt und infolgedessen inhaltlich unrichtig, unvollständig oder irreführend ist. Inhaltlich unrichtig ist das Gutachten, wenn der in dem Gutachten ausgewiesene Wert des Grundstücks von dem objektiven Wert des Grundstücks zum Wertermittlungsstichtag abweicht.[684] Dabei ist zu beachten, dass der Wert eines Grundstücks keine genau errechenbare Größe ist. Er kann nur geschätzt werden.[685] Es wird deshalb eine angemessene Toleranzgrenze zuzubilligen sein.[686] Unvollständig ist das Gutachten, wenn in ihm nicht alle Fragen beantwortet werden, die für die Entscheidung des Dritten erkennbar von erheblicher Bedeutung sind. Irreführend ist das Gutachten z. B., wenn der Sachverständige im Gutachten Tatsachenmaterial verwendet, das er nicht oder nur teilweise selbst ermittelt oder nicht oder nur teil-

---

683 A. A. Kersting, Dritthaftung, S. 30.

684 BGH NJW-RR 2004, 1464, 1467; NJW 2004, 3035, 3039; NZM 2004, 756, 759; NJW 1998, 1059, 1060; NJW-RR 1986, 484, 486.

685 BGH NJW 1968, 2056, 2057; BVerwG VIZ 2002, 475, 476; Simon/Kleiber, Ermittlung von Grundstückswerten, S. 39 Rn. 1.157 f.; MünchKomm-BGB/Lange, 4. Aufl., § 2311 Rn. 22; BeckOK-BGB/Mayer, Stand: 01.08.2007, § 2311 Rn. 19.

686 BVerwG VIZ 2002, 475, 476.

weise überprüft hat, ohne dies mit Angabe der Quelle im Gutachten eindeutig zu vermerken.[687]

## VI. Fazit

Die Untersuchungen zu § 311 Abs. 3 S. 1 BGB haben ergeben, dass dieser nicht nur das rechtsgeschäftsähnliche Schuldverhältnis, sondern auch den Vertrag mit Schutzwirkung für Dritte erfasst. Letzterer muss deshalb nicht mehr auf eine ergänzende Vertragsauslegung gestützt werden, wenn dafür keine hinreichenden Anhaltspunkte vorliegen.

Es hat sich weiter herausgestellt, dass die Annahme von Schutzwirkungen für Dritte voraussetzt, dass der Vertrag oder das rechtsgeschäftsähnliche Schuldverhältnis nach seinem Inhalt und Zweck gerade auch auf den Schutz des geltend gemachten Interesses des Dritten angelegt ist.

Ob dies der Fall ist, kann nur unter Berücksichtigung aller Umstände des Einzelfalls geprüft werden. Ausschlaggebend dafür sind die Art der Leistung, ihr Grund und Zweck, ihre wirtschaftliche und rechtliche Bedeutung, insbesondere für den Dritten, die Umstände, unter denen sie erbracht wird und die Interessenlage der Beteiligten.

In Anwendung dieser Grundsätze sind Schutzwirkungen für Dritte vor allem in den folgenden beiden Fallgruppen anzunehmen:

Die erste Fallgruppe ist dadurch gekennzeichnet, dass die Auskunft dem Gläubiger bestimmungsgemäß als Grundlage für eine Entscheidung von erheblicher Bedeutung dienen soll, die er in Mitverantwortung und Fürsorge des Dritten treffen will. Davon ist insbesondere dann auszugehen, wenn dem Gläubiger gegenüber dem Dritten eine gesteigerte Schutz- und Fürsorgepflicht obliegt, ihm gleichsam dessen „Wohl und Wehe“ anvertraut ist. Dass der Gläubiger seine Entscheidung in Mitverantwortung und Fürsorge des Dritten treffen will, kann aber auch dann anzunehmen sein, wenn er zwar nicht für das „Wohl und Wehe“ des Dritten verantwortlich ist, aber trotzdem in Mitverantwortung und Fürsorge des Dritten handelt. Davon ist auszugehen, wenn die Entscheidung nach ihrem Sinn und Zweck gerade auch dem Schutz und der Fürsorge des Dritten dient wie etwa bei der Errichtung eines den Dritten begünstigenden Testaments.

Die zweite Fallgruppe ist dadurch gekennzeichnet, dass die Auskunft dem Dritten bestimmungsgemäß als Grundlage für eine Entscheidung von erheblicher

[687] BGH NZM 1998, 243, 244; NJW 1984, 355, 356.

Bedeutung dienen soll. Dies gilt insbesondere in Fällen, in denen der Schuldner für die Erteilung der Auskunft besonders sachkundig oder ein eigenes wirtschaftliches Interesse bei ihm im Spiel ist wie z. B. bei der Expertenhaftung gegenüber Dritten.

Die beiden Fallgruppen erfassen alle Fälle, in denen die Rechtsprechung bisher Schutzwirkungen für Dritte anerkannt hat. Sie stimmen auch in ihren Voraussetzungen mit der bisherigen Rechtsprechung weitgehend überein. Selbst in den Rechtsfolgen ergeben sich trotz des unterschiedlichen Ansatzes keine erheblichen Unterschiede.

Der Vorteil der neuen Gesetzeslage beschränkt sich damit auch bei den Schutzwirkungen für Dritte darauf, dass diese nunmehr eine gesetzliche Grundlage haben. Auf die Voraussetzungen ihrer Entstehung und die Rechtsfolgen hat die neue Gesetzeslage hingegen keine Auswirkungen.

# Kapitel 4: Zusammenfassung der Ergebnisse und abschließende Würdigung

## A. Zusammenfassung der Ergebnisse

1. Die Haftung für fehlerhafte Informationen lässt sich regelmäßig nicht auf einen stillschweigend geschlossenen Auskunftsvertrag stützen. Die von der Rechtsprechung verwendeten Indizien und die ergänzend herangezogenen Begleitumstände eignen sich nicht dazu, einen entsprechenden aktuellen Parteiwillen zuverlässig festzustellen. Die Annahme eines stillschweigenden Vertragsschlusses ist deshalb gewöhnlich nicht mehr als eine Fiktion.

2. Auch die Konstruktion eines Vertrags mit Schutzwirkung für Dritte auf Grundlage einer ergänzenden Vertragsauslegung erweist sich regelmäßig als bloße Fiktion, weil die von der Rechtsprechung aufgestellten Voraussetzungen nicht zweifelsfrei auf einen entsprechenden hypothetischen Parteiwillen schließen lassen.

3. Deliktsrechtlich lässt sich die Problematik ebenfalls nicht lösen. Das Vermögen ist kein „sonstiges Recht" im Sinne des § 823 Abs. 1 BGB. Es genießt daher Schutz nur bei der Verletzung gesetzlicher und individualschützender Pflichten (§ 823 Abs. 2 BGB) und bei sittenwidrig-vorsätzlicher Schädigung (§ 826 BGB). Schutzpflichten zum Schutz des reinen Vermögens bestehen aber meist nicht und auch eine sittenwidrig-vorsätzliche Schädigung scheidet bei fahrlässig verursachten reinen Vermögensschäden von vornherein aus.

4. Die Lösung der Problematik liegt stattdessen in dem rechtsfortbildend entwickelten rechtsgeschäftsähnlichen Schuldverhältnis, das durch die Aufnahme von Vertragsverhandlungen und ähnliche geschäftliche Kontakte entsteht und sich auf Dritte erstrecken kann, die nicht selbst Vertragspartei werden sollen.

5. Hinter dem rechtsgeschäftsähnlichen Schuldverhältnis steht der Gedanke, dass bestimmte Beziehungen den echten vertraglichen Beziehungen so ähnlich sind, dass sie ihnen hinsichtlich der Haftung gleichzustellen sind.

Entscheidend ist deshalb, wann von einer hinreichenden Ähnlichkeit zwischen der zu beurteilenden Beziehung und einer echten vertraglichen Beziehung gesprochen werden kann bzw. wann zwischen ihnen Unterschiede von einem solchen Gewicht bestehen, dass eine Haftung nach vertragsrechtlichen Grundsätzen nicht gerechtfertigt erscheint und der Geschädigte deshalb auf die deliktische Haftung zu verweisen ist.

Auf einen „rechtsgeschäftsähnlichen" Charakter der Beziehung kommt es insofern nicht an. Denn der Haftung aus Vertragsverhandlungen und ähnlichen geschäftlichen Kontakten fehlt die Selbstbindung als zentrales Element des Vertragsrechts. Sie ist Vertragshaftung ohne Vertrag. Als solche beruht sie nicht auf der Willensübereinstimmung über die Herbeiführung eines bestimmten rechtlichen Erfolges, sondern auf Gesetz. Was den Vertrag in seinem Wesen ausmacht, ist der Haftung aus Vertragsverhandlungen und ähnlichen geschäftlichen Kontakten fremd. Die Möglichkeit, die Haftung mit einer irgendwie gearteten Selbstbindung zu rechtfertigen, besteht daher nicht. Eine wie auch immer ausgedünnte rechtsgeschäftliche Beziehung kann für die Bejahung oder Verneinung der Haftung deshalb nicht von entscheidender Bedeutung sein. Auch die „Teilnahme am rechtsgeschäftlichen Verkehr" kann nicht den entscheidenden Unterschied ausmachen. Die Haftung kann nämlich nichts damit zu tun haben, ob jemand innerhalb des rechtsgeschäftlichen Verkehrs handelt, wenn es im Ergebnis doch gar nicht darauf ankommt, ob überhaupt ein Vertrag geschlossen wird. Aus demselben Grund kann auch dem Bezug zu einem eventuellen Vertrag oder einem sonstigen Rechtsgeschäft keine innere Bedeutung zukommen.

In einer echten vertraglichen Beziehung beurteilt sich die Haftung wegen Rücksichtnahmepflichtverletzungen nach dem Inhalt des Vertrags (§ 241 Abs. 2 BGB). Dabei meint Inhalt des Vertrags in erster Linie das konkret Geregelte, sonst dasjenige, was unausgesprochen durch den Zweck des Vertrags nach Treu und Glauben mit Rücksicht auf die Verkehrsanschauung gefordert wird (§ 242 BGB). Das Vertragsrecht überlässt es folglich in erster Linie den Parteien, selbst zu bestimmen, welche Regelungen zu ihrem Schutz erforderlich sind. Wenn aber entsprechende Regelungen fehlen, weil die Parteien die Regelungsbedürftigkeit ihres Schutzes nicht erkannt haben, oder eine getroffene Regelung nicht akzeptiert werden kann, weil es an den Bedingungen der Selbstbestimmung gefehlt hat, bestimmen Gesetz und Rechtsprechung den erforderlichen Schutz anstelle der Parteien. Nach diesen Maßstäben muss auch beim rechtsgeschäftsähnlichen Schuldverhältnis über die Haftung wegen Rücksichtnahmepflichtverletzungen entschieden werden.

6. Der Gesetzgeber hat das rechtsgeschäftsähnliche Schuldverhältnis aus Vertragsverhandlungen und ähnlichen geschäftlichen Kontakten mit § 311 Abs. 2 Nr. 1 bis 3 BGB kodifiziert. Er hat mit Nr. 1 bis 3 drei Tatbestände formuliert, bei denen ein Schuldverhältnis mit Rücksichtnahmepflichten nach § 241 Abs. 2 BGB entsteht. Es handelt sich dabei um die Aufnahme von Vertragsverhandlungen (Nr. 1), die Anbahnung eines Vertrags (Nr. 2) und ähnliche geschäftliche Kontakte (Nr. 3).

Eine Haftung für fehlerhafte Informationen auf Grundlage des § 311 Abs. 2 Nr. 1 bis 3 BGB ist ausgeschlossen, wenn zwischen dem Auskunftsgeber und dem Empfänger bereits echte vertragliche Beziehungen bestehen, aus denen der Auskunftsgeber für eine fehlerhafte Auskunft haftet, oder wenn durch die Auskunftserteilung selbst ein solcher Vertrag begründet wird.

Eine Haftung für fehlerhafte Informationen auf Grundlage des § 311 Abs. 2 Nr. 1 bis 3 BGB setzt außerdem voraus, dass es sich nicht bloß um einen Dritthaftungsfall handelt. Zur Abgrenzung ist zu prüfen, ob zwischen dem Auskunftsgeber und dem Empfänger bei der Auskunftserteilung eine unmittelbare Geschäftsbeziehung bestand oder ob sie nur mittelbar über eine Zwischenperson miteinander verbunden waren, der Empfänger aus Sicht des Auskunftsgebers (oder umgekehrt) also ein Dritter war.

Eine Haftung für fehlerhafte Informationen aus Nr. 1 setzt voraus, dass zwischen dem Auskunftsgeber und dem Empfänger im Zeitpunkt der Auskunftserteilung Vertragsverhandlungen geführt worden sind. Als Vertragsverhandlungen wird die Phase bis zur Einigung zweier oder mehrerer Parteien vor dem Abschluss eines Vertrages und der damit verbundenen gegenseitigen Willenserklärung verstanden. Die Parteien äußern zunächst gegensätzliche Forderungen und nähern sich dann gegenseitig an, um einen Vertrag zu schließen. Dies erfolgt in einem Prozess aus Zugeständnissen oder der Suche nach neuen Alternativen.

Eine Haftung für fehlerhafte Informationen gemäß Nr. 2 setzt voraus, dass zwischen dem Auskunftsgeber und dem Empfänger im Zeitpunkt der Auskunftserteilung ein Vertrag angebahnt worden ist. Die Anbahnung eines Vertrags liegt im Vorfeld der eigentlichen Vertragsverhandlungen. Die Parteien nehmen erstmalig Kontakt auf, um vielleicht Vertragsverhandlungen in die Wege zu leiten. Dafür genügt eine unbestimmte, ganz allgemein gehaltene Absicht, sich wegen eines eventuell und sei es auch erst später abzuschließenden Vertrags oder zum Zwecke des bloßen Preisvergleichs zu informieren.

Eine Haftung für fehlerhafte Informationen nach Nr. 3 setzt voraus, dass zwischen dem Auskunftsgeber und dem Empfänger im Zeitpunkt der Auskunftserteilung ein ähnlicher geschäftlicher Kontakt bestand.

Der Begriff „geschäftlich" ist weit auszulegen. Er ist deshalb im weiteren Sinne als jede Art von zweckgebundener Tätigkeit zu verstehen. Er beinhaltet also keine Beschränkung auf unternehmerische oder wirtschaftliche Tätigkeiten, sondern stellt eine Erweiterung zu „rechtsgeschäftlich" dar. Notwendige Korrekturen sind erst über das Merkmal „ähnlich" vorzunehmen.

Das Merkmal „ähnlich" setzt voraus, dass aufgrund des geschäftlichen Kontakts Einwirkungsmöglichkeiten des Auskunftsgebers auf die Rechte, Rechtsgüter und Interessen des Empfängers bestehen. Mit diesen Einwirkungsmöglichkeiten korrespondiert nämlich die haftungsrechtlich erforderliche Schutzbedürftigkeit des Empfängers. An die Einwirkungsmöglichkeiten sind allerdings keine hohen Anforderungen zu stellen. Sie müssen vor allem nicht über die Einwirkungsmöglichkeiten im bloß deliktisch geschützten Bereich hinausgehen. Unerhebliche Einwirkungsmöglichkeiten bleiben hingegen außer Betracht, weil es hier an einer relevanten Schutzbedürftigkeit des Empfängers fehlt.

Das Merkmal „ähnlich“ setzt darüber hinaus eine Gesamtwürdigung aller Umstände des Einzelfalls voraus. Schutzbedürftigkeit des Empfängers allein reicht nämlich nicht. Er muss auch schutzwürdig sein. Dies beurteilt sich in erster Linie nach dem konkret Geregelten, sonst nach demjenigen, was unausgesprochen durch den Zweck des geschäftlichen Kontakts nach Treu und Glauben mit Rücksicht auf die Verkehrsanschauung gefordert wird. Dabei kommt es einerseits auf das objektive Schutzbedürfnis und die berechtigten Sicherheitserwartungen des Empfängers an. Andererseits ist darauf abzustellen, ob die Annahme von Rücksichtnahmepflichten und das sich daraus ergebende Haftungsrisiko dem Auskunftsgeber unter Berücksichtigung der schutzwürdigen Interessen der Allgemeinheit und der gesetzlichen Wertungen zumutbar sind. Ausschlaggebend dafür sind die Art der erteilten Auskunft, ihr Grund und Zweck, ihre wirtschaftliche und rechtliche Bedeutung, insbesondere für den Empfänger, die Umstände, unter denen sie erteilt wird und die Interessenlage der Beteiligten. In Anwendung dieser Grundsätze ist die erforderliche Schutzwürdigkeit des Empfängers regelmäßig dann anzunehmen, wenn die Auskunft für ihn erkennbar von erheblicher Bedeutung ist und er sie zur Grundlage wesentlicher Entscheidungen machen will. Dies gilt insbesondere in Fällen, in denen der Auskunftsgeber für die Erteilung der Auskunft besonders sachkundig oder ein eigenes Interesse bei ihm im Spiel ist. Diese Umstände stellen allerdings lediglich Indizien dar, die, wenn auch mit erheblichem Gewicht, in die Gesamtwürdigung aller Umstände des Einzelfalls einzubeziehen sind.

7. Der Gesetzgeber hat mit § 311 Abs. 3 S. 1 BGB klargestellt, dass ein rechtsgeschäftsähnliches Schuldverhältnis auch zu Personen entstehen kann, die nicht selbst Vertragspartei werden sollen. Nach S. 2 entsteht ein solches Schuldverhältnis insbesondere, wenn der Dritte in besonderem Maße Vertrauen für sich in Anspruch nimmt und dadurch die Vertragsverhandlungen oder den Vertragsschluss erheblich beeinflusst. Mit diesen beiden Bestimmungen hat der Gesetzgeber vor allem die Möglichkeit der Haftung von Dritten angesprochen.

Eine Eigenhaftung des Auskunftsgebers für fehlerhafte Informationen nach § 311 Abs. 3 S. 2 BGB setzt voraus, dass dieser ein „Dritter“ ist. Dritter in diesem Sinne ist, wer nicht selbst Vertragspartei werden soll, an den Vertragsverhandlungen oder der Anbahnung eines Vertrags aber als Vertreter oder sonstiger Verhandlungsgehilfe einer Partei beteiligt ist.

Der Auskunftsgeber muss in besonderem Maße Vertrauen für sich in Anspruch nehmen. Das kann nur unter engen Voraussetzungen angenommen werden. Voraussetzung ist, dass der Auskunftsgeber als der eigentliche Gewährsmann des Geschäfts auftritt und quasi in eigener Sache tätig wird, obwohl er formal nicht selbst Vertragspartei werden soll. Dazu muss er dem anderen Teil eine zusätzliche, gerade von ihm persönlich ausgehende Gewähr für die Seriosität und die Erfüllung des Geschäfts oder für die Richtigkeit und Vollständigkeit der Erklärungen, die für den Willensentschluss des anderen Teils bedeutsam sind, bieten oder dem anderen Teil in zurechenbarer Weise den Eindruck vermitteln, er werde persönlich die ordnungsgemäße Abwicklung des Geschäfts selbst dann gewährleisten, wenn der andere Teil dem Geschäftsherrn nicht oder nur wenig vertraut oder sein Verhandlungsvertrauen sich als nicht gerechtfertigt erweist. Zudem muss er aus seiner Rolle als Vertreter oder Verhandlungsgehilfe des Geschäftsherrn heraustreten und insoweit eine eigenständige Funktion übernehmen. Sonst behandelt er nämlich das in Aussicht genommene Geschäft nicht quasi wie sein eigenes, sondern erfüllt bloß seine Verpflichtungen gegenüber dem Geschäftsherrn. Dann aber liegt der richtige Ansatzpunkt nicht in dem in Aussicht genommenen Geschäft, sondern in dem Vertrag zwischen dem Auskunftsgeber und seinem Geschäftsherrn. Die Erklärungen des Auskunftsgebers müssen sich insofern im Vorfeld einer Garantie bewegen.

Der Auskunftsgeber muss durch die Inanspruchnahme besonderen Vertrauens in sich die Vertragsverhandlungen oder den Vertragsschluss erheblich beeinflussen. Die persönliche Gewährübernahme des Auskunftsgebers muss sich also auf den Verhandlungsverlauf und dessen Ergebnis messbar auswirken.

Eine Eigenhaftung des Auskunftsgebers für fehlerhafte Informationen nach § 311 Abs. 3 S. 1 BGB setzt voraus, dass dieser ein „Dritter" ist. Dritter in diesem Sinne sind neben den Vertretern und sonstigen Verhandlungsgehilfen einer Partei auch die Personen, deren sie sich zur Erfüllung des Vertrags bedienen.

Eine Eigenhaftung des Auskunftsgebers nach S. 1 kommt insbesondere unter dem Gesichtspunkt eines besonderen wirtschaftlichen Eigeninteresses in Betracht. Ein solches qualifiziertes Eigeninteresse ist allerdings nur unter engen Voraussetzungen anzunehmen. Voraussetzung ist, dass der Auskunftsgeber bei wirtschaftlicher Betrachtung als der eigentliche Herr des Geschäfts anzusehen ist und quasi in eigener Sache tätig wird, obwohl er formal nicht selbst Vertragspartner werden soll. Hinzu kommen müssen besondere Umstände, die es dem Auskunftsgeber nach Treu und Glauben verwehren, sich auf seine formale Unzuständigkeit zu berufen, wenn der andere Teil ihn auf Schadensersatz in Anspruch nimmt. Solche besonderen Umstände liegen etwa vor, wenn der Auskunftsgeber aus steuerrechtlichen oder sonstigen haftungsrechtlich rein zufälligen Gründen nicht selbst Vertragspartei werden soll oder wenn er den formalen

Vertragspartner nur zum Schein vorschiebt und damit seine rechtlichen Gestaltungsmöglichkeiten missbraucht. Es muss sich also um Fälle handeln, in denen sich die Berufung des Auskunftsgebers auf seine formale Unzuständigkeit geradezu als Missbrauch einer formalen Rechtsstellung darstellt.

Eine Eigenhaftung des Auskunftsgebers nach S. 1 kommt aber auch unter dem Gesichtspunkt der Inanspruchnahme eines besonderen persönlichen Vertrauens in Frage. S. 2 regelt nämlich nur die Eigenhaftung Dritter aus einem Verschulden bei den Vertragsverhandlungen oder der Vertragsanbahnung. Die zur Eigenhaftung Dritter entwickelten Grundsätze sind aber nicht auf das Stadium vor Abschluss eines Vertrags beschränkt. Denn es besteht kein grundsätzlicher Unterschied zwischen der Eigenhaftung Dritter aus einem Verschulden vor und nach Abschluss eines Vertrags. Stattdessen ist es nicht einzusehen, dass das einem Dritten infolge seines Verhaltens entgegengebrachte Vertrauen im vorvertraglichen Stadium ein Haftungsgrund, nach Vertragsabschluss aber keiner mehr sein soll, auch wenn der Dritte das Vertrauen für sich gerade auch für die Vertragsdurchführung in Anspruch genommen hat.

Eine Eigenhaftung des Auskunftsgebers kommt nicht nur bei vorvertraglichen oder bereits bestehenden vertraglichen Beziehungen, sondern auch bei den ähnlichen geschäftlichen Kontakten des Abs. 2 Nr. 3 in Betracht. Hier sind § 311 Abs. 3 S. 1 und 2 BGB analog anzuwenden.

8. § 311 Abs. 3 S. 1 BGB ermöglicht auch eine Haftung des Auskunftsgebers nach den Grundsätzen des Vertrags und der culpa in contrahendo mit Schutzwirkung für Dritte. S. 1 ist analog auch auf die ähnlichen geschäftlichen Kontakte anzuwenden. Auch diese können Schutzwirkung für Dritte entfalten.

Der durch die Auskunft Geschädigte muss ein „Dritter" sein. Dritter in diesem Sinne ist, wer nicht selbst an dem Vertrag oder rechtsgeschäftsähnlichen Schuldverhältnis beteiligt ist, aufgrund dessen die Auskunft erteilt wird.

Der Vertrag oder das rechtsgeschäftsähnliche Schuldverhältnis müssen Schutzwirkungen für den Dritten entfalten. Das kommt vor allem in den folgenden beiden Fallgruppen in Betracht:

Die erste Fallgruppe ist dadurch gekennzeichnet, dass die Auskunft dem Gläubiger bestimmungsgemäß als Grundlage für eine Entscheidung von erheblicher Bedeutung dienen soll, die er in Mitverantwortung und Fürsorge des Dritten treffen will. Davon ist insbesondere dann auszugehen, wenn dem Gläubiger gegenüber dem Dritten eine gesteigerte Schutz- und Fürsorgepflicht obliegt, er gewissermaßen für das „Wohl und Wehe" des Dritten verantwortlich ist. Eine solche Schutz- und Fürsorgepflicht ist allerdings nur unter engen Voraussetzungen anzunehmen. Voraussetzung ist, dass der Gläubiger aufgrund einer besonderen Pflichtenstellung im Sinne einer Garantenstellung rechtlich dafür einzustehen hat, dass bei dem Dritten kein Schaden eintritt. Eine solche besondere Pflichtenstellung kann sich aus Gesetz (§§ 1353 Abs. 1 S. 2, 1626 BGB), rechtlich fundierten Verhältnissen enger natürlicher Verbundenheit (z. B. Eheleute, Verlobte, Verwandte in gerader Linie), anderen Lebens- und Gefahrengemeinschaften (z. B. Zusammenschlüsse von Bergsteigern oder Expeditionsteilnehmern), der freiwilligen Übernahme besonderer Schutz- und Fürsorgepflichten (z. B. Übernahme der Behandlung durch einen Arzt, Tätigkeit als Babysitter) oder aus einer mit einem besonderen Pflichtenkreis verbundenen Stellung als Amtsträger (z. B. Polizeibeamter) oder Organ einer juristischen Person ergeben. Es ist im Einzelfall stets zu prüfen, ob sich die besondere Pflichtenstellung gerade auch auf das geltend gemachte Interesse des Dritten bezieht. Dabei ist bei Sachinteressen und noch mehr bei Vermögensinteressen ein strenger Maßstab anzulegen. Das Bestehen vertraglicher Beziehungen reicht hierfür für sich allein nicht aus. Insbesondere reicht die allgemeine Pflicht, sich bei Abwicklung eines Vertrags so zu verhalten, dass die Rechte, Rechtsgüter und Interessen des anderen Teils nicht gefährdet werden, nicht aus, um eine besondere Pflichtenstellung im Sinne einer Garantenstellung zum Schutz fremden Vermögens zu begründen. Erforderlich ist vielmehr eine gesteigerte Pflicht zum Schutz fremden Vermögens. Eine in diesem Sinne gesteigerte Pflicht setzt ein Treueverhältnis qualifizierter Art voraus, das anzunehmen sein kann, wenn die Wahrung der Vermögensinteressen des Dritten ausdrücklich vertraglich vereinbart ist und den wesentlichen Inhalt des Vertragsverhältnisses ausmacht (z. B. Treuhandvertrag) oder wenn der Gläubiger sonst durch sein Verhalten eine besondere Gewähr für das Vermögen des Dritten übernommen hat. Es muss sich damit im Grunde um Fallgestaltungen in der Nähe einer echten vertraglichen Garantie für die Vermögensinteressen des Dritten handeln.

Dass der Gläubiger seine Entscheidung in Mitverantwortung und Fürsorge des Dritten treffen will, kann aber auch dann anzunehmen sein, wenn er zwar nicht für das „Wohl und Wehe“ des Dritten verantwortlich ist, aber trotzdem in Mitverantwortung und Fürsorge des Dritten handelt. Davon ist auszugehen, wenn die Entscheidung nach ihrem Sinn und Zweck gerade auch dem Schutz und der Fürsorge des Dritten dient wie etwa bei der Errichtung eines den Dritten begünstigenden Testaments.

Die zweite Fallgruppe ist dadurch gekennzeichnet, dass die Auskunft dem Dritten bestimmungsgemäß als Grundlage für eine Entscheidung von erheblicher Bedeutung dienen soll. Dies gilt insbesondere in Fällen, in denen der Schuldner für die Erteilung der Auskunft besonders sachkundig oder ein eigenes wirtschaftliches Interesse bei ihm im Spiel ist.

Die genannten Umstände müssen für den Schuldner erkennbar sein. Andernfalls ist ihm die Haftung nicht zumutbar.

Der Dritte muss außerdem schutzbedürftig sein. Ihm dürfen deshalb keine eigenen Ansprüche gegen den Gläubiger zustehen, die denselben oder zumindest einen gleichwertigen Inhalt haben wie diejenigen Ansprüche, die ihm über eine Einbeziehung in den Schutzbereich des Vertrags oder rechtsgeschäftsähnlichen Schuldverhältnisses zukämen.

## B. Abschließende Würdigung

Die Haftung für vertraglich nicht geschuldete Informationen lässt sich weder vertragsrechtlich noch deliktsrechtlich überzeugend begründen. Vorzuziehen ist die Lösung über das rechtsgeschäftsähnliche Schuldverhältnis, das durch die Aufnahme von Vertragsverhandlungen und ähnliche geschäftliche Kontakte entsteht und sich auch auf Dritte erstrecken kann, die nicht selbst Vertragspartei werden sollen. Der Gesetzgeber hat diese Lösung mit den neuen § 311 Abs. 2 und 3 BGB auf eine sichere dogmatische Grundlage gestellt und damit den anderen Lösungswegen eine Absage erteilt.

Die neuen Tatbestände erfassen nahezu alle bisherigen Fallgruppen der Haftung. Insbesondere werden erfasst die Haftung aus Vertragsverhandlungen und ähnlichen geschäftlichen Kontakten, die Eigenhaftung Dritter und die Schutzwirkungen für Dritte. Nicht erfasst wird nur die Prospekthaftung im engeren Sinne. Diese lässt sich besser auf eine Analogie zu den spezialgesetzlichen Prospekthaftungstatbeständen stützen.

Eine Änderung der allgemein anerkannten Ergebnisse ist mit der Lösung über die neuen Tatbestände nicht verbunden, weil die von der Rechtsprechung zu den bisherigen Fallgruppen entwickelten Kriterien im Wesentlichen übernommen werden können.

Die neue Gesetzeslage hat damit den Vorteil, dass die Haftung auf eine dogmatisch sichere Grundlage gestellt werden kann, ohne dass die allgemein anerkannten Ergebnisse aufgegeben oder neue Kriterien entwickelt werden müssen.

Trotzdem ist nicht zu erwarten, dass die Rechtsprechung von ihrem bisherigen Lösungsweg abgehen wird, dem durch eine fehlerhafte Information Geschädigten nach Möglichkeit eine vertragliche Grundlage für die Haftung zu verschaffen. Es ist vielmehr anzunehmen, dass sie sich weiterhin der häufig nur fiktiven Konstruktion eines stillschweigend geschlossenen Auskunftsvertrags bedienen und den Vertrag mit Schutzwirkung für Dritte auf eine vielfach nicht gerechtfertigte ergänzende Vertragsauslegung stützen wird.

Dieser Lösungsweg hat nämlich den Charme, dass die Rechtsprechung die Entscheidung über die Haftung scheinbar nicht selbst treffen muss. Stattdessen wirkt es so, als ob die Parteien die Entscheidung für sie treffen. Bei einer Lösung über die neuen Tatbestände müsste sich die Rechtsprechung dagegen eingestehen, dass sie selbst die Entscheidung über die Haftung treffen muss, weil die Parteien sich hierüber im Vorfeld meist gar keine Gedanken machen und auch der Gesetzgeber die Verantwortung hierfür ersichtlich nicht übernehmen will. Außerdem würde die Lösung über die neuen Tatbestände der Rechtsprechung keine Arbeit ersparen, sondern sogar einen gewissen Mehraufwand bedeuten. Sie müsste nämlich mit Rücksicht auf das Recht zur Selbstbestimmung immer erst prüfen, ob die Parteien die Entscheidung über die Haftung ausnahmsweise doch einmal selbst getroffen haben, ob sich also hinreichende Anhaltspunkte für einen entsprechenden Willen feststellen lassen. Erst danach dürfte sie prüfen, ob eine Haftung auf Grundlage der neuen Tatbestände in Betracht kommt. Auch deshalb ist nicht zu erwarten, dass die Rechtsprechung von ihrem bisherigen Lösungsweg abgehen wird. Es ist allenfalls denkbar, dass sie die Frage, ob die Haftung auf vertraglicher Grundlage oder den neuen Tatbeständen beruht, in ihren Entscheidungen dahin stehen lassen wird, wie dies schon bisher gelegentlich geschehen ist.

Abschließend lässt sich feststellen, dass der Gesetzgeber das rechtsgeschäftsähnliche Schuldverhältnis mit den neuen § 311 Abs. 2 und 3 BGB zwar auf eine gesetzliche Grundlage gestellt, die neuen Tatbestände aber so abstrakt formuliert hat, dass sich gegenüber dem bisherigen Rechtszustand nichts ändert und die Verantwortung für die Ausdifferenzierung und Fortentwicklung der Haftung nach wie vor bei Rechtsprechung und Literatur liegt.

**Studien zum europäischen Privat- und Prozessrecht**

Herausgegeben von Marina Wellenhofer
Begründet von Manfred Wolf

Band 1 Axel Pajunk: Die Bedeutung und Reichweite der Kapitalverkehrs- und Dienstleistungsfreiheit des EG-Vertrages. Die gegenseitige Anerkennung von Privatrechtsinstituten am Beispiel der englischen Mobiliarkreditsicherheiten. 1999.

Band 2 Kerstin Pudor: Die Wirkungsweise verbraucherschützender Widerrufsrechte. Zur Wirksamkeit des Verbrauchervertrages bei bestehendem Widerrufsrecht nach den §§ 1 HWiG, 7 VerbrKrG und 5 TzWrG. 2000.

Band 3 Michael Brück: Das Vorabentscheidungsverfahren vor dem Europäischen Gerichtshof als Bestandteil des deutschen Zivilprozesses. Rechtsschutzhemmendes Integrationsproblem oder kohärente Rechtsschutzerweiterung. 2001.

Band 4 Christine Steven: Immobiliarsicherheiten im englischen und deutschen Recht. Eine rechtsvergleichende Untersuchung unter besonderer Berücksichtigung der Insolvenz des Sicherheitengebers. 2002.

Band 5 Jochen Kaiser: Schutzrechtsfremde Wettbewerbsverbote in immaterialgüterrechtlichen Lizenzverträgen. 2002.

Band 6 Nikolaj Fischer: Das allgemeine verbraucherschützende Widerrufsrecht gemäß § 355 BGB. Ein Beitrag zur Dogmatik der Wirkungsweise von Widerrufsrechten im Privatrecht. 2003.

Band 7 Markus Dinnes: Softwareentwicklung im Vertragsverhältnis. Die Zuordnung von Nutzungsrechten bei fehlender vertraglicher Vereinbarung. 2003.

Band 8 Jan Roth: Interessenwiderstreit im Insolvenzeröffnungsverfahren. Eine Untersuchung des Insolvenzeröffnungsverfahrens unter verfahrens- und verfassungsrechtlichen Gesichtspunkten. 2004.

Band 9 Cengiz Kulaksiz: Die Teilklage im deutschen und türkischen Zivilprozessrecht. 2004.

Band 10 Franc Zimmermann: Mobiliar- und Unternehmenshypotheken in Europa. Auswirkungen der Grundfreiheiten des EG-Vertrages auf das nationale Sachrecht. 2005.

Band 11 Erik Hintz: Die Unternehmensbeleihung im europäischen Binnenmarkt. Die grenzüberschreitende Bestellung von Unternehmenshypotheken nach französischem, englischem und schwedischem Recht im Kontext der Kapitalverkehrsfreiheit. 2007.

Band 12 Carsten Fischer: Die Investmentaktiengesellschaft aus aufsichtsrechtlicher und gesellschaftsrechtlicher Perspektive. 2008.

Band 13 Niels Höra: Haftung für fehlerhafte Informationen gegenüber Nichtvertragspartnern. 2008.

www.peterlang.de

Erik Hintz

## Die Unternehmensbeleihung im europäischen Binnenmarkt

**Die grenzüberschreitende Bestellung von Unternehmenshypotheken nach französischem, englischem und schwedischem Recht im Kontext der Kapitalverkehrsfreiheit**

Frankfurt am Main, Berlin, Bern, Bruxelles, New York, Oxford, Wien, 2007. 345 S.
Studien zum europäischen Privat- und Prozessrecht.
Herausgegeben von Manfred Wolf. Bd. 11
ISBN 978-3-631-55956-7 · br. € 59.70*

Innerhalb der Europäischen Union existieren mit dem französischen *nantissement du fonds*, der englischen *floating charge* und der schwedischen *företagsinteckning* drei unterschiedliche Konzepte zur Unternehmensbeleihung. Die Abwesenheit solcher „Unternehmenshypotheken" in den Rechtsordnungen der Mehrzahl der Mitgliedstaaten wirft die Frage auf, ob Letztere den Marktbürgern ein Instrument zur Ausübung grundfreiheitlich geschützten Wirtschaftsverkehrs vorenthalten. Diese Problematik wird ausgehend von der deutschen Rechtsordnung untersucht, wobei die Grundsatzfrage der Praktikabilität des Einsatzes des Unternehmens als lebender wirtschaftlicher Einheit zwecks Kreditsicherung behandelt wird. Die Frage, ob die grenzüberschreitende Kreditsicherung mittels mitgliedstaatlicher Unternehmenshypotheken zu eröffnen ist, stellt sich schließlich vor dem Hintergrund des sekundären Gemeinschaftsrechts, insbesondere der Europäischen Insolvenzverordnung.

*Aus dem Inhalt*: Das grundlegende Konzept der Unternehmensbeleihung; die Praktikabilität der Beleihung des Goodwill · Die Unternehmensbeleihung unter dem Schutz der Kapitalverkehrsfreiheit (Art. 56 EGV) · Die Beleihbarkeit des Unternehmens in der deutschen Rechtsordnung (Sach- und Kollisionsrecht) · Das französische *nantissement du fonds* · Die englische *floating charge* · Die schwedische *företagsinteckning* (*företagshypotek*) · Die Bedeutung der Europäischen Insolvenzverordnung (EuInsVO) für die grenzüberschreitende Unternehmensbeleihung

Kolibri 360 GmbH
Ferdinand-Jühlke-Straße 7
99095 Erfurt, Deutschland
produktsicherheit@kolibri360.de

Druck:
CPI Druckdienstleistungen GmbH
im Auftrag der
Kolibri 360 GmbH
Ferdinand-Jühlke-Str. 7
99095 Erfurt